科技廠房設計工具書
空調篇

Douglas Yang ◎ 編著

智庫雲端

盲點突破、例題分析

* 本冊為科技廠房設計工具書之第一冊【空調篇】

 (全系列另有二、三、四冊內容) 敬請期待~

第二冊	第三冊	第四冊
A 風機基礎	A 配管基礎	A 專案工程
B 風管材料	B 系統配管設計	B 電力系統
C 風管設計	C 控制系統	C 電力設備
D 製程廢氣基礎	D 金屬配管材料	D 電力計算
E 製程洗滌塔	E 塑膠配管材料	E 電力終端設備
F 製程粉塵排氣	F 配管吊架	F 馬達
G 製程有機廢氣	G 斜撐摯振	G 消防設計
H 真空系統		H 二次配工程
I 壓縮空氣系統		
J 特氣系統		
K 純水系統		

Douglas Yang 編著
ydx0724@gmail.com
rdtech@rdtech.com.tw

序

　　本書介紹"科技廠房-設計工具書"，包含：空調-無塵室(第一冊)、製程(第二冊)、配管(第三冊)與電力-消防(第四冊)的相關設備與設計例題；目標是朝向專業設計、彙整基本理論知識的工具書，希望讀者能以查表方式，進行無塵室機電工程的規劃設計與計算。

　　高科技廠房的設計，國內缺乏技術資料統整的參考工具書，筆者在編著時擷取個人在工作時期的經驗資料彙整，並參考製造商設備型錄與國內、外相關規範，結合實務工程規劃經驗與知識整合的工具書，支援工程技術人員執行專案時之參考書籍。

　　本書的技術資料參考國內、外的Code、Standard與國內重要經典科技書籍及學術的論文。[例如]參考：ASHRAE、SMACNA、AMCA、ISO、NFPA、FM、ACGIH、ASTM、ASME、NEBB、IEEE、EN、GB、.......等，不盡詳載-可參考附錄的重要參考書籍。在編著過程中筆者將技術資料來源列入"取材"或"參考資料"的說明中，讀者可依循深入研讀。

個人重要資歷：
(1) 怡威建材股份有限公司
(2) 力新工業技師事務所
(3) M+W Zander，M+W GROUP
(4) 睿迪工程科技股份有限公司

　　本書紀錄的內容，總覺得不夠詳盡，望先進批評指教，本人將持續改善及請益缺失，希望提供後學者參考。感謝。

　　寫書歷程，感謝-帶我入門的公司，感謝-給我工作與學習機會的公司，感謝-讓我有機會寫書的公司，感謝-協助提供建議的同好，謝謝。

Douglas Yang
rdtech@rdtech.com.tw
ydx0724@gmail.com

目　錄

B.4.4. 除濕轉輪

● 一般系統的除濕方式有用冰水盤管除濕方式，系統的需求超濕度時則必須採用特殊設備除濕，例如壓縮空氣系統採用分子篩方式，於空調系統則用化學除濕輪的方式以達到除濕功能以符合環境空氣條件的需求。

除濕輪常用的品牌有：NICHIAS、NOVEL AIRE、BRY-AIR，MUNTERS，......等。

● 除濕輪採用：(1) SG矽膠 (2) SG矽膠 + MS沸石 (3) MS沸石-鋁矽酸鹽礦物。

SG 矽膠

密度	210 kg/m^3 (0.21g/cm^3) 。
熱膨脹系數	2.6x10^{-6}/℃。
壓縮強度	12 kg/cm^2。
波浪尺寸	3.7mmwidth and 1.9mm(H)。
開孔率	73%。
比表面積	600 m^2/g; BET。
基材耐熱性	400~600℃。

MS 沸石

密度	350 kg/m^3 (0.35g/cm^3)。。
熱膨脹系數	2.6x10^{-6}/℃。
壓縮強度	20 kg/cm^2。
波浪尺寸	4.1mmwidth and 2.1mm(H)
開孔率	71%。
比表面積	390 m^2/g; BET。
基材耐熱性	400~600℃。

B.4.4.1. 系統架構

● 除濕輪構造 (取材：網路)

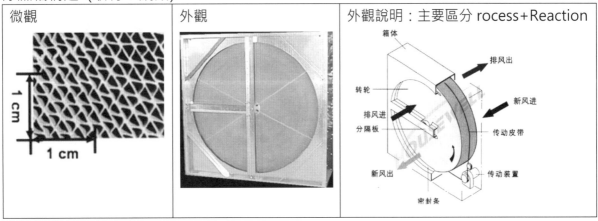

● 系統流程 (取材：MUNTERS)

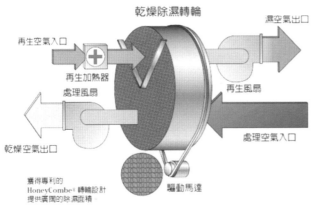
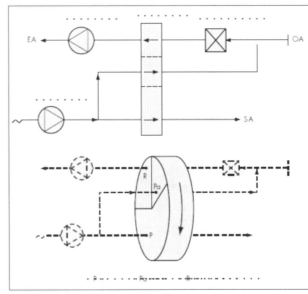

● 噴頭圖示：大水量

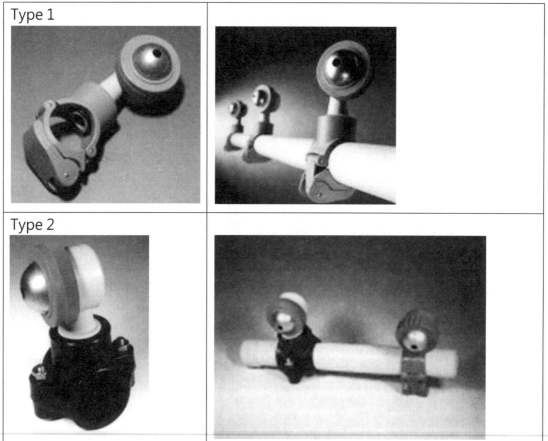

Type 1

Type 2

B.4.3.2. 加濕功能＋去除化學分子

● 去除化學分子的水洗，此功能技術上比較高，主要目的是先進製程對空氣中含化學分子的濃度太高時會影響製程的良率。針對業主需求各廠商的設計不同，一般而言入口成份與去除效率是驗收的基準。

● 硫化物SOx、NOx、NH_4的分子大約在12nm (奈米)以下，水洗不完全的部份於製程端增加化學濾網作最後的去除段(AMC Filter)。

● 量測化學品種類

項次	量測化學種類	效率要求
1	氟離子 (F^-)	100%
2	氯離子 (Cl^-)	100%
3	亞硝酸根離子 (NO_2^-)	70%
4	硝酸根離子 (NO_3^-)	70%
5	磷酸酸根離子 (PO_4^{-3})	100%
6	硫酸酸根離子 (SO_4^{-2})	95%
7	銨離子 (NHO_4^+)	95%

設計所需元件與加濕器類同，但各製造商會增加水吸附的濾材以增加效率，這部份屬各製造商專利的產品。

● 為增加效率，有些設計也會增加噴頭配置程多段方式，雖然效率可已達程，但系統的運轉與維護保養的費用較高。

Chapter A

無塵室設計
Clean Room Design

Chapter A. 無塵室設計 Clean Room Design

● 介紹無塵室的設計，設計前是以假設讀者有無塵室的基本觀念。其他基礎知識-可參考本書的空氣基礎、熱負荷基礎、單位換算。

A.1. 無塵室規範 Code

● 無塵室歷史

(1) Fed 歷經 290B ～ 290E 後，到 ISO 14644 的整合更新標準，ISO 是現況參考基準。

(2) ISO 14644 於 2015 又在更新版本至今天都還在新增範圍及內容，其中含括電子業與生技業。

(3) 生技產業：是針對醫院、藥品，實驗室都有特殊規定。參考規範例如：WHO，ASHRAE 170，ISO 14698，CNS 衛生署，......等。

(4) ASHRAE 2011：是談科技廠房的無塵室。

A.1.1. 無塵等級規則

● ISO 14644：clean room standards，每年都在增加code的內容。

A.1.1.1. ISO 14644

● 新版 ISO 14644-Rev 2015 List

14644-1	Classification of air cleanliness by particle concentration
14644-2	Monitoring to provide evidence of cleanroom performance related to air cleanliness by particle concentration
14644-3	Test methods
14644-4	Design, construction and start-up
14644-5	Operations
14644-6	Vocabulary
14644-7	Separative devices (clean air hoods, gloveboxes, isolators and mini-environments)
14644-8	Classification of air cleanliness by chemical concentration (ACC)
14644-9	Classification of surface cleanliness by particle concentration
14644-10	Classification of surface cleanliness by chemical concentration

● 2018版

14644-11	DRAFT
14644-12	Specifications for monitoring air cleanliness by nanoscale particle concentration
14644-13	Cleaning of surfaces to achieve defined levels of cleanliness in terms of particle and chemical classifications
14644-14	Assessment of suitability for use of equipment by airborne particle concentration
14644-15	Assessment of suitability for use of equipment and materials by airborne chemical concentration
14644-16	Energy efficiency in cleanrooms and separative devices

A.1.2. 無塵室粒子

● 本節介紹無塵室粒子定義，依據ISO 14644的規則說明

A.1.2.1. 定義-無塵等級

● 無塵室粒徑以0.5μm為基準，定義等級 (高階無塵室則用更小粒子定義等級)

N [CR 等級]	D [粒徑尺寸]	0.1 [常數]	2.08 [常數]	Cn [容許塵粒子數量]
1~ 9	μm	μm	常數	顆數 @0.5μm/m³
ISO 1	0.5	0.10	2.08	0
ISO 2	0.5	0.10	2.08	4
ISO 3	0.5	0.10	2.08	35
ISO 4	0.5	0.10	2.08	352
ISO 5	0.5	0.10	2.08	3,517
ISO 6	0.5	0.10	2.08	35,168
ISO 7	0.5	0.10	2.08	351,676
ISO 8	0.5	0.10	2.08	3,516,757
ISO 9	0.5	0.10	2.08	35,167,572

● 潔淨等級定義：計算公式 $C_n = 10^n \times (0.1 / D)^{2.08}$

Cn	空氣中微塵粒子數最大的容許值，取四捨五入後的整數值。
N	ISO 分類等級的編號，此編號不可大於 9。
D	考慮的微塵粒子粒徑，單位為微米（μm）。
0.1	常數，單位為微米（μm）。

A.1.2.2. 歐、美標準比較

Standard	Classification					
Federal Standard 209E	1	10	100	1,000	10,000	100,00
ISO 14644-1	3	4	5	6	7	8
AS 1386	0	0	4	35	350	3,500
BS 5295	C	D	E/F	G/H	J	K
EU CGMP	-	-	A/B	-	C	D

A.1.2.3. ISO 14644-1

- ISO 14644-1 Rev.2015（International Organization for Standardization, ISO）

ISO Class (N)	Fed. Std. 209E Class (英制)	SI	等於或大於等於顆粒的最大允許濃度（顆粒/m³）比所考慮的尺寸大 [a]					
			0.1 μm	0.2 μm	0.3 μm	0.5 μm	1 μm	5 μm
1	---	---	10[b]	[d]	[d]	[d]	[d]	[e]
2	---	---	100	24[b]	10[b]	[d]	[d]	[e]
3	1	M1.5	1,000	237	102	35[b]	[d]	[e]
4	10	M2.5	10,000	2,370	1,020	352	83[b]	[e]
5	100	M3.5	100,000	23,700	10,200	3,520	832	[d、e、f]
6	1,000	M4.5	1,000,000	237,000	102,000	35,200	8,320	293
7	10,000	M5.5	[c]	[c]	[c]	352,000	83,200	2,930
8	100,000	M6.5	[c]	[c]	[c]	3,520,000	832,000	29,300
9[g]	---	---	[c]	[c]	[c]	35,200,000	8,320,000	293,000

Notes：上標字-註解說明	
a	表中所有濃度均為累積濃度，例如 對於 ISO 5 級，顯示為 0.3μm 的 10,200 個粒子包括等於或大於該尺寸的所有粒子。
b	這些濃度將導致大量的空氣樣本進行分類。
c	由於非常高的顆粒濃度，濃度限制不適用於該表的該區域。
d	低濃度粒子的採樣和統計限制使得分類不合適。
e	對於低濃度和大於 1μm 的顆粒，由於其在採樣系統中可能存在的顆粒損失，因此對於低濃度和大於 1μm 的顆粒，樣品的收集限制使其不適合分類。
f	為了與 ISO 5 級相關聯指定該粒度，可以對大粒子描述符 M 進行調整，並與至少一個其他粒度結合使用。
g	該類僅適用於運行狀態

ISO 對 CR 量測在粒徑選擇的規範上，僅規範了所選微粒間的大小尺寸-需相差 1.5 倍以上。$D2 \geq 1.5 \times D1$。

濾材	Class 1~100 級應用中必須用 ULPA 過濾器。
	Class 1,000 級應用中可以用 ULPA 或 HEPA 過濾器。
	Class 10,000 級以下的需要潔淨條件，可以用 HEPA 過濾器。

過濾材料選用		
HEPA	Eff 99.97% of 0.3μm Particles	10,000 顆有 3 顆的 0.3μm 粒子會穿過濾網
ULPA	Eff 99.999% of 0.12μm Particles	100,000 顆有 1 顆的 0.12μm 粒子會穿過濾網

- Note：氣流類型，表示潔淨室的氣流特性，詳下節說明。
  U：單向流。N：非單向流。M：亂流(混流)。

A.1.3. 無塵室運轉

● 無塵室測試3階段 (取材：Health Sciences Authority)

第一階段：As Built：	第二階段：At Rest：	第三階段：Operation：
潔淨室工程完工而全部所需製造設備未進，且無任何作業人員在室內之狀態。	製造設備運轉中，但室內無作業人員之狀態。	製造設備運轉中，有作業人員之狀態。

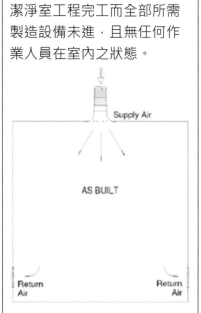 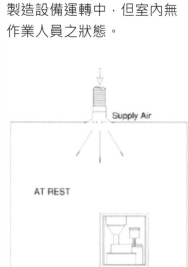 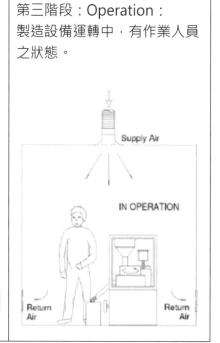

● 依工程施工進度-無塵室階段性測試的標準不同

CR Class	第一階段 As built	第二階段 At rest	第三階段 Operating	Remark
10	5	7	9	M (a；b)；c
100	7	10	40	a：是每立方公尺所容許之最大微塵粒子數。
1,000	50	100	200	
10,000	100	1,000	2,000	b：是等效直徑。
100,000	10,000	30,000	50,000	c：是指定量測之方法。

A.2. 無塵室-高科技產業

● ISO 14644，將無塵室分為高科技產業與生技產業。
本節說明偏向高科技產業 Clean Room 設計。但也會同時介紹生技產業的相關技術。

● 無塵室的設計流程與需求資訊

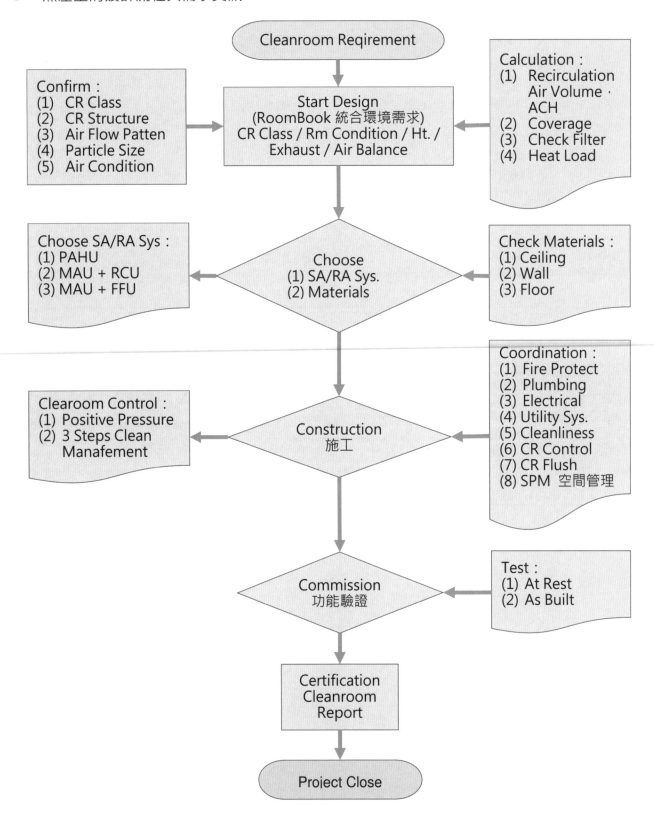

A.2.1. 無塵室設計-換氣次數

● 無塵室潔淨的標準，本節說明ASHRAE與ISO 14644對無塵室的規則。

A.2.1.1. ASHRAE 2011-ACH

● Ch18 Table 3. ACH Versus Vertical Airflow Velovities, Room Heights, and Cleanliness Classes (取材：ASHRAE 2011，Ch18 or Ref. 2019 Ch19)

IOS Class	FS 209 Class	Velocity m/s	Air Changes per Hour for Ceiling Height (ACH)							
			12.2 m	15.2 m	18.4 m	24.4 m	30.5 m	36.6 m	42.7 m	48.8 m
2	---	0.43~0.50	128~150	102~120	85~100	---	---	---	---	---
3	1.	0.35~0.43	105~128	84~102	70~85	52~64	---	---	---	---
4	10.	0.30~0.35	90~105	72~84	60~70	45~52	36~42	---	---	---
5	100.	0.23~0.28	68~83	54~66	45~55	34~41	27~33	22~27	---	---
6	1,000.	0.12~0.18	38~53	30~42	25~35	19~26	15~21	12~18	10~15	---
7	10,000.	0.04~0.08	12~24	10~19	8~16	6~12	5~10	4~8	3~6	3~2
8	100,000.	0.02~0.03	8~10	5~7	4~6	3~4	2~3	2~3	2	2
9	1,000,000.	0.01~0.015	3~5	2~3	2~3	2	1~2	1~2	1	1

無塵室天花板越高，ACH 的循環次數越少，無塵室層流的風速與高度無關。

A.2.1.2. ASHRAE 2003-ACH

● Ch16 Table 2. Vertical Airflow Velovities and Air Change Versus Cleanliness Classes

ISO Class	FS 209 英制	AverageVelocity 無塵室風速 m/s	Air Changes per Hour (ACH)					
			2.5 m	3 m	6 m	9 m	12 m	18 m
2	---	0.43~0.51	638~750	510~500	255~300	170~200	128~150	85~100
3	1.	0.36~0.43	525~838	420~510	210~244	140~170	105~128	70~85
4	10.	0.30~0.36	450~525	360~420	180~210	120~140	90~105	60~79
5	100.	0.23~0.28	338~413	270~330	135~165	90~110	68~83	45~55
6	1,000.	0.13~0.18	166~263	150~210	75~105	50~70	28~53	23~35
7	10,000.	0.04~0.09	60~120	50~100	24~48	15~30	12~24	8~16
8	100,000.	0.02~0.04	3~45	25~35	12~16	8~12	8~9	4~6
9	1,000,000.	0.010~ 0.015	15~23	12~18	6~9	4~6	3~5	2~3

A.2.1.3. ISO 14644-ACH

● ISO 14644：Table I，Typical Airflow Design

Cleanroom Class	Airflow Type	Av. Airflow Velocity		Air changes
		fpm	m/s	times/hr
1.	Unidirectional	60 - 100	0.30 - 0.51	360-540
10.	Unidirectional	50 - 90	0.25 - 0.46	300-540
100.	Unidirectional	40 - 80	0.20 - 0.41	240-480
1,000.	Mixed	25 - 40	0.13 - 0.20	150-240
10,000.	Mixed	10 - 15	0.05 - 0.08	60-90
100,000.	Mixed	5-10	0.03 - 0.05	5-48

A.2.2. 無塵室-氣流

● 設計無塵室的潔淨等級的方式用 (1) ACH、(2) CR平均風速 (3) 氣流模式。

A.2.2.1. ASHRAE Journal

● 參考的建議平均風速、換氣次數 (取材：ASHRAE Journal)

ISO 146144-4	Standard 209E	0.12 μm	0.3 μm	0.5 μm
ISO 1-2	-----	0.3 m/s	0.3 m/s	0.25 m/s
ISO 3	1 .	0.3 m/s	0.3 m/s	0.25 m/s
ISO 4	10 .	0.3 m/s	0.25 m/s	0.25 m/s
ISO 5	100 .	0.25 m/s	50%	30%
ISO 6	1,000 .	80 次/Hr	50 次/Hr	30 次/Hr
ISO 7	10,000 .	N/A	25 次/Hr	20 次/Hr
ISO 8	100,000 .	N/A	N/A	15 次/Hr

A.2.2.2. 高科技電子廠

● ISO 14644-4：Table B.2-Examples for microelectronic cleanrooms 電子廠的無塵室

Air cleanliness class in operation[a]		Airflow type[b]	Avg. CR Airflow Velocity[c]	Air Changes per Hour	Examples of applications
ISO Class	Fed. 209E	---	m/s	m^3/m^2-hr	
2	--- .	U	0,3 to 0,5	na	光刻，半導體加工區 [e]
3	1 .	U	0,3 to 0,5	na	工作區，半導體加工區
4	10 .	U	0,3 to 0,5	na	工作區，光罩，光盤製造，半導體服務區
5	100 .	U	0,2 to 0,5	na	工作區，光罩，光盤製造，半導體服務區，公用事業區 [d]
6	1,000 .	N or M[f]	na	70 to 160	公用設施區，多層加工，半導體
7	10,000 .	N or M	na	30 to 70	服務區，表面處理
8	100,000 .	N or M	na	10 to 20	服務區

Note 1：針對特定應用的分類要求應考慮其他相關規定。	
Note 2：na = 不適用	
Note 3：上標字-註解說明	
a	確定最佳設計條件之前確定氣流類型，並應同意與 ISO 等級相關的使用狀態。
b	氣流類型，表示潔淨室的氣流特性。U：單向流。N：非單向流。M：亂流(混流)。 (1) U - unidirectional：單向流。 (2) N - non-unidirectional：非單向流。 3) M - mixed (combination of U and N，U+N=M)：混流。
c	平均氣流速度是通常指定潔淨室中單向氣流的方式。單向氣流速度的要求將取決於局部參數，例如幾何形狀和熱量。它不一定是濾網表面風速度。
d	換氣次數是指定非單向和混合氣流的方式。建議的空氣變化與房間高度 3.0 m，不同的高度需要再討論。
e	應考慮不透水屏障技術。
f	通過有效分離污染源和要保護的區域。可能應是物理或氣流屏障。

A.2.2.3. 生技產業

● ISO 14644-4：Table B.1- Cleanroom examples for aseptic processing of healthcare products衛生保健產品無菌處理的無塵室示例

Air cleanliness class in operation[a]		Airflow type[b]	Average, Airflow Velocity[c]	Air Changes per Hour	Examples of applications
ISO Class	Fed. 209E				
ISO x	Class x	---	m/s	m³/m²-hr	
ISO 5 at ≥ 0.5μm	100	U	> 0,2	na	無菌處理 [d]
ISO 7 at ≥ 0.5μm	10,000 (10K)	N or M	na	30 to 70	其他直接支援無菌處理的處理區域
ISO 8 at ≥ 0.5μm	100,000 (100K)	N or M	na	10 to 20	無菌處理的支援區，包括受控的準備區
Note 1：特定應用時，具體的分類要求應考慮其他有關規定。					
Note 2：上標字-註解說明					
a	確定最佳設計條件之前確定，並應同意與 ISO 等級相關的使用狀態。				
b	氣流類型，表示潔淨室的氣流特性，有 U、N and M。				
c	平均氣流速度是通常指定潔淨室中單向氣流的方式。對單向氣流速度的要求將取決於特定的應用因素，例如溫度，受控空間和要保護物品的配置。置換氣流速度通常應高於 0.2 m/s。				
d	如果需要操作員保護以確保安全處理危險材料，則應考慮使用隔離概念或適當的安全櫃和設備。				

A.2.2.4. 氣流模式

- 氣流類型，表示潔淨室的氣流特性 (取材：ISO 14644-4)：
  U：單向流。N：非單向流。M：亂流。
- 無塵室的設計循環風量的決定，以氣流風向決定設計風量

單向流	氣流平均速度
非單向和混合氣流	(1) 換氣次數，這關係 CR 天花板的高度 (2) 參考平均氣流速度

- 氣流的模式，SA、RA氣流

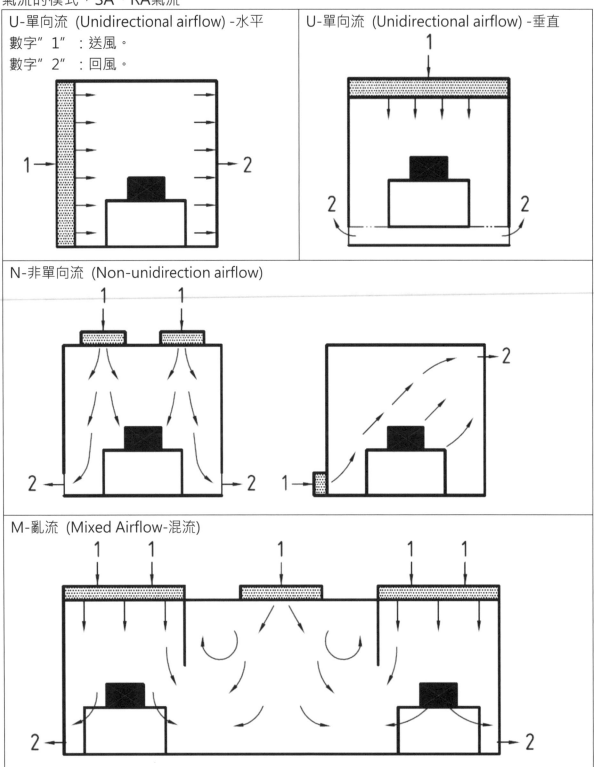

A.2.2.5. 氣流障礙

● 單向氣流潔淨室中的物理障礙物（例如：工廠設備，操作程序，人員流動和產品處理），改善氣流模式-調整設備和行為

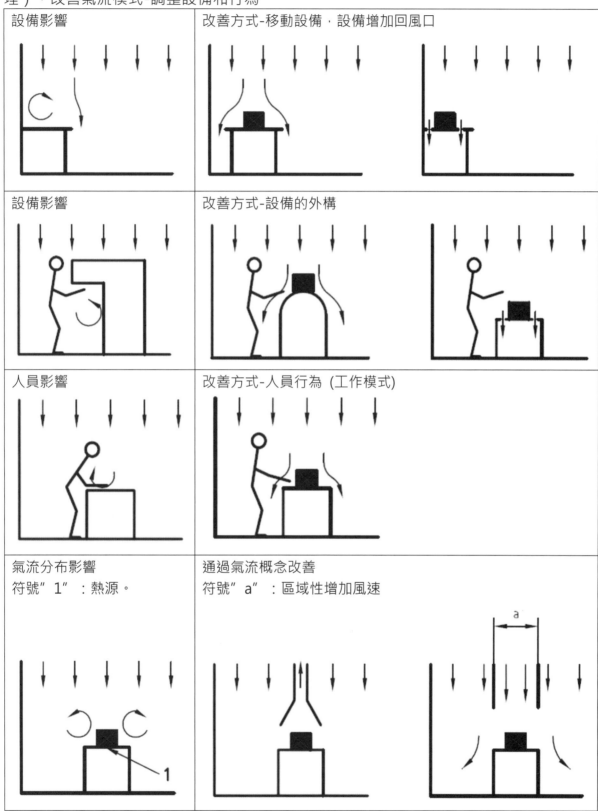

設備影響	改善方式-移動設備，設備增加回風口
設備影響	改善方式-設備的外構
人員影響	改善方式-人員行為 (工作模式)
氣流分布影響 符號〞1〞：熱源。	通過氣流概念改善 符號〞a〞：區域性增加風速

A.2.2.6. 污染氣流

- 染控制問題選擇適當的技術，下圖顯示-使用空氣動力學措施的污染控制概念，管控人員與產品的安全。
- 用佈置和氣流方向(下圖)或通過物理屏障，防止污染物轉移到產品保護和/或人員安全的區域中。

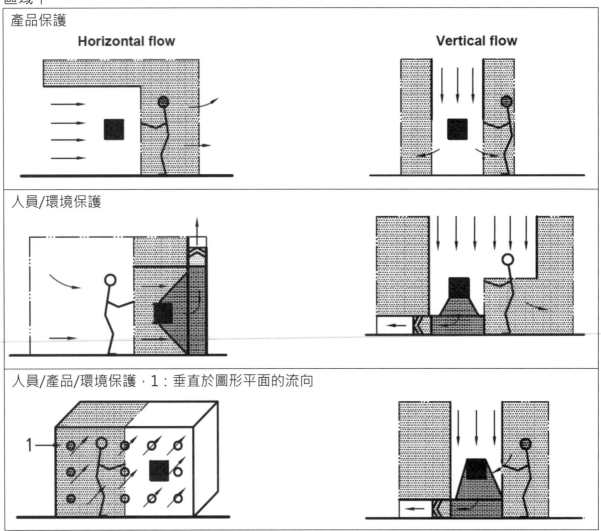

- 通過主動和被動隔離方式(如下圖)，以防止產品與操作員/環境之間的任何接觸。如有必要，應處理過程廢氣，以防止污染室外環境。

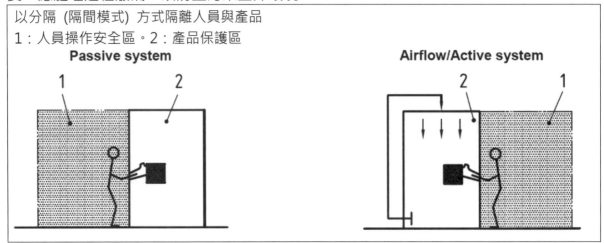

A.2.2.7. 污染控制原則

- 圖示：主要是說明生技產業

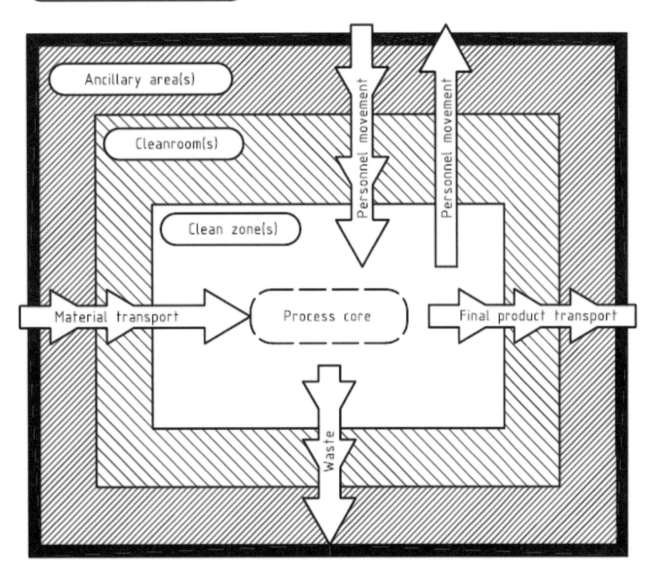

A.2.2.8. 醫院、診所

- 醫院/診所：壓力控制的氣流方向。
  (取材：ASHRAE - HVAC Design Manual for Hospitals and Clinics)

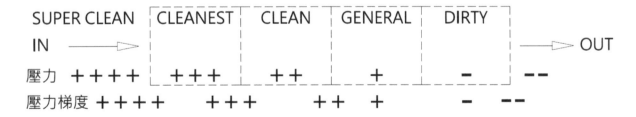

A.2.3. 無塵室-覆蓋率

● 經驗數據 (取材：ASHRAE Journal)

ISO 14644-1	Std 209E	by Vincent A. Sakraida			ASHRAE	TERRA Universal.com			Filter Type
		ft/min	m/s	ACH	ACH	Velocity m/s	ACH	Coverage	
ISO1~2	-.					0.405~0.508	360~600	80~100%	ULPA
ISO 3	1.					0.305~0.457	360~540	60~100%	ULPA
ISO 4	10.	50~90	0.25~0.46	360~600		0.254~0.457	300~540	50~90%	ULPA
ISO 5	100.	40~80	0.2~0.41	240~480	225~275	0.203~0.406	240~480	35~70%	ULPA
ISO 6	1,000.	25~40	0.13~0.2	150~240	70~160	0.127~0.203	150~240	25~40%	UL/HEPA
ISO 7	10K.	10~15	0.05~0.08	40~60	30~70	0.051~0.076	60~90	15~20%	HEPA
ISO 8	100K.	1~8	0.01~0.04	5~20	10~20	0.005~0.041	5~48	5~5%	HEPA
ISO 9					As Req.	0.01~0.015	As Req.		

Standard 209E 已經與ISO 14644合併，現在漸漸不在採用209E。

注意：本表沒有討論無塵室天花板高度，因此覆蓋率的區間很大，需要經驗判斷。

實際平均速度和空氣換氣次數可能會有所不同，因為平面面積的不同。

A.2.4. 換氣次數與自淨時間

● 無塵室因為有人與貨物的進出而影響無塵室的潔淨，因此換氣次數與自淨時間有著一定的關係。換氣次數愈大，自淨時間預短。

換氣數次 ACH	粒徑≥0.5μm 自淨時間 min	粒徑≥5μm 自淨時間 min
10	15 ~ 23	18 ~ 24
15	10 ~ 15	12 ~ 16
20	7 ~ 12	9 ~ 12
25	6 ~ 9	7 ~ 10
30	5 ~ 7	6 ~ 8
35	4 ~ 6	5 ~ 7
40	4 ~ 6	4 ~ 6

換氣數次 ACH	粒徑≥0.5μm 自淨時間 min	粒徑≥5μm 自淨時間 min
45	3 ~ 5	4 ~ 5
50	3 ~ 4	3 ~ 5
55	3 ~ 4	3 ~ 4
60	2 ~ 4	3 ~ 4
65	2 ~ 3	3 ~ 4
70	2 ~ 3	2 ~ 3
75	2 ~ 3	2 ~ 3
80	2 ~ 3	2 ~ 3

● 換氣次數對顆粒去除的效率。(取材：USA CDC-2003，假設循環系統是順暢)

換氣數次 ACH	去除效率 99% / min	99.9% / min
2	138	207
4	69	104
6	46	69
8	35	52
10	28	41
12	23	35
15	18	28
20	14	21
50	6	8

A.2.5. 無塵室壓力設定

A.2.5.1. 高科技產業

● 無塵室相鄰間的壓力差控制如下，相鄰的壓力差太小會導致壓力差難以控制，以下是建議值。適用電子高科技產業。

壓力	等級 Class	相鄰的相對壓力差 Pa
高正壓	100	37.5~20.0
中正壓	1,000	25.0~15.0
中低正壓	10,000	12.5
更衣室	100,000	5.0
適當的正壓等級相互間差~12.5Pa，於控制上比較容易達到。		

壓力的梯度屬於建議值，實務上為節能，CR 的對外開孔量會決定相對的正壓值，一般為節能都會低於建議值。

A.2.5.2. 生技產業

● 壓力設定-依業主需求，設計者選擇適當基準

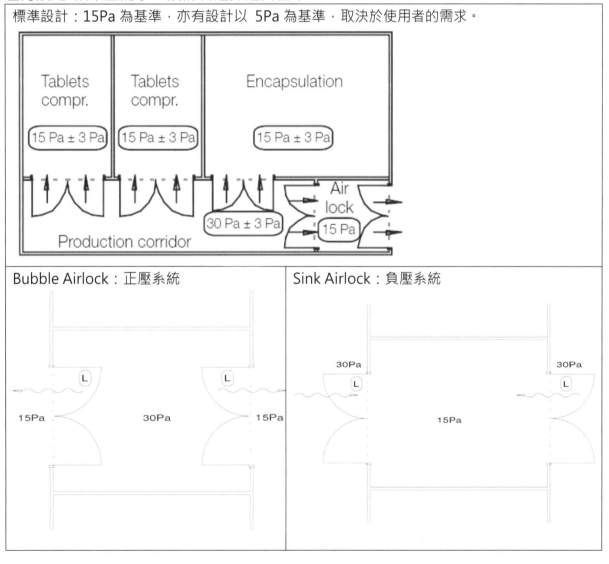

A.3. 無塵室設計-生技產業

● 本節介紹生技業潔淨室的等級分類，潔淨室測試標準，理論上與高科技廠房的潔淨室是相同的，最大差異是微生物的控制 (細菌)。

● 生技產業與高科技產業無塵室的設計最大不同點是，生技業用ACH，電子科技產業用風速用ACH輔助。

A.3.1. 藥廠 Pharmacy

● 歐盟(European Union)：EU, GGMP, 1997。
European Union Guide to Good Manufacturing Practice, EU CGMP（歐盟之優良產品製造法規）。
EU CGMP Classification：(Max. Permitted No. of Particles / m^3 Equal to or Above)

Grade	Max. limits (particles/m^3) for particles ≥ particle sizes				Reference Code (At Rest)		
	At rest		In operation				
	≥ 0.5μm	≥ 5.0μm	≥ 0.5μm	≥ 5.0 μm			
A	3,520	20	3,520	20	Class 100	M3.5	ISO5
B	3,520	29	352,000	2,900	Class 100	M3.5	ISO5
C	352,000	2,900	3,520,000	29,000	Class 10,000	M5.5	ISO7
D	3,520,000	29,000	not defined	not defined	Class 100,000	M6.5	ISO8

● 靜止狀態下允許的最大顆粒數大致對應於美國聯邦標準209E和ISO分類，如下所示：

Grades A and B	Class 100,	M 3.5	ISO 5
Grade C	Class 10 000, (10K)	M 5.5	ISO 7，8
Grade D	Class 100 000, (100K)	M 6.5	ISO 8

● 微生物污染之建議值

Grade	Air Sample cfu/m^3	Settle Plates Diam. 90mm cfu /4 hours	Contact Plates Diam. 55mm cfu / plate	Glove Print 5 Fingers cfu / glove
A	< 1	< 1	< 1	< 1
B	10	5	5	5
C	100	50	25	0
D	200	100	50	0

A.3.2. 手術室潔淨度

手術室名稱 (手術內容)	潔淨度等級	換氣次數		送風速度	備註
		適用	設計		
		次 / hr	次 / hr	m / s	
整形外科 (器置換)	100	100 ~ 300	150	0.4 ~ 0.5	使用 X 光機
整形外科 (一般)	10K	35 ~ 45	40	0.34	
心臟、心臟血管外科	1,000	65 ~ 70	70	0.35 ~ 0.4	使用 X 光機
腦外科	1,000	65 ~ 75	70	0.35 ~ 0.4	使用 X 光機
眼科	1,000	35 ~ 45	40	0.35	
一般外科	10 K	35 ~ 45	40	0.35	

相關生技產業隨技術精進嚴謹，換氣次數與環境條件會稍有變動。

A.3.3. 生物性危害

● 本節介紹生物性危害，盼望對生技產業的機電設計者有所幫助。參考取材資料：
(1) 衛生福利部疾病管制署也有相關於生物安全的資料可供參考。WHO 的網站亦有說明，與台灣衛生福利部的內容相同。
(2) 勞委會勞工安全衛生研究所已出版「勞工安全衛生生物危害分級管理指引」，收集國內外相關資料，彙整成一套推動生物安全衛生的管理系統，並建議生物安全資料表應該具備之相關資訊，提供國內相關產業推動實驗室生物危害預防參考。

● 凡對成年人或動物可造成傷害之任何生物或其所產生之毒素均為生物性危險物。這些物質經由直接方式感染人、畜或間接的危害環境。

● 具感染力的物質當一小部份從控制環境下釋放出來後，於自然界中能大量繁殖造成更嚴重的危害。一般大部份都是於處理動物、細胞培養及組織病材的過程中經由傷口、呼吸道、消化系統、皮膚及粘膜吸收而暴露到這些物質。

● 歐美先進國家在生物安全等級分類上各有相關規範，雖然若干定義上稍有不同，但對於危害等級分類的範疇卻十分接近。

A.3.3.1. 病原體危害

● 不明原因肺炎（atypical pneumonia）
泛指所有由某種未知病原體引起的肺炎，該病原體可能為細菌、病毒或真菌等，病原體依其致病危害風險高低，分為四級危險群 (取材：振泰檢驗)

分級	說明	舉例
第一級危險群(RG1)	未影響人體健康者	大腸桿菌 K12 型
		腺相關病毒
第二級危險群(RG2)	輕微影響人體健康，且有預防及治療方法者	金黃色葡萄球菌
		B 型肝炎病毒
		惡性瘧原蟲
第三級危險群(RG3)	嚴重影響人體健康或可能致死，且有預防及治療可能者	結核分枝桿菌
		人類免疫缺乏病毒
		SARS 冠狀病毒
第四級危險群(RG4)	重影響人體健康或可能致死，且通常無預防及治療可能者	伊波拉病毒
		天花病毒

RG：Risk Group 危險群。

A.3.3.2. 生物安全等級

● 生物危害依其不同危險等級，區分出不同的實驗室生物安全等級。
生物安全實驗室依其操作規範、屏障與安全設備及設施，針對各病原體對人體、環境的危害程度分為四大類 BSL，簡稱為 P1、P2、P3 & P4。
其等級及操作之感染性生物材料：
(1) 生物安全等級一 (BSL1 = P1)：不會造成人類疾病者。
(2) 生物安全等級二 (BSL2 = P2)：造成人類疾病者。
(3) 生物安全等級三 (BSL3 = P3)：造成人類嚴重或潛在致命疾病者。
(4) 生物安全等級四 (BSL4 = P4)：造成人類嚴重致命疾病且無疫苗或治療方法者。
BSL：Biological Safety Level 生物安全等級。

● 實驗室生物安全：等級區分與設備及防護與操作規範 (取材：振泰檢驗)
詳細資料說明可參考：衛生福利部疾病管制署-實驗室生物安全規範 Laboratory Biosafety Management Guideline。其中包含房間的佈置、設備安排都有詳盡說明。

等級區分	硬體設施及安全設備	人員防護及操作規範
第一等級 BSL-1	設有實驗工作臺及洗手槽。	訂有標準微生物操作規範。
第二等級 BSL-2	1. 同一等級實驗室之規定。 2. 應設有Ⅰ級或Ⅱ級生物安全櫃與其他物理性防護裝置。 3. 實驗室應有感染性廢棄物消毒滅菌及清運之標準作業流 程。	1. 同一等級實驗室之規定。 2. 實驗室門口張貼生物危害標識。 3. 預防尖銳物品意外措施。 4. 各種廢棄物除汙規定。 5. 醫學監視政策。 6. 限制人員進入。 7. 操作感染性材料，其可能引起氣膠（aerosol）或噴濺（splash）之步驟，應於生物安全櫃進行；不 適於生物安全櫃內操作者，應於其他物理性防護裝 置（例如離心時，離心管應予拴緊，離心旋轉盤 (rotor)應有密閉裝置）進行。 8. 穿戴實驗衣、手套，以及臉部防護裝備（視需要）。
第三等級 BSL-3	1. 同二等級實驗室之規定 1。 2. 應設有Ⅰ級或Ⅱ級生物安全櫃，及其他物理性防護裝置。 3. 實驗室入口與一般通道做物理性隔離。 4. 實驗室內設有高壓蒸氣滅菌器。 5. 實驗室具前室，其前後兩扇門應有互鎖且自動關閉之功 能，不可同時開啟。 6. 實驗室排氣經高效率過濾網過濾且不可循環。 7. 實驗室具負壓定向氣流。	1. 同二等級實驗室之規定 1.至 5.。 2. 管制實驗以外人員進入。 3. 所有移出實驗室之物品應先進行除汙。 4. 穿戴長袖且正面不開口之防護衣、手套、鞋套，以及 N95 口罩或呼吸防護裝備（視需要）。
第四等級 BSL-4	1. 同三等級實驗室之規定 1。 2. 應設有Ⅰ級~Ⅲ級生物安全櫃，及其他物理性防護裝置。 3. 獨立建物或隔離區域。 4. 專用之進氣、排氣、抽真空及除汙系統。	同三等級實驗室之規定，並著連身式供氧正壓防護衣。

A.4. 無塵室天花板

- 無塵室的天花板材料可分為：(1) T-Grid (2) 無塵庫板 (3) 矽酸鈣板(4) T-Bar。

(1)	T-Grid	施工容易，需求變更時容易調整，初設費用單價高。用於高科技產業最多
(2)	PU 庫板	氣密功能好，絕熱效果佳，用於恆溫恆濕，承載重量強度好，便宜。
(3)	矽酸鈣板	用於製藥業、生技產業，現況已慢慢被無塵庫板取代
(4)	T-Bar	用於低階無塵室，如 Class 10K and 100K。現在已經很少產業使用。

- 本節主要介紹T-Grid的天花板，T-Grid的天花板用於配合FFU尺寸設計。
  需注意各製造商的尺寸略有不同，各製造商產品不能互通共用，不同的製造廠商生產可能造成 FFU 或濾網箱的尺寸不合。因此，設計初供應商需要提供詳細尺寸及技術資料協助更新。

A.4.1. T-Grid 材料

- T-Grid的材質是擠鋁，模組化的成品。須注意產品的平整性，這會影響天花板的氣密。
  T-Grid 的組成分為：T-Bar，接頭 (十字，T，L)，接頭補強片，T-Bar 壓蓋，C 型鋼，Unistrut，矩形調節器，螺絲，螺桿，膨脹螺絲。

A.4.1.1. T-Grid規格

- 各製造商的產品外型都大同小異，設計工程師需要取得詳細的尺寸。
  要注意各製造商產品細部尺寸不同，不同製造商的產品不能互相通用，會完全不密合。

- T-Grid的尺寸，常用規格產品，如下：

(1)	600 x 600 mm	小型潔淨室，小區塊無塵室
(2)	600 x 900 mm	此規格慢慢退出市場
(3)	600 x 1,200 mm	常見規格，配合燈具、FFU 等設備，可變動性大。
(4)	900 x 1,200 mm	此規格慢慢退出市場
(5)	1,200 x 1,200 mm	最節能的尺寸、施工最簡單的尺寸。

- T-Grid的荷重，分為：(1) Heavy Duty、(2) Standard、(3) Light Duty-類似T Bar。
  製造商的寬度~65mm(W)，重型~70mm(H)，標準型~57mm(H)。
  各製造商規格不同，舉例一製造商規格，詳細資料請詢問供應商 (取材：TOPWELL)

Project (項目)	Main Grid (主骨架)	Sub Gird (次骨架)
T Grid Size (鋁骨架尺寸)	60 x 70 [mm]	40 x 70 [mm]
Aluminum material (材質)	A6063-T5	A6063-T5
Surface treatment (表面處理)	Anodic Processing>10μm	Anodic Processing>10μm
Tension Strength (Bottom) 抗拉強度(下槽) *1	>1,000Kg	>1,000Kg
Deflection 撓度(*2)	1,85mm	5.12mm
Deformation 變形量(*2)	0.00mm	0.02mm

Note：
(*1)：測試速率 1,000Kg/min 下之抗拉強度。
(*2)：跨距 1m 時集中荷重 100kg 以下之抗彎強度。

A.4.1.2. 荷重

● T-Grid的系統，各工總的設備安裝懸吊應用T Grid的溝槽。

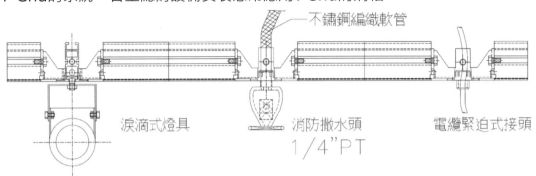

● 十字接頭

材質	標準鋅合金		標準鋁合金		圖示
規格	55W x 60H	65W x 70H	55W x 60H	65W x 70H	
荷重	> 1,210kg	>1,400kg	> 960kg	>1,160kg	
伸長	<6.0mm	<7.5mm	<3.0mm	<4.0mm	
荷重	> 1,450kg	>1,835kg	> 1,200kg	>1,050kg	
伸長	<1.3mm	<2.0mm	<1.2mm	<1.3mm	

● 骨材

說明	標準型鋁骨架 55W x 60H	載重型鋁骨架 65W x760H	圖示
表面處理	>10μm	>10μm	
測試尺寸	1,000L/mm 中心	1,000L/mm 中心	
荷重	> 100kg	> 100kg	
撓度	<2.8mm	<1.6mm	
變形量	<0.03mm	<0.02mm	
最大強度	>470kg	>785kg	

● 溝槽

說明	標準型鋁骨架 55W x 60H		載重型鋁骨架 65W x760H	
溝槽抗拉強度	上溝槽	下溝槽	上溝槽	下溝槽
伸長	<6.5mm	<10mm	<7.0mm	<10.5mm
最大拉力 (破壞)	>1,080kg	>1,380kg	>1,155kg	>1,400kg

● 矩形調整器

說明	矩形調整器 50W x 100H - 4.5mmt		圖示
	Peak (最高點)	Yield (產生變化)	
荷重	>2,600kg	>1,150kg	
伸長	<2.5mm	<4.0mm	

● 膨脹螺絲的相關規格、荷重，請參考本書系列-配管篇-配管支撐-膨脹螺栓，其中有較詳細說明。

A.4.2. 盲板

● 天花板除了FFU，照明，....等的設備外，盲板也是重要元件。需考慮承載重量，未來的維修可能人員的踩踏與搬運設備，使盲板是無形的安全網。(取材:TOPWELL)

● T-Grid的尺寸：1,200 x 1,200mm時，則盲板尺寸：570mm x 1170mm 厚度1.6mm。各製造商尺寸大致相同。最大的差異是厚度，依需求有 1.2、1.6、1.8 and 2.0 mmt。承載荷重也有 6 摺、8 摺板，摺數越多承載荷重越大。

盲板規格 (mm)	盲板厚度	1.6 mmt		5.0 mmt		5t 複合板	
	盲板尺寸	> 50μm					
	荷重 (Load)	撓度	變形量	撓度	變形量	撓度	變形量
570 x 1,170	200 kg	<12mm	<0.1mm	<11mmm	<0.1mm	<9mm	<0.1mm
	300kg	<14mm	<0.5mm	<13.5mm	<0.2mm	<12mm	<0.1mm
870 x 1,170	200 kg	<15mm	<0.1mm	<11mm	<0.1mm	<17mm	<0.2mm
	300kg	<18mm	<0.2mm	<13mm	<0.1mm	<21mm	<0.3mm
1,170 x 1,170	200 kg	<16mm	<0.2mm	<15mm	<0.2mm	<20mm	<0.1mm
	300 kg	<20mm	<0.2mm	<18mm	<0.2mm	<23mm	<0.3mm

● 測試點 (載重面積 300x300mm，考慮的方向是人的腳尺寸))

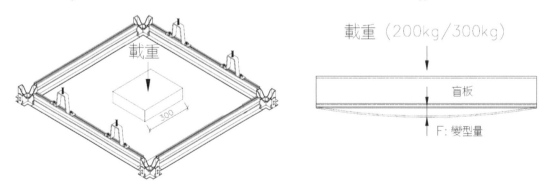

A.5. 無塵室庫板

● 無塵是庫板生產廠商的成品大致相同，不同的是各家廠商安裝施工方式不同。
應用範圍：無塵室的牆面隔間，氣密門，天花板，.....等。

庫板規格

導電	材料依需求有 (1)一般庫板 (2) 抗靜電庫板-單抗、雙抗。
寬度	(1) 900mm (2) 1,200mm，長度可依需求訂購。
長度	(1) 用於牆高 Max. ~6 mtr。
	(2) 用於天花板長 ~2.5 mtr，設計時須考慮庫板強度，一般採用 PU 填充材
注意事項	耐燃等級、防火時效。

● 設計施工時注意事項：各庫板廠商製造方法不同，需要製造商確認

(1)	表面材鋼板材質、厚度、重量
(2)	芯材質耐燃等級，防火時效，法規認證資料
(3)	庫板寬、高、厚度，熱傳導係數
(4)	庫板施工方式。生技產業對邊對角的要求與科技廠房不同。

A.5.1. 庫板表面材料

● 無塵室庫板表面材有：

(1)	烤漆鋼板	一般常用的庫板材
(2)	不鏽鋼鋼板	有特殊需求時會採用不鏽鋼鋼板
(3)	鹽化鋼板	靠海邊時會採用防鹽害
(4)	防靜電鋼板	有靜電要求

A.5.1.1. 抗靜電

● 本節介紹防靜電庫板。靜電的一般知識介紹，詳本系列書的電力系統-靜電章節。

● 無塵室庫板採用抗靜電塗料，依據ASTM D257測試規範，阻抗質於10^6~10^9 Ω/sq。為區別材料特性，製造商會將抗靜電的面貼上藍色膠膜，以便區別其他表面材質，施工時將殘色膠膜面對著需要抗靜電的區域，施工完成後撕去膠膜即可使用。

● 靜電的消除：
(1) 表面上塗佈一層抗靜電劑，使導電體成為絕緣體。
(2) 接地
(3) 濕度控制增加空氣中的濕度。
(4) 靜電消除器。

A.5.1.2. 鹽化鋼板

● PVC 烤漆壓花鋼板 (一般稱鹽化鋼板)，經過耐燃、耐磨、耐蝕、耐候及耐衝擊等試驗，為極優良的鋼板製品。
表面以聚氯乙烯可塑溶膠塗料為塗裝，經表面壓花而成有花紋之塗膜，具有極佳的耐化學藥品性、耐鹽水性、耐瓦斯性等特殊功能。對於酸、鹼、礦鹽類、油脂等均有極佳抵抗力。適用溫度 +60°C ~ -50°C。 一般地區耐用 15 年以上。(取材：可立穩科技股份有限公司)

● PVC鹽化鋼板：PVC表面塗層，抗腐蝕，適合作於食品廠等鹽水、氯水、氯氣環境下隔間。

A.5.2. 庫板填充材

● 庫板的填充材料有：(1) 鋁蜂巢 (2) 紙蜂巢 (3) 防火岩棉 (4) PU。

項目	耐燃鋁風巢	不燃紙風巢	耐火長纖岩棉 室內防火隔間牆		硬質 PU 發泡
法規認證	CNS 14705	CNS 14705	CNS 12514	CNS 14705	CNS 6532
市場產品種類	耐燃一級	耐燃一級	防火時效一小時	耐燃二級	耐燃二級
	耐燃二級	耐燃二級	防火時效二小時		

防火時效 1hr 若預估 50mmt，若 2hr 防火則需要 100mmt。

● 庫板填充材的規格，詳細規格請詢問供應商

項目	不燃鋁蜂巢	耐燃紙風巢	防火岩綿隔間板	耐燃 PU 發泡
照片				
隔板厚度	50mm	50mm	50mm	50mm
隔板寬度	900 / 1,200mm	900 / 1,200mm	900mm	900mm
隔板重量	11~13 kg/m²	11 kg/m²	13~26kg/m²	~12 kg/m²
隔間板最大長度	7,000mm	6,500mm	4,500mm	6,000mm
天花板最大長度	2,100mm	2,700mm	2,500mm	2,700mm
主要材料 — 表面材料	0.6mm 高張力烤漆鋼板	0.6mmt 高張力烤漆鋼板	0.6mmt 高張力烤漆鋼板	0.6mmt 高張力烤漆鋼板
	0.6mmt 防靜電鋼板	0.6mmt 防靜電鋼板	0.6mmt 防靜電鋼板	0.6mmt 防靜電鋼板
	0.6mmt 鹽化鋼板	0.6mmt 鹽化鋼板	0.6mmt 鹽化鋼板	0.6mmt 鹽化鋼板
	0.6mmt 不鏽鋼鋼板	0.6mmt 不鏽鋼鋼板	0.6mmt 不鏽鋼鋼板	0.6mmt 不鏽鋼鋼板
主要材料 — 芯材	奈米展開式 耐燃紙蜂巢	展開式 耐燃紙蜂巢	130kg/m³ 耐火性長纖岩棉	耐燃 PU
主要材料 — 連接方式	雙凹型鋼框 加中柱嵌合	雙凹型鋼框 加中柱嵌合	雙 C 型鋼眶 加ㄇ蓋嵌合	雙凹型鋼框 加中柱嵌合
隔音	25dB	25dB	33dB	30dB
隔板功能	可預埋電管	可預埋電管	可預埋電管	可預埋電管
法規認證 各製造商不同	CNS 6532 耐燃一級	CNS 6532 耐燃二級	CNS 12514 防火時效二小時	CNS 6532 耐燃二級

A.5.2.1. 不燃鋁蜂巢

● 應用：無塵室，(Ex) 隔間牆，防火區隔的需求。

本單元是依製造商提供資料，各製造商有不同規範，詳細資料要詢問廠商。

項次	說明
<1>	不燃鋁蜂巢
<2>	雙面 0.6mm 烤漆鍍鋅鋼板
<3>	鍍鋅鋼板中柱固定材 t=0.8mm
<4>	鍍鋅鋼板雙凹邊框材 t=0.8mm
<5>	特性與紙蜂巢板大致相同,但是由於蕊材是以鋁蜂巢構成,價格比紙蜂巢板相對的高很多。而鋁蜂巢本身即是金屬產品,使得本產品在切割中以及產品本身便具有不發塵之絕佳特性,因此被大量採用在高階製程如:晶圓、TFT、特產的無塵室內裝工程中。

A.5.2.2. 不燃紙蜂巢

● 應用：無塵室，(Ex) 隔間牆，防火區隔的需求。

本單元是依製造商提供資料，各製造商有不同規範，詳細資料要詢問廠商。

項次	說明
<1>	不燃紙蜂巢
<2>	雙面 0.6mm 烤漆鍍鋅鋼板
<3>	鍍鋅鋼板中柱固定材.t=0.8mm
<4>	鍍鋅鋼板雙凹邊框材.t=0.8mm
<5>	隔音性及氣密性與 PU,PF,等發泡類產品並無太大差異,但是由於斷熱性能較差,所以並不適用於無塵室外部有隔熱保溫需求的區域,內部隔間由於質輕,低污染則是絕佳的隔間材料。

A.5.2.3. 防火岩棉隔

● 符合CNS 12514防火一小時法規，並通過營建署新材料、新工法認証。

應用：無塵室，(Ex) 隔間牆、管道間，防火區隔的需求。

本單元是依製造商提供資料，各製造商有不同規範，詳細資料要詢問廠商。

項次	說明	
<1>	$100kg/m^3$ 耐火性長纖岩棉	
<2>	雙面 0.6mm 烤漆鍍鋅鋼板	
<3>	鍍鋅鋼板中柱固定材 t=0.8mm，鍍鋅鋼板雙凹邊框材 t=0.8mm	
<4>	防火性	(1) 火燄擴散指數(Flame Spread Lndex)：0， (2) 汽油助燃性值(Fuel Contributed Value)：0， (3) 煙霧擴散值(Smoke Developod Value)：0。
<5>	防水性：潑水性 98%以上，在 90%相對溼度下，溼含量低於 0.004%	
<6>	防腐蝕性：符合 ASTM C692-77(防蝕測試)及 ASTM C871-77(化學分析)的規格，同時也符合德國 AGI Q135 "AS-QUALITY" 依此標準氯化物含量不超過 6PPM,因與鋼板之接觸面不合產生腐蝕現象。	

A.5.2.4. PU 庫板

● PU：酚醛樹脂發泡隔間板。
應用：無塵室，(Ex) 隔間牆、天花板的需求。
本單元是依製造商提供資料，各製造商有不同規範，詳細資料要詢問廠商。

項次	說明
<1>	雙面 0.6mm 烤漆鍍鋅鋼板
<2>	硬質 PU 發泡材，酚醛樹脂發泡
<3>	鍍鋅鋼板中柱固定材.t=0.8mm
<4>	鍍鋅鋼板雙凹邊框材.t=0.8mm
<5>	PU 在添加適量的阻燃劑後，雖然可以達到自熄，不自燃的效果，並且符合中華民國 CNS 6432 驗證之耐燃 2 級規定，
<6>	由於火災時將產生大量有毒氣體及濃煙，對人體及製程設備造成嚴重的傷害及污染，基於安全及保險費率理賠的種種原因，其他具有防火耐燃特性之隔間板已遂漸取代 PU 隔間板，大量用於無塵室之內裝工程。
<7>	然而在符合消防法規(耐燃 2 級)之前提下，有保溫、氣密、價廉、施作容易等需求之無塵室，PU 隔間板仍不失為最佳選擇。
<8>	PU 發泡雖然具有完全不燃的物質特性，由於如果要達到防火時效一小時則必須在密度高於 200k 厚度 50mm(重量高達 22kg/m^2)以上時才有可能達到，因此雖然防火時效一小時的無塵室隔間板材，在無塵室工程中有相當的需求性。

● 補充說明：
庫板除應用在潔淨室，還應用於冷凍冷藏的隔間系統，但其中填充材用 PIR (Polyisocyanurate)聚異三聚氰酸酯，其材料特性：
(1) PIR 熱固性材料、阻燃等級高。
(2) PIR 導熱係數低、絕熱效果極優、使用溫度範圍: -196℃ ～ +150℃。
材料應用：

庫板厚度	溫度 [℃]	應用
50mmt	+15℃ ～ +25℃	處理區
110mmt	+0.5℃ ～ -20℃	冷藏冷凍庫
150mmt	0℃ ～ -40℃	冷凍庫
200mmt	-20℃ 以下	急速冷凍庫

A.5.3. 無塵室視窗

● 視窗大多是訂製品，尺寸依業主需求，費用較高。

標準尺寸	可選用材質		開孔尺寸
	玻璃厚度	材質	
<1> 700x900 mm	5 mmt.	強化玻璃	外框：W mm
<2> 1,500x900 mm	6.8 mmt.	鋼絲網玻璃	開孔：W + 20mm
	6 mmt.	黃光玻璃	玻璃：W + 47mm
	5 mmt.	抗靜電玻璃	可視：W + 62mm
	16 mmt.	真空玻璃	
	5 mmt.	抗靜電 PVC	

A.5.4. 無塵室門

● 無塵室的門分：
一般出入門，氣密門，防火門，Move In 專用門，.....等。製造商可依設計者的需求，訂製需要的規格。其材質與庫板相同。

扇形門	(1) 單開 (2) 雙開 (3) 子母門。
拉門	有電動與手動分為：(1) 單開拉門 (2) 雙開拉門。
維修門	維修門的功能，配合搬運設備使用，氣密條件差，尺寸依設備需求。

Note：
(1) 門的規格與型式都是配合使用者的需求，量身訂製。
(2) 配合建築需求，又有一般出入、防火等級分別。

● 門的標準規格

說明	寬 [mm]	高 [mm]
單開門	<1,200	< 6,000
雙開門	<2,400	< 6,000

實際尺寸及技術資料，請詢問供應商，每家製造商的尺寸可配合需求製造。

A.5.5. 庫板規格

● 庫板依安裝位置，可分為：天花板、牆板、地板。
● 庫板大樣圖 (各製造商的銜接方式，大同小異，目的是為材料的氣密與強度)

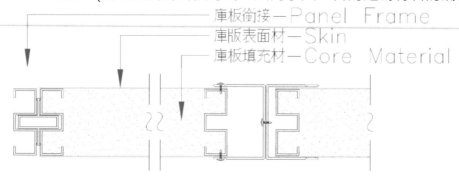

● 圖示說明

框架 Panel Frame	0.8mmt 鋼板 / 鋁材
庫板表面材 Panel Skin	烤漆鋼板：0.5、0.6、0.8mmt
	不銹鋼板烤漆鋼板：0.5、0.6mmt
	抗菌鋼板：0.6mmt
	抗靜電鋼板：0.6mmt
	防鹽害鋼板：0.6mmt
庫板填充材 Core Material	岩棉：Rock Wool、
	聚苯乙烯 (EPS) ：Polystyrene
	聚氨酯 (IUPAC、PUR、PU) Polyurethane
	紙蜂巢：Paper Honeycomb
	鋁蜂巢：Aluminum Hineycomb
	石膏板：Gypsum Board
	矽酸鈣板：Calcium Silicate Board

A.5.5.1. 庫板厚度

● 庫板依用途，可分為：

庫板厚度	溫度 [°C]	應用	備註
50mmt	+15°C ~ +25°C	無塵室	特殊需求亦有 32mmt
110mmt	+0.5°C ~ -20°C	冷藏冷凍庫	
150mmt	0°C ~ -40°C	冷凍庫	
200mmt	-20°C 以下	急速冷凍庫	

● 低溫環境的填充材：PIR 聚異三聚氰酸酯(Polyisocyanurate,簡稱PIR)為內襯材質，適用於不同溫層的冷凍庫、冷藏庫。
(1) PIR 聚異三聚氰酸酯熱固性材料、阻燃等級高，達到國家 GB8264 標準之 B1 級。
(2) PIR 聚異三聚氰酸酯導熱係數低、絕熱效果極優、使用溫度範圍: -196°C ~ +150°C。

● 實際的厚度，及技術資料，請詢問供應商，每家製造商的尺寸略有不同。
[例如] MAU 的庫板厚度規格有：75mmt、72mmt、60mmt、50mmt，.......等。需要設計者於規則中詳細說明。

A.5.5.2. 天花板庫板

● 天花板庫板的尺寸

說明	寬 [mm]	高 [mm]	厚度 [mmt]	備註
鋼板	900 / 1,200	< 3,000	~50	岩棉填充材 <2,500
不銹鋼板		< 3,000		

天花板承載重量：依不同的填充材有 80~100kg/cm^2。
實際尺寸及技術資料，請詢問供應商，每家製造商的尺寸略有不同。

A.5.5.3. 天花板庫板

● 牆板庫板的尺寸：

說明	寬 [mm]	高 [mm]	厚度 [mmt]	備註
鋼板	900 / 1,200	< 6,500	~50	PU 填充材 <6,000
不銹鋼板		< 3,000		

實際尺寸及技術資料，請詢問供應商，每家製造商的尺寸略有不同。

A.6. 風車濾網機組 FFU

- FFU (Fan Filter Unit) 風機濾網組,近年的無塵室工程常採用的設備,因為變動性高,可針對需要特別潔淨的區域增加FFU的數量來改變環境的潔淨度,也因潔淨的等級可選用適合的濾材。

- FFU的組成有:由風車,濾網與風箱組成-風扇過濾組。入風經過風車與濾網送出層流的風來潔淨無塵室內環境。
  FFU 依外觀的本體材質有:鋁,碳鋼,不銹鋼
  FFU 的附屬設備:初級濾網,再熱盤管,再冷盤管,化學濾網,照明組合。

- 應用:HVAC and Exhaust (取材:PRICE)

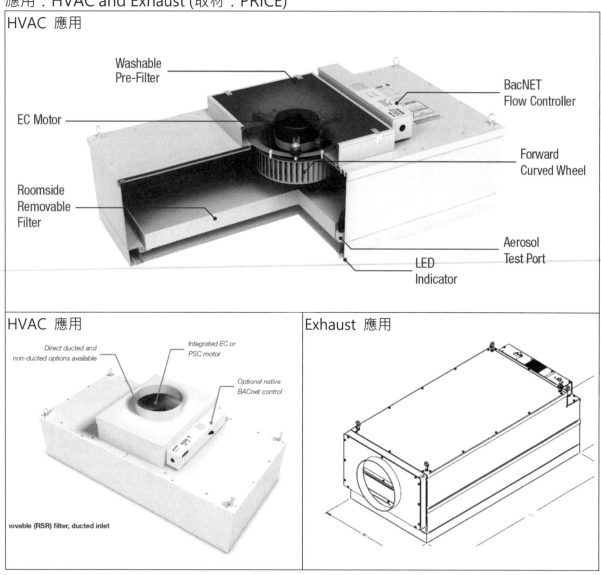

- FFU分類,依風車馬達分:
  (1) 交流,直流,EC。
  (2) 單相、三相。(選用的不同馬達,產生噪音不同)
  近年的趨勢有採用 EC 的馬達,EC Motor 是 AC 供電經內部轉換後運轉屬 DC-不需要變頻器,是節能的風機但初設費用高。

- FFU的尺寸：都能配合標準的T-Grid規格，或PU庫板的特殊訂製品尺寸。配合T-Grid常用規格，例如：
  (1) 600 x 600mm / 600 x 1,200mm
  (2) 900 x 1,200mm / 600 x 900mm
  (3) 1,200 x 1,200mm
  實務的經驗：大型的無塵室採用大尺寸的 FFU (1,200x1,200mm)，小型的無塵室採用小型尺寸的 FFU。

- FFU的濾材：依無塵室的等級選用適當濾材

無塵等級 Class 1~10	濾材用 ULPA
無塵等級 Class 100~1000	CL100 濾材用 ULPA
	CL1,000 濾材用 ULPA 或 HEPA
無塵等級 Class 10K ~	濾材用 HEPA

濾網的材質分有：玻璃纖維、PTFE (沒有硼)。
玻璃纖維的初始壓損高(價格便宜)。
PTFE 的初始壓損低(價格高)，運轉費用便宜。PTFE 的選用主要是精密製程的需求。

- FFU濾網的厚度也是選項重點，濾材厚壓損高，使用壽命長，費用高。詳細規格請詢問供應商。
  因製程的精密度，除了 FFU 內的濾網外，會在 FFU 吸入口依需求增設不同的化學濾網。化學濾網壓損(依不同製造商壓損不同，詳細資料請詢問供應商)，所以選購 FFU 時必須考慮未來加裝化學濾網需求的預留壓損空間。
  無塵室剛啟動試車-提供潔淨循環運轉，為避免損害 HEPA 濾網，FFU 初運轉時會附加初級濾網保護，初濾壓損目標值~10Pa。

A.6.1. 風車濾網機組規格

- FFU 的尺寸種類很多，各製造商的產品大多相同，主要的不同是控制系統的選擇。
  本節主要介紹規格的其中一種規格說明。詳細規格請詢問供應商。

項目	說明	單位	FFU 1212
尺寸	天花板尺寸	mm	1,200 x 1,200
	FFU	mm	1,132 x 1,132
	FFU 高 (不含濾材)	mm	400
	FFU 重(不含濾材)	kg	42
電器規格	電壓	V	208-277
	頻率	Hz	50/60
	馬達轉速	rpm	300-1,200
	馬達額定電流	A	1.1-0.8
	馬達額定功率	W	330
性能資料	風量	m^3/hr	2,070
	機外靜壓	Pa	105
	氣流速度	m/s	0.4
	運轉點總效率	%	>50
	最大運轉點	Pa	135 @ 0.5m/s

A.6.2. EC motro

● FFU的馬達選項有：(1) PSC-傳統 (2) EC-趨勢，本節主要介紹 EC motor。

PSC 電機	通過具有單獨的主和次級纏繞，主繞組直接連接到電源，並通過電容器連接二次纏繞。
EC 電機	電動換向電機（ECM 或 EC），技術用電子換向，它結合了 AC 和 DC 電壓，它本質上是具有無刷 DC 電動機的風扇，結合了兩種技術的優點，電動機以 DC 電壓運行，但具有正常的 AC 電源。

● 比較 EC and PRC 馬達

特性	PSC 電機	EC 電機
	Permanent Split Capacitor motor	Electrically Commutated motors
製造	簡單的 (定子+轉子)	複雜的 (永磁體繞組繞轉子，電子控制)
速度/扭矩曲線	非線性 (恆定速度運行，單速，外加 VFD 變頻控制)	平面/線性 (變速運行)
電源	AC	AC 內部轉換成 DC
可靠性	低 (長期使用會影響電容器壽命，因此維護費時)	高 (無刷，可長期使用而無需維護)
效率	中 (40-60%)， 電容器產生的熱量造成能量損失	高 (>90%) 節能
動態反應	慢 (速度調整困難，反應慢)	快 (速度控制響應快)
噪音	高	低
成本	便宜	貴

EC Fan 常用於 FFU 效率高，可以無段變速，不須外加 VFD 控制簡單。新的一代已整合了控制系統，但初設費用高，是未來風機的趨勢。

● 風機照片 (取材：ECOFIT，rosenberg)

Standard AC Fan   EC Fan   Standard AC Motor   EC Motor

● EC 分解圖 (取材：ebm)

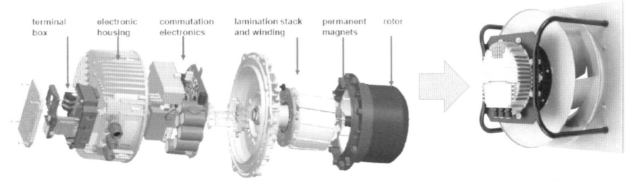

EC motor exploded drawing (view)   EC fan

A.6.2.1. EC電動機–原理

● 使用EC電動機，電子電路代替了傳統的機械換向，提供了精確的電動機控制。
轉子內的永磁無刷直流電動機。
定子由微控制器控制的電子開關（代替碳刷）驅動。
電子系統：使用霍爾效應傳感器或軟體來識別轉子位置。
● 交流電源：單相220V，3相380 / 480V，50 / 60Hz。

A.6.2.2. EC 優點

● 節能：最低的功耗比交流等效產品更高的效率。
● 控制：100%速度可控，與頻率無關。可以設置為恆定氣流或恆定壓力應用，0-10VDC
或PWM控制信號。
● 電機溫度低：使用壽命比交流等效產品更長。
● 簡便性：電子和電源轉換完全集成在電動機內。
● 高性能：最高轉速可達3,600rpm，一個EC風扇可替代多種類型的電機（2、4和6極）。
● 易於連接：無需複雜的接線和頻率控制器的設置，EC風扇的空間配置需求小。

A.6.2.3. EC 控制功能

● 恆定壓力：與壓力傳感器一起使用時，風扇在變化的氣流下保持相同的壓力。可使用不
帶壓力傳感器的前彎離心式風扇和帶壓力傳感器的後彎電動葉輪運行。
壓力控制：壓力傳感器可以直接連接到 EC 電動機的電子裝置。壓力控制由集成電子裝
置完成。無需其他控制單元。
● 恆定的氣流：風扇在變化的壓力下保持相同的氣流。
0-10VDC / PWM 輸出：EC 電動機可以通過集成的 0-10VDC 輸出上的一個簡單的標準
10kOhms 電位計進行控制。
霍爾效應：轉速輸出可用，可用於可選的警報繼電器。
● 主/從控制：當在單個應用程序中同時使用多個風扇時，將使用此系統。主風扇
（Master）分別受壓力控制。然後，其他風扇（從屬風扇）由主風扇控制速度：從風扇
始終保持主風扇的速度。

A.6.3. 濾網規格

● 濾網規格，各製造商產品不同(大同小異)，詳細規格請詢問供應商。
  (以下介紹 NITA 為一範本，供讀者參考)

濾網規格	尺寸 WxL-H	305x305- 69	305x610-69	610x610-69	610x1,200-69	1,220x1,220-69
	類別	HEPA / ULPA				
箱體材料		AL、CS+Coating、SUS-304				
表面風速	m/s	0.45	0.45	0.45	0.45	0.45
風量	m³/hr	150	300	600	1,200	2,400
粉塵粒徑		0.5 μm、0.3 μm、0.12 μm、0.1 μm。				
濾材	材料種類	Fiber Glass、Low Boron、PTFE				
	厚度 mm	20-28、27-32、33-38、39-44、45-50、51-56、57-62、83-86、68-74、75-80、81-86、87-92、93-100。				
初始壓損	Pa	84、88、98、147 (依厚度、材質不同壓損不同)				
終端壓損	Pa	大約初損的 2~3 倍				
墊片	Material	PDFE、Auto Gasket、Bin-med Gel、Neoprene Sponge、Special Material。				
	mm	3、6。				
	Location	No Face Guard、Upstream、Downstream、Both Sides、Special。				
表面護網		No Face Guard、Upstream、Downstream、Both Sides、Special。				

A.6.3.1. FFU濾材-HEPA規格

● 標準 HEPA：材質玻璃纖維。(取材：NITTA)

Model	Depth 不含墊片	Face Velocity	Presure Drop	Efficiency	Safety Standards	
	mm	m/s	Pa	0.3 μm	UL 900(選項)	FM 4920
3301	47	0.5	150	99.99%	Class 1 & 2	Yes
3501	52	0.5	140	99.99%	Class 1 & 2	Yes
		0.85	250	99.99%		
3601	68	0.5	100	99.99%	Class 1 & 2	Yes
		1.24	250	99.99%		
3801	86	0.5	85	99.99%	Class 1 & 2	Yes
		0.85	145	99.99%		
3901	100	0.5	75	99.99%	Class 1 & 2	Yes
		0.85	125	99.99%		

● 低壓損 HEPA：材質玻璃纖維

Model	Depth 不含墊片	Face Velocity	Presure Drop	Efficiency	Safety Standards	
	mm	m/s	Pa	0.3 μm	UL 900(選項)	FM 4920
3302	47	0.5	135	99.97%	Class 1 &2	Yes
3502	52	0.5	120	99.99%	Class 1 &2	Yes
		0.85	200	99.97%		

A.6.3.2. FFU濾材-PTFE規格

● PTFE：超細玻璃纖維，低壓損。氟樹脂的潔淨性及耐藥性。(取材：NITTA)

Model	Face Velocity	Presure Drop	Efficiency	Safety Standards
	m/s	Pa	0.1~0.2μm	UL 900(選項)
TN20U	0.35	154	99.99995% (6N5)	
TN25U	0.5	160	99.99995% (6N5)	
TN30U	0.5	135	99.99995% (6N5)	
TN35U	0.5	115	99.99995% (6N5)	Class 1
TN40U	0.5	100	99.99995% (6N5)	
TN55U	0.5	70	99.99995% (6N5)	
TN40H	0.5	150	99.999995% (7N5)	
TN55H	0.5	110	99.999995% (7N5)	

A.6.3.3. FFU濾材-ULPA規格

● 標準 ULPA：材質玻璃纖維。(取材：NITTA)

Model	Depth 不含墊片	Face Velocity	Presure Drop	Efficiency	Safety Standards	
	mm	m/s	Pa	0.1~0.2 μm	UL 900(選項)	FM 4920
3541	52	0.5	200	99.999% (5N)	Class 2	Yes
3441	68	0.5	145	99.9999% (6N)	Class 2	Yes
		0.85	250	99.999% (5N)		
3841	86	0.5	130	99.9999% (6N)	Class 2	Yes
		0.85	220	99.999% (5N)		
3941	100	0.5	110	99.9999% (6N)	Class 2	Yes
		0.85	190	99.999% (5N)		

● 低壓損 ULPA：材質玻璃纖維

Model	Depth 不含墊片	Face Velocity	Presure Drop	Efficiency	Safety Standards	
	mm	m/s	Pa	0.1~0.2 μm	UL 900(選項)	FM 4920
3542	52	0.5	170	99.999% (5N)	Class 2	Yes
3442	68	0.5	130	99.999% (5N)	Class 2	Yes
		0.85	210	99.999% (5N)		
3842	86	0.5	105	99.999% (5N)	Class 2	Yes
		0.85	180	99.999% (5N)		
3942	100	0.5	95	99.999% (5N)	Class 2	Yes
		0.85	160	99.999% (5N)		

A.6.3.4. FFU特殊濾材

● 特殊濾材HEPA：材質玻璃纖維。(取材：NITTA)

Model		Depth 不含墊片	Face Velocity	Presure Drop	Efficiency	Safety Standards	
		mm	m/s	Pa	0.3 μm	UL 900(選項)	FM 4920
LB 低硼	3502	52	0.5	120	99.99%	---	Yes
			0.85	210	99.99%		
	3402	68	0.5	95	99.99%	---	Yes
			0.85	165	99.99%		
	3802	86	0.5	80	99.99%	---	Yes
			0.85	140	99.99%		
LL 低有機物	3,502	52	0.5	125	99.99%	---	---
	3,402	68	0.50	100	99.99%	---	---
LL、LO 低硼、 低有機物	3501	52	0.5	140	99.99%	---	Yes
			0.85	250	99.99%		
	3401	68	0.5	110	99.99%	---	Yes
			0.85	200	99.99%		
	3801	86	0.5	90	99.99%	---	Yes
			0.85	160	99.99%		

● 特殊濾材ULPA：材質玻璃纖維

Model		Depth 不含墊片	Face Velocity	Presure Drop	Efficiency	Safety Standards	
		mm	m/s	Pa	0.1~0.2 μm	UL 900(選項)	FM 4920
LB 低硼	3,542	52	0.5	170	99.999% (5N)	---	Yes
	3,442	68	0.50	135	99.999% (5N)		
	3842	86	0.5	110	99.999% (5N)	---	Yes
			0.85	190	99.999% (5N)		
LL、LO 低硼、 低有機物	3,541	52	0.5	200	99.999% (5N)	---	Yes
	3441	68	0.5	145	99.9995% (5N5)	---	Yes
			0.85	250	99.999% (5N)		
	3841	86	0.5	125	99.9995% (5N5)	---	Yes
			0.85	215	99.999% (5N)		

● 有關化學濾網部分 (AMC)，詳本書空調箱設備-濾網單元的介紹。

A.6.4. 大樣圖 Detail Drawing

- 圖示 (取材：AAF)

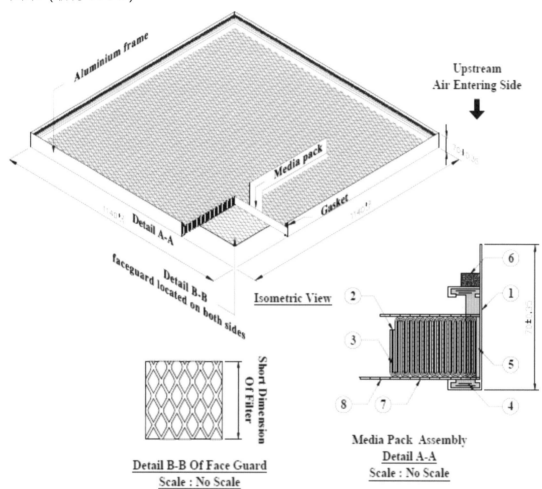

Item	Description	Specification	Remark
1	Main Frame 主體結構	Aluminum Extrusion 鋁擠型框架	Anodized 陽極處理鋁擠型
2	Media 濾紙材料	PETE 聚四氟乙烯	
3	Separator 隔離材質	Polyolefin 聚烯烴	
4	Corner Clip 角夾材料	Metal 金屬	
5	Sealing Material 密封隔絕材質	Polyurethane 聚氨酯	Polyol & Isocynate 多元醇&異氰酸酯
6	Gasket 膠條材質	EPDM 發泡橡膠	6 x 11 (mm)
7	Faceguard 護面網	Galvanised Iron 鍍鋅鐵	Epoxy Coated 環氧塗布層
8	PVC Cover 防塵膜	PVC Cover 防塵膜	Air Leqving Side 出風側

A.6.5. FFU 型錄

● FFU 型錄 600mm x 1,200mm (取材：Gebhard型錄-RHP 0612-331-EC03-A)

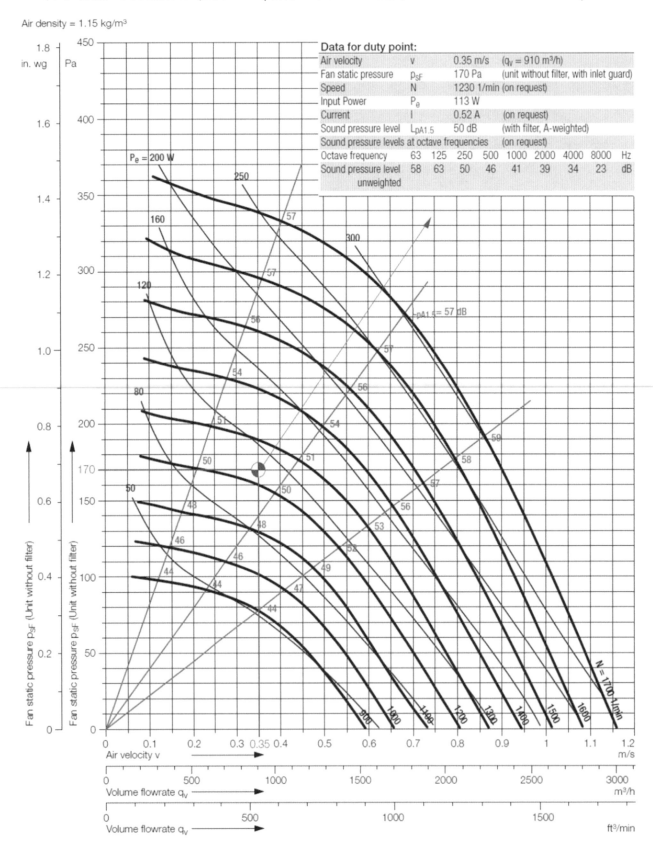

Air density = 1.15 kg/m³

Data for duty point:

Air velocity	v	0.35 m/s	(qᵥ = 910 m³/h)
Fan static pressure	p_{SF}	170 Pa	(unit without filter, with inlet guard)
Speed	N	1230 1/min	(on request)
Input Power	P_e	113 W	
Current	I	0.52 A	(on request)
Sound pressure level	$L_{pA1.5}$	50 dB	(with filter, A-weighted)
Sound pressure levels at octave frequencies		(on request)	

Octave frequency	63	125	250	500	1000	2000	4000	8000	Hz
Sound pressure level unweighted	58	63	50	46	41	39	34	23	dB

● FFU 型錄 900mm x 1,200mm (取材：Gebhard型錄- RHP 0912-335-EC00-A)

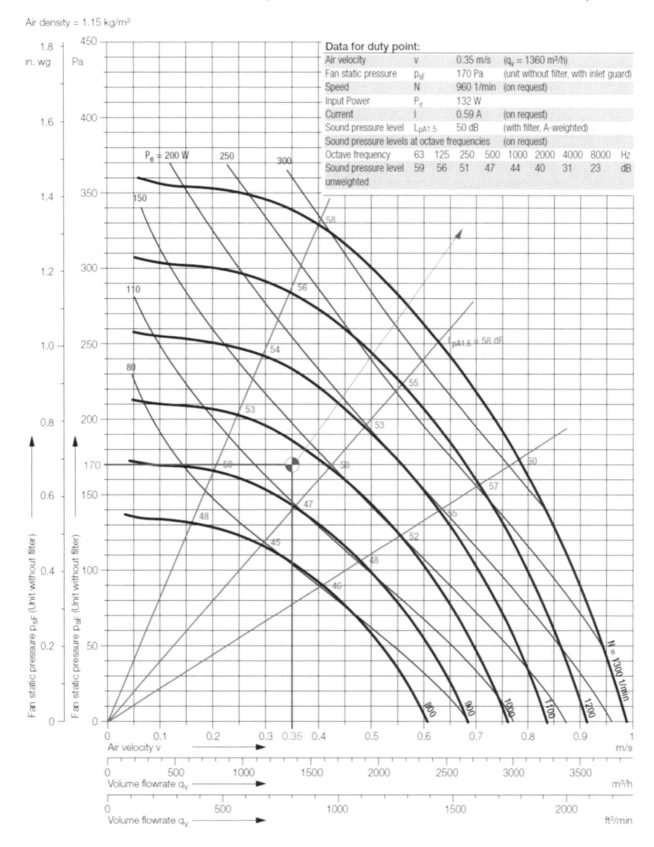

Air density = 1.15 kg/m³

Data for duty point:

Air velocity	v	0.35 m/s	(qᵥ = 1360 m³/h)
Fan static pressure	p_{sF}	170 Pa	(unit without filter, with inlet guard)
Speed	N	960 1/min	(on request)
Input Power	P_e	132 W	
Current	I	0.59 A	(on request)
Sound pressure level	$L_{pA1.5}$	50 dB	(with filter, A-weighted)

Sound pressure levels at octave frequencies (on request)

Octave frequency	63	125	250	500	1000	2000	4000	8000	Hz
Sound pressure level unweighted	59	56	51	47	44	40	31	23	dB

- FFU 型錄 1,200mm x 1,200mm (取材：Gebhard型錄-RHP 1212-240-EC00-A)

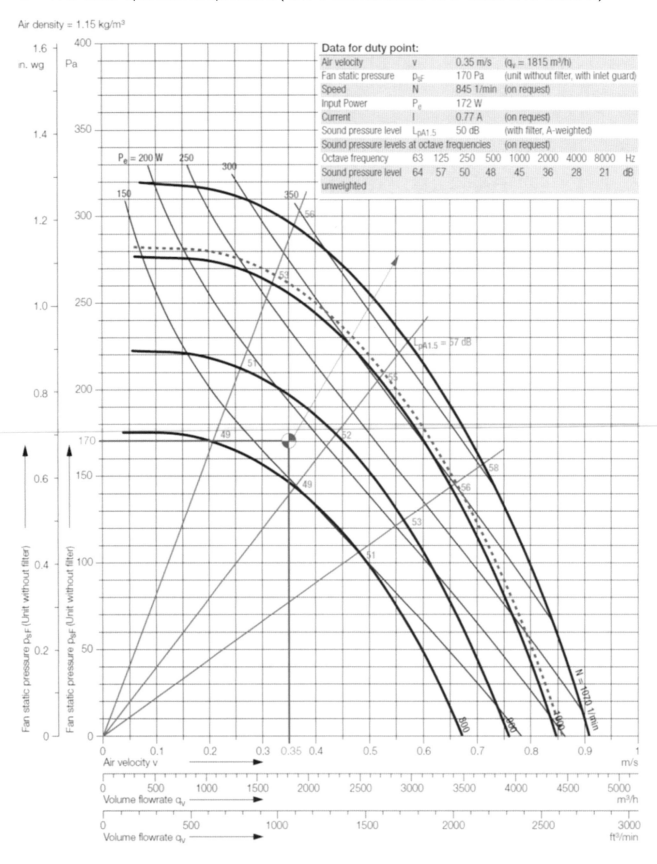

Air density = 1.15 kg/m³

Data for duty point:

Air velocity	v	0.35 m/s	(q_v = 1815 m³/h)
Fan static pressure	p_{sF}	170 Pa	(unit without filter, with inlet guard)
Speed	N	845 1/min	(on request)
Input Power	P_e	172 W	
Current	I	0.77 A	(on request)
Sound pressure level	$L_{pA1.5}$	50 dB	(with filter, A-weighted)
Sound pressure levels at octave frequencies			(on request)

Octave frequency	63	125	250	500	1000	2000	4000	8000	Hz
Sound pressure level unweighted	64	57	50	48	45	36	28	21	dB

A.7. HEPA Box

● 無塵室的設計系統，除了FFU外，亦可配置HEPA Box (UEPA)對需要嚴苛區域設置。
● HEPA Box的尺寸、材質：與FFU相同，不同的是HEPA Box沒有風機設備，必須由空調箱的風機提供動力。

A.7.1. HEPA BOX 風量

● FFU與HEPA Box最大的差異：表面風速。依據各製造商的產品風速 0.5m/s~1.1m/s。設計者在選用時，請詢問供應商提供詳細的設計資料。

● 注意事項：
(1) 濾材越厚壓損越大，因此濾材的材質也是重要因素 (Ex. PTFE、Fiber Glass)。
(2) 濾材安裝空間的高度，越高風量越均勻，壓損也會降低。

A.7.1.1. AAF型錄

● Filter Thickness：48 / 72 / 96mm。濾材的厚度越厚，其能承受的風速越快。
取材：AAF 型錄

濾材厚度	mmt	48	72	96
承受風速	m/s	0.75	1.05	1.50

Resistance vs Face Velocity

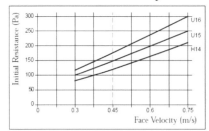 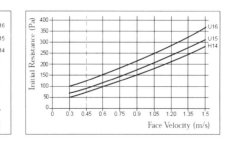

Filter depth 69 mm: 48 mm media pack   Filter depth 93 mm: 72 mm media pack   Filter depth 117 mm: 96 mm media pack

● 濾材安裝的空間不同：Filter Depth 125 or 145mm / 178 or 198mm。

Resistance vs Face Velocity

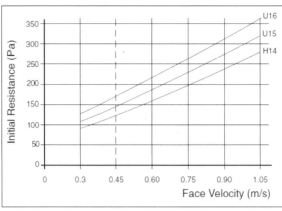 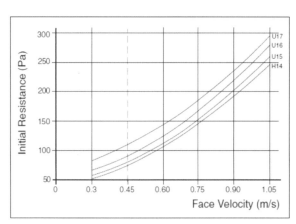

Filter depth 125 or 145 mm:
48 mm media pack

Filter depth 178 or 198 mm:
96 mm media pack

A.7.1.2. Camfil型錄

● HEPA Box 規格 (取材：Camfil 型錄)

Camfil	B x H	風量	PU/GEL/DIN-MD		PU/GEL-MX		PU/GEL-MG	
設備	mm	cmh	H [mm]	ΔP [Pa]	H [mm]	ΔP [Pa]	H [mm]	ΔP [Pa]
3P3	305 x 305	150 .	66/71/78	145	90/105	100	110/115	65
3P6	305 x 610	300 .	66/71/78	145	90/105	100	110/115	65
4P4	457 x 457	340 .	66/71/78	145	90/105	100	110/115	65
5P5	508 x 508	420 .	66/71/78	145	90/105	100	110/115	65
6P6	610 x 610	600 .	66/71/78	145	90/105	100	110/115	65
9P6	915 x 610	900 .	66/71/78	145	90/105	100	110/115	65
9P9	915 x 915	1,350 .	66/71/78	145	90/105	100	110/115	65
11P5	1,108 x 508	910 .	66/71/78	145	90/105	100	110/115	65
12P6	1,220 x 610	1,205 .	66/71/78	145	90/105	100	110/115	65

注意事項：

(1) Camfil 建議表面風速 < 0.45m/s，超過可能造成濾網過濾效果失敗。

(2) 氣密填充材料的種類，有：PU、GEL、DIN。

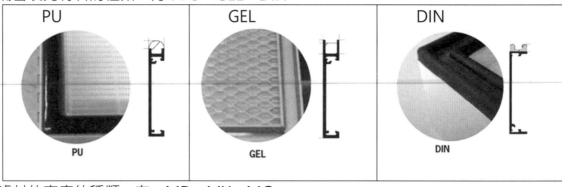

(3) 濾材的高度的種類，有：MD、MX、MG。

(4) 濾材的等級，有：H13、H14、U15。

(5) 濾材壓損，有：145Pa、100Pa、65Pa。濾材的厚度(高度)越來越厚。

● Camfil外觀形式

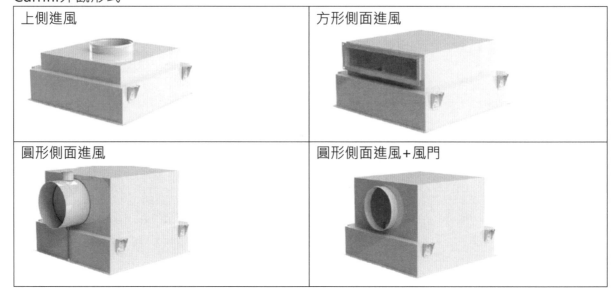

● 出風口的形式 (Diffuser)：依各家製造商，大同小異。

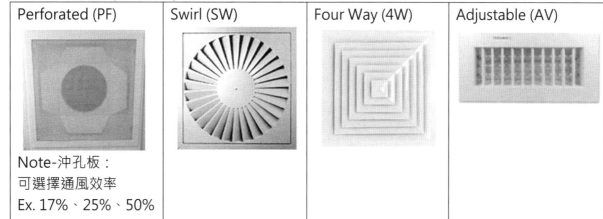

Perforated (PF)	Swirl (SW)	Four Way (4W)	Adjustable (AV)
Note-沖孔板： 可選擇通風效率 Ex. 17%、25%、50%			

A.7.1.3. 其他廠牌

● 詳細資料，請詢問供應商 (取材：RUOYI)

安裝尺寸	過濾器尺寸	法蘭尺寸	風量	風速
B x A x H [mm]	H13	mm	cmh	m/s
390 x 390 x 380	320 x 320 x 96	200 x 200 / Φ300	500	1.36
554 x 554 x 380	484 x 484 x 96	200 x 320 / Φ300	1,000	1.19
680 x 680 x 380	610 x 610 x 96	200 x 400 / Φ300	1,500	1.12
680 x 985 x 380	610 x 915 x 96	200 x 500 / Φ300	2,000	1.00
680 x 1,290 x 380	610 x 1,220 x 96	300 x 500 / Φ300	3,000	1.12

A.7.2. HEPA Box 組成

● HEPA Box 各部名稱說明，供參考-大樣圖

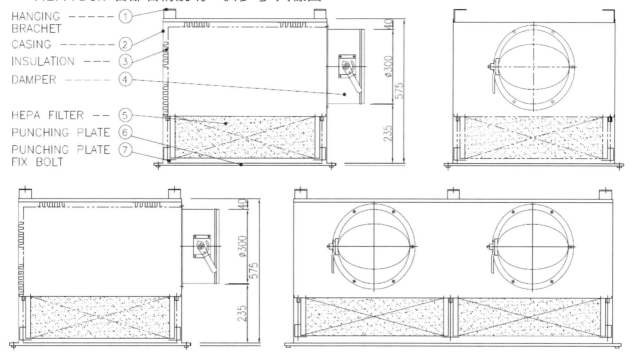

A.8. 無塵室地板 Floor

● 無塵室地板材料依需求分：(1) Epoxy地板 (2) 導電PVC地磚 (3) 高架地板-格柵板。

A.8.1. 環氧樹脂地板 Epoxy Floor

● 環氧樹脂地板種類分：油性Epoxy，水性Epoxy或壓克力。電子業，製藥業，化工業等，都採用油性Epoxy地板。
● 環氧樹脂地板材料分：防塵，耐酸鹼，抗靜電，......等。
● 營建署規範：第09622章環氧樹脂砂漿地坪。施工法：
   (1) 流展砂漿型3mmt：底塗層，砂漿層，面塗層。
   (2) 乾式砂漿型5mmt：底塗層，接著層，砂漿層，密封層，面塗層。

A.8.1.1. 流展環氧樹脂防塵地坪

工程步驟	使用材料	施工方法	使用量 kg/m²	塗佈時間 小時
1.機器整體粉光	粉光平整面	施工前採用含水率測濕計偵測，含水率8%以下方可施工。		28天
2.施工表面處理	機器鋼珠噴砂	施工前地坪表面水泥殘渣清除乾淨後以高壓鋼珠噴砂機噴砂處理。		隨後
3.底層接著塗佈	RUENPOXY RE-100A/B	依規定比例混合 A 部與 B 部攪拌約半分鐘後，用橡膠推水器或滾輪毛刷塗佈均勻。	0.15~0.2	10小時
4.樹脂封孔塗佈	RUENPOXY RE-530A/B	依規定比率混合 A 部與 B 部攪拌約半分鐘後，用海綿刮刀塗佈於底層面封孔。	0.15~0.2	10小時
5.流展面漆塗佈	RUENPOXY RE-400A/B 專用骨材#9號	依規定比率混合 A 部與 B 部攪拌約半分鐘後，在與骨材拌合約一分鐘，以放料耙依規定厚度下料均勻，隨後以脫泡滾筒將空氣釋出，一直到展平為止。	1.2~5.5	72小時

● 大樣圖

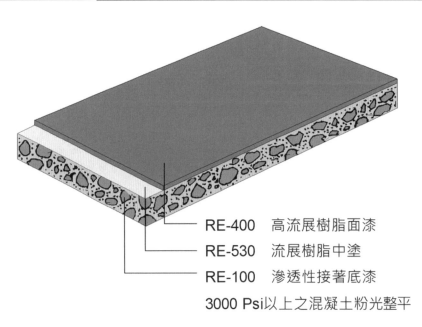

RE-400　高流展樹脂面漆
RE-530　流展樹脂中塗
RE-100　滲透性接著底漆
3000 Psi以上之混凝土粉光整平

A.8.1.2. 環氧樹脂防塵地坪

工程步驟	使用材料	施工方法	使用量 (kg/m²)	塗佈時間 (小時)
1.機器整體粉光	粉光平整面	施工前採用含水率測濕計偵測，含水率8%以下方可施工。		28 天
2.施工表面處理	機器研磨	施工前地坪表面水泥殘渣清除乾淨後以機器研磨處理。		隨後
3 接著底層塗佈	RUENPOXY RE-100A/B	依規定比例混合 A 部與 B 部攪拌約半分鐘後，用橡膠推水器或滾輪毛刷塗佈均勻。	0.15~0.20	隨後
4.面層塗佈	RUENPOXY RE-550A/B	依規定比率混合 A 部與 B 部攪拌約半分鐘後，用 FRP 滾輪刷或噴塗機塗佈均勻。	0.35~0.4	72 小時養生

● 大樣圖

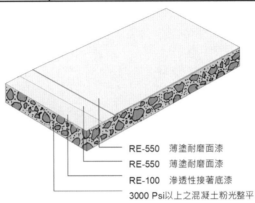

RE-550　薄塗耐磨面漆
RE-550　薄塗耐磨面漆
RE-100　滲透性接著底漆
3000 Psi以上之混凝土粉光整平

A.8.1.3. 耐強酸鹼

● 耐強酸鹼流展環氧樹脂地坪-亦有施工法增加一層，加玻璃纖維布層，或加長纖玻璃纖維層，防止滲漏。

工程步驟	使用材料	施工方法	參考用量 kg/m²	塗佈時間 小時
1.機器整體粉光	粉光平整面	施工前採用含水率測濕計偵測，含水率8%以下方可施工。		28 天
2.施工表面處理	機器鋼珠噴砂	施工前地坪表面水泥殘渣清除乾淨後以高壓鋼珠噴砂機噴砂處理。		隨後
3.底層接著塗佈	RUENPOXY RE-100A/B	依規定比例混合 A 部與 B 部攪拌約半分鐘後，用橡膠推水器或滾輪毛刷塗佈均勻。	0.15~0.2	10 小時
4.樹脂封孔塗佈	RUENPOXY RE-530A/B	依規定比率混合 A 部與 B 部攪拌約半分鐘後，用海綿刮刀塗佈於底層面封孔。	0.15~0.2	10 小時
5.流展面漆塗佈	RUENPOXY RE-460A/B 專用骨材#9 號	依規定比率混合 A 部與 B 部攪拌約半分鐘後，在與骨材拌合約一分鐘，以放料耙依規定厚度下料均勻，隨後以脫泡滾筒將空氣釋出，一直到展平為止。	3	72 小時

● 大樣圖

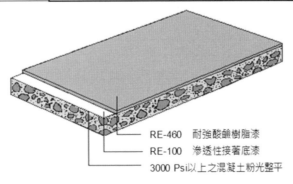

RE-460　耐強酸鹼樹脂漆
RE-100　滲透性接著底漆
3000 Psi以上之混凝土粉光整平

A.8.2. 導電 PVC 地磚

● 市面的導電地磚,各廠牌不同而有:
  (1) 物理、化學特性不同 (2) 測試標準不同 (3) 施工方式不同。
  因為測試依據的標準不同,所以很難評比。介紹其中一家產品供參考。

● 材料種類分:
  (1) 地磚型 600 x 600 - 2mmt。
  (2) 地毯型 2m x 23m - 2mmt,重量 ≤ 3.0kg/m^2。

A.8.2.1. 照片

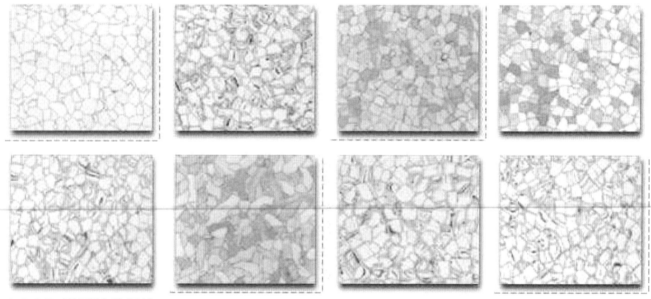

A.8.2.2. 導電地毯規格

● 整件式無縫耐磨導電地板

1	規格	2m x 23m-2.0mmt
2	防火性	DIN 4102 B1
		BS 476 (Part 7)　Class 2
		NT-Fire 007 G 級
		CNS 8906 . 8907 移開火焰 5 秒內能自熄
3	殘餘壓凹	EN 433 ≤ 0.10mm
4	磨損度	PrEN 660 : Part 1。Group P : ≤ 0.15mm
5	導電阻抗	DIN 51953 施作前 RA≤106 Ohm,施作後 RE≤106 Ohm
		EN 1081 施作前 R1≤106 Ohm,施作後 R2≤106 Ohm
		EN 1815　< 2kV
		ESD S7.1 12%RH ≤106 Ohm , 50%RH ≤106 Ohm
		IEC 61340-4-1 表面阻抗 RS≤106 Ohm,接地阻抗 RG≤106 Ohm
6	耐化學藥品性	DIN　51958 規定
7	密度	≤1.563 g/cm3
8	導電方式	垂直導電
9	注意事項	寬度二公尺內以水平儀測試之高低差不得超過 5mm。

A.8.2.3. 地磚地板規格

● 塵室PVC導電抗靜電地磚地板地坪工程
(相關靜電知識，參閱本書系列-電力系統-靜電)

1	規格	600 x 600mm- 2 mmt
2	電阻抗值	阻抗為 $2.5 \times 10^4 \sim 1.0 \times 10^6 \Omega$ 是以每單位面積測試 5 次以上的結果。 測試方式為依據 NFPA99 或 ASTMF-150 規定；係使用 5 磅的電極棒，離 3 呎的間隔來測試。
3	靜電發生	當人員依 AATCC-134 規定穿著導電鞋，且在相對濕度 20%之下，靜電發生低於 100 Volts。
4	靜電衰減	以聯邦測試規定 101 及 4046 測試方法在相對濕度 15%情況下測試，電壓由 5,000Volt 衰減至 0Volt 需於不到 0.03 秒內完成。
5	防火耐性	臨界放射熱流量: (依據 ASTM E-648 或 NFPA253): > 1.08W/cm² 火焰蔓延：（依 ASTM E-84 或 NFPA 255 規定）< 75 煙霧濃度：（依 ASTM E-662）：< 450
6	耐磨損度	依據 ASTM D-1044，CS-10-F 使用滾輪，500 克重迴轉數 %厚度損耗： 2,500rpm-損耗 0.4%； 5,000rpm-損耗 0.8%； 7,500rpm-損耗 1.20%； 10,000rpm-損耗 1.60%。
7	導電膠塗佈	取適量的 LG 專用導電膠以規定齒距之鏝刀均勻刮塗於施工區域地坪上,並靜待約 20 分鐘(視施工時溫溼度條件而定)使略乾。
8	導電銅箔	將 10mm 寬度之薄銅箔以 3M 左右間距黏貼於已塗佈膠完成之地坪上。
9	鋪貼導電地磚	每片地磚需緊密接合,逐一鋪貼使其無空氣殘留其內。
10	無縫焊條施工	於每片地磚縫隙處刻出約 3mm 寬的溝槽,以焊槍加熱 PVC 焊條後施打於溝槽處,使其與導電地磚緊密接合。

A.8.3. 高架地板 Raise Floor

● 材料種類比較

材質	承重值 kg/cm²	單點承重 kg/Point
水泥地板	~500 ~ X,000	
標準高架地板	600 ~ 1,200	150 ~ 300

A.8.3.1. 面板材料種類

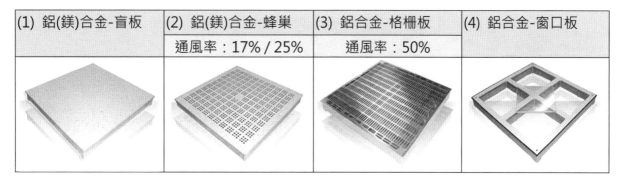

| (1) 鋁(鎂)合金-盲板 | (2) 鋁(鎂)合金-蜂巢
通風率：17% / 25% | (3) 鋁合金-格柵板
通風率：50% | (4) 鋁合金-窗口板 |

A.8.3.2. 地板照片

● 盲板 Blind (Solid) Panel (取材：M+W Zander)

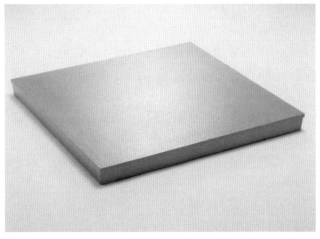

● 洞洞板 Perforated panel (取材：M+W Zander)

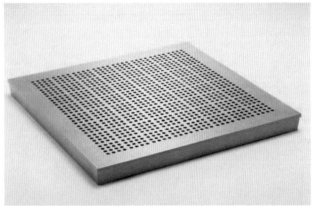

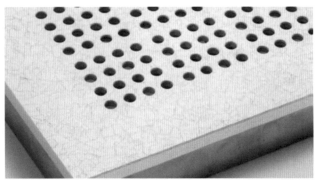

● 格柵板 Grating Panel (取材：M+W Zander)

● Damper (取材：M+W Zander)

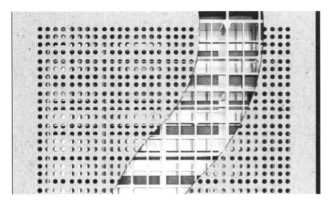
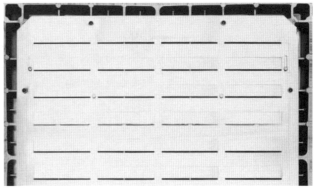

● Acrylic Cover

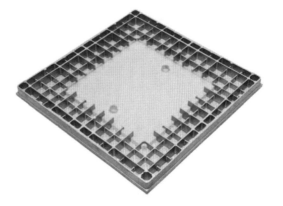

A.8.3.3. 腳架材料

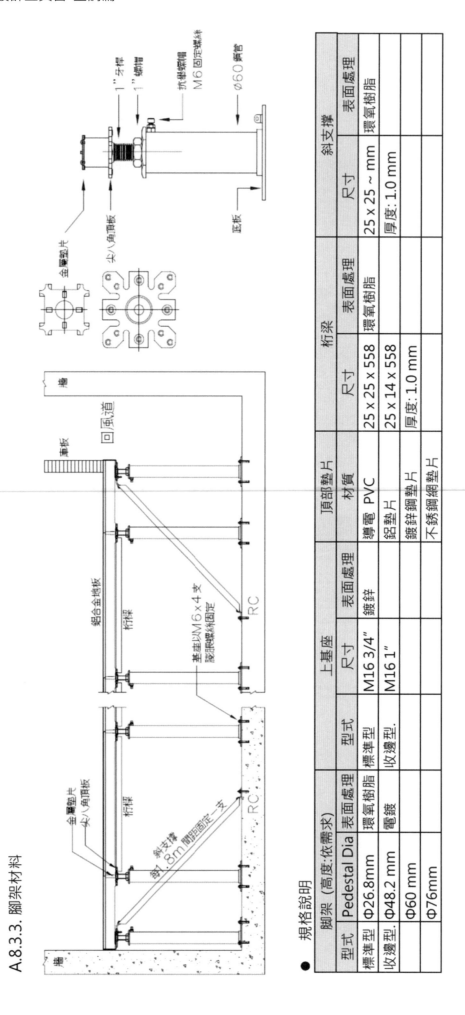

● 規格說明

腳架 (高度:依需求)				上基座			頂部墊片		桁梁			斜支撐	
型式	Pedestal Dia	表面處理	型式	型式	尺寸	表面處理	材質	表面處理	尺寸	表面處理		尺寸	表面處理
標準型	Φ26.8mm	環氧樹脂	標準型	標準型	M16 3/4"	鍍鋅	導電 PVC		25 x 25 x 558	環氧樹脂		25 x 25 ~ mm	環氧樹脂
收邊型	Φ48.2 mm	電鍍	收邊型.	收邊型.	M16 1"		鋁墊片		25 x 14 x 558			厚度: 1.0 mm	
	Φ60 mm						鍍鋅鋼墊片		厚度: 1.0 mm				
	Φ76mm						不銹鋼網墊片						

A.8.3.4. 型錄

● 鋁合金類 - 盲板 (取材：惠亞工程)

鋁合金 - 盲板

內 容	V60AS – 300E	V60AS – 500E	V60AS – 700E	V60AS – 1,000E	V60AS – 1,200E	V60AS – 1,500E	V60AS – 1,700E	V60AS – 2,000E	V60AS – 2,500E
面磚材質	Conductive Vinyl tile			Conductive Vinyl tile					
面磚靜電阻抗	Conductivity:$10^4 \sim 10^6$ Ω . Anti-static:$5 \times 10^6 \sim 5 \times 10^8$Ω			Conductivity:$10^4 \sim 10^6$ Ω . Anti-static:$5 \times 10^6 \sim 5 \times 10^8$Ω					
地板材質	Die-cast Aluminum			Die-cast Aluminum					
平均載重	800 kgf/m² Deflection≦ 1.0mm	1,250 kgf/m² Deflection ≦ 1.0mm	1,700 kgf/m² Deflection ≦ 1.0mm	2,000 kgf/m² Deflection ≦ 1.0mm	2,200 kgf/m² Deflection ≦ 1.0mm	2,400 kgf/m² Deflection ≦ 1.0mm	2,600 kgf/m² Deflection ≦ 1.0mm	2,800 kgf/m² Deflection ≦ 1.0mm	3,000 kgf/m² Deflection ≦ 1.0mm
集中荷重	300kgf / 6.45cm² Deflection ≦ 2.0mm	500kgf / 6.45cm² Deflection ≦ 2.0mm	700kgf / 6.45cm² Deflection ≦ 2.0mm	1,000kgf / 6.45cm² Deflection ≦ 2.0mm	1,200kgf / 6.45cm² Deflection ≦ 2.0mm	1,500kgf / 6.45cm² Deflection ≦ 2.0mm	1,700kgf / 6.45cm² Deflection ≦ 2.0mm	2,000kgf / 6.45cm² Deflection ≦ 2.0mm	2,500kgf / 6.45cm² Deflection ≦ 2.0mm
極限強度	600kgf / 6.45cm²	1,000kgf / 6.45cm²	1,400kgf / 6.45cm²	2,000kgf / 6.45cm²	2,400kgf / 6.45cm²	3,000kgf / 6.45cm²	3,400kgf / 6.45cm²	4,000kgf / 6.45cm²	5,000kgf / 6.45cm²
尺寸公差	600+0.00mm/600-0.20mm			600+0.00mm/600-0.20mm			600+0.00mm/600-0.20mm		
厚度公差	± 0.10mm			± 0.10mm			± 0.10mm		
平整度公差	± 0.20mm			± 0.20mm			± 0.20mm		
對角線正方度公差	Max. 0.50mm			Max. 0.50mm			Max. 0.50mm		
通風率	---			---			---		
特殊處理	Epoxy coating or Ni-Cr plating			Epoxy coating or Ni-Cr plating			Epoxy coating or Ni-Cr plating		

● 鋁合金 - 蜂巢板（取材：惠亞工程）

鋁合金 - 蜂巢板（通風率 17%）

內容	V60AP-300	V60AP-500	V60AP-700	V60AP-1,000	V60AP-1,200	V60AP-1,500	V60AP-1,700	V60AP-2,000	V60AP-2,500
面磚材質	Conductive Vinyl tile								
面磚靜電阻抗	Conductivity:10^4~10^6 Ω. Anti-static:5 x 10^6 ~ 5 x 10^8Ω								
地板材質	Die-cast Aluminum								
平均載重	500 kgf/m^2 / Deflection ≦ 1.0mm	1,000 kgf/m^2 / Deflection ≦ 1.0mm	1,250 kgf/m^2 / Deflection ≦ 1.0mm	1,350 kgf/m^2 / Deflection ≦ 1.0mm	1,450 kgf/m^2 / Deflection ≦ 1.0mm	1,350 kgf/m^2 / Deflection ≦ 1.0mm	1,450 kgf/m^2 / Deflection ≦ 1.0mm	1,550 kgf/m^2 / Deflection ≦ 1.0mm	2,000 kgf/m^2 / Deflection ≦ 1.0mm
集中荷重	250kgf / 6.45cm^2 / Deflection ≦ 2.0mm	455kgf / 6.45cm^2 / Deflection ≦ 2.0mm	600kgf / 6.45cm^2 / Deflection ≦ 2.0mm	800kgf / 6.45cm^2 / Deflection ≦ 2.0mm	1,000kgf / 6.45cm^2 / Deflection ≦ 2.0mm	1,200kgf / 6.45cm^2 / Deflection ≦ 2.0mm	1,400kgf / 6.45cm^2 / Deflection ≦ 2.0mm	1,700kgf / 6.45cm^2 / Deflection ≦ 2.0mm	2,200kgf / 6.45cm^2 / Deflection ≦ 2.0mm
極限強度	500kgf / 6.45cm^2	900kgf / 6.45cm^2	1,200kgf / 6.45cm^2	1,600kgf / 6.45cm^2	2,000kgf / 6.45cm^2	2,400kgf / 6.45cm^2	2,800kgf / 6.45cm^2	3,400kgf / 6.45cm^2	4,400kgf / 6.45cm^2
尺寸公差	600+0.00mm/600-0.20mm								
厚度公差	± 0.10mm								
平整度公差	± 0.20mm								
對角線正方度公差	Max. 0.50mm								
通風率	17%								
特殊處理	Epoxy coating or Ni-Cr plating								

● 鋁合金 – 格柵板 (取材：惠亞工程)

內　容	V60AG - 500	V60AG - 700	V60AG - 1.000
鋁合金 - 格柵板 (通風率 50%)			
面磚材質	V60AG - 1000E		
面磚靜電阻抗	≦ 0.1Ω		
地板材質	Die-cast Aluminum		
平均載重	1,000 kgf/m^2	1,500 kgf/m^2	2,000 kgf/m^2
	Deflection ≦1.0mm	Deflection ≦1.0mm	Deflection ≦1.0mm
集中荷重	500kgf / 6.45cm^2	750kgf / 6.45cm^2	1,000kgf / 6.45cm^2
	Deflection ≦2.0mm	Deflection ≦2.0mm	Deflection ≦2.0mm
極限強度	1,000kgf / 6.45cm^2	1,500kgf / 6.45cm^2	2,000kgf / 6.45cm^2
尺寸公差	600+0.00mm/600-0.20mm		
厚度公差	± 0.10mm		
平整度公差	± 0.20mm		
對角線正方度公差	Max. 0.50mm		
通風率	50%		
特殊處理	Epoxy		

● 鋁合金 – 窗口板 (取材：惠亞工程)

內　容	V60AWP
鋁合金 - 窗口板	
面磚材質	Conductive tile or Epoxy coating or NiCr plating
面磚靜電阻抗	Conductivity: 10^4~10^6 Ω Anti-static: 5 x 10^6 ~ 5 x 10^8Ω
窗口材質	Acrylic Plastic or Glass 246x246mm (4 pieces)
地板材質	Die-cast Aluminum
平均載重	500 kgf/m^2
	Deflection ≦1.0mm
集中荷重	500kgf / 6.45cm^2
	Deflection ≦2.0mm
極限強度	----
尺寸公差	600+0.00mm/600-0.20mm
厚度公差	± 0.10mm
平整度公差	± 0.20mm
對角線正方度公差	Max. 0.50mm
通風率	50%
特殊處理	----

● 鎂合金類 (取材：惠亞工程)

鎂合金 - 盲板					
內 容	V60MS - 300	V60MS - 500	V60MS - 700	V60MS -1.000	V60MS -1,200
面磚材質	Conductive Vinyl tile			Conductive Vinyl tile	
面磚靜電阻抗	Conductivity: $10^4 \sim 10^6$ Ω Anti-static: $5 \times 10^6 \sim 5 \times 10^8$Ω			Conductivity : $10^4 \sim 10^6$ Ω Anti-static : $5 \times 10^6 \sim 5 \times 10^8$Ω	
地板材質	Die-cast Magnesium			Die-cast Magnesium	
平均載重	800 kgf/m² Deflection ≦1.0mm	1,250 kgf/m² Deflection ≦1.0mm	1,700 kgf/m² Deflection ≦1.0mm	2,000 kgf/m² Deflection ≦1.0mm	2,200 kgf/m² Deflection ≦1.0mm
集中荷重	300kgf / 6.45cm² Deflection ≦2.0mm	500kgf / 6.45cm² Deflection ≦2.0mm	700kgf / 6.45cm² Deflection ≦2.0mm	1,000kgf / 6.45cm² Deflection ≦2.0mm	1,200kgf / 6.45cm² Deflection ≦2.0mm
極限強度	600kgf / 6.45cm²	1,000kgf / 6.45cm²	1,400kgf / 6.45cm²	2,000kgf / 6.45cm²	2,400kgf / 6.45cm²
尺寸公差	600+0.00mm/600-0.20mm			600+0.00mm/600-0.20mm	
厚度公差	± 0.10mm			± 0.10mm	
平整度公差	± 0.20mm			± 0.20mm	
對角線正方度公差	Max. 0.50mm			Max. 0.50mm	
通風率	---			---	
特殊處理	Epoxy coating or Ni-Cr plating			Epoxy coating or Ni-Cr plating	

● 鎂合金 - 蜂巢板 (取材：惠亞工程)

鎂合金 - 蜂巢板 (通風率 17%)					
內 容	V60MP -300	V60MP -500	V60MP -700	V60MP -1.000	V60MP -1,200
面磚材質	Conductive Vinyl tile			Conductive Vinyl tile	
面磚靜電阻抗	Conductivity: $10^4 \sim 10^6$ Ω Anti-static: $5 \times 10^6 \sim 5 \times 10^8$Ω			Conductivity: $10^4 \sim 10^6$ Ω Anti-static: $5 \times 10^6 \sim 5 \times 10^8$Ω	
地板材質	Die-cast Magnesium			Die-cast Aluminum	
平均載重	500 kgf/m² Deflection ≦1.0mm	1,000 kgf/m² Deflection ≦1.0mm	1,250 kgf/m² Deflection ≦1.0mm	1,350 kgf/m² Deflection ≦1.0mm	1,450 kgf/m² Deflection ≦1.0mm
集中荷重	250kgf / 6.45cm² Deflection ≦2.0mm	455kgf / 6.45cm² Deflection ≦2.0mm	600kgf / 6.45cm² Deflection ≦2.0mm	800kgf / 6.45cm² Deflection ≦2.0mm	1,000kgf / 6.45cm² Deflection ≦2.0mm
極限強度	500kgf / 6.45cm²	900kgf / 6.45cm²	1,200kgf / 6.45cm²	1,600kgf / 6.45cm²	2,000kgf / 6.45cm²
尺寸公差	600+0.00mm/600-0.20mm			600+0.00mm/600-0.20mm	
厚度公差	± 0.10mm			± 0.10mm	
平整度公差	± 0.20mm			± 0.20mm	
對角線正方度公差	Max. 0.50mm			Max. 0.50mm	
通風率	17%			17%	
特殊處理	Epoxy coating or Ni-Cr plating			Epoxy coating or Ni-Cr plating	

● 鎂合金 - 格柵板 (取材：惠亞工程)

鎂合金 - 格柵板 (通風率 50%)			
內 容	V60AG - 500	V60AG - 700	V60AG - 1.000
面磚材質	V60AG - 1000E		
面磚靜電阻抗	≤ 0.1Ω		
地板材質	Die-cast Aluminum		
平均載重	1,000 kgf/m^2	1,500 kgf/m^2	2,000 kgf/m^2
	Deflection ≤1.0mm	Deflection ≤1.0mm	Deflection ≤1.0mm
集中荷重	500kgf / 6.45cm^2	750kgf / 6.45cm^2	1,000kgf / 6.45cm^2
	Deflection ≤2.0mm	Deflection ≤2.0mm	Deflection ≤2.0mm
極限強度	1,000kgf / 6.45cm^2	1,500kgf / 6.45cm^2	2,000kgf / 6.45cm^2
尺寸公差	600+0.00mm/600-0.20mm		
厚度公差	± 0.10mm		
平整度公差	± 0.20mm		
對角線正方度公差	Max. 0.50mm		
通風率	50%		
特殊處理	Epoxy		

● 鎂合金 – 窗口板 (取材：惠亞工程)

鎂合金 - 窗口板	
內 容	V60AWP
面磚材質	Conductive tile or Epoxy coating or NiCr plating
面磚靜電阻抗	Conductivity: 10^4~10^6 Ω Anti-static: 5 x 10^6 ~ 5 x 10^8Ω
窗口材質	Acrylic Plastic or Glass 246x246mm (4 pieces)
地板材質	Die-cast Aluminum
平均載重	500 kgf/m^2
	Deflection ≤1.0mm
集中荷重	500kgf / 6.45cm^2
	Deflection ≤2.0mm
極限強度	----
尺寸公差	600+0.00mm/600-0.20mm
厚度公差	± 0.10mm
平整度公差	± 0.20mm
對角線正方度公差	Max. 0.50mm
通風率	50%
特殊處理	----

A.9. 無塵室附屬設備

A.9.1. 空氣浴塵機 Air Shower

A.9.1.1. 各製造廠商的設備大同小異，僅控制有時序不同。

Item	Description		Specification			
1	設備編號	使用人數	1~2 人	2~3 人	4 人	6 人
			設計基準: 人前後間隔 ~ 50 cm.			
2	數量		xx st	xx st	xx st	xx st
3	外部尺寸	W x D x H(mm)	1,300 x 1,200 x 2,150	1,300 x 1,500 x 2,150	1,300 x 2,000 x 2,150	1,300 x 3,000 x 2,150
4	內部尺寸	W x D x H(mm)	800 x 1,100 x 2,000	800 x 1,400 x 2,000	800 x 1,900 x 2,000	800 x 2,900 x 2,000
5	高效率過濾網	0.3um 99.99% 以上	610 x 610 x 50t x 2pcs	610 x 610 x 50t x 2pcs	610 x 610 x 50t x 4pcs	610 x 610 x 50t x 4pcs
6	初級過濾網	鋁框 不織布材質	610 x 305 x 25t x 2pcs	610 x 305 x 25t x 2pcs	610 x 305 x 25t x 4pcs	610 x 305 x 25t x 4pcs
7	風量	噴洗時	18 cmm	20 cmm	32 cmm	72 cmm
		循環時	4.5 cmm	4.0 cmm	8.0 cmm	18.0 cmm
8	風速	噴洗時	~ 23 m/s 以上			
9	風循環次數	噴洗時	545 Timers/Hr	482 Timers/Hr	631 Timers/Hr	500 Timers/Hr
		循環時	116 Timers/Hr	125 Timers/Hr	65 Timers/Hr	125 Timers/Hr
10	抗靜電 PVC 噴嘴：個數		16	18	32	36
11	風車-東元馬達	2P/4P	1 台	1 台	2 台	4 台
		Fan Q'ty	0.4kW/台 2set	0.75kW/台 2set	0.4kW/台 4set	0.75kW/台 4set
		全壓	115 mmAq 以上			
		振動	15um 以下			
12	本體材質		冷軋鍍鋅鋼板 SECC,厚度:1.2mm 以上,烤漆象牙色漆,底座面為不銹鋼			
13	門	(1)	門採用陽極處理密閉型鋁合金結構，門板上設置雙重氣密條，並可減少撞擊振動，附透明 5 mmt 強化玻璃.			
		(2)	手動時採用 GEZE 門弓器, 可調力量大小及速度, 門之五金皆為不銹鋼或鋁製品			
		(3)	自動門時採用日本進口 DREAM 門機.			
		(4)	開門尺寸 1,500mm(含)以上，採用雙開門設計。			
14	電鎖		沉入式磁力鎖			
15	電力		AC 208V 3φ 60HZ			
16	消耗電力	噴洗時	1,640 VA	1,640 VA	3,280 VA	6,560 VA
		循環時	440 VA	440 VA	880 VA	1,760 VA
17	操作維修方式		所有電路及風車,FILTER 皆置於內部兩側以維修操作.			
18	燈源	LED 6 W	1 盞	1 盞	2 盞	2 盞
19	安裝		定位前先校水平,而後四周再收邊電源線接上即可.			
20	壓差計		檢測 HEPA 壽命並有銘板說明			

● 續-1

Item	Description		Specification
21	操作及控制方式	(1)	由污染側進入浴塵室時, 門關好後自動啟動, 運轉指示燈由綠燈轉為紅燈, 噴洗完成後,再轉為綠燈, 內部、外部三側皆有紅綠燈.
		(2)	浴塵室運轉時,必須有語音系統告知人員動作及運轉狀態.
		(3)	由潔淨室側進入浴塵時, 無噴洗動作, 以節約能源.
		(4)	在無人使用之狀態下, 浴塵室本身採低速運轉, 以保持浴塵之潔淨, 並防止外氣進入潔淨室而污染.
		(5)	電子式連鎖裝置, 以避免內部噴洗時, 門被打開或二邊門同時被開啟, 而使不潔空氣污染內部.
		(6)	噴洗時間 0 ~ 99 sec, 可調整式 TIMER.
		(7)	當電源中斷,電子式連鎖裝置自動解除.
		(8)	採用單晶片觸控式面板,附噴洗時自動 / 手動變換開關, 無熔絲開關, 風車開關, 電燈開關.
		(9)	操作開關沉入板面, 並有透明保護蓋, 避免遭受碰撞損壞.
		(10)	當噴洗完畢後, 可調整延遲時間 0 ~ 99 sec, 將污染路徑減至最低.
		(11)	於潔淨側與內部設緊急開關, 並附保護蓋.
22	驗收規範	(1)	尺寸檢查：依承認圖尺寸公差 ± (L/1000+2.5)mm 以下.
		(2)	洩漏檢查：FILTER 及 PACKING 不可有洩漏, 效率 0.3um ≥ 99.99% 以上.
		(3)	風速及風量：依規格圖所示.
		(4)	換氣次數：依規格圖所示.
		(5)	噪音檢查： (a) 空氣浴塵室噴洗時, 中央不可大於 81dBA. (b) 外部距離 1m, 離地 1m 不可大於 65 dB.
		(6)	照度檢查：≥300LUX.
		(7)	絕源阻抗檢查： (a) 絕源阻採 1MΩ 以上. (b) 接地 0Ω.
		(8)	消耗電力檢查.
		(9)	外觀檢查：以目視無髒污,傷痕及凹凸現象.
		(10)	動作檢查. (a) 檢查開門方向是否與規格圖一樣. (b) 檢查門是否有互鎖之功能. (c) 檢查電氣各部之線號是否有標示及至定位. (c) 進入 AIR SHOWER 時之強風、循環風及動作是否與設計規格相符. (e) 檢查操作密板之燈號及指示燈是否正常. (f) 檢查門弓器開門或關門及速度是否正常. (g) 檢查 SENSOR 功能是否正常. (h) 檢查電鎖是否正常. (i) 檢查 Nozzle 位置是否搖動不平之情形. (j) 檢查緊急開關動作是否正確. (k) 標準 AIR SHOWER 吹完是否有蜂鳴聲. (l) 標示銘牌是否張貼完整. (m) 電路圖護貝貼於內部.

A.9.1.2. 空氣浴塵機概算尺寸 Air Shower Size

● Air Shower的型式大多是訂製品，可依需求訂製隧道型，L型，依需求客製化，所以種類很多，但控制及潔淨的觀念是相同。

● 尺寸供參考，依業主需求製作， (Ex). 寬度W有的廠商做 ~1,300mm。

| Check List | 箱體 Case | | | | 濾網 HEAP | | | | | | | Cabin |
	W (m)	D (m)	H (m)	m³	W (m)	H (m)	m²	m/s	cmh/pcs	Q'ty	Total cmh	ACH
1 人	0.8	1.1	1.4	1.23	0.61	0.61	0.37	0.25	335	2	670	544
2 人	0.8	1.4	1.4	1.57	0.61	0.61	0.37	0.25	335	2	670	427
4 人	0.8	1.9	1.4	2.13	0.61	0.61	0.37	0.25	335	4	1,340	629
6 人	0.8	2.9	1.4	3.25	0.61	0.61	0.37	0.25	335	4	1,340	412

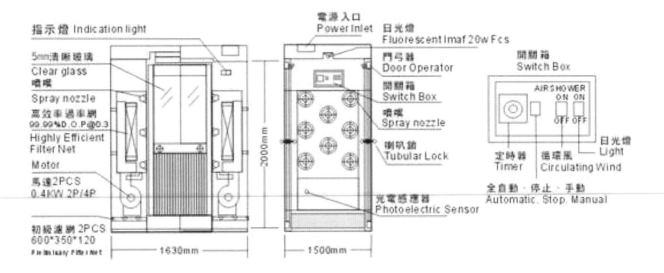

A.9.1.3. 空氣浴塵室-實體圖

● 空氣浴塵室-照片

A.9.2. 傳遞箱 Pass Box

● 傳遞箱的設計目的，為不同等級無塵室傳遞物品專用。傳遞箱為減少物品進出無塵無菌所造成污染。

● 傳遞箱的功能有：
(1) 機械連鎖(氣鎖)之功能 (2) 人員管制之功能 (3) 將物料傳入或傳出之功能。

● 傳遞箱配合特殊功用，也可設置Air Shower，手動門，自動門，....等。

A.9.2.1. 配件規格

● 主要配件

材質	烤漆 or 不銹鋼板
對講機（選配）	使內外方便通話溝通，不至於人員進出而造成不便及污染。
氣密門	附 5m/m 厚透明玻璃，同時具備機械連鎖(INTER LOCK)功能。
蜂鳴器	當任何一扇門打開或未關妥時，蜂鳴器會響，提醒操作者注意。
UV 殺菌燈	可加裝 UV 燈以達到無菌效果。
附屬配件	1. 法蘭，支撐腳座（選配）2. 蜂鳴器 3. 指示燈
電源	1P 110/220V，50/60Hz

A.9.2.2. 尺寸

W	W1	H	H1	D
670	500	600	500	400
670	500	600	500	500
770	600	700	600	500
770	600	700	600	600
870	700	800	700	600
870	700	800	700	700

● 照片 (取材：喬輝)

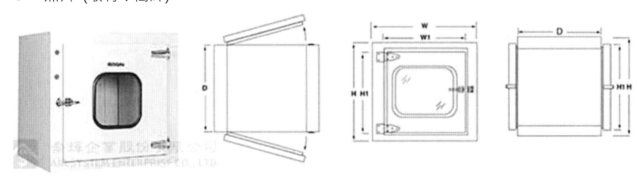

A.9.3. 無塵無菌操作棚 Clean Booth

- 無塵室內需要更潔淨的工作空間時，可以設置一封閉的工作棚 Clean Booth。
- Clean Booth 可依需求設置由 Class 1 ~ Class 1K，都可以容易建構。要注意驗收時的量測位置的高度。
- Clean Booth 內部是一正壓環境，氣流單一方向的層流型，風速~0.45m/s
- 市面上的 Clean Booth 可依需求尺寸，包含FFU，快速組裝，價格便宜，亦可移動，整套型的控制系統與人機介面。
- 下方實體照片 (取材：AIRTECH)

A.9.3.1. Clean Booth 照片

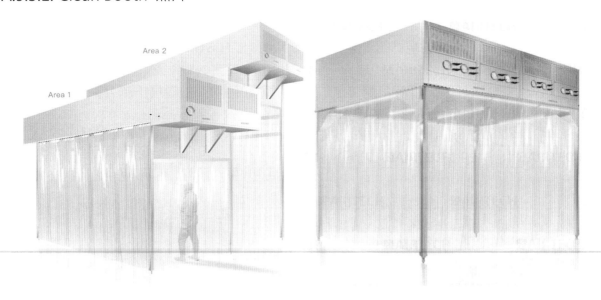

A.9.3.2. Clean Booth 可支援獨立集塵

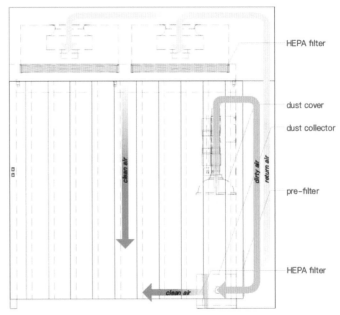

A.9.4. 洗手機 Clean Wash Hand

● 洗手機設置，手術室、製藥工廠、食品工廠、高潔淨室前之準備室。

● 潔淨室自動洗手乾手機為穿著無塵衣之前只必要動作，主要功能為提供純水與清潔液，確實將作業人員之雙手洗淨，並經過HEPA過濾器0.3μm99.99% 過濾之恒溫高風速烘手機將手烘乾，避免作業人員污染無塵衣或將污染帶入無塵室而造成管制上的疏失。

A.9.4.1. 洗手動作流程

● 洗手流程 (取材：喬輝)

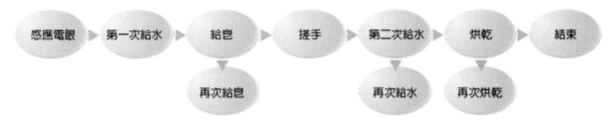

A.9.4.2. 洗手機的設備規格

材質	不銹鋼 or 烤漆
功能	給水→烘乾
	給水→給皂→給水→烘乾
水槽	SUS#304
供水口	RO water，DN：15mm
排水口	PVC O type，DN：25mm

集塵效率	0.3μm-99.99% or 0.12μm-99.99%
風速	25 m/s 以上
風溫	40℃~60℃ 可調整
耗電源	1,200 VA
啟動方式	電眼
控制方式	單晶片控制
電源	1P 110V or 220V 50/60Hz

A.9.4.3. 照片

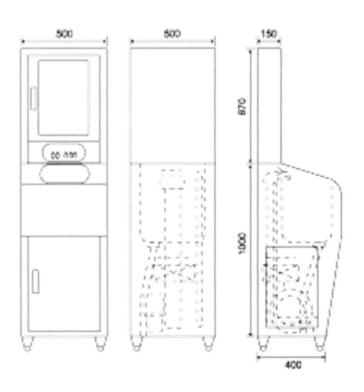

A.9.5. 雜項 Miscellaneous

● 無塵室的消耗品

CR 消耗品	Class 1	Class 10	Class 100	Class 1K	Class 10K	Class 100K
腳踏黏墊	Yes	Yes	Yes	Yes	Yes	Yes
除塵地毯	Yes	Yes	Yes	Yes	Yes	Yes
置物櫃	Yes	Yes	Yes	Yes	Yes	Yes
吊衣櫃：一般，無塵	Yes	Yes	Yes	Yes	Yes	Yes
服裝規定	連身服	連身服	連身服	連身服	夾克+褲子	半身
無塵鞋，安全鞋	Yes	Yes	Yes	Yes	Yes	Yes
髮網，口罩	Yes	Yes	Yes	Yes	Yes	Yes
乳膠手套	Yes	Yes	Yes	Yes	Yes	---
防靜電無塵書包	Yes	Yes	Yes	Yes	Yes	---
洗手機	Yes	Yes	Yes	Yes	Yes	---
空氣浴塵室	Yes	Yes	Yes	Yes	Yes	---
釋壓風門	Yes	Yes	Yes	Yes	Yes	Yes
無塵紙	Yes	Yes	Yes	Yes	Yes	Yes
無塵室工作梯	Yes	Yes	Yes	Yes	Yes	Yes
清潔黏塵滾輪	Yes	Yes	Yes	Yes	Yes	Yes
吸塵器	Yes	Yes	Yes	Yes	Yes	Yes
視窗	依業主需求					
傳遞箱/傳遞門	依業主需求					
工作棚 Clean Booth	依業主需求					
PVC 簾 Curtain	依業主需求					

乳膠手套：功能不是要防塵，是避免手上油脂的污染。

服裝規定：髮網、口罩、頭套、靜電衣(褲)、襪套、靜電鞋、靜電手套、乳膠手套、指套(8~10隻) 。

A.10. 無塵室內的正壓

- 當無塵室完工前，為保持無塵室的潔淨，需要在外氣供應後，維持一定的正壓來隔絕其他區域的污染，且因施工期間產生的VOC廢氣進行空氣洗塵(Air Flush)的工作，確保室內空氣的潔淨品質，不會因為建構無塵室時因使用材的料造成環境之污染。

- MAU 完成後，不僅是供應潔淨的空氣，排除污染的空氣，還需要開始無塵室的環境溫度與濕度控制，準備提供設備機台的安裝需求的環境空氣條件。

A.10.1. 正壓量計算

- 考慮無塵室的正壓時，為達正壓需要補充外氣風量。因此，無塵室內的風量平衡需考慮，正壓量 = 排氣量 + CR 洩漏量。無塵室內有製程設備的排氣，有無塵室的洩漏(隔間洩漏、配管配線開口的洩漏，天花板不氣密的洩漏，對外的門，....等)。

- 密閉空間的正壓量計算方法有三：(1) 理想氣體 (2) 狹縫的洩漏 (3) 經驗值換氣次數。依計算結果取最大值。

A.10.1.1. 理想氣體

- 理想氣體公式 $PV = nRT$。
  假設條件：V-空間體積不變，R-氣體常數，T-空間溫度不變。所以，$P_1 / n_1 = P_2 / n_2$。(類似吹氣球，吹進的氣使氣球膨脹)。
  本節僅研究一個密閉空間需要多少空氣能夠正壓，沒有包含洩漏風量，但洩漏風量才是真正需要的達到正壓的風量。因此計算理想氣體僅說明供應正壓的需求風量。

- 公式符號/單位說明：理想氣體公式 $n = PV / RT$

需求壓力	絕對壓力	氣密空間				常數	環境溫度	絕對溫度	需求氣體 mol
		長	寬	高	體積				
Pa	Pa	m	m	m	m	J/mol-K	K	K	n=RT/PV
20	101,345	20	40	6	4,800	8.314	25	298	2.0E+05

續-1：得到空氣體積後，預計小時的送風量

需求氣體 mol	Air 1mol=28.8g	Air 1.2kg=1m³	預估 1 小時的 送風量
	0.0288	1.2	
n=RT/PV	kg - air	m³ - air	cmh
2.0E+05	5.7E+03	4,712	4,712

結論：維持正壓考慮時間因素時，其量約換氣次數 1 次/小時，達到氣密封量的時後，因為外氣繼續供應中，這是為維持風量平衡 (因為洩漏風量的損失)。空間的氣密洩漏很小時，需要的正壓風量很小。

A.10.1.2. 經驗值換氣次數

- 無塵室環境的洩漏，有：
  (1) 天：天花板的縫、天花面的設備(風口-送風、回風、排氣口、消防系統-撒水、穿牆及天花板的配管，.....等)。
  (2) 地：地板開口、庫板與地板銜接縫
  (3) 牆：門(出入口)、庫板牆的縫(難以估計)

- 大空間的環境出入口少，所以洩漏少，因此換氣次數少，可用理想氣體概算。
  小空間的環境出入口多，因此換氣次數高。如獨立出入的小房間，可用狹縫的洩漏計算正壓量。
  公式符號/單位說明：風量平衡，外氣需求 ≧ 排氣 ＋ 洩漏量。

CR	CR Area	CR H	CR 體積	排氣	CR 洩漏量	換氣次數		外氣需求 最少量
m²	m²	m	m³	cmh	不易估算	次/hr	cmh	cmh
大面積	50,000	9	450,000	20,000	視環境的 開口量	0.5	225,000	245,000
中面積	5,000	8	40,000	10,000		3	120,000	130,000
小面積	500	6	3,000	5,000		6	18,000	23,000

- 環境正壓量以空間的換氣次數決定。這是一個概算值

大空間	正壓量為空間的換氣次數 1~3 次/小時。(出入口、隔間少)
小空間	正壓量為空間的換氣次數 6~10 次/小時。

A.10.1.3. 狹縫的洩漏

- 縫隙的洩漏就是無塵室施工時的氣密不夠嚴謹。於運轉時會大量消耗外氣，造成營運成本的增加。
  一個密閉良好的潔淨室，在使用過程中，主要的漏風途徑有

<1>	門、窗、隔間的縫隙洩漏
<2>	開關 Air Shower、傳遞門、傳遞窗的洩漏
<3>	室內空間的排氣

- 狹縫的洩漏計算公式，綜合整理
  (1) 公式符號/單位說明：$Q = A \times V = A \times 1.29 \times (\Delta P)^{1/2}$

1.29	ΔP	V	A			Q	
	壓力差	風速	門,窗的縫隙面積			通過縫隙的洩漏風量	
常數	Pa	m / s	L (m)	W (m)	m²	m³ / s	m³ / Hr
1.29	12.5	4.6	0.90	0.01	0.01	0.04	148

(2) 公式符號/單位說明：$Q = a \times L \times \Delta P^{1/n}$

a	n	L	ΔP	Q
氣密程度係數		縫隙長度	正/負壓值	風量
氣密好：1 ~ 3	一般：1 ~ 2	---	---	---
氣密普通：3 ~ 8	沒有漏損試驗的窗：			
氣密不好：3 ~ 40	取 1.5	m	mmAq	cmh
2.0	1.5	20.0	1.0	40
4.0	1.5	20.0	1.0	80
10.0	1.5	20.0	1.0	200
20.0	1.5	20.0	1.0	400
40.0	1.5	20.0	1.0	800

A.10.2. 空氣氣洗環境

- 施工完成交付使用者前，確保環境的潔淨及空氣品質，施工完成後須為環境進行 Air-Flush，其時機分為：(1) 人員進駐前 (2) 人員進駐後。(參考：LEED Reference Manual)

A.10.2.1. 時機一

- 時機一：人員進駐前
  施工結束後，在進駐前和所有內部裝修完成後，提供外氣 14,000 ft^3/ft^2 的總空氣量進行建築物環境的沖洗。（14,000 ft^3-Air / ft^2-FL = 4,269 m^3-Air / m^2-Floor）
  室外空氣條件需求：每 ft^2 佔地面積，同時保持內部溫度至少為 60°F（15.6°C），相對濕度不高於 60%（60%rh）。

A.10.2.2. 時機二

- 時機二：人員進駐後
  如果在沖洗完成之前需要進駐時，則至少需要提供外氣 3,500 ft^3/ft^2 於可能進駐的空間。（3,500cfm / ft^2 = 1,067 cmm / m^2）。
  一旦進駐一個空間，它應以最低 0.30 cfm / ft^2 的風量通風。外部空氣或設計最低外部空氣速率在時機 1 或 2 中，以較大者為準。在沖洗期間的每一天，通風應在進駐前至少三小時開始，並在入住期間繼續進行。
  這些條件應保持到總共 14,000 ft^3/ft^2。外部空氣已被送到空間。

A.10.2.3. 結論

- 業主進駐前：Air Flush-Out 的風量至少換氣 1,067 m^3-Air / m^2-floor。
  業主進駐後：至少維持供外氣 0.30 cfm/ft^2 = 5.49 cmh/m^2。
  以上條件,要達到 (14,000 ft^3-Air/ft^2-FL = 4,269 m^3-Air/m^2-Floor) 的標準。
- Air Flush 後證明環境不超過下面列出的污染物最大濃度

污染物	Max.濃度
甲醛	50 ppb
顆粒（PM10）	50 ppm
TVOC	500 ppm
4-PCH	6.5 ppm
CO	9 ppm 且不超過室外的 2 ppm

(參考本章的-室內空氣品質說明)

A.11. 無塵室管理 CR Management

A.11.1. 無塵室服裝

- 無塵服裝等級要求
  1,000 級(含)以上，需穿著特殊潔淨連身衣、無塵鞋將全身裹住，並帶上手套和面罩。
  10,000 與 100,000 級，必須穿著長袍無塵衣、無塵鞋、帶帽子與面罩。

- 製藥行業無塵服：
  (1)潔淨性能；(2)防靜電；(3)透氣性和舒適性；(4)耐高溫；(5)耐腐蝕。

- 防靜電無塵服可以分為：
  (1)大掛式；(2)分體式（上衣和褲子）；(3)連體式（二連體、三連體）。

A.11.1.1. 人產生的微塵數

- 人體不同動作產生的微塵數

粒子大小	≧ 0.3μm			≧ 0.5μm		
服裝　　　　動作	一般工作服	無塵服		普通工作服	無塵服	
		白衣衫	全覆式		白衣衫	全覆式
站立 (靜姿)	543,000	151,000	13,800	339,000	113,000	5,528
坐下 (靜姿)	448,000	142,000	14,800	302,000	112,000	7,420
腕上下	4,450,000	463,000	49,000	2,980,000	298,000	18,600
上身前區	3,920,000	770,000	39,200	2,240,000	538,000	24,200
腕的自由運動	3,470,000	572,000	52,100	2,240,000	298,000	20,600
頸上下左右	1,230,000	187,000	22,100	631,000	151,000	11,000
屈身	4,160,000	1,110,000	62,500	3,120,000	605,000	37,400
踏步	4,240,000	1,210,000	92,100	2,800,000	861,000	44,600
步行	5,360,000	1,290,000	157,000	2,920,000	1,010,000	56,000

A.11.1.2. 無塵室服裝照片

- 無塵服裝規格 (取材：喬輝)

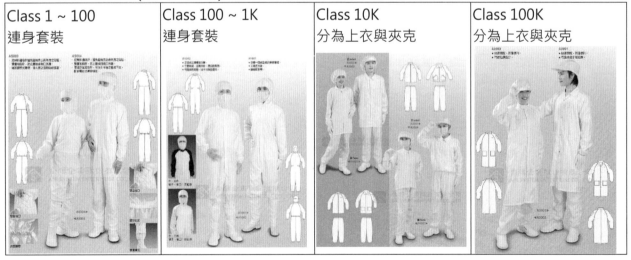

Class 1 ~ 100
連身套裝

Class 100 ~ 1K
連身套裝

Class 10K
分為上衣與夾克

Class 100K
分為上衣與夾克

A.11.2. 無塵室管制

● 無塵室階段管制，各承商的管制辦法配合業主需求，大概管制分為三階段：
  (1) 第一階段：無塵室在粗清潔中。穿著乾淨工作服、可穿工作鞋。
  (2) 第二階段：無塵室在細清潔中。穿著乾淨工作服、更換乾淨的白布鞋。
  (3) 第三階段：無塵室在細清潔中。穿著乾淨無塵服。

A.11.2.1. 第一階段管制

● 第一階段管制 1st Step Management

潔淨施工管制計劃，第一階段管制規定

1. 通則

除本管制規定外，承商仍須遵守中華民國勞工安全衛生各項法規規定，及 xxx 業主工程一般安全及衛生各項規定。

2. 適用範圍

XXX 廠之 XXX Level XX 全區無塵室施工範圍，如附圖。

3. 管制時間

自 XX 年 XX 月 XX 日(星期 X)起開始管制。

4. 出入管制

XXX 分別設立一個進出口，設置門禁管制，以管制人員物料進出，並使人員進入潔淨室前清潔衣服、工具與材料。其他物料進出口依吊裝申請時間開放，由廠商清潔物料後搬入管制區域。

5. 管制內容

5.1 施工前準備

(1) 進入潔淨管制區施工前必須配戴人員識別證(XX 業主協議會提供)與安全帽、安全帶，Truss 須配雙安全帶，進入 FAB 潔淨管制區施工。管制區域施工申請單(如附件)須於施工前完成申請程序，經 XX 承攬商核准，逕交至門禁管制人員處，作為進出管制之依據。

(2) 準備塑膠布、地面保護用木板、潔淨室專用真空吸塵器及其他必需之用品。

(3) 攜入潔淨區前，施工之工具、材料及附件等必須在室外清潔並擦拭乾淨，不能有油、銹及灰塵等附著物。

(4) 非需用之物品，如食物、飲料、香菸、檳榔等，禁止攜入潔淨區。

(5) 任何鑽孔、切割等加工，不得在潔淨區內進行，不得已者(如無法攜出潔淨區外加工者)須經業主，XXX 業主或 XX 承攬商之准許才可施工。

(6) 由規定之出入口進出。

(7) 應穿著乾淨之工作服。

(8) 施工機具設備上應有明顯的承商標誌。

(9) 潔淨區內所有的動力設備應以電力為主，不得以氣、柴油為動力。

5.2 施工中注意事項

(1) 在潔淨區內不准抽煙、吃檳榔或吃任何其他東西。

(2) 不可使用油品，工具內的油不可外漏。

(3) 必須使用乾淨的鋁梯，鋁梯腳部必須用布包起來，以免刮傷地板，架設處的地面必須以木板完全保護。

(4) 工具或材料搬運時必須完全離開地面，且不得在地上拖行，以免破壞地板。

(5) 只可使用塑膠輪胎之搬運車，車行路線必須鋪設保護木板。

(6) 所有施工區域與置料區、置物區都必須保護地面(先舖設塑膠布，再舖上適當厚度的木板)。

(7) 凡進行具有污染性之工作者，必須將施工區用塑膠布隔離。

(8) 施工處若有發生危險之顧慮者，必須予以標示。

(9) 隨時配戴人員識別證。

(10) 施工人員應聽從各負責工程師的指示。

(11) 除非施工，否則不得掀開高架地板；如不得已須掀開高架地板時，也應該在最短的時間內復原。

(12) 掀開高架地板時，高架地板必須以地磚面對著面的方式放置，且周邊必須設置護圍之安全措施。

(13) 各承商應依照指定之材料與圖面施工，任何的改變均需要經過 XX 業主與 XX 承攬商之認可。

(14) 絕對禁止站在機台上方施工。

(15) 潔淨管制區內，禁止使用電焊機及動火。

5.3 施工後整理

(1) 施工區需以真空吸塵器清潔，必要時得用布擦拭。

(2) 不得留置任何廢棄物在現場。

(3) 不用的工具、材料均須運離潔淨區。未清除者拍照存證後逕行清除，費用由違規廠商加倍支付。

(4) 檢查施工四周，確認未損害其他東西；萬一有損害時，應立即向 XX 承攬燒之負責工程師陳述。

(5) 必須暫存之施工材料及機具均應集中放置於申請核准之預置區並標示廠商名稱及聯絡電話。

5.4 其他

(1) 本公司將會視需要而另行補充與公佈必要之管制措施。

(2) 損壞以舖設之 EPOXY 地面者必須負責賠償之責任，找不到損壞者時，業主會視狀況處理，必要時由曾在內部施工之廠商均攤。

(3) 管制區域內裝修及機電設施若遭受破壞，須由造成破壞之施工人員所屬廠商負擔一切復原維修費用。施工期間所產生工程廢棄物需自行清理，並負責施工區域之清潔，亦必須負起施工造成損害修復之責；未經申請即進入施工者，該空間所發生之所有損害及維修清潔費用，全數由此未申請廠商負責。

(4) 若發現蓄意破壞或不遵守規定者，應予以重罰，除該廠商負責維修損壞部份，該施工人員需繳證離場。

A.11.2.2. 第二階段管制

● 第二階段管制 2nd Step Management

潔淨施工管制計劃，第二階段管制規定

1. 通則

除本管制規定外，承商仍須遵守中華民國勞工安全衛生各項法規規定，及 XXX 業主工程一般安全及衛生各項規定。

2. 適用範圍

XXX 廠之 XXX Level XX 全區無塵室施工範圍，如附圖。

3. 管制時間

自 XX 年 XX 月 XX 日(星期 X)起開始管制。

4. 出入管制

XXX 分別設立一個進出口,設置門禁管制,以管制人員物料進出,並使人員進入潔淨室前清潔衣服、工具與材料。其他物料進出口依吊裝申請時間開放,由廠商清潔物料後搬入管制區域。

5. 管制內容

5.1 施工前準備

(1) 進入潔淨管制區施工前必須配戴人員識別證(XX 業主協議會提供)與安全帽、安全帶,Truss 須配雙安全帶,進入 FAB 潔淨管制區施工。管制區域施工申請單(如附件)須於施工前完成申請程序,經 XX 承攬商核准,逕交至門禁管制人員處,作為進出管制之依據。

(2) 準備塑膠布、地面保護用木板、潔淨室專用真空吸塵器及其他必需之用品。

(3) 攜入潔淨區前,施工之工具、材料及附件等必須在室外清潔並擦拭乾淨,不能有油、銹及灰塵等附著物。

(4) 非需用之物品,如食物、飲料、香菸、檳榔等,禁止攜入潔淨區。

(5) 任何鑽孔、切割等加工,不得在潔淨區內進行,不得已者(如無法攜出潔淨區外加工者)須經業主、XXX 業主或 XX 承攬商之准許才可施工。

(6) 廠商必須自備乾淨之白色膠底工作鞋,放置在各樓管制入口處備用;進入無塵室者一律穿著工作鞋,且此工作鞋只能用於潔淨室。

(7) 由規定之出入口進出。

(8) 應穿著乾淨之工作服。

(9) 施工機具設備上應有明顯的承商標誌。

(10) 潔淨區內所有的動力設備應以電力為主,不得以氣、柴油為動力。

5.2 施工中注意事項

(1) 在潔淨區內不准抽煙、吃檳榔或吃任何其他東西。

(2) 不可使用油品,工具內的油不可外漏。

(3) 必須使用乾淨的鋁梯,鋁梯腳部必須用布包起來,以免刮傷地板,架設處的地面必須以木板完全保護。

(4) 工具或材料搬運時必須完全離開地面,且不得在地上拖行,以免破壞地板。

(5) 只可使用塑膠輪胎之搬運車,車行路線必須鋪設保護木板。

(6) 所有施工區域與置料區、置物區都必須保護地面(先鋪設塑膠布,再鋪上適當厚度的木板)。

(7) 凡進行具有污染性之工作者,必須將施工區用塑膠布隔離。

(8) 施工處若有發生危險之顧慮者,必須予以標示。

(9) 隨時配戴人員識別證。

(10) 施工人員應聽從各負責工程師的指示。

(11) 除非施工,否則不得掀開高架地板;如不得已須掀開高架地板時,也應該在最短的時間內復原。

(12) 掀開高架地板時,高架地板必須以地磚面對著面的方式放置,且周邊必須設置護圍之安全措施。

(13) 各承商應依照指定之材料與圖面施工,任何的改變均需要經過 XX 業主與 XX 承攬商之認可。

(14) 絕對禁止站在機台上方施工。

(15) 潔淨管制區內,禁止使用電焊機及動火。

5.3 施工後整理

(1) 施工區需以真空吸塵器清潔,必要時得用布擦拭。

(2) 不得留置任何廢棄物在現場。

(3) 不用的工具、材料均須運離潔淨區。未清除者拍照存證後逕行清除，費用由違規廠商加倍支付。

(4) 檢查施工四周，確認未損害其他東西；萬一有損害時，應立即向 XX 承攬燒之負責工程師陳述。

(5) 必須暫存之施工材料及機具均應集中放置於申請核准之預置區並標示廠商名稱及聯絡電話。

5.4 其他

(1) 本公司將會視需要而另行補充與公佈必要之管制措施。

(2) 損壞以舖設之 EPOXY 地面者必須負責賠償之責任，找不到損壞者時，業主會視狀況處理，必要時由曾在內部施工之廠商均攤。

(3) 管制區域內裝修及機電設施若遭受破壞，須由造成破壞之施工人員所屬廠商負擔一切復原維修費用。施工期間所產生工程廢棄物需自行清理，並負責施工區域之清潔，亦必須負起施工造成損害修復之責；未經申請即進入施工者，該空間所發生之所有損害及維修清潔費用，全數由此未申請廠商負責。

(4) 若發現蓄意破壞或不遵守規定者，應予以重罰，除該廠商負責維修損壞部份，該施工人員需繳證離場。

A.11.2.3. 第三階段管制

● 第三階段管制 3rd Step Management

潔淨施工管制計劃，第三階段管制規定

1. 通則

除本管制規定外，承商仍須遵守中華民國勞工安全衛生各項法規規定，及 XXX 業主工程一般安全及衛生各項規定。

2. 適用範圍

XXX 廠之 XXX Level XX 全區無塵室施工範圍，如附圖。

3. 管制時間

自 XX 年 XX 月 XX 日(星期 X)起開始管制。

4. 出入管制

(1) 臨時更衣間設於 XXX Level XX，人員更換無塵服後進入。

(2) 樓層設立物料進出口，以管制物料進出，並使物料及工具進入潔淨室前擦拭清潔。

5. 管制內容

5.1 施工前準備

(1) 進入潔淨管制區施工前必須配戴人員識別證(XX 業主協議會提供)與安全帽、安全帶，Truss 須配雙安全帶，進入 FAB 潔淨管制區施工。管制區域施工申請單(如附件)須於施工前完成申請程序，經 XX 承攬商核准，逕交至門禁管制人員處，作為進出管制之依據。

(2) 準備塑膠布、地面保護用木板、潔淨室專用真空吸塵器及其他必需之用品。

(3) 攜入潔淨區前，施工之工具、材料及附件等必須在室外清潔並擦拭乾淨，不能有油、銹及灰塵等附著物。

(4) 非需用之物品，如食物、飲料、香菸、檳榔等，禁止攜入潔淨區。

(5) 5. 任何鑽孔、切割等加工，不得在潔淨區內進行，不得已者(如無法攜出潔淨區外加工者)須經業主，XXX 業主或 XX 承攬商之准許才可施工。

(6) 廠商必須自備乾淨之無塵衣及鞋，放置在臨時更衣間處備用；進入無塵室者一律穿著網帽、口罩及手套。

(7) 由規定之出入口進出。

(8) 應穿著乾淨之無塵服。

(9) 施工機具設備上應有明顯的承商標誌。

(10) 潔淨區內所有的動力設備應以電力為主，不得以氣、柴油為動力。

5.2 施工中注意事項

(1) 在潔淨區內不准抽煙、吃檳榔或吃任何其他東西。

(2) 不可使用油品，工具內的油不可外漏。

(3) 必須使用乾淨的鋁梯，鋁梯腳部必須用布包起來，以免刮傷地板，架設處的地面必須以木板完全保護。

(4) 工具或材料搬運時必須完全離開地面，且不得在地上拖行，以免破壞地板。

(5) 只可使用塑膠輪胎之搬運車，車行路線必須鋪設保護木板。

(6) 所有施工區域與置料區、置物區都必須保護地面(先鋪設塑膠布，再鋪上適當厚度的木板)。

(7) 凡進行具有污染性之工作者，必須將施工區用塑膠布隔離。

(8) 施工處若有發生危險之顧慮者，必須予以標示。

(9) 隨時配戴人員識別證。

(10) 施工人員應聽從各負責工程師的指示。

(11) 除非施工，否則不得掀開高架地板；如不得已須掀開高架地板時，也應該在最短的時間內復原。

(12) 掀開高架地板時，高架地板必須以地磚面對著面的方式放置，且周邊必須設置護圍之安全措施。

(13) 各承商應依照指定之材料與圖面施工，任何的改變均需要經過 XX 業主與 XX 承攬商之認可。

(14) 絕對禁止站在機台上方施工。

(15) 潔淨管制區內，禁止使用電焊機及動火。

5.3 施工後整理

(1) 施工區需以真空吸塵器清潔，必要時得用布擦拭。

(2) 不得留置任何廢棄物在現場。

(3) 不用的工具、材料均須運離潔淨區。未清除者拍照存證後逕行清除，費用由違規廠商加倍支付。

(4) 檢查施工四周，確認未損害其他東西；萬一有損害時，應立即向 XX 承攬燒之負責工程師陳述。

(5) 必須暫存之施工材料及機具均應集中放置於申請核准之預置區並標示廠商名稱及聯絡電話。

5.4 其他

(1) 本公司將會視需要而另行補充與公佈必要之管制措施。

(2) 損壞以鋪設之 EPOXY 地面者必須負責賠償之責任，找不到損壞者時，業主會視狀況處理，必要時由曾在內部施工之廠商均攤。

(3) 管制區域內裝修及機電設施若遭受破壞，須由造成破壞之施工人員所屬廠商負擔一切復原維修費用。施工期間所產生工程廢棄物需自行清理，並負責施工區域之清潔，亦必須負起施工造成損害修復之責；未經申請即進入施工者，該空間所發生之所有損害及維修清潔費用，全數由此未申請廠商負責。

(4) 若發現蓄意破壞或不遵守規定者，應予以重罰，除該廠商負責維修損壞部份，該施工人員需繳證離場。

A.11.3. 無塵室量測

- 無塵室性能測試的code有：
  NEBB，IEST，ISO 14644，日本 JIS，.....等。以下介紹 NEEB / ISO 14644 的量測標準，針對無塵室的部分。

- NEBB Standard 所涵蓋內容介紹 (The National Environmental Balancing Bureau)
  (1) Testing-Adjusting-Balancing (TAB) -- Air and Hydronic Systems
  (2) Sound (S) Measurement
  (3) Vibration (V) Measurement
  (4) Cleanroom Performance Testing (CPT)
  (5) Building Systems Commissioning (BSC)
  (6) Fume Hood Performance Testing (FHT)
  (7) Retro-Commissioning (RCx-EB)

A.11.3.1. 測試項目

- NEBB建議，測試的項目選擇：依重要性分成三級，說明如下。
- 第一級〈Level I〉：
  主要測試與潔淨度直接有關的測試都屬第一級，每個無塵室都應至少應做的測試。

測試項目	
A.	風速量測
B.	風量量測
C.	前兩項的均勻度分析
D.	濾網洩漏測試
E.	潔淨度測試
F.	壓力量測

- 第二級〈Level II〉：潔淨度與氣流相關，但是只有在特殊情況下才需要進行。

測試項目	
A.	氣流平行度量測〈只適用層流型無塵室〉
B.	空間洩漏測試〈幾乎已被壓差測試取代〉
C.	恢復率測試〈依建議只適用亂流型無塵室〉
D.	粒子沉降測試〈近年來已經很少做〉

- 第三級〈Level III〉：與氣流無關項目，都是屬於環境因素。

測試項目	
A.	照度與其均勻度
B.	噪音測試
C.	振動測試
D.	溫溼度測試

A.11.3.2. NEBB CR Test 1st Stage

● NEBB 無塵室測試過程分為2階段
● 第一階段測試項目：
  (1) Airflow Velocity and Uniformity Tests
  (2) Airflow Volume and Uniformity Tests
  (3) HEPA Filter Installation Leak Tests
  (4) Airborne Particle Count Cleanliness Classification Tests
  (5) Room Pressurization Tests

● 建議測試項目 1ST Step：TABLE 9-1 Recommended Tests by Cleanroom Type*

NEBB Procedural Standards Section Test	Unidirectional Airflow	Non-Unidirectional Airflow	Mixed	Airflow	IEST Section
10	Airflow volume & uniformity	1、2、3	1、2、3	1、2、3	6.1
10	Airflow velocity & uniformity	1、2、3	1、2、3	1、2、3	6.1
10	Filter leak	1、2	1、2	1、2	6.2
10	Particle count	1、2、3	1、2、3	1、2、3	6.3
10	Pressurization	1、2、3	1、2、3	1、2、3	6.4
11	Parallelism	1、2	Not Applicable	1、2、4	6.5
11	Recovery	1、2	1、2	1、2	6.7
11	Lighting level	1、2、3	1、2、3	1、2、3	6.9
11	Sound level	1、2、3	1、2、3	1、2、3	6.10
11	Temperature and Humidity uniformity	1、2、3	1、2、3	1、2、3	6.11~6.13
11	Vibration level	1、2、3	1、2、3	1、2、3	6.14
11	Electrostatic	1、2、3	1、2、3	1、2、3	4
11	Conductivity	1、2、3	1、2、3	1、2、3	4
11	Electromagnetic Interference (EMI)	1、2、3	1、2、3	1、2、3	4
11	Air Change Rate	1、2、3	1、2、3	1、2、3	4
11	Bench Scan	1	1	1	4

The order in which tests are performed is optional, but some sequences are optimal.
(1) Test is suited to As-Built occupancy mode
(2) Test is suited to At-Rest occupancy mode
(3) Test is suited to Operational occupancy mode
(4) These tests are not defined in IEST-RP-CC006

A.11.3.3. NEBB CR Test 2nd Stage

● 第二階段測試項目：
(1) Airflow Parallelism Tests
(2) Recovery Tests
(3) Lighting Level and Uniformity Tests
(4) Sound Level Tests
(5) Vibration Level Tests
(6) Temperature and Humidity Uniformity Tests.
(7) Electrostatic Tests
(8) Conductivity Tests
(9) Electromagnetic Interference (EMI) Test
(10)　Air Change Rate (ACH) Test
(11)　Bench Scan Filter Leak Tests

● 建議測試項目 2nd Step：TABLE 9-2 Recommended Testing Intervals

NEBB Procedural Standards Section	ISO Reference	Test	NEBB Recommended Test Interval (Months)	IEST Section
10	ISO 14644-3：B.4	Airflow volume & uniformity Airflow velocity & uniformity	12	6.1
10	ISO 14644-3：B.6	Filter leak	12	6.2
10	Annex B, ISO 14644-1	Particle count ≤ ISO Class 5	6	6.3
10	Annex B, ISO 14644-1	Particle count ≤ ISO Class 5	12	6.3
10	ISO 14644-3：B.5	Pressurization	12	6.4
11	ISO 14644-3：B.7	Parallelism	12	6.5
11	ISO 14644-3：B.13	Recovery	24	6.7
11	N/A	Lighting level	24	6.9
11	N/A	Sound level	24	6.10
11	ISO 14644-3：B.9 ISO 14644-3：10	Temperature and Humidity Uniformity	12	6.11-6.13
11	N/A	Vibration level	24	6.14
11	ISO 14644-3：11	Electrostatic	24	N/A
11	N/A	Conductivity	24	N/A
11	N/A	Electromagnetic Interference (EMI)	24	N/A
11	N/A	Air Change Rate	12	N/A
11	N/A	Bench Scan	N/A	N/A

N/A：Not Applicable

A.11.3.4. 潔淨量測點

● 本節僅介紹潔淨量測時，環境空間需要量測潔淨認證時，需要量測幾個點為基準。
無塵室每個風口經過TAB的調整後，環境的換氣數和潔淨依用途不同有其規定。生技業有要求換氣數（依A，B，C，D等級需求），電子業要求溫度/濕度及潔淨-不強制要求換氣次數。於此不討論換氣次數，研究潔淨量測。

● 在單向氣流的情況下，該面積可以被認為是垂直於氣流方向的運動空氣的橫截面。在所有其他情況下，該區域可被視為潔淨室和潔淨區的水平平面區域。

● 大面積無塵室-查計算公式。
公式：$N_L = 27 (A/1,000)$，應用於面積超過 $1,000m^2$ 的 CR。

常數	A	係數	N_L
27	m^2	1,000	Point
27	1,000	1,000	27
27	1,500	1,000	41
27	2,000	1,000	54

● 小面積無塵室-查表最少取樣點：無塵室潔淨取樣的點數量（取材：ISO 14644-2005 Table A.1）
Sampling Loactions Related to Cleanroom Area

無塵室面積 小於或等於 m^2	最少取樣點 N_L	無塵室面積 小於或等於 m^2	最少取樣點 N_L	無塵室面積 小於或等於 m^2	最少取樣點 N_L
2	1	56	11	156	20
4	2	64	12	192	21
6	3	68	13	232	22
8	4	72	14	276	23
10	5	76	15	352	24
24	6	104	16	436	25
28	7	108	17	636	26
32	8	116	18	1,000	27
36	9	148	19	>1,000	查公式
52	10				

A.11.3.5. 無塵室量測報告

● NEBB無塵室報告內容 Cleanroom Reports shall include the following information：
(1) Report Title
(2) Report Certification
(3) Table of Contents
(4) Standard Operating Procedures (SOP′s) References
(5) Report Summary / Remarks
(6) Test Forms
(7) Instrument Calibration Certificates
(8) Abbreviations

A.12. 例題-無塵室設計

A.12.1. 例題-FFU 系統

● 本例題採用FFU+DCC+高架地板的循環系統，應用於潔淨等級較高的無塵室。

A.12.1.1. 例題FFU+DCC

● [例題] 設計需求：假設無塵室環境尺寸及製程機台位置，如圖-平面圖。
(1) 環境需求：22℃±1K，50±5%rh，無塵室 Class 1,000 (ISO 6)，熱負荷 350W/m^2
(2) 設計高架地板高 800mm-包含孔口板、盲板。
(3) 無塵室內高 3,500mm。天花板上方 2,200mm
(4) 系統採用 FFU (1,200mm x 600mm) + DCC(承商設計) 循環方式
(5) 製程排氣 GEX 12,000cmh，AEX 4,500cmh，AKX 1,500cmh，MAU 風量設計
(6) 平面圖

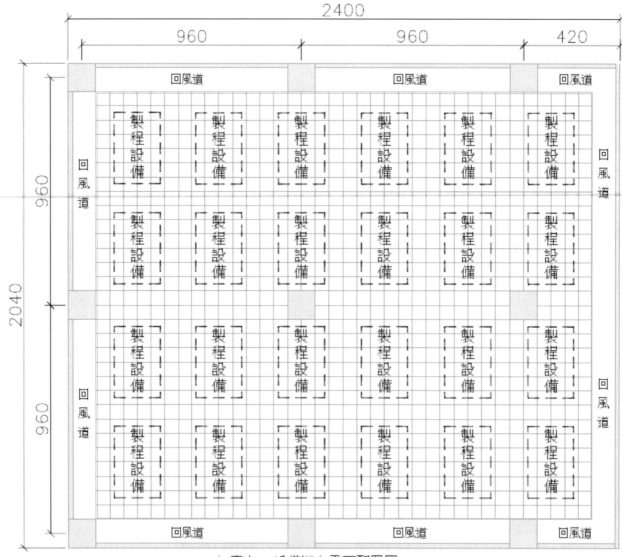

無塵室－設備機台平面配置圖

A.12.1.2. 例題-設計說明

● [Ans] 規劃設計與計算程序資料，如下：
  (1) 環境需求：無塵室潔淨等級、循環風量計算、確認氣流方向 U、N、M。
  (2) 熱負荷：計算無塵室熱負荷
  (3) 系統風量平衡，計算得 MAU 所需風量
  (4) 循環風量，計算得 FFU 的數量
  (5) Check Design：覆蓋率、無塵室平均風速、換氣次數。
  (6) DCC 的數量
  (7) 計算高架地板通風量
  (8) 計算 FFU 的壓損、選擇 FFU 的規格、FFU 型錄

A.12.1.3. 無塵室環境需求

● 氣流模式：依無塵室的建築架構，本案設計無塵室採用-非單向流-N型模式。

說明	房間尺寸			環境條件						氣流模式
	高	面積	體積	溫度		相對溼度		無塵等級		U / N / M
區域	m	m²	m³	°C	±	%	±	Class	μm	
無塵區-A	3.5	489.6	1,714	22	1	55	5	1,000	0.3	N / M

非單向流無塵室的設計：循環風量採用換氣次數為設計的基準。
循環空氣方式：
(1) MAU+RCU：SA 與 RA 風管，常見於生技產業。
(2) MAU+FFU。本例題採用(2)的方式 MAU+FFU 設備，詳下節說明。

● 剖面圖 (Section Schematic)：

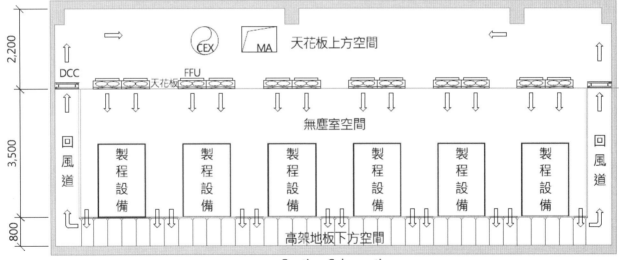

Section Schematic

A.12.1.4. 熱負荷計算

● 熱負荷：工廠區因為設備機台產生的熱量及製程排氣量，遠大於建築Envelop的熱量。
所以，一般皆採用經驗資料取 W/m² (熱負荷：由業主協助提供經驗熱負荷數據)。
本案設計取 350 W/m² 為設計基準：總熱負荷 171kW。

說明	房間尺寸			Heat.Load	
區域	高 (m)	面積 (m²)	體積 (m³)	W/m²	Total (kW)
無塵區-A	3.5	489.6	1,713.6	350	171

A.12.1.5. 系統風量平衡

● 風量平衡：無塵室正壓風量 (MAU外氣) = 排氣風量 + 無塵室洩漏風量。
無塵室洩漏風量：
依隔間的開口及施工氣密的程度，調整換氣得次數 (洩漏一般應用範圍 3~10 次/hr)，本
例題設計氣密好，取 3 times/hr。
MAU 供應風量(23,141cmh) = 排氣風量(18,000cmh) + 無塵室洩漏風量(5,141cmh)

說明	房間尺寸			排氣系統			MAU (外氣)	
區域	高	面積	體積	一般排氣	酸排	鹼排	洩漏量	正壓量
	m	m²	m³	cmh	cmh	cmh	times/h	cmh	cmh
無塵區-A	3.5	489.6	1,713.6	12,000	4,500	1,500	3	5,141	23,141

A.12.1.6. 無塵室循環風量

● 循環風量，其目的是達到環境潔淨的需求。CR 1,000所需要的風速或換氣次數

風速	0.13 ~ 0.18 m/s
換氣次數	150 ~ 210 times/hr

● 計算FFU的風速，取得循環風量

說明	房間尺寸			FFU				循環風量		
區域	高	面積	體積	尺寸		Qty	風速	覆蓋率	循環風量	ACH	Air vel.
	m	m²	m³	m	m	Pcs	m/s	%	m³/h	1/h	m/s
無塵區	3.5	489.6	1,714	1.17	0.57	288	0.35	42.4%	242,000	141	0.14
無塵區	3.5	489.6	1,714	1.17	0.57	288	0.45	42.4%	311,100	182	0.18

當無塵室在標準負荷或初期少量的機台設備時，FFU 運轉的風速 0.35m/s。
當無塵室在開始運轉時 FFU 的風速 0.45m/s，可減少自淨時間，又當附載不均勻分布
時及熱負荷加重時可採 0.45m/s，帶走熱量。
循環風量 242,000cmh (min) > 正壓 (23,141cmh) = 排氣+洩漏量---潔淨Ok

● FFU數量：288台，FFU尺寸：1,200 x 600mm。

A.12.1.7. Check Design

● Check 無塵室的設計資料：(1) 覆蓋率、(2) 無塵室平均風速、(3) 換氣次數。
● (1) 覆蓋率 ACH and Velocity (取材：ISO 14644：Table I，Typical Airflow Design)

無塵等級	氣流模式	覆蓋率	平均氣流數度		換氣次數
Class		%	fpm	m/s	ACH [times/hr]
Class 1,000	非單向流 / 混流	42.4%	25 - 40	0.13 - 0.20	150-240

覆蓋率：42.4% > 40%。

● (2) 無塵室的平均風速

CR 1,000 的換氣次數參考數據：

FFU 風速 0.35 m/s 時	無塵室設計 0.14 m/s。符合 0.13 ~ 0.20 m/s。
FFU 風速 0.45 m/s 時	無塵室設計 0.18 m/s。符合 0.13 ~ 0.20 m/s。

● (3) 換氣次數

CR 1,000 的風速定義標準：0.13 ~ 0.20 m/s

FFU 風速 0.35 m/s 時	無塵室設計 ACH 141 可接受，150 ~ 240 times/hr (因為設計時，不包含機台佔據空間的換氣)
FFU 風速 0.45 m/s 時	無塵室設計 ACH 182。符合 150 ~ 240 times/hr

A.12.1.8. 計算DCC的數量

● DCC平面配置圖：Coil No.：A-1，A-2。

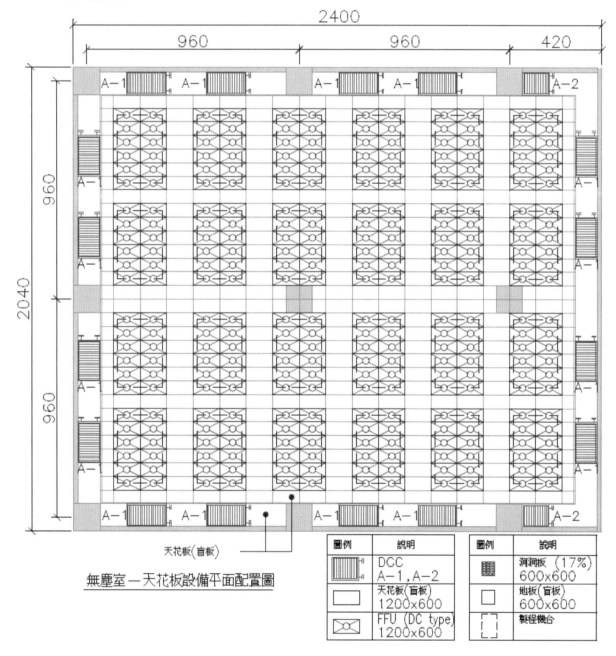

無塵室—天花板設備平面配置圖

圖例	說明	圖例	說明
	DCC A-1,A-2		洞洞板（17%）600x600
	天花板(盲板) 1200x600		地板(盲板) 600x600
	FFU (DC type) 1200x600		製程機台

● DCC (Dry Cooling Coil) 規格 1R12F，水溫 16°C/20°C（目標：不會產生冷凝水），材質：鍍鋅鐵框，鰭片 Epoxy處理

● 當FFU風速在 0.35m/s 時

DCC Install Location

Project	DCC ID.	Q'ty Pcs
Ph1	A-1	16
Ph1	A-2	2
Sum :		18

DCC Size.

Face Air Velocity m/s	Frame L mm	Frame H mm	Area m²	Effect Area m²	DCC Eff. m²
2.25	1,800	1,200	2.16	1.76	28.16
2.25	1,200	1,200	1.44	1.10	2.20
					30.36

DCC Air Side

Air Volume Unit CMH	Air Volume Total CMH	In °C	Out °C	Air ΔT K	Capacity Unit kW/Unit	Capacity HT Total Kw
14,256	228,096	23.0	21.0	2.0	9.5	152.1
8,910	17,820	23.0	21.0	2.0	5.9	11.9
	245,916					164

Check FFU在0.35m/s的循環風量：242,000 cmh ≒ 245,916 cmh
DCC 在 2.25m/s 時的風(測)壓損 ～ 20 Pa.

● 當FFU風速在 0.45m/s 時

DCC Install Location

Project	DCC ID.	Q'ty Pcs
Ph1	A-1	16
Ph1	A-2	2
Sum :		18

DCC Size.

Face Air Velocity m/s	Frame L mm	Frame H mm	Area m²	Effect Area m²	DCC Eff. m²
2.90	1,800	1,200	2.16	1.76	28.16
2.90	1,200	1,200	1.44	1.10	2.20
					30.36

DCC Air Side

Air Volume unit CMH	Air Volume Total CMH	In °C	Out °C	Air ΔT K	Capacity Unit kW/Unit	Capacity HT Total Kw
18,374	293,990	23.0	21.0	2.0	12.2	196.0
11,484	22,968	23.0	21.0	2.0	7.7	15.3
	316,958					211

Check FFU在0.45m/s的循環風量：311,100 cmh ≒ 316,958 cmh，可接受-誤差範圍。
DCC 在 2.25m/s 時的風(測)壓損 ～ 28 Pa.

A.12.1.9. 計算高架地板通風量

● 高架地板：洞洞板數量計算

說明	房間尺寸			高架地板					
區域	高	面積	體積	尺寸	有效通風率	數量	循環風量	孔板風量	孔板風速
	m	m^2	m^3	mm x mm	17%	pcs	m³/h	m³/h	m/s
無塵區-A	3.5	489.6	1,713.6	600 x 600	0.17	564	242,000	429	1.95
無塵區-A	3.5	489.6	1,713.6	600 x 600	0.17	564	311,100	552	2.50

● 規格-盲板

鋁合金 - 盲板	
內 容	V60AS - 700E
面磚材質	Conductive Vinyl tile
面磚靜電阻抗	Conductivity: 10^4~10^6 Ω Anti-static: 5×10^6 ~ 5×10^8Ω
地板材質	Die-cast Aluminum
平均載重	1,700 kgf/m^2
	Deflection ≤1.0mm
集中荷重	700kgf / 6.45cm^2
	Deflection ≤2.0mm
極限強度	1,400kgf / 6.45cm^2
尺寸公差	600+0.00mm/600-0.20mm
厚度公差	± 0.10mm
平整度公差	± 0.20mm
對角線正方度公差	Max. 0.50mm
通風率	---
特殊處理	Epoxy coating or Ni-Cr plating

● 高架地板規格-洞洞板

鋁合金 - 蜂巢板 (通風率 17%)	
內 容	V60AP - 700
面磚材質	Conductive Vinyl tile
面磚靜電阻抗	Conductivity: 10^4~10^6 Ω Anti-static: 5×10^6 ~ 5×10^8Ω
地板材質	Die-cast Aluminum
平均載重	1,250 kgf/m^2
	Deflection ≤1.0mm
集中荷重	600kgf / 6.45cm^2
	Deflection ≤2.0mm
極限強度	1,200kgf / 6.45cm^2
尺寸公差	600+0.00mm/600-0.20mm
厚度公差	± 0.10mm
平整度公差	± 0.20mm
對角線正方度公差	Max. 0.50mm
通風率	0.17
特殊處理	Epoxy coating or Ni-Cr plating

● 高架地板平面配置圖：沖孔版**17%**+盲板。

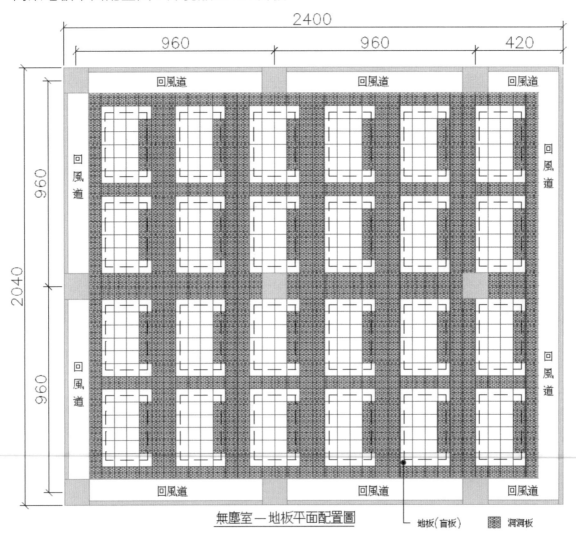

A.12.1.10. 計算FFU的壓損

● 計算節點：說明各節點的位置，各壓損如下表格，
計算分為 FFU 在 0.35m/s 與 0.45m/s 的情況

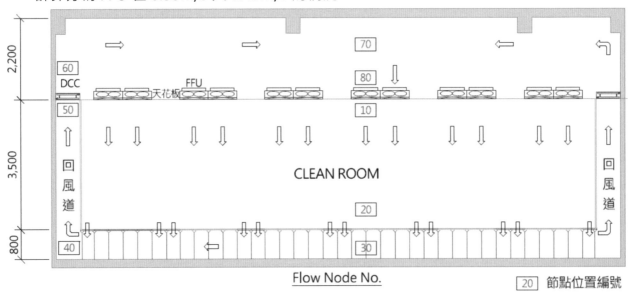

● FFU 壓損計算：計算基準取氣流路徑，回風道風量取平均分配FFU的回風數量

● (1) 系統壓損計算-FFU 0.35m/s

ITEM	節點編號 Fm	節點編號 Dest	區段說明 Description	風量 Q CMH	寬 W mm	高 H mm	風速 V m/s	長度 L m	比摩擦 Rm Pa/m	直管損失 $P_F=LxRm$ Pa	動壓壓力 P_V Pa	風管另件 ξ	另件損失 $P_R=P_V×ξ$ Pa	附屬設備 P_{EQUIP} Pa	總壓損 $\Delta Pt=P_F+P_R+P_{EQ}$ ΔPt Pa
1	10	20	無塵空間	242,000	24,000	20,400	0.15	3.5	0.00001	0.00003	0.011	None			0.00003
2	20	30	洞洞板	420	600	600	0.35	0.005	9.0	0.05	0.1	42.0	2.653		2.698
3	30	40	高架地板下方	25,200	8,400	800	1.48	9.6	0.00830	0.08	0.7	1.7	1.129		1.209
4	40	50	回風道	25,200	8,400	1,200	0.91	3.5	0.00255	0.01	0.3	1.7	0.479		0.488
5	50	60	乾盤管	28,512	1,800	1,200	0.00							20	20
6	60	70	天花板上方	25,200	9,600	2,200	0.40	9.6	0.00035	0.00337	0.1	0.0	0.000		0.0034
7	70	80	HEPA 0.3μm	840	1,200	600	0.35							60	60
21													SUM :		84
22													Safety Factor :	0.20	17
23													Total :	Pa	101

● 另件壓損說明 (取材：SMACNA)

Item	Node No. From	Dest	Description	彎頭90° Code 2006	彎頭90° Q'ty Pcs	彎頭90° ξ	洞洞板 Code 2006	洞洞板 Q'ty Pcs	洞洞板 ξ	Sum 風管另件損失係數 ξ	Sum P_R 風管另件損失 $P_R=P_V*ξ$
1	10	20	無塵空間								
2	20	30	洞洞板				A-14-B	1	42	42	2.65
3	30	40	高架地板下方	A-7-E	1	0.63				0.63	0.41
4	40	50	回風道	A-7-E	1	0.55				0.55	0.16
5	50	60	乾盤管								
6	60	70	天花板上方								
7	70	80	HEPA 0.3μm (PTFE)								

● (2) 系統壓損計算-FFU 0.45m/s

項次	節點編號		區段說明	設計風管				直管				另件 / 附屬			總壓損
ITEM	Fm	Dest	Description	風量 Q CMH	寬 W mm	高 H mm	風速 V m/s	長度 L m	比摩擦 Rm Pa/m	直管損失 $P_F=LxRm$ Pa	動壓壓力 P_V Pa	風管另件 ξ	另件損失 $P_R=Pv×ξ$ Pa	附屬設備 P_{EQUIP} Pa	$\Delta Pt=P_F+P_R+P_{EQ}$ ΔPt Pa
1	10	20	無塵室空間	311,100	24,000	20,400	0.19	3.5	0.00001	0.00004	0.019	None			0.00004
2	20	30	洞洞板	540	600	600	0.44	0.005	9.0	0.05	0.1	42.0	4.386		4.431
3	30	40	高架地板下方	32,400	8,400	800	1.90	9.6	0.01319	0.13	1.1	1.7	1.866		1.993
4	40	50	回風道	32,400	8,400	1,200	1.17	3.5	0.00403	0.01	0.5	1.7	0.791		0.805
5	50	60	乾盤管	28,512	1,800	1,200	0.00							28	28
6	60	70	天花板上方	32,400	9,600	2,200	0.51	9.6	0.00055	0.00529	0.1	0.0	0.000		0.0053
7	70	80	HEPA 0.3μm	840	1,200	600	0.35							75	75
21												SUM :			110
22												Safety Factor :	0.20		22
23												Total :		Pa	132

● 另件壓損說明-詳細計算詳下節 (取材:SMACNA)

Item	節點編號 Node No.		Decription	彎頭			洞洞板			Sum	Sum P_R
	From	Dest		90° Code 2006	90°	Q'ty Pcs	Code 2006	洞洞板	Q'ty Pcs	風管另件損失係數 ξ	風管另件損失 $P_R=Pv*ξ$
1	10	20	無塵室空間								
2	20	30	洞洞板				A-14-B	42	1	42	4.39
3	30	40	高架地板下方	A-7-E	0.63	1				1.73	1.87
4	40	50	回風道	A-7-E	0.55	1				1.65	0.79
5	50	60	乾盤管								
6	60	70	天花板上方								
7	70	80	HEPA 0.3μm (PTFE)								

A.12.1.11. 另件壓損-細項說明

(1) 彎頭

E. ELBOW, RECTANGULAR, MITERED WITH CONVERGING OR DIVERGING FLOW

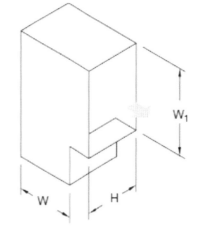

H / W	Coefficient C					
	W_1 / W					
	0.6	0.8	1.2	1.4	1.6	2.0
0.25	1.8	1.4	1.1	1.1	1.1	1.1
1.0	1.7	1.4	1.0	0.95	0.90	0.84
4.0	1.5	1.1	0.81	0.76	0.72	0.66
∞	1.5	1.0	0.69	0.63	0.60	0.55

查表計算

Width W	Height H	Width W_1	H / W	W1 / W	Coeffi.
mm	mm	mm	None	None	C
800	8,400	1,200	10.50	1.50	0.63
1,200	8,400	2,200	7.00	1.83	0.55

(2) 洞洞板

B. PERFORATED PLATE IN DUCT, THICK, ROUND AND RECTANGULAR

t/d	$n = A_p / A$								
	0.2	0.25	0.3	0.4	0.5	0.6	0.7	0.8	0.9
0.015	52	30	18	8.2	4.00	2.00	0.97	0.42	0.13
0.2	48	28	17	7.7	3.80	1.90	0.91	0.40	0.13
0.4	46	27	17	7.4	3.60	1.80	0.88	0.39	0.13
0.6	42	24	15	6.6	3.20	1.60	0.80	0.36	0.13

查表計算

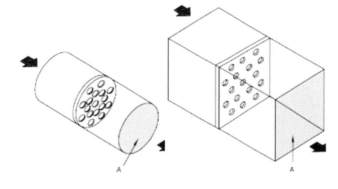

Duct Size			
Air	W	H	A
Volume	寬	高	面積
cmh	mm	mm	m^2
420	600	600	0.36
540	600	600	0.36

續-1

Holes and Perforated Data								Coefficient		
Pi	d	Qty	A_p	$n=A_p/A$	t	t/d	Vo	SMACNA		
係數	孔直徑	孔數量	孔面積	自由比	孔板厚	板厚/孔	孔風速	t/d	$n=A_p/A$	C
3.1416	mm	Pcs	m^2	None	mm	None	m/s	板厚/孔	自由比	
3.14	8.5	1,080	0.06	0.17	5.0	0.59	1.90	0.59	0.17	42
3.14	8.5	1,080	0.06	0.17	5.0	0.59	2.45	0.59	0.17	42

● (3) FFU 規格

FFU 的壓損依 FUU 風速 0.35m/s 與 0.45m/s

說明 [0.35m/s]	初始壓損	終端壓損	說明 [0.45m/s]	初始壓損	終端壓損
無塵室空間	0.00003	0.00003	無塵室空間	0.00004	0.00004
洞洞板	2.70	2.70	洞洞板	4.43	4.43
高架地板下方	1.21	1.21	高架地板下方	1.99	1.99
回風道	0.49	0.49	回風道	0.81	0.81
乾盤管	20	20	乾盤管	28	28
天花板上方	0.0034	0.0034	天花板上方	0.0053	0.0053
HEPA 0.3μm	60	120	HEPA 0.3μm	75	150
合計靜壓 [Pa]	84	144	合計靜壓 [Pa]	110	185
安全係數 10%	17	29	安全係數 10%	22	37
總靜壓 [Pa]	101	173	總靜壓 [Pa]	132	222

● 結論：FFU 設備規格

FFU 尺寸 1,200mm x 600mm。

FFU：0.35 m/s；Tsp：170 Pa；910 cmh。

FFU：1P 240V (EC motor)。

Filter-PTFE (本例題不是採用 Fiber Glass)；H14。

● 常用 Filter 使用環境

ISO Class	FS 209E 英制	Filter 規格		
		MPPS 效率	1822	USA IEST
Class 2	---	≧ 99.999995%	U17	99.999995@0.12um
Class 3	1.	≧ 99.999995%	U17	99.999995@0.12um
Class 4	10.	≧ 99.99995%	U16	99.99995@0.12um
Class 5	100.	≧ 99.9995%	U15	99.9995@0.12um
Class 6	1,000.	≧ 99.995%	H14	99.999@0.3um
Class 7	10,000.	≧ 99.95%	H13	99.99@0.3um
Class 8	100,000.	≧ 99.95%	H13	99.99@0.3um
Class 9	1,000,000.	≧ 99.95%	H13	99.99@0.3um

A.12.2. 例題-AHU 系統

● 本例應用在潔淨等級較低階的場所。

A.12.2.1. 例題AHU Duct Sys.

● [例題] 設計需求：假設無塵室環境尺寸位置，如平面圖。
(1) 環境需求：22°C±2K，50±5%rh，Class 10,000 (ISO 7)，熱負荷 400W/m²。
(2) 無塵室內-天花板高 3,000mm，天花板上方 3,500mm。
(4) 系統採用 AHU (MAU+RCU) 循環方式
(5) 製程排氣 GEX-Hot 180°C-6,000Ncmh，AEX 4,500cmh，AKX 1,200cmh。
(6) CR 詳平面圖 (Layout)：Fab~875m²。

A.12.2.2. 解答-無塵室循環風量

● 無塵室-RoomBook：環境條件

Project	Heat Load		Clean Room			Room conditions								
	unit	Total	Area	H	Volume	Temperat.		rel.Humid.		Cl.Room	Air Flow	Part.S.	Filter	Rel. dP
	W/m²	kW	m²	m	m³	DB°C	±	%	±	class	U-N-M	μm	U-H	+++
Fab	400	349.6	874	3.0	2,622	23	2	50	5	10,000	M	0.3	HEPA	++
Gowning	100	7.4	74	3.0	222	23	2	50	5	100,000	M	0.3	HEPA	+

● 設計結論-循環風量：131,184cmh。Fab-125,856cmh。Gowning-5,550cmh。

(1) Plane Velocity

Project	Room conditions		(1) Plane Velocity		Recir Air
	Cl.Room class	Air Flow U-N-M	ASHREA 07'	Design	Volume
			m/s	m/s	cmh
Fab	10,000	M	0.04~0.08	0.04	125,856
Gowning	100,000	M	0.02~0.03	0.02	5,328
				Sum :	131,184

(2) Air Changes

	Ceiling	Standard	Design	Recir Air
	m [H]	times/hr [ACH]	times/hr [ACH]	Volume cmh
Fab	3	50~100	48	125,856
Gowning	3	25~35	25	5,550

(1) AHU = MAU + RCU。

MAU 供給外氣	提供無塵室的排氣需求，正壓需求 (包含無塵室的洩漏)。
RCU 提供循環風量	負責無塵室的潔淨需求及熱負荷的帶走。

(2) 送風方式：HEPA 安裝於空調箱或是現場的送風口(HEPA Box)，本案設計空調箱。

(3) 回風方式：回風柱回風。

● 循環風量，其目的是達到環境潔淨的需求。本例題採用HEPA。
CR 10,000/100K 所需要的風速或換氣次數

ISO	209E	氣流	Particle Size			Vel.Range	3m [H]
1~2	---	U	0.12um	ULPA	U17	0.43~0.50	510~500
3	1	U	0.12um	UPLA	U17	0.35~0.43	420~510
4	10	U	0.12um	UPLA	U16	0.30~0.35	360~420
5	100	U	0.12um	UPLA	U15	0.23~0.28	270~330
6	1K	N or M	0.3um	HEPA	H14	0.12~0.18	150~210
7	10K	N or M	0.3um	HEPA	H13	0.04~0.08	50~100
8	100K	N or M	0.3um	HEPA	H13	0.02~0.03	25~35
9	---	---	0.3um	HEPA	H13	0.01~0.015	12~18

A.12.2.3.　AHU 設備

● 圖示 AHU的組成：選用風量~130,000cmh

(1) 入口風量調節風門

(2) 初級袋式濾網-G4

(3) 預冷盤管、預熱盤管，合併使用

(4) 風機：皮帶驅動、後傾式、超高效率變頻馬達

(5) 預留化學濾網空間 AMC

(6) 中效袋式濾網-F8

(7) 高效濾網-U14

(8) 出口風量調節風門

(9) Air Flow Direction：左側進風、右側送風。

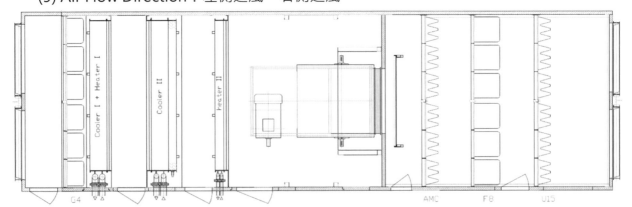

● 空調箱元件/設備配件的位置，依外氣空氣品質不同，業主需求，運轉費用，....等。其配置會有不同的安排。

A.12.2.4. 系統風量平衡

● 風量平衡：無塵室正壓風量 (MAU外氣) ＝ 排氣風量 ＋ 無塵室洩漏風量。

● 無塵室洩漏風量：
依隔間的開口及施工氣密，調整換氣得次數。本例題 CR 設計取 2~3times/hr，更衣室設計取 3~5times/hr。

Project	Clean Room			Positive Air Volume	
	Area	H	Volume	times/hr	Volume
	m^2	m	m^3	ACH	cmh
Fab	874	3.0	2,622	3.0	7,866
Gowning	74	3.0	222	5.0	1,110

Positive Air Volume = Leakage。

● 更衣室的換氣次數，若考慮潔淨恢復的時間則需另外計算。

換氣數次	粒徑≥0.5μm	粒徑≥5μm	換氣數次	粒徑≥0.5μm	粒徑≥5μm
ACH	自淨時間 min		ACH	自淨時間 min	
10	15 ~ 23	18 ~ 24	45	3 ~ 5	4 ~ 5
15	10 ~ 15	12 ~ 16	50	3 ~ 4	3 ~ 5
20	7 ~ 12	9 ~ 12	55	3 ~ 4	3 ~ 4
25	6 ~ 9	7 ~ 10	60	2 ~ 4	3 ~ 4
30	5 ~ 7	6 ~ 8	65	2 ~ 3	3 ~ 4
35	4 ~ 6	5 ~ 7	70	2 ~ 3	2 ~ 3
40	4 ~ 6	4 ~ 6	75	2 ~ 3	2 ~ 3
			80	2 ~ 3	2 ~ 3

● 外氣風量：~22,000cmh

Project	+ΔP Air Vol	Exhaust				MAU
	Leakage	GEX [cmh]		AEX	AKX	Air Vol
	cmh	22°C	180°C	cmh	cmh	cmh
Fab	7,866	6,000	9,212	4,500	1,500	19,866
Gowning	1,110	666				1,776
					OA :	21,642
					RA :	109,542
					SA :	131,184

● 注意事項：GEX的溫度是180°C，風量的溫度是Ncmh (Normal)-需要單位轉換其風量-將22°C-6,000cmh轉換成180°C，這關係到排氣風機的風量。與MAU的風量無關，因為MAU的溫度條件~22°C，6,000cmh。

A.12.2.5.　送風口數量

● SA 送風口數量計算

(3) Coverage									
SA Diffuser Size			Velo.	Neck	Volu.	Calcu.	S.F.	Design		Cover
W[mm]	L[mm]	A [m²]	m/s	DN	cmh/Pcs	Qty [pcs]	0.9~1.1	Q'ty[pcs]	cmh	%
600	1,200	0.72	3.0	300	1,316	96.0	1.10	106	138,970	8.7%
600	600	0.36	3.0	250	456	12.0	0.90	11	4,925	5.3%

● SA Diffuser (參考：ASLI型錄規格)。

設計擴散型-格柵圓頸風

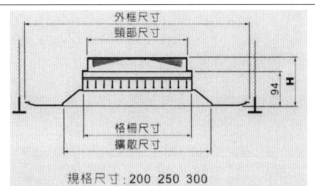

規格尺寸：200 250 300

規格尺寸	擴散尺寸	格柵尺寸	頸部尺寸	外框尺寸	高度 H
200	400	305	200	603x603	131
250	400	305	250	603x603	131
300	400	305	300	603x603	131
350	400	305	350	603x603	188

性能資料

頸部尺寸 mm	風速 [m/s]		2	3	4	5	6	7	8
	全壓損失	22°	0.8	1.4	1.9	2.4	3.2	4.2	5.1
面積 m²	mmAq	45°	1.1	2.0	2.5	3.8	5.0	6.4	7.8
200 (0.0324)	風量	cmh	233	292	350	408	467	525	583
	到達距離 [m]	22°	2.6~4.5	3.3~5.0	3.9~5.6	4.3~6.1	4.6~6.6	5.0~7.0	5.1~7.2
		45°	1.6~2.7	2.2~3.1	2.4~3.4	2.7~3.7	3.0~4.0	3.1~4.2	3.3~4.5
	NC		---	---	---	24	28	30	33
250 (0.0507)	風量	cmh	365	456	548	640	730	820	913
	到達距離 [m]	22°	3.3~5.4	3.9~6.2	4.7~6.7	5.4~7.4	5.7~7.8	6.1~8.3	6.5~9.0
		45°	2.1~3.4	2.6~3.9	3.0~4.2	3.3~4.6	3.5~5.0	3.8~5.3	4.0~5.5
	NC		---	---	21	26	29	32	37
300 (0.0731)	風量	cmh	526	658	790	920	1,052	1,185	1,315
	到達距離 [m]	22°	4.0~6.9	4.9~7.7	6.0~8.4	6.6~9.0	7.0~9.8	7.4~10.3	7.8~10.9
		45°	2.6~4.2	3.2~4.7	3.8~5.3	4.1~5.7	4.4~6.1	4.6~6.4	5.0~6.6
	NC		---	---	23	27	32	35	39
350 (0.0979)	風量	cmh	705	881	1,057	1,234	1,410	1,585	1,762
	到達距離 [m]	22°	4.5~8.0	5.6~9.0	7.0~9.7	7.5~10.6	8.0~11.2	8.6~11.8	9.0~12.5
		45°	2.9~5.0	3.6~5.5	4.3~6.0	4.7~6.6	5.0~6.9	5.3~7.4	5.5~7.8
	NC		---	---	24	29	33	36	40

A.12.2.6. 回風口數量

● RA 回風口數量計算

RA Shaft Grille Size								
Description	W	L	Velo.	Vol.	Calcu.	Neck		Design
	m	m	m/s	cmh	Qty [pcs]	DN mm	m/s	Qty [pcs]
Shaft-Fab	1,500	950	1.3	6,669	18.9	600	1.97	19
Shaft-Gowning	1,200	1,200	0.6	3,110	1.8	250	2.20	2
Grille-Fab Wall	900	900	3.5	6,804	18.5	300	4.01	19
Grille-Gorning Wall	900	900	2.0	3,888	1.4	300	2.29	2

注意事項：

(1) 回風道風速 <3~3.5m/s (依設計者決定，風速太快會產生噪音)

(2) 回風道牆面的格柵 <3~3.5 m/s (依設計者決定，風速太快會產生噪音)

(3) 風量 900x900 Grille = 600x600 型錄的 1.5 倍風量。

● RA Diffuser (參考：ASLI型錄規格)。

設計單層格柵風口	選項的安裝：
	(1) 方轉圓罩-D2
	(2) 黑膠濾網-R2/防蟲網-T6，A6，S6
	(3) 風量調節開關段：T1，A1，S1

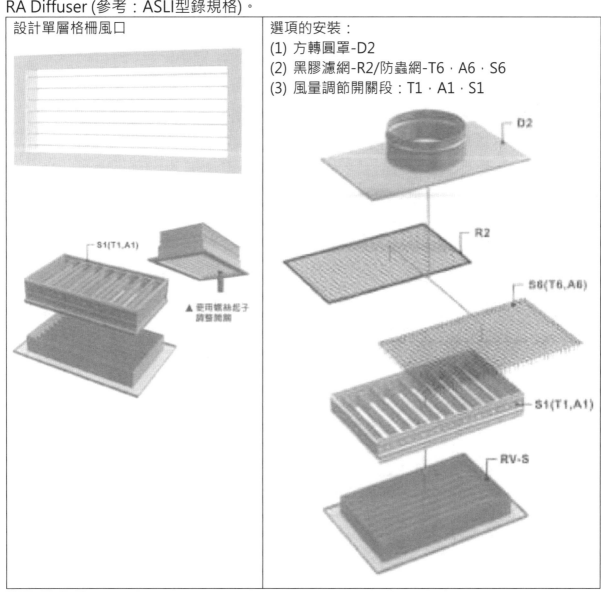

● 性能資料 (取材：ASLI型錄)

面積	頸部尺寸	風速 [m/s]		2	2.5	3	3.5	4	5	6
		動壓損失 mmAq		0.25	0.40	0.55	0.75	1.00	1.55	2.20
m²	mm	靜壓損失 mmAq		0.8	1.2	1.7	2.2	3.0	4.6	6.7
0.04	400x100、250x150	風量	cmh	288	360	432	504	576	720	864
		噪音 NC		---	---	16	23	28	36	45
0.05	350x150、250x200	風量	cmh	360	450	540	630	720	900	1,080
		噪音 NC		---	---	16	23	28	36	45
0.06	600x100、400x150	風量	cmh	432	540	648	756	864	1,080	1,296
		噪音 NC		---	11	18	25	30	37	46
0.1	1000x100、450x200、650x150、400x250	風量	cmh	720	900	1,080	1,260	1,440	1,800	2,160
		噪音 NC		---	14	21	28	33	40	48
0.12	1200x100、450x250、750x150、350x300	風量	cmh	864	1,080	1,296	1,512	1,728	2,160	2,592
		噪音 NC		---	15	23	29	34	42	49
0.135	450x300、400x350	風量	cmh	972	1,215	1,458	1,700	1,944	2,430	2,916
		噪音 NC		---	16	23	29	34	42	50
0.18	900x200、600x300、750x250、450x400	風量	cmh	1,296	1,620	1,944	2,268	2,592	3,240	3,888
		噪音 NC		---	17	24	30	35	43	51
0.27	750x350、600x450、650x400、550x500	風量	cmh	1,944	2,430	2,915	3,402	3,888	4,860	5,832
		噪音 NC		---	17	25	32	37	45	53
0.36	1200x300、750x450、900x400、600x600	風量	cmh	2,592	3,240	3,888	4,536	5,184	6,480	7,776
		噪音 NC		12	19	26	33	39	47	55

● 風口選用注意事項：風速、風量、噪音。詳細資料-詳本書空調終端設備-送/回風口。

A.12.2.7.　天花板材料

● 天花板材料：
(1) T-Grid：本例題 FAB 選用 T-Grid，600 x 1,200mm，Gowning 選用 T-Grid，600 x 600mm。承載重量 100kg/cm²。
(2) 選擇性的 PU，若選用 PU Panel：900 x 2,500mm。

A.12.2.8.　地板

● 設計EPOXY抗靜電材料。

A.12.2.9.　牆板材料

● 庫板材料：設計鋼板烤漆；0.6mmt 抗靜電 10^6~$10^9\Omega$ (單面抗或雙面抗靜電)。
● 庫板尺寸：寬900mm或1,200mm。
本例題隔間牆板採用：防火 1 小時、岩棉、900mm(W)。
● 介紹空調的配置，不含排煙風管，製程排氣風管的配置。

A.12.2.10. 送風口平面配置

- 天花板與隔間平面配置，送風口套入天花板圖。
- 空調機房的左側A柱，安排Valve Station。

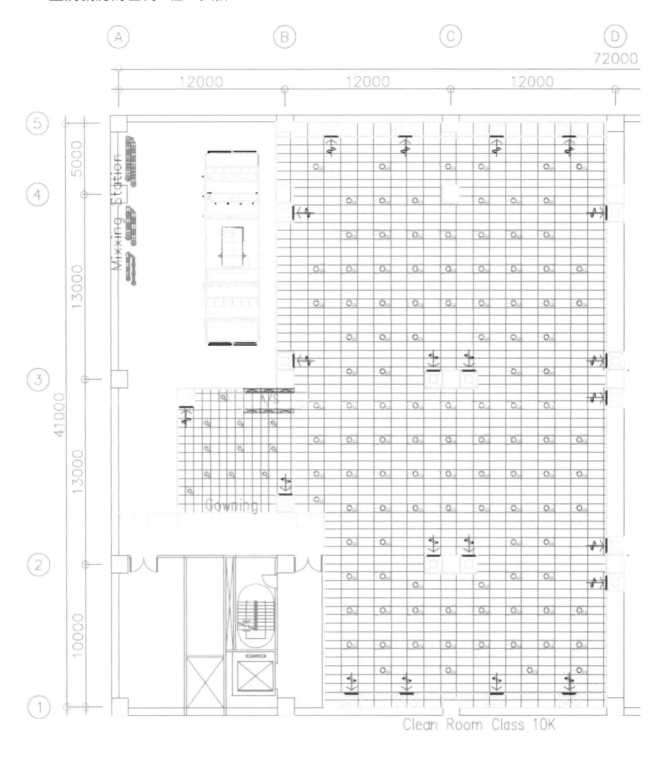

A.12.2.11. 風管平面配置

● 風管設計基準：1Pa/m。
● 若機房與CR不屬於同一個防火區劃時，風管配管需要穿越不同的區劃時，需配置防火風門隔離系統。

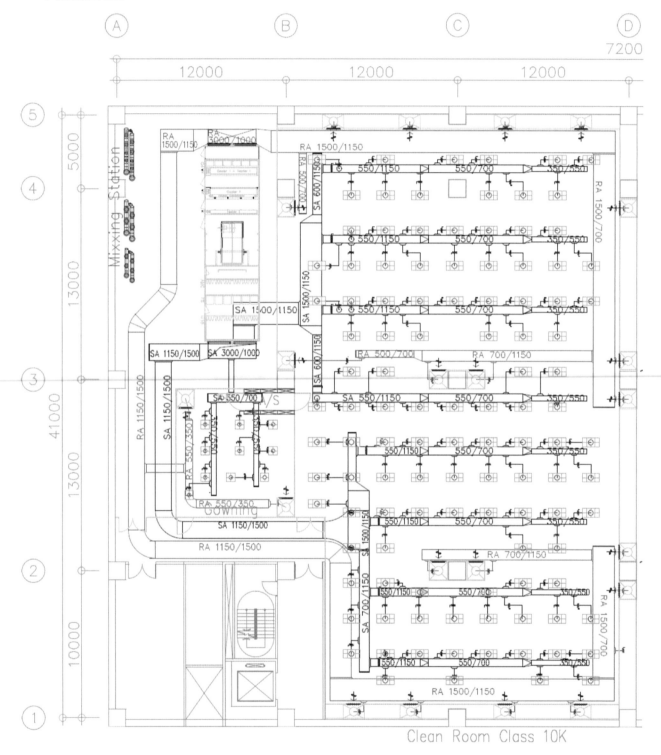

Chapter B

空調箱設備
MAU/AHU Equipments

Chapter B.　空調箱設備　**MAU/AHU Equipments**

- 本章說明 MAU / AHU 設備中的各階段配備的元件。
  外氣空調箱 MAU，其組合設備的元件最多，其設計與選擇多樣，而 AHU，RCU，FCU 都是 MAU 的簡化版。
- 循環空調箱AHU與RCU的構造、功能相同，僅是設計者使用名詞的習慣不同。ASHRAE 採用AHU沒有使用RCU這名詞。

B.1.　空調箱

- 空調箱分為：(1) 循環空調箱-AHU/RCU、(2) 外氣空調箱-MAU。
- 循環空調箱AHU (亦稱RCU)的構造上有立式、臥式的區別，主要因素都是現場空間與需求決定型式，本節討論主題是臥式類型空調箱。
  循環空調箱在功能上分類：一般製冷的空調箱與恆溫恆濕 (含加熱與加濕器)的空調箱。
- 亦有AHU內含有壓縮機，稱為Package AHU這類型簡稱為PAHU。因為內含有壓縮機，所需需要配備冷卻水塔，去散熱壓縮機，本節不討論這型空調箱。

B.1.1.　空調箱組成元件

- 空調箱的各階段設備組成

編號	項目	功能	尺寸	備註
0	進風控制風門	控制進風量	Std. 2.5 m/s	手動或自動
1	進風混合段	穩定氣流	~1,000mm L	混合外氣與回風
2	初級濾網段	初濾	~600mmL	G1, G2, G3 and G4 (平板或袋式)
3	中效率網段	中效	~600mmL	F5, F6, F7 and F8。(平板或袋式)
4	維修空間	檢修門	~600mmL	維修盤管
5	預熱盤管段	預熱空氣	~200mmL	熱水溫度 32~36℃
6	水洗段	加濕,去除化學分子	~ 2,000mmL	L/G = 0.8~4，含維修門
7	預冷盤管段	預冷空氣	~300mmD	冰水溫度 16~22℃
8	維修空間	檢修門	~600mmL	維修盤管
9	再冷盤管段	再冷空氣	~400mmD	冰水溫度 8~16℃
10	維修空間	檢修門	~600mmL	維修盤管
11	再熱盤管段	再熱空氣	~200mmD	熱水溫度 32~36℃
12	電熱加熱段	再熱空氣	~200mmD	電熱
13	加濕段	加濕空氣	~600mmL	蒸汽, 電極或電熱
14	風車段	送風風車	~3,000mmL	後傾或 Plug Fan
15	風車送風均流段	散風板	~200mmL	將風機的送出的風均勻分散
16	維修空間	檢修門	~600mmL	更換化學濾網空間
17	化學濾網	吸附化學外氣氣體	~600mmL	A, B, C and D Type
18	維修空間	檢修門	~600mmL	更換化學濾網或 HEAP 空間
19	高效濾網	空氣潔淨處理	~600mm L	H13 / H14
20	送風段	穩流空氣	~2,500mm L	送風風量控制風門

各編號詳下方空調箱圖說明。

每一段設備空間需要設置維修空間及出入維修門，目的是方便維護保養。

有維修門的區段必須有照明燈具，提供設備維修照明需求。

B.1.2. 外氣空調箱-MAU

- 外氣空調箱的組成與循環空調箱最大的不同是，提供處理後的外氣，包含溫度、濕度與潔淨的空氣，其功能是供應環境需求的新鮮空氣與無塵室環境需求的正壓。

- MAU設備外型圖：依需求許選用不同設備，並調整各箱段的前後相關位置。本圖示包含空調箱可能常用的設備，是選擇性採用。

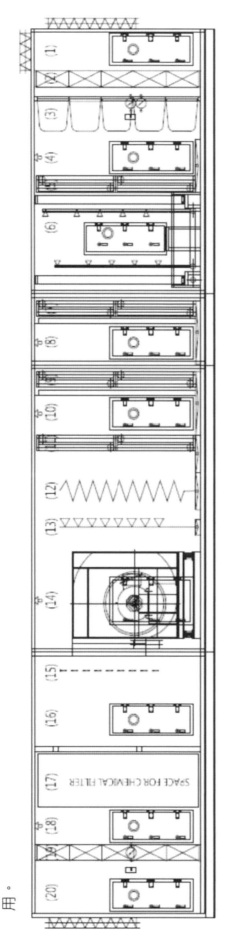

B.1.3. 空調箱箱體 Housing

- 空調箱體按需求會有不同厚度的填充材，厚度有50mmt、60mmt、70mmt and 75mmt，依熱傳需求及規範選用。
  填充材：(1) PU-38kg/cm³，熱傳係數 0.024W/m-K。(2) 岩棉--100kg/cm³，熱傳係數 0.045W/m-K

- 空調箱本體的外部採鍍鋅鐵皮或加烤漆。內部依使用需求選用SUS#304 或鍍鋅鐵皮。鐵皮厚度0.6~0.8mmt。
  空調箱內有水接觸部份，一般都會選用 SUS#304，沒有與水接觸部份選用鍍鋅鍍鋅鐵皮或加烤漆。

- 維修門的尺寸依需求不同選用，寬度450~800mm，高度800~1850mm，是現場空間決定尺寸。
  (1) 進風與送風段~600 x 1,850mm
  (2) 濾網段~(450 ~ 600) x 1,850mm，是現場空間決定尺寸。
  (3) 盤管段~600 x 1,850mm
  (4) 水洗段~600 x 800mm
  (5) 風車段~800 x 1,850mm

B.2. 濾網 Filter

B.2.1. 解釋名詞

● 本節介紹有關濾網型錄上常用的名詞 (取材：AAF，Camfil)

B.2.1.1. 解釋名詞

● MERV rating - (Minimum Efficiency Reporting Value)
MERV 等級用於評估空調過濾器在通過過濾器時除去空氣中的灰塵的能力。
MERV 是用於測量過濾器整體效率的標準。

● Pressure Drop (sometimes referred to as Filter Resistance)
是過濾器對空氣流動的影響。當介質類型的過濾器被灰塵堵塞時，壓降增加。

● Arrestance
過濾器在測試條件下捕獲灰塵顆粒的能力的度量。計重效率。

● Efficiency
指過濾器阻止顆粒（如灰塵，花粉，黴菌，細菌甚至氣體）通過過濾器的能力。隨著過濾器效率的提高，它將收集的灰塵顆粒的尺寸變得更小。

● Dust Spot Efficiency
灰塵點效率是過濾器在測試條件下從空氣中去除灰塵顆粒的能力的量度。這通常適用於較大的顆粒。

● Initial Efficiency
過濾器在開始使用新的過濾器的效率評級。

● Sustained Efficiency
指過濾器在其壽命期間保持的效率的等級。

● Electrostatic Filters
靜電空氣過濾器從空氣中去除污染物，靜電過濾效率 (DOP 效率) 一般不高於 95%。對空氣流動幾乎沒有影響。靜電過濾器的過濾效率取決於電場強度、塵粒大小與性質、空氣速度等因素 (集塵極板上的積塵應定期清洗)。

● 活性碳過濾器
活性碳材料有 (1) 顆粒類、(2) 纖維類兩種。活性碳過濾器的上、下游，均需裝效率良好的纖維型過濾器，前者可防止灰塵堵塞活性碳材料；後者過濾活性碳本身可能產生的發塵量。

顆粒類	木炭、椰殼炭等. 可作成板式、多筒式.
纖維類	有機纖維為基材加工而成. 其孔細微, 大多數孔直接開孔於纖維表面. 吸附速度快,容量大.

活性碳過濾器可去除空氣中的異味、SO_2、NH_3、VOC 等污染物。
活性碳材料的表面有大量微孔，絕大部分孔徑 < 5 nm. 單位重量活性碳材料為孔的總內表面積 700 ~ 2,300 m^2/g。

B.2.1.2. 濾網測試方法

● Aerosol，氣溶膠
氣膠，又稱氣溶膠、煙霧質。是指固體或液體微粒穩定地懸浮於氣體介質中形成的分散體系，其中顆粒物質則被稱作懸浮粒子，其粒徑大小多在 0.01-10 微米之間。

● 重量法 (Arrestance)
用以測試以過濾≥5µm 粗粉塵為主的初級濾網之效率的方法，常用 AFI 法(1960 年) 及 ASHRAE 法(52.1—92 標準)。一般稱之為 ASHRAE Arrestance 或 AFI。試驗至最終壓損時，過濾網上所負載粉塵的總量。（以 g 表示）。
用人造高濃度的塵其粒徑大於大氣塵，注入測試區域，並將過濾器前、後量測其含塵重量後計算效率。
AFI (Air Filter Institute)，美國空氣過濾研究所。用 MERV 來判定濾網標準，MERV1~7 等級。

● 比色法 (Dust Spot)
用以測試以過濾≥1µm 粒子為主的中級濾網之效率的方法，在濾網上、下游均各設有一相同的過濾試紙，在取樣測試後，以其透明度之變化來計算濾網的效率，ie. 光通量計算。
常用 NBS 法及 ASHRAE 法(52.1 —92 標準)。
NBS (National Bureau of Standard)，美國國家標準局

● 市售產品有歐規與美規雖然濾網趨勢慢慢整合成ISO系統。但設計者的習慣尚未轉換，以下提供簡易的比較EN與ASHRAE的相互關係。
歐規與美規參照

EN 779	ASHRAE 52.2	平均重量捕集率(%)	平均效能 Em	終端壓損
	MERV	Am	@ 0.4um	Pa
G1	MERV 1	Am < 65		250
G2	MERV 2~4	65 ≦ Am < 80		250
G3	MERV 4~5	80 ≦ Am < 90		250
G4	MERV 6~7	90 ≦ Am		250
F5	MERV 8~11		40 ≦ Em < 60	450
F6	MERV 11~12		60 ≦ Em < 80	450
F7	MERV 13~14	-	80 ≦ Em < 90	450
F8	MERV 14~15	-	90 ≦ Em < 95	450
F9	MERV 15~16	-	95 ≦ Em	450

● BS EN779 and BS EN1822 Test Standards
(1) BS EN779 for Primary and Secondary Filters (average performance values)

G1	65%	Arrestance (Primary Filters)
G2	65 ~ 80%	
G3	80 ~ 90%	
G4	90% ~ >	
F5	40 ~ 60%	Efficient (Secondary Filters)
F6	60 ~ 80%	
F7	80 ~ 90%	
F8	90 ~ 95%	
F9	95% ~ >	

(2) BS EN1822 for Semi-HEPA, HEPA Filters (minimum performance value to MPPS)

H10	85%	High Efficient (Tertiary Filters)
H11	95%	
H12	99.5%	
H13	99.95%	
H14	99.995%	

高效率網：高效率等級 E10 ~14 (HEPA)，超高效率等級 U15~17ULPA)。

(1) HEPA 檢驗效濾用粒子徑 0.3 μm.

(2) ULPA 檢驗效濾用粒子徑 0.12 μm.

● 濾網材料：

FRP	玻璃纖維。
PTFE 聚四氟乙烯	聚四氟乙烯纖維製成高效過濾材料，濾網壓損小，過濾後不會有 B (硼 Boron) 的污染。單價高。

● 濾網工法：

Mini-Pleat	無隔板的濾網。細摺濾網。
Deep-Pleat	有隔板的濾網。

● MPPS (Most Penetrating Particle Size)

過濾器的過濾作對於比較小的微粒，由擴散作用而在纖維上沉積；當粒徑由小到大時，擴散效率逐漸減弱。比較大的微粒則在"攔截"與"慣性"的作用下被捕集，所以當粒徑由小變大時，攔截與慣性效率逐漸增加。

與粒徑相關的總效率曲線的最低點，其所對應的粒徑效率最低，稱為最大穿透粒徑 MPPS。

最易穿透粒徑的過濾效果(MPPS)，定義了 HEPA 濾網的幾類等級。

Filter 濾網等級 Classification	Overall Value 整體效率 / 穿透率		Local Value 局部效率/ 穿透率	
	Efficiency in %	Penetration in %	Efficiency in %	Penetration in %
E 10	85	15	-	-
E 11	95	5	-	-
E 12	99.5	0.5	-	-
H 13	99.95	0.05	99.75	0.25
H 14	99.995	0.005	99.975	0.025
U 15	99.9995	0.0005	99.9975	0.0025
U 16	99.99995	0.00005	99.99975	0.00025
U 17	99.999995	0.000005	99.999900	0.000100

● PAO測試法

高效率網的洩漏測試有幾種不同的方式，適用在不同的場合。測試方式有：

(1) 氣膠光度計測試法 - PAO，

(2) 微粒計數器測試法，

(3) 全效率測試法，

(4) 外氣測試法。

濾網洩漏測試目的：(1).濾網的材料無破損，(2).濾紙與邊框接合妥當，(3).安裝恰當。

B.2.1.3. 顆粒尺寸

● 看不見的顆粒尺寸

說明	尺寸
病毒 (濾過性病毒) Viruses	0.15 to 0.25 microns
細菌 Bacteria	0.35 to 10 microns
黴菌 Aspergillus	3 to 5 microns
黴菌孢子 Mold spores	3 to 10 microns
肺損傷 Lung damaging	0.5 to 10 microns
Automotive paint applications	2 to 4 microns
Clean Rooms	0.1 to 5 microns
野外	10,000,000 – 50,000,000 顆/m³
室內	100,000,000 – 1,000,000,000 顆/m³

● 懸浮顆粒 Particulate Matter (PM) 環保署定義：
24小時平均值為35微克/每立方公尺，年平均值為15微克/每立方公尺。

PM2.5	直徑小於或等於 2.5 微米的懸浮微粒稱為細懸浮微粒。比病毒大，比細菌小。細小顆粒，容易帶有毒物質進入人體。
PM10	小於或等於 10 微米 (μm)的懸浮微粒稱為懸浮微粒。 PM10 的自動監測站儀器，每小時一個數據，而以二十四個數據平均為日平均值。PM10 的大部分業者係以手動檢測二十四時一個量測值之重量法為主。24 小時值標準，數值與日平均值一致為「日平均值或二十四小時值 125 微克/立方公尺」。

● 粒徑 (取材：Water Processing 3rd，Wes McGowan， 2001)

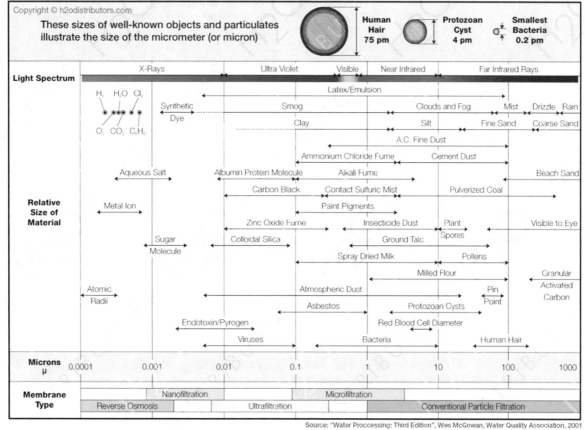

Source: "Water Proccessing: Third Edition", Wes McGowan, Water Quality Association, 2001

B.2.2. 濾網標準

B.2.2.1. ASHRAE標準

● ASHRAE Standard 52.1 and 52.2濾網標準

MERV	ASHRAE 52.2 Particle Size Range %			ASHRAE 52.1 Test %		Particle size range, μm	Applications	Min. Final Resistance Pa
	E3 3 to 10 μm	E2 1 to 3 μm	E1 0.3 to 1 μm	Arrestance	Dust pot			
1	< 20%	-------	-------	< 65%	< 20%	< 10 μm	Resiidential light pollen , Dustmites	75 Pa
2	< 20%	-------	-------	65~70%	< 20%			75 Pa
3	< 20%	-------	-------	70~75%	< 20%			75 Pa
4	< 20%	-------	-------	> 75%	< 20%			75 Pa
5	20~35%	-------	-------	80~85%	< 20%	3.0~10 μm	Idustrial, Dust, Molds, Spores .	150 Pa
6	35~50%	-------	-------	> 90%	< 20%			150 Pa
7	50~70%	-------	-------	> 90%	20~25%			150 Pa
8	> 70%	-------	-------	> 95%	25~30%			150 Pa
9	> 85%	< 50 %	-------	> 95%	40~45%	1.0~3.0 μm	Industrial, Legionella, Dust .	250 Pa
10	> 85%	50~65%	-------	> 95%	50~55%			250 Pa
11	> 85%	65~80%	-------	> 98%	60~65%			250 Pa
12	> 90%	> 80%	-------	> 98%	70~75%			250 Pa
13	> 90%	> 90%	< 75%	> 98%	80~90%	0.3~1.0 μm	Hospitals, Smoke removeal, Bacteria .	350 Pa
14	> 90%	> 90%	75~85%	> 98%	90~95%			350 Pa
15	> 90%	> 90%	85~95%	> 98%	~ 95%			350 Pa
16	> 95%	> 95%	> 95%	> 98%	> 95%			350 Pa
17	-------	-------	≥99.97%	-------	-------			
18	-------	-------	≥99.99%	-------	-------			
19	-------	-------	≥99.999%	-------	-------			
20	-------	-------	≥99.9999%	-------	-------			

ASHRAE 62.1 IAQ (Indoor Air Quality) 空氣品質要求，建議室內至少採用 F8 的濾網。

● 國際上濾網的規範：
(1) ASHRAE 52.2：規範只有到 MERV 16。MERV 16 以後並沒有規範。
(2) EN 779：規範只有到 MERV 16。MERV 16 以後並沒有規範。
(3) EN 1822：規範 MERV 16 以後的濾網。
(4) 2016 年後國際 ISO 16890 統合 3 各國際規範，並得到美規與歐規的認同採用，ISO 16890 新增了 ePM1、ePM2.5 and ePM10 的規定。
(5) PM = Particulate Matter 懸浮顆粒或稱懸浮微粒。
於2017年，美規 (ASHRAE Standard 52.2) 與歐規 (EN 779，EN 1822) 的濾網規格已經整合成功為 ISO 16890 的規範。

B.2.2.2. 醫院濾網

● 濾網等級 (取材：ASHRAE 170，Table 6.4 Minimum Filter Efficiencies)

Space Designation (According to Function)　空間名稱-根據功能	第一道濾網 MERV	第二道濾網 MERV
Operating rooms (ORs); inpatient and ambulatory diagnostic and inpatient delivery and recovery spacestherapeutic radiology; inpatient delivery and recovery spaces。手術室 (OR)； 住院和門診診斷及住院分娩和恢復空間治療放射學;住院分娩和恢復空間	7	14
Inpatient care, treatment, and diagnosis, and those spaces providing direct service or clean supplies and clean processing (except as noted below);AII (rooms)。住院護理，治療和診斷，以及提供直接服務或清潔用品和清潔處理的空間（以下註除外）	7	14
Protective environment (PE) rooms。防護環境室 (PE)	7	HEPA
Laboratory work areas, procedure rooms, and associated semirestricted spaces。實驗室工作區，手術室及相關的半限制空間	13	NR
Administrative; bulk storage; soiled holding spaces; food preparation laundriesspaces; and laundries。行政的管理; 大宗物品庫房； 污物存放區域； 食物準備區域； 和洗衣房區域	7	NR
All other outpatient spaces。所有其他門診處	7	NR
Nursing facilities。護理設施	13	NR
Psychiatric hospitals。精神病醫院	7	NR
Resident care, treatment, and support areas in inpatient hospice facilities。住院臨終關懷設施中的住院護理，治療和輔助區域	13	NR
Resident care, treatment, and support areas in assisted living facilities。輔助生活設施中的住院護理，治療和支持區域	7	NR

ASHRAE 170，健康照護的通風有詳細規定。空間的通風包含：醫院、診療室，照護空間的相對壓力 (正壓/負壓)、新鮮空氣量、ACH、相對溼度、溫度，都有條列式說明。

● 醫療院所的壓力也與高科技廠房略有不同：

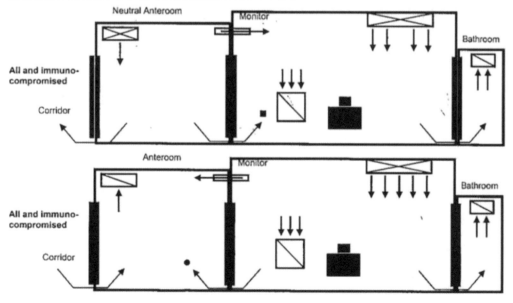

B.2.2.3. 整合濾網規範

● ASHREA 52.5、EN779、ISO16890、EN1822 (Rev.2020) (取材：CAMFIL型錄)

Min. Efficiency Reporting Value (MERV)	ASHRAE Standard 52.2-2012 Composite Average Particle Size Efficiency (Em) % in Size Range, μm			EN 779:2012 Filter Class	Average Arrestance (Am) of Synthetic Dust Test Final dP 250Pa %	Average Efficiency (Em) at 0.4 μm Test Final dP 450Pa %	Minimum Efficiency (Emin) at 0.4 μm %	ISO 16890:2016 Average of initial and discharged efficiency Em=(Ei+Ed)/2			Initial efficiency (Ei)	Initial Arrestance (Am)	EN 1822:2009 Initial Efficiency (Ei) at MPPS (typically 0.08 - 0.15 μm) %
	Range 1 (0.3-1)	Range 2 (1-3)	Range 3 (3-10)					ePM1 (%) 0.3-1.0	ePM2.5 (%) 0.3-2.5	ePM10 (%) 0.3-10	ePM10 (%) 0.3-10	Coarse (%) ISO Fine Dust	%
1 (A)			$Em<20$	G1	$50 \leq Am \leq 65$								
2 (A)			$Em<20$	G2	$65 \leq Am \leq 80$							$Am<75$ Final dP 200 Pa	
3 (A)			$Em<20$	G3	$80 \leq Am \leq 90$								
4 (A)			$Em<20$	G4	$Am \leq 90$							$Am>75$ Final dP 300 Pa	
5 (A)			$Em \geq 20$										
6 (A)			$Em \geq 35$										
7 (A)			$Em \geq 50$										
8 (A)		$Em \geq 20$	$Em \geq 70$										
9 (A)		$Em \geq 35$	$Em \geq 75$	M5		$40 \leq Em \leq 60$					$Ei>50$		
10 (A)		$Em \geq 50$	$Em \geq 80$	M6		$60 \leq Em \leq 80$			$50 \leq Em \leq 60$		$Ei>60$		
11 (A)	$Em \geq 20$	$Em \geq 65$	$Em \geq 85$	F7		$80 \leq Em \leq 90$	$Emin \geq 35$	$50 \leq Em \leq 75$	$Em>70$		$Ei>80$		
12 (A)	$Em \geq 35$	$Em \geq 80$	$Em \geq 90$	F8		$90 \leq Em \leq 95$	$Emin \geq 55$	$75 \leq Em \leq 85$	$Em>80$		$Ei>90$		
13 (A)	$Em \geq 50$	$Em \geq 85$	$Em \geq 90$	F9		$Em \leq 95$	$Emin \geq 70$	$Em>85$					
14 (A)	$Em \geq 75$	$Em \geq 90$	$Em \geq 95$										
15 (A)	$Em \geq 85$	$Em \geq 90$	$Em \geq 95$										
16 (A)	$Em \geq 95$	$Em \geq 95$	$Em \geq 95$										
N/A	N/A	N/A	N/A	E10				N/A	N/A	N/A	N/A	N/A	$Ei \geq 85$
				E11									$Ei \geq 95$
				E12									$Ei \geq 99.5$
				H13									$Ei \geq 99.95$
				H14									$Ei \geq 99.995$
				U15									$Ei \geq 99.9995$
				U16									$Ei \geq 99.99995$
				U17									$Ei \geq 99.999995$

- Note：ASHREA 52.5，EN779，ISO16890，EN1822 (Rev.2020)
  過濾器等級的最高級別，是要滿足所有需要過濾器設備的要求。
  過濾器的比較是近似值，僅供參考。過濾器應按最新標准進行測試。
  對於 ISO ePM1 和 ePM2.5，初始和雙重效率都需要超過 50%，才能獲得該等級的資格。

- 解釋名詞
Am	= 平均捕捉率	Average Arrestance
Em	= 平均效率	Average Efficiency
Emin	= 最低效率	Minimum Efficiency
Ed	= 排放效率	Discharged Efficiency
Ei	= 啟使效率	Initial Efficiency

B.2.3. 濾網規格

B.2.3.1. 濾網寫法

- 空調用的濾網型式有：平板、袋式、V型濾網、圓柱筒式 (類似彈夾式)，.....等。
- 本節說明常用濾材的規格 (取材：TROX and Camfil-康法的型錄)。

- 濾網尺寸的規格寫法 (B x H x T)：
  B - 濾網寬度 mm。
  H - 濾網高度 mm。
  T - 濾網深度 mm。

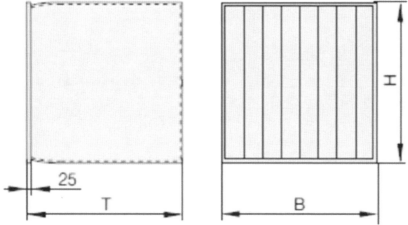

- Note：設備安裝需要依照寬度與高度的說明位置，不可轉置90°。(ie.) 高度安裝在寬度的位置。這會影響濾網的效率。

B.2.3.2. 初級濾網

● 初級濾網的規格為G type-G1，G2，G3 and G4。分為：袋式或平板。
常用的 G4 初級濾網，製造商有袋式與平板的產品。當設備安裝空間不夠時，常會選擇初級平板濾網搭配袋式中效濾網，目的是位節省空間。實際上使用壽命的時間，初級袋式濾網高過初級平板濾網。

● 依據ASHRAE 52.2 基本的空氣品質，第一道過濾要求MERV 7。G4的濾網就等效MEAV 7和8，因此採購上選擇要註明 G4 and MEAV 8。

● 初級濾網-袋式

濾網標準	EN 779	
等級	G4 - 6 袋	
平均捕捉率 EN 779	90%	%
平均有效率 EN 779	---	%
尺寸 (B x H x T)	592x592x360	mm
標準風量	3,400	m³/h
初始壓損	35	Pa
終端壓損	200~250	Pa
運轉最高溫度-塑膠框	70	°C
運轉最高溫度-濾網	90	°C
重量	6	kg
設備型號	F743	
品牌	TROX	

袋式的袋子數量，各製造商不同，詳細資料請詢問供應商。

● 初級濾網-平板：厚度有1″ 、2″ and 4″ 。

濾網標準	---	
等級	G4 (MERV 8)	
平均捕捉率 EN 779	---	%
平均有效率 EN 779	---	%
尺寸 (B x H x T)	24 x 24 x 2	in
標準風量	2000cfm @500fpm	
初始壓損	0.27	in
終端壓損	1	in
運轉最高溫度	93	°C
重量	---	kg
設備型號	4" PerfectPleatHC M8	
品牌	AAF	

B.2.3.3. 中效濾網

- 中效濾網的規格為F type-F5，F6，F7，F8 and F9。分為：袋式或平板。
- 一般中效採用袋式濾網，當安裝空間不足時會採用平板濾網。功能上相同，但使用上平板濾網的壽命與袋式濾網比較相差甚多。
- 依據ASHRAE 52.2 生技業常用MERV 14。因此，設計上第二道過濾網採用MERV 14。F8的濾網就屬於MEAV 14。

- 中效濾網-袋式，F8-袋式 (取材:TROX)

濾網標準	EN 779	
等級	F8 - 8 袋	
平均捕捉率 EN 779	> 98%	%
平均有效率 EN 779	92%	%
尺寸 (B x H x T)	592x592x600	mm
標準風量	3,400	m³/h
初始壓損	140	Pa
終端壓損	200~350	Pa
運轉最高溫度-塑膠框-	60	°C
運轉最高溫度-濾網	90	°C
重量	6	kg
設備型號	F729	
品牌	TROX	

袋式的袋子數量，各製造商不同，詳細資料請詢問供應商。

- 中效濾網：平板、袋式、V型，....等。詳細資料請詢問供應商 (取材：Camfil 型錄)

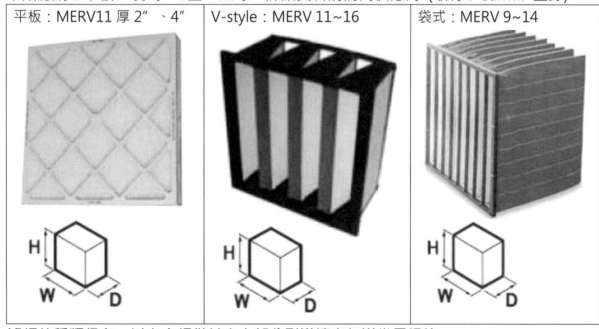

| 平板：MERV11 厚 2″ 、4″ | V-style：MERV 11~16 | 袋式：MERV 9~14 |

濾網的種類很多，以上介紹僅其中小部分引導讀者知道常用規格。
使用者應慎選規格對未來使用壽命，運轉保養費用影響很大。

B.2.3.4. 高效濾網

● 高效濾網的規格為H type-H10，H11，H12，H13 and H14。空調箱常用的型式為V型。

● 高效濾網-V型 H13

濾網標準	EN 1822	
等級	H13-minipleat	
過濾效率	EN 1822，>99.95	
尺寸（B x H x T）	592x592x292	mm
標準風量	3,000	m³/h
初始壓損	265	Pa
終端壓損	600	Pa
運轉最高溫度	100	°C
運轉最高濕度	100	%
重量	8 - 鍍鋅	kg
設備型號	F781	
品牌	TROX	

● 高效濾網壓損：快速計算法-終端壓損：
初始壓損 x (2 ~ 2.5 倍) = 終端壓損。
(Ex)　265 Pa (初始壓損) x 2 倍　　= 530 Pa (終端壓損)。
265 Pa (初始壓損) x 2.5 倍　= 663 Pa (終端壓損)。

● 高效過濾器的選擇會考慮耗能和LCC，公式 $E = (q * \Delta P * n) / (\eta * 1,000)$

風量		阻力	年運轉時間	風機效率	係數	耗能
q		ΔP	n	η	1,000	E
cms	cmh	Pa	Hr	0.6 ~ 0.7	1,000	kWh
0.50	1,800	120	8,760	0.70	1,000	751
0.80	2,880	120	8,760	0.60	1,000	1,402
1.00	3,600	120	8,760	0.50	1,000	2,102

1 年 24hr 運轉 = 8,760 小時。

● LCC：Life Cycle Cost。評價過濾器的經濟性時，考慮濾網的壽命週期成本

項次	費用項目	%
1	初投資	4.5
2	LCC 1 (耗能)	80.8
3	LCC 2 (維護-更換，清潔)	14.2
4	LCC 3 (廢棄處理)	0.5

B.2.3.5. 超高效濾網

● 超高效濾網的規格為U type-U15，U16，U17，……等。
高效與超高效的最大不同是過濾粒子與效率，其他外觀與濾材摺法兩者都是相同。
超高效濾網在空調箱系統很少用，常用於 FFU 系統，是最終端潔淨需求常用。詳細資料，參考本書 FFU 單元。

B.2.3.6. 防鹽害濾網

● 台灣四周環海，靠海周界鹽份很重，對精密的設備容易造成腐蝕，所以用防鹽害濾網來避免鹽害腐蝕。與一般濾材最大不同在於濾材的親水性。(取材：台灣康法-CAMFIL)

● 鹽（鹽霧的主要成分是NaCl）以顆粒的形式存在，並且顆粒的大小(約為0.5μm~30μm)足以被高品質的過濾器過濾攔截。

● 鹽霧的腐蝕作用受到溫度和鹽液濃度的影響，當溫度在35℃，濃度在3%時其對物體的腐蝕作用最大。

● 接近海邊的鹽霧的主要成分為NaCl。NaCl的溶液中是以Na^+和Cl^-的形態存在的，造成的損害有腐蝕及化學分子。

● 依ASHRAE 52.1-1992標準法測試，濾網具比色法效率95%效率之捕集能力，被濾網捕捉之海鹽粒子，經溼氣潮解溶化後，亦不會再度飛散，至少需MERV14等級以上濾網才能達此要求。

● 防鹽害濾網除濾材本體攔截鹽霧，另外濾網框洩漏及氣密影響系統空氣處理效率。實務上須慎選氣密良好的製造商。

B.2.3.7. BIBO

● BIBO (Bag In Bage Out)：袋進袋出的濾網應用在生技產業，或有生物/病毒危害的場所，其目的是保護維修人員的安全。

● BIBO整組的設備，組合可以包含：Pre-filter、Bag Filter、HEPA and ULPA。
(取材：廣隆欣業)

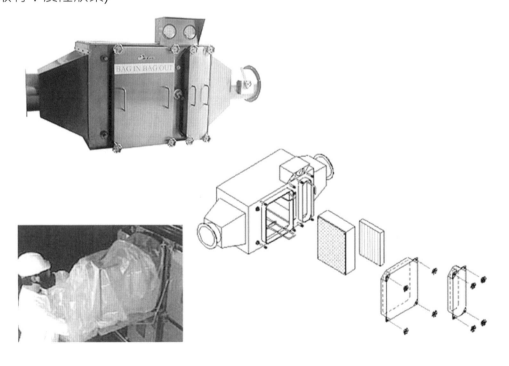

B.2.3.8. 化學濾網

● 本節介紹AMC (Airborne Molecular Contamination Filter - AMC濾網)，介紹應用於：
(1) 外氣空調箱濾網
(2) FFU 附加的 AMC 濾網。
實際的應用，必須先知道要處理的氣體種類，SEMI code 已將污染氣體分 4 類。
新發展趨勢將 AMC 的濾網以再生技術，回收吸附飽和的濾材再生處理使濾網能再重新使用。

● SEMI AMCs分為四類
(取材：論文-應用化學濾網去除某晶圓廠黃光區潔淨室的氨氣-劉興學)

Class		性質	備註
Class MA	Acids (酸)	腐蝕性物質	蝕刻區常用的氫氟酸、鹽酸、硝酸與硫酸，外氣所進入的二氧化硫等。
Class MB	Bases (鹼)	腐蝕性物質	氨氣、氨水、製造過程所用的除水劑與清潔劑，也包括人員所呼出的氨氣。
Class MC	Condensables (凝結性物質)	指沸點大於 150°C的有機污染物，容易凝結在物體表面的有機物	碳氫化物、矽氧化合物、全氟高分子有機物與可塑劑等分子量大於 250 以上成分。
Class MD	Dopants (摻雜劑)	能夠改變改變半導體材料的導電特性的化學元素	氫氟酸的存在或是高濕度所產生的硼濃度增加下，會使 HEPA/ULPA 過濾材料。外氣進入

● 污染氣分類SEMI norm F 21 (取材：M+W Zander)

Acids (MA)				Bases (MB)	
NOx	氮氧化物			Amines	胺
SOx	硫氧化物			Methylamine	甲胺
HCl	鹽酸	**No Classification**		Triethlamins	三乙胺
HF	氫氟酸	H_2O_2	過氧化氫	NH_3	氨
H_2SO_4	硫酸	Acetone	丙酮	NMP	N-甲基吡咯烷酮
Condensables (MC)		O_3	臭氧	**Dopants (MD)**	
Toluol	甲苯	IPA	異丙醇	AsH_3	胂
2-Propanol	2-丙醇 (異丙醇)	H_2S	氫硫酸	B_2H_6	二硼烷
Silicones	有機矽			BF_3	三氟化硼
Xylene	二甲苯			Organophosphates	有機磷酸鹽
Heptane	庚烷			TEP	磷酸三乙酯
Benzene	苯			TCPP	三氯氫矽
Siloxanes	矽氧烷			O=P	
BHT	甲酚				

- SEMI F-1102 空氣分子污染物分類標準

物質分類	分級				
	1*	10*	100*	1000*	10 000*
Acids	MA-1	MA-10	MA-100	MA-1000	MA-10000
Bases	MB-1	MB-10	MB-100	MB-1000	MB-10000
Condensables	MC-1	MC-10	MC-100	MC-1000	MC-10000
Dopants	MD-1	MD-10	MD-100	MD-1000	MD-10000

* : Concentration，in parts per trillion [ppt，10^{-12}]

- (1) 潔淨室外部新鮮空氣-外氣空調箱濾網。
  外氣空調箱系統常用水洗來處理 SO_4^{-2}、NH_4^+，....，水洗的設置與運轉費用便宜。
  外氣空調箱設備系統亦會有預留 AMC filter 的空間，其種類類似 HEPA。
  化學濾網型式有：V type，Cylinder type，因為需求不斷有新產品上市。設計者可依不同需求選擇適當濾材，詳細資料請詢問供應商。

Cylinder type (取材：康法型錄)

V type (取材：康法型錄)

V-Shape (取材：M+W GROUP)
Air flow velocity < 1.5 m/s

MUA and Return Air (取材：M+W GROUP)

● (2) 潔淨室內部循環空氣-FFU附加的AMC 濾網。
解決精密製程的需求，這部分常用於終端製程需求，現況電子廠是用於 FFU 加裝化學濾
網的方式。應用場所在天花板上方的 FFU 或機台。，詳細資料請詢問供應商。

用於天花板上方或機台的 FFU (取材：M+W GROUP) carbon filter Air flow velocity < 1.5 m/s	多功能型的 AMC 濾網， 能處理 MA/MB/MC/MD (取材：M+W GROUP)
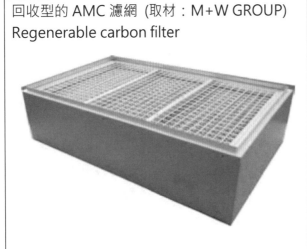	

(3) 回收再生的 AMC Filter，詳細資料請詢問供應商。

回收型的 AMC 濾網 (取材：M+W GROUP) Regenerable carbon filter	回收型的 AMC 濾網 (取材：M+W GROUP) Regener ion exchange

B.3.　盤管　Coil

● 盤管的功能是一種熱交換器設備，間接接觸式傳導過程，將溫度傳遞交換的設備。
● 盤管內的流體種類有：冰水(冷氣、冷卻)、熱水(暖氣、加熱)、蒸氣(加熱)、乙二醇(防凍)與冷媒(直膨)，...等。
● 熱交換器的特徵種類：
　(1) 回復式：用於 MAU，Dry Coil 或製程上冷卻的盤管。
　(2) 鈑熱：用於 PCW 水對水的溫度交換。
　(3) 殼管式：空調主機或鍋爐等。
　(4) 其他：例如 冷卻水塔，化學除溼轉輪。

B.3.1.　盤管材料

● 於此僅討論AHU的冷卻與加熱盤管。
　[Ex] 當 AHU 的 CHW：16/20°C 時：
　熱交換的空氣側最佳 SA 是 22°C (正常狀態：標準 Fin 的厚度及大小)，
　最低出風溫度可做到 17°C (此時. Fin 要做的比較厚且大片.)。
● 盤管的應用

材質	優點	用途
藍波處理	不易凝結水珠於鰭片上	電子業、半導體、無塵無菌、藥廠
銅片鍍錫	耐酸鹼、延長盤管的使用壽命	化纖廠、食品廠
銅片	耐鹼、熱傳效果佳	醫院、藥廠、紡織、化織廠
純鋁		大多用於一般空調、賣場、 公共場所
殼管式熱交換器		一般空調、化學及電鍍、染整工業冷卻器

B.3.2.　盤管設計

● 盤管設計需求資料及運算資料

設計資料(以銅管為理論基礎)			運算資料	
(1)	Tubing Diameter	銅管直徑	(1)	BTUH Total
(2)	Tube Wall Thickness	銅管厚度	(2)	BTUH Sensible
(3)	Fin Material	鰭片材質	(3)	Leaving Air (DB)
(4)	Fin Thickness	鰭片厚度	(4)	Air PD (IN H20)
(5)	Fin Type	鰭片型式	(5)	Air Vel (FPM)
(6)	Fin Per Inch	鰭片數/吋	(6)	Ref PD (PSI)
(7)	Rows Deep	銅管排數量	(7)	Fin Height
(8)	Tubes High	Coil 高	(8)	Coil Weight
(9)	Finned Length	Coil 長，有鰭片的總長度		
(10)	SCFM	風量		
(11)	Ent. Air (DB)	入風乾球溫度		
(12)	Ent. Air (WB)	入風溼球溫度		
(13)	GPM	水量		
(14)	Entering Water Temp.	入水溫度		
(15)	Number of Circuits	迴路數量		

B.3.3. 盤管尺寸

● 盤管寫法：8R10F (8Row10Fin)

　　盤管的排 R 　　：Row 盤管的支數。

　　盤管的排 R 銅管尺寸規格有：5/15"，3/8"，1/2"，5/8"。常用產品：3/8"，1/2"。

　　盤管的鰭片 F 　：Fin 盤管的鰭片數。

● 盤管材料規格

管材	管徑(OD)	管徑厚度	鰭片材料	鰭片形狀	鰭片厚度	鰭片間距	邊框材料	集合管
紫銅管	3/8"	0.31 mm	鋁片	板片式	0.12 mm	4 Fin	鋁板	銅管
合金管	1/2"	～	銅片	螺旋式	～	～	鍍鋅板	鍍鋅管
不銹鋼管	5/8"	1.0 mm	不銹鋼片	裸管式	0.3 mm	16 Fin	不銹鋼板	不銹鋼管

● 盤管補強，盤管太高、太寬時盤管結構要補強。

(1) 寬度補強材料：寬度3m以上時，補一支C型鋼 3m x 1.6 / 2.0 mmt。

(2) 高度補強材料如下表：

1 m (H) 以下	120 * 1.6 / 2.0 mmt.
1 ~ 1.5 m (H)：	150 * 1.6 / 2.0 mmt.
1.5 ~ 2　m (H) 以下：	180 * 1.6 / 2.0 mmt.
2 m (H) 以上：	200 * 1.6 / 2.0 mmt.

● 盤管厚度

盤管排數 Row Q;ty	1R	2~3 R	4~8 R	10~12 R
厚度 mm	150	320	480	640

● 排數與端板深度G (盤管厚度)之關係

排數 Row	2	3	4	6	8	10	12
盤管厚度 G (mm)	120	160	160 ~ 200	260 ~ 300	330	400	500

圖示：各製造商尺寸不同，詳細資料詢問供應商。(取材：鎰鎧工業)。

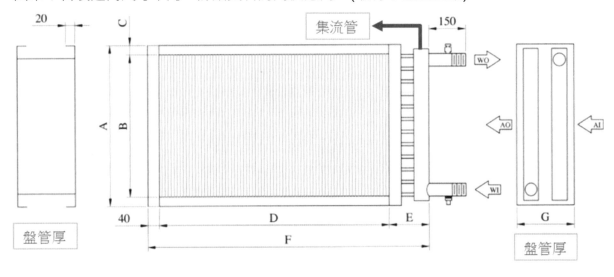

● 集流管徑與 E 之距離關係

管徑	3/4"	1"	1-1/4"	1-1/2"	2"	2-1/2"	3"	4"	5"
E (mm)	90	100	100	110	120	140	160	180	220

● 符號說明

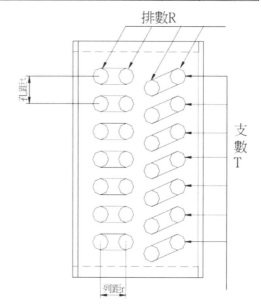

支數 T	COIL 銅管斷面上所排列的管數量.
列距 r	左右相鄰兩銅管中心的距離.
	φ 3/8" 的 r = 22 mm
	φ 5/8" 的 r = 33 mm
孔距 t	上下相鄰兩銅管中心的距離.
	φ 3/8" 的 t = 25.4 mm
	φ 5/8" 的 t = 38.1 mm
盤管高	盤管高 = (支數 T) x (孔距 t)
	φ 3/8" 的高 = (支數 T) x (25.4 mm)
	φ 5/8" 的高 = (支數 T) x (38.1 mm)
片距 FP	上下相鄰兩鰭片中心的距離.
	Fin P = 25.4 / 11 = 2.3 mm
	Fin P = 25.4 / 8 = 3.2 mm

● 板件可分：側板 (SPG-C), 上下蓋板 (SEC-C), 磨光鋼板 (SPC-C), SUS的厚度：0.8, 1.0 , 1.2, 1.6, 2.0 and 3.0 mm

● Coil 的材質耐壓

Cu	3 kg 以下.
Sus#304	3~10 kg

● 測試：Aerofin的標準線圈測試使用300 psig水下空氣進行。
靜水壓力測試至 150 psig。更高的設計和測試壓力可用於特殊應用。

B.3.4. 鰭片的種類

● 鰭片材質：銅 (銅片鍍錫)、鋁 (鋁片藍波處理)、不銹鋼與鍍鋅板。.
鰭片厚度：
(1) 鰭片：每吋所有的鰭片數。[例如] F8：表示每寸有 8 片鰭片。
(2) 厚度：0.115、 0.12、0.13、0.15、0.18、0.2、0.25mm。一般選用 0.15mm。

● 鰭片的種類 - Fin

波浪形鰭片 WAVE FIN 波鰭 波紋為表面區域提供了最大的熱傳遞速率，並且是標準的鰭片配置使用。 一般空調常用型式。	星行鰭片 Star Fin 管周圍的星形圖案波紋提供較少的空氣摩擦下降。當需要較低的空氣摩擦而沒有急劇減少傳熱。	平面鰭片 Flat Fin 扁平鰭片沒有波紋，這導致最低的空氣摩擦下降和最低的風扇馬力需求。
		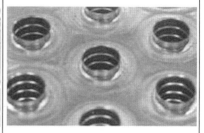

● 鰭片、銅管分佈距離

		材質	管徑	Fin/in	鰭片距離			銅管距離		
				FPI	F1	F2	F3	E1	E2	E3
(1)	鰭片	鋁(0.12~0.3)、銅(0.15)	3/8"	6 ~ 16	11.0	22.0	44.0	6.35	12.7	25.4
			1/2"	4 ~ 16	13.75	27.5	55.0	7.9375	15.875	31.75
			5/8"	4 ~ 16	16.5	33.0	66.0	9.525	19.05	38.1
		不銹鋼 ST 0.15	5/8"	8 ~ 10	16.5	33.0	66.0	9.525	19.05	38.1
(2)	紫銅銅管 Copper Tube		外徑(in) Outside Diameter	3/8"	厚度 Thickness (mm)			0.31 ~ 1.0		
				1/2"				0.41 ~ 1.0		
				5/8"				0.41 ~ 1.0		
(3)	不銹鋼管			5/8"				0.70 ~ 1.0		

● 鰭片、銅管分佈距離,圖示

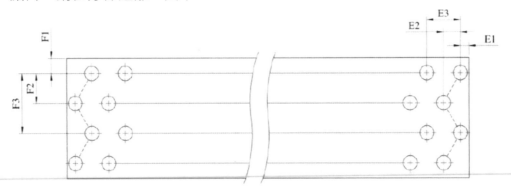

B.3.5. 盤管計算

● 露點溫度:空氣經過處理器後 (例如:Coil, Aiw Washer,....),所得的接近飽和狀態一般空氣濕度為 90 ~ 95%rh。空調設備的露點溫度 (90 ~ 95%rh) 與物理學上的露點溫度 (100%rh) 概念不同。

● 冷卻排管出風的相對溼度

盤管排數	2R	4R	6R	8R	10R	12R
出風 %rh	75 %rh	85 %rh	90 %rh	92%rh	94 %rh	96 %rh

● 盤管阻抗

Row	Fin Q'ty	2 m/s	2.5 m/s	3 m/s
4R	8	61 Pa	91 Pa	132 Pa
	10	69 Pa	107 Pa	152 Pa
	12	81 Pa	122 Pa	175 Pa
6R	8	81 Pa	119 Pa	170 Pa
	10	94 Pa	137 Pa	196 Pa
	12	107 Pa	158 Pa	226 Pa
8R	8	102 Pa	147 Pa	206 Pa
	10	117 Pa	170 Pa	239 Pa
	12	135 Pa	196 Pa	254 Pa

- 流體回路可分為：半回路，全回路與雙回路.
  (Ex) 4R x 8T

  半回路 = 4 入 4 出　　　　冷凍能力：小
  全回路 = 8 入 8 出　　　　冷凍能力：中
  雙回路 = 16 入 16 出　　冷凍能力：大
  回路越多冷凍能力越大，費用也越高。

 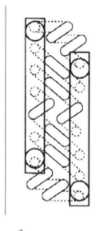 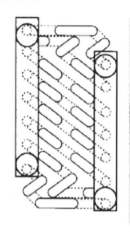 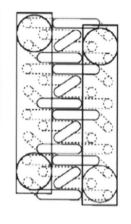 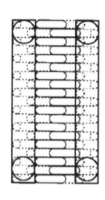

$\frac{1}{2}$ serpentine	$\frac{3}{4}$ serpentine	1 serpentine	$1\frac{1}{2}$ serpentine	2 serpentine
4 water circuits	6 water circuits	8 water circuits	12 water circuits	19 water circuits
8 passes	4 and 6 passes	6 passes	4 passes	4 passes
4 rows	4 rows	6 rows	6 rows	8 rows

B.3.5.1. 冷卻盤管計算

- [例題] 已知
  (1) 冷卻能力：151,210 kCal/hr。循環風量：26,000 cmh
  (2) 進風溫度/離風溫度：27°CDB，19.44°CWB / 12.5°CDB，12.06°CWB
  (3) 入水溫度/出水溫度：7°C / 12°C
  (4) 水流量：504 lpm

- [Ans]

  [1] 水流速 V_w = 水流量 / (盤管回路 x 單回路流量 10.8 lpm)

水流量	盤管回路	單回路流量	水流速 V_w
lpm	loop	10.8 lpm	m/s
504	45	10.8	1.04

  [2] 表面風速 V_f = 風量 / 盤管表面積

風量	盤管表面積	表面風速 V_f
cmh	m^2	m/s
26,000	2.89	2.50

  [3] 顯熱能力 Q_s = 風量 $_{cmh}$ x 0.29 x (E_{DB} - L_{DB})

風量	係數	進風 E_{DB}	離風 L_{DB}	顯熱能力 Q_s
cmh	0.29	°C	°C	kCal/hr
26,000	0.29	27.0	12.5	109,330

[4] 顯熱因數 SHF = Q_s / Q_T

顯熱	總熱	顯熱因數
Q_s	Q_T	SHF
109,330	151,210	0.72

[5] 公式 Row=冷卻能力 / (K_f x t_{lm} x A_f x WSF)，
t_{lm} = (Δt_1 - Δt_2) / (2.3 x log(Δt_1 - Δt_2))

LMTD t_{lm}

進風溫度	出水溫度	$\Delta t_1 = \Delta t_{a1} - \Delta t_{w2}$	離風溫度	入水溫度	$\Delta t_1 = \Delta t_{a2} - \Delta t_{w1}$	LMTD t_{lm}
Δt_{a1}	Δt_{w2}		Δt_{a2}	Δt_{w1}		℃
27.0	12.0	15.00	12.5	7.0	5.50	9.48

WFS：Wetted-Surface Factor 表面濕度係數。WFS = (SHF+1.04) / (2.04 x SHF)

SHF	1.04	2.04	WSF
kCal/hr	係數	係數	表面濕度係數
1	1.04	2.0	1.195

Row = 冷卻能力 / (K_f x t_{lm} x A_f x WSF)，t_{lm} = (Δt_1 - Δt_2) / (2.3 x log(Δt_1 - Δt_2))

冷卻能力	K_f	t_{lm}	A_f	WSF	Row
kCal/hr	查 K_f 下表	℃	℃	查 WSF 下表	Q;ty
151,210	710	9.48	2.89	1.2	6.5

WFS：Wetted-Surface Factor 表面濕度係數
註：(1) 當 SHF≦0.38，基準是 SHF = 0.38。
註：(2) 溫度範圍 0~36℃CDB，溫度高於 36℃時修正 WFS 為 WFS x 0.9。

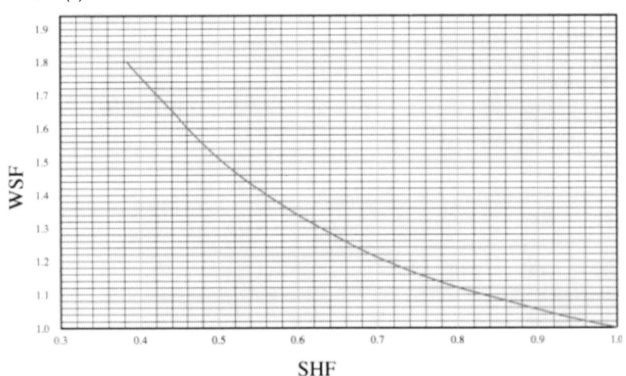

● 圖 K_f 熱傳係數：Cooling Coil Heat Transfer Coefficient K_f-12FPI ，不同的規格有不同曲線，詳細資料請詢問供應商(取材：鎰鎧工業)

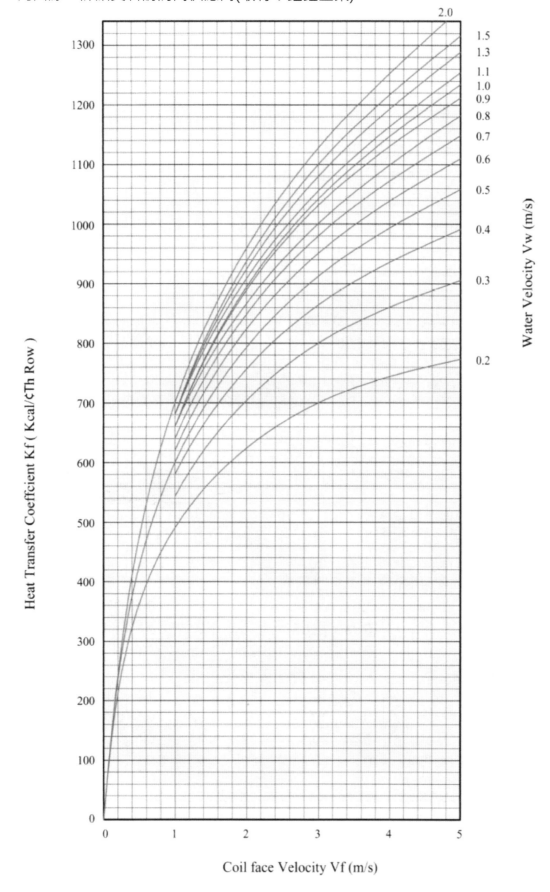

B.3.5.2. 蒸氣盤管

● [例題] 已知
  (1) 熱盤管能力：? kCal/hr
  (2) 循環風量：26,000 cmh。盤管面積：2.89m2。
  (3) 進風溫度/離風溫度：5℃CDB / 25℃CDB
  (4) 蒸氣壓力 / 溫度：1 kg/cm2-G / 120℃

● [Ans] 進氣方向-由上往下，不同於冰水與熱水-由下往上的入口方向。

蒸氣盤管能力 ： $q_H = 17.4 \times Q \times \Delta t_a \times F$

17.4	Q	Δt_a	F	q_H
係數	風量	空氣溫差	溫度修正係數	蒸氣盤管能力
常數	cmh	查表	查表	kCal/hr
17.4	26,000	20.0	1.1	10,043,280

表面風速 V_f = 風量 / 盤管表面積

風量	盤管表面積	表面風速 V_f
cmh	m^2	m/s
26,000	2.89	2.50

表 Δt_a：空氣入口與出口溫度差

盤管表面風速 m/s		2.0	2.1	2.2	2.3	2.4	2.5	2.6	2.7	2.8	2.9	3.0
Δt_a	1 Row	27.5	27.0	26.5	26.0	25.5	25.0	24.7	24.4	24.3	24.0	23.6
	2 Row	49.0	48.0	47.2	46.4	45.7	45.0	44.4	43.8	43.2	42.6	42.0

表 F：空氣出口溫度修正係數

蒸氣壓力 [kg/cm²-G]		0	0.35	0.7	1.0	1.5	註(1)：蒸氣壓力最大不得超過 3.5 kg/cm²-G
飽和蒸氣溫度 ts [℃]		100	107.7	114.2	120	128	
飽和蒸氣顯熱 γ [kCal/kg]		539	534	528	526	521	
盤管入口溫度	-10	1.03	1.10	1.20	1.25	1.30	註(2)：盤管以 2 Row 以下為標準。鰭片片距以 8FPI 為標準。
	-5	0.98	1.05	1.15	1.20	1.27	
	0	0.94	1.00	1.11	1.15	1.22	
	5	0.88	0.96	1.06	1.11	1.17	
	10	0.83	0.91	1.01	1.06	1.12	註(3)：蒸氣凝縮容積 Gs (kg/hr) = qH / γ。
	15	0.78	0.86	0.97	1.02	1.07	
	20	0.74	0.81	0.92	0.97	1.02	
	25	0.69	0.76	0.86	0.92	0.98	

註 (4)：片數距校正係數

FPI	6	8	10	12
校正係數	0.87	1.00	1.16	1.27

● 這些計算是提供工程師的簡易計算，實務上可以請供應商提供計算資料，工程師依簡易計算的結論，判斷選機後的設備合理性。

B.3.6. 盤管選機案例

● 本節介紹選機的案例，常用盤管的類型，包含。預冷盤管、再冷盤管、加熱盤管。

● 預冷盤管

盤管型式 Type of coil　　　　　　　　　　: *PRE-COOLING COIL*

鰭片高度 * 長度 Fin height * Fin length　　: 1372　mm x 2700　mm　　　　Net Weigh　243　Kg

排數 * 鰭片數 Row * Fin per inch　　　　　: 6　R x　8　FPI　　　　Gross Weight

管外徑 * 厚度 Tube OD * Thickness　　　　: 5/8　" x　0.41　mm　　　　(with water　348　Kg

鰭片厚度 * 材質 Fin thickness * Material　: 0.15　mm　Corrugated Aluminum Fins

鰭片表面積 Face area　　　　　　　　　　: 3.70　square meter

空氣側性能 Air side performance　　　　　　*液體側性能 Liquid side performance*

風量 Air flow　　　　　　　　　　　　　: 42500 CMH　入水溫度 Entering Water Temperature : 14.0 ℃

入風乾球溫度 Entering Air dry bulb　　　　: 35.00 ℃db　出水溫度 Leaving Water Temperature : 20.0 ℃

入風濕球溫度 Entering Air Wet bulb　　　　: 31.80 ℃wb　迴路數 No of circuits　　　　　: 108 Pass

離風乾球溫度 Leaving Air dry bulb　　　　: 23.43 ℃db　水量 Water flow rate　　　　　: 1297 LPM

離風濕球溫度 Leaving Air Wet bulb　　　　: 23.26 ℃wb　水壓損 Water pressure drop　　　: 7.2 kPa

表面風速 Face velocity　　　　　　　　　: 3.19 M/S　水流速 Water velocity　　　　　: 1.08 M/S

風壓損 Air side pressure drop　　　　　　: 226.7 Pa　出入管徑 Pipe connection　　　　: 100 A

總能力 Total capacity　　154.4 RT　　　: 542.7　kW　　　*熱傳面積 Ht Trans A.* : *415 M²*

　　　　　　　　　　　　　　　　　　　: 466804　Kcal / hr

　　　　　　　　　　　　　　　　　　　: 1852280　Btu / hr

Rated in accordance to ARI Standard 410

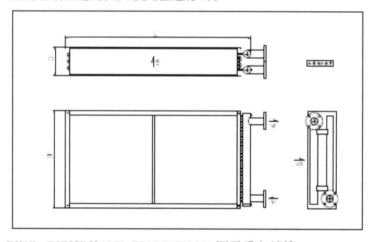

DWG : RIGHT HAND CONNECTION 圖示為右接管

外框材質 Frame : SUS 304*2.0 mmt　　　　　鰭片 Fin : 波浪型藍波鋁片*0.15mmt

集流管 Header : Copper Tube　　　　　　　管 Pipe : 為無縫紫銅平滑管 Seamless Copper Tube

法　蘭 Flanger : Loose Flange-SUS 304　　　備註 Remarks :

外型尺寸:	Length長	High 高	Deep 深	Technical data is given gratis and seller assumes no
mm	2960	1452	320	obligation or liability for results obtained.

● 再冷盤管

盤管型式 Type of coil : *RE-COOLING COIL*
鰭片高度 * 長度 Fin height * Fin length : 1372 mm x 2700 mm　　Net Weigh　354　Kg
排數 * 鰭片數 Row * Fin per inch : 8　R x　10　FPI　　Gross Weight
管外徑 * 厚度 Tube OD * Thickness : 5/8 " x　0.41 mm　　(with watei 506　Kg
鰭片厚度 * 材質 Fin thickness * Material : 0.15 mm Corrugated Aluminum Fins
鰭片表面積 Face area : 3.70 square meter

空氣側性能 Air side performance　　　*液體側性能 Liquid side performance*
風量 Air flow : 42500 CMH 入水溫度 Entering Water Temperature : 8.0 ℃
入風乾球溫度 Entering Air dry bulb : 23.43 ℃ db 出水溫度 Leaving Water Temperature : 16.0 ℃
入風濕球溫度 Entering Air Wet bulb : 23.26 ℃ wb 迴路數 No of circuits : 72 Pass
離風乾球溫度 Leaving Air dry bulb : 13.81 ℃ db 水量 Water flow rate : 746 LPM
離風濕球溫度 Leaving Air Wet bulb : 13.81 ℃ wb 水壓損 Water pressure drop : 12.0 kPa
表面風速 Face velocity : 3.19 M/S 水流速 Water velocity : 0.94 M/S
風壓損 Air side pressure drop : 381.1 Pa 出入管徑 Pipe connection : 100 A

總能力 Total capacity　118.5 RT : 416.5　kW　　*熱傳面積 Ht Trans A. :　554 M²*
: 358216　Kcal / hr
: 1421400　Btu / hr

Rated in accordance to ARI Standard 410

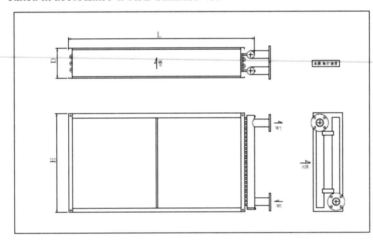

DWG : RIGHT HAND CONNECTION 圖示為右接管
外框材質 Frame : SUS 304*2.0 mmt　　　鰭片 Fin : 波浪型藍波鋁片*0.15mmt
集流管 Header : Copper Tube　　　　　管 Pipe : 為無縫紫銅平滑管 Seamless Copper Tube
法　蘭 Flanger : Loose Flange-SUS 304　備註 Remarks :

外型尺寸:	Length長	High 高	Deep 深	Technical data is given gratis and seller assumes no
mm	2960	1452	350	obligation or liability for results obtained.

● 熱水盤管

盤管型式 Type of coil　　　　　　　　　： *HEATING COIL*
鰭片高度 * 長度 Fin height * Fin length　： 1372　mm x 2700　mm　　　　Net Weigh　128　Kg
排數 * 鰭片數 Row * Fin per inch　　　： 3　R x　9　FPI　　　　　　Gross Weight
管外徑 * 厚度 Tube OD * Thickness　　： 5/8　" x　0.41　mm　　　　(with water　183　Kg
鰭片厚度 * 材質 Fin thickness * Material　： 0.15　mm　Corrugated Aluminum Fins
鰭片表面積 Face area　　　　　　　： 3.70　square meter

空氣側性能 Air side performance　　　　　　*液體側性能 Liquid side performance*
風量 Air flow　　　　　　　　　： 42500 CMH　入水溫度 Entering Water Temperature　： 38.0 ℃
入風乾球溫度 Entering Air dry bulb　： 5.00 ℃ db　出水溫度 Leaving Water Temperature　： 28.0 ℃
入風濕球溫度 Entering Air Wet bulb　： 1.30 ℃ wb　迴路數 No of circuits　　　　： 27 Pass
離風乾球溫度 Leaving Air dry bulb　： 22.97 ℃ db　水量 Water flow rate　　　　： 367 LPM
離風濕球溫度 Leaving Air Wet bulb　： 10.30 ℃ wb　水壓損 Water pressure drop　　： 16.4 kPa
表面風速 Face velocity　　　　　： 3.19 M/S　水流速 Water velocity　　　　： 1.23 M/S
風壓損 Air side pressure drop　　： 82.2 Pa　出入管徑 Pipe connection　　　： 65 A

總能力 Total capacity　72.9 RT　　　： 256.4　kW　　*熱傳面積 Ht Trans A.* : 232 *M²*
　　　　　　　　　　　　　　　： 220499　Kcal / hr
　　　　　　　　　　　　　　　： 874940　Btu / hr

Rated in accordance to ARI Standard 410

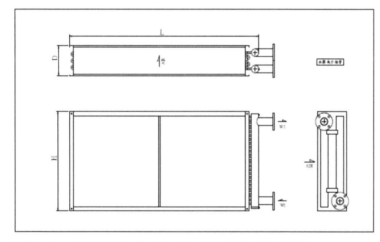

DWG : RIGHT HAND CONNECTION 圖示為右接管
外框材質 Frame : SUS 304*2.0 mmt　　　鰭片 Fin : 波浪型藍波鋁片 *0.15mmt
集流管 Header : Copper Tube　　　　　管 Pipe : 為無縫紫銅平滑管 Seamless Copper Tube
法　蘭 Flanger : Loose Flange-SUS 304　　備註 Remarks :

外型尺寸:	Length長	High 高	Deep 深	Technical data is given gratis and seller assumes no
mm	2900	1452	200	obligation or liability for results obtained.

B.3.7. 電熱盤管 Heater Coil – Electrical

● 空調系統的熱盤管可分為：
(1) 電熱器、(2) 熱流體 (熱水或蒸氣)。
本節研究電熱器的加熱。熱流體盤管與冷卻盤管的選擇方法相同，不同的是進/出氣流與容量需求，熱流體規格。

● 電氣、熱水與蒸氣的加熱不同點，在於對溫度反應速度，對於環境控制有嚴格的要求時應採電氣加熱，對溫度的反映沒有時間上的延遲；熱水與蒸氣的加熱會有閥的開關時間與盤管效率回應時間的延遲。本節介紹空調箱或風管的電熱器盤管。

● 空調電熱盤管的設計：
電能的轉換會關係到效率，所以設計上取安全係數 1.1~1.2 倍。
電能因 SCR 或其他控制器產生故障，所以在安全上溫度有可能過高，而導致火災意外的發生，所以電熱器盤管二次側應設溫度傳訊器(連動關閉風車運轉)，避免安全上空氣加熱溫度過高。

B.3.7.1. 加熱量計算

● 加熱量公式 $HT_{kW} = Q_{cms} \times 1.2\ kg/m^3 \times \Delta T_{°C}$
計算例題：公式符號/單位說明

Air Volume	Heating Coil		Heating Coil Capacity					Air Density	Ent. Air DB °C.	Lev. Air DB °C.
								ρ	Td_Enter	Td_Leave
CMH	H	No	Heat Type	Calc. kW/Hr	Elect.=1.2 Water=1.1	SF	Design kW/Hr	1.2 kg/m³	DB °C	DB °C
9,000	H	1	加熱	54.0	電盤管	1.2	65	1.2	5.0	23.0
30,000	H	1	加熱	124.2	熱水盤管	1.1	137	1.2	5.0	17.4

● 圖示

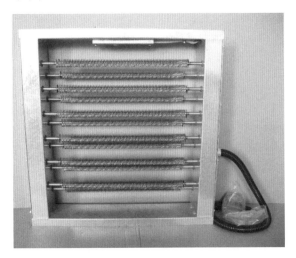

B.4.　加濕器　Humidity

- 當相對濕度超過75%rh時，設備的銹蝕率會趨向直線上升；當相對濕度低於45%rh時，靜電荷容易聚集，帶來危害。
  濕度與人體健康關係密切。乾燥：容易患得呼吸道疾病。潮濕：容易患得關節炎。
- 常用的加濕方法有：
  (1) 蒸氣類-電熱或電極方式
  (2) 超音波方式
  (3) 水洗方式-專用設置於 MAU 空調箱內-等焓加濕。

B.4.1.　加濕概念

- 相對濕度（Relative Humidity）是指單位體積空氣中，實際水蒸氣的分壓與相同溫度和體積下水飽和蒸氣壓的百分比。 也就是絕對濕度與最高濕度之間的比，它的值顯示水蒸氣的飽和度有多高。在當前的氣溫之下，空氣裏的水分含量達至飽和，相對濕度就是100%。
- 定溫定壓下　$\Phi = x_w / x_{ws} = P_w / P_{ws}$

Φ	P_W	P_{WS}
相對溼度	空氣水蒸氣壓力	空氣飽和水蒸氣壓力
%rh	Pc	Pcb

B.4.1.1. 空氣濕的處理

- 空氣濕的處理方法：(1) 升溫降濕· (2) 冷卻除濕·(3) 吸收或吸附除濕。
  (1) 升溫降濕：
  水蒸氣壓力 1,872Pa 相對溼度：一般情況，溫度升高 1℃，相對濕度降低 4~5%。

T (℃)	16.5	20	22	24	26	28	30	40	50
Φ (%rh)	100	80	71.0	62.9	55.8	49.6	44.2	15.4	15.2

  (2) 冷卻除濕：
  將空氣冷卻到露點溫度以下，大於飽和含濕量的水蒸氣會凝結排出，就是冷卻除濕。

設備	功能
MAU/除濕機/冷氣機	室內除濕。
冷風乾燥	食品乾燥與保存。
空氣壓縮機的吸附/吸收乾燥機	空氣管路的乾燥。
冷凍庫/冷藏庫/電冰箱	冷凍冷藏。

  (3) 吸收或吸附除濕：
  用物質吸收或吸附水分能力，去除空氣中的水分。

吸收式	氯化鋰，三甘醇，氯化鈣
吸附式	二氧化矽($SiO_2 \cdot x H_2O$)-化學除濕類，活性碳

  應用：需要低濕的環境則需要用到化學除濕；例如鋰電池的工廠、文物保存區，....等。
  鋰電池的工廠環境條件：乾燥室溫濕度 DB 23±2℃、DP -40℃ (製程的不同有的會要求製 DP -70℃)、人數是產濕的源頭之一。

B.4.1.2. 空氣線圖

- ε濕熱比(歐規) = 1,000*(Δh/Δd) = 1,000*(h$_2$-h$_1$)/(d$_2$-d$_1$) = 3.6Q/S
  ε=焓差/含濕量差＝全熱/溼熱=Δh/Δd

h	焓，KJ / Kg-乾空氣
d	含濕量，g / Kg-乾空氣
Q	全熱量，W
S	濕量，Kg / h

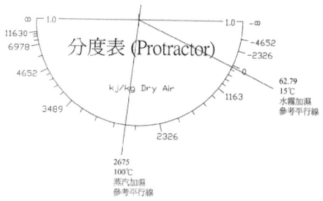

- 濕熱比 (美規) = 顯熱/全熱，值的大小及正負表狀態過程的方向及特徵。

各種空氣處理過程的內容和處理方法

過程	處理象限	濕熱比 ε	處理過程說明	處理方法說明		過程	處理方法說明
A-1	3	ε> 0	減焓、降濕、降溫	用水溫低於 t1 的水洗 (Air Washer)		A→2	絕熱飽和或蒸發冷卻
				用管外表面溫度低於 t1 的表面冷卻器冷卻；		A→3	冷卻與加濕：用冰水噴霧
				用蒸發溫度 t0 低於 t1 的直接蒸發是表面冷卻器冷卻。		A→4	顯熱冷卻
A-2	d =常數	ε= -∞	減焓、等濕、降溫	用水的平均溫度低於 t1 的噴淋或是表面冷卻器乾式冷卻。		A→5	冷卻與除濕
				用溫度 t0 低於 t1 的直接蒸發式表面冷卻器乾式冷卻。		A→6	冷卻與加濕：用熱水噴霧
A-3	4	ε< 0	減焓、加濕、降溫	用水噴淋，t1 < t (水溫) < ts		A→7	加熱與加濕
A-4	h =常數	ε= 0	等焓、加濕、降溫	用水循環噴淋，絕熱加濕·(Air Washer)			
A-5	1	ε> 0	增焓、加濕、降溫	用水噴淋，ts < t (水溫) < tA，(tA 為 A 點的空氣溫度)			
A-6	1 (t=常數)	ε> 0	增焓、加濕、等溫	用水噴淋，t (水溫) = tA，噴低壓蒸氣			
A-7	1	ε> 0	增焓、加濕、升溫	用水噴淋，t (水溫) > tA，噴過熱蒸氣			
A-8	d =常數	ε= +∞	增焓、等濕、升溫	加熱氣、乾式加熱 (蒸氣、熱水、電)			
A-9	2	ε< 0	增焓、降濕、升溫	冷凍機除濕 (熱幫)			
A-10	h =常數	ε< 0	等焓、降濕、升溫	固體吸濕劑吸濕			
A-11	3	ε< 0	減焓、降濕、升溫	用溫度高於 tA 的液體除濕劑噴淋			
A-12	3 (t=常數)	ε< 0	減焓、降濕、等溫	用溫度等於 tA 的液體除濕劑噴淋			

- 符號說明

t1~7	空氣露點溫度
tS	空氣濕球溫度
A	空氣初始的狀態點
10~4	等焓
2~8	等濕
12~6	等溫

● 空氣線圖

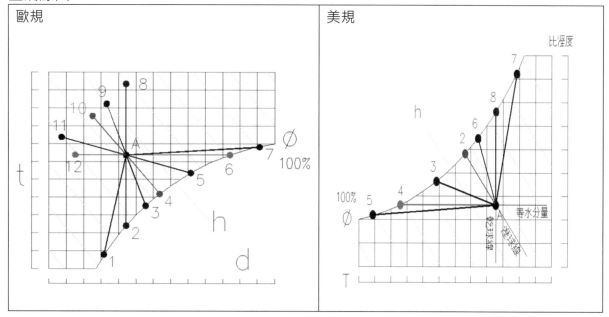

B.4.1.3. 加濕器的安裝

● 加濕器的安裝有風管內或空調箱內。應注意安裝時所必須考慮的蒸氣加濕的吸收距離。
[例如] 風速 2.5 m/s，加濕到 75%rh，所需的吸收距離 2.1m。吸收距離越短效率越好，意思是說加濕的分支管越多，費用也越高。

● 加濕器需要的加濕距離

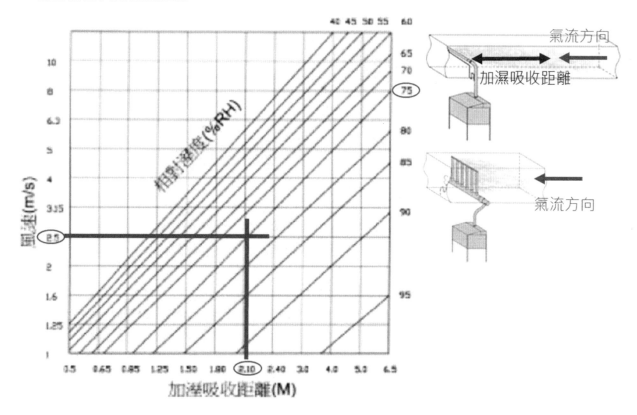

● 蒸氣的加濕對系統而言會有5%的熱能增加，增加的量很小。其空氣線圖顯示加濕路徑。

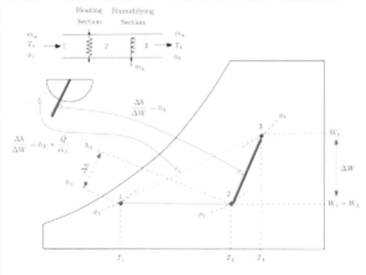

溫度	蒸汽錶壓	顯熱 h_i	潛熱 h_{ig}	全熱 h_g
°C	psi-G	kJ/kg	kJ/kg	kJ/kg
0		0	2,500	2,500
22		92	2,449	2,541
23		96	2,446	2,542
60		251	2,358	2,609
100	0	419	2,256	2,675
105	3.3	440	2,243	2,683
110	6.6	461	2,230	2,691
115	10.0	482	2,216	2,698
120	14.3	503	2,202	2,705
130	25.0	546	2,174	2,720

B.4.1.4. 加濕量計算

● 加溼量公式 $HU_{KG/Hr} = Q_{cmm} * 1.2 * \Delta\omega_{g/Kg} * 60/1000$

● 計算例題：(+ 表示加濕；- 表示除濕)，公式符號/單位說明

Function	Air Volume Q	Hu/DeHu Capacity	Ent. Air DB°C Td_Enter	Relative Humidity ψ	Absolute Humidity ω	Lev. Air DB°C Td_Lev	Relative Humidity ψ	Absolute Humidity ω
	CMH	Kg / Hr	DB °C	%rh	g / kg	DB °C	%rh	g / kg
加濕	25,000	182	5	50	2.69	23	50	8.75
加濕	120,000	942	7	50	3.09	23	55	9.64
除濕	25,000	-701	38	75	32.11	23	50	8.75
除濕	120,000	-2,777	35	80	28.92	23	55	9.64

B.4.2. 加濕器設備

● 設備的種類

種類	加溼器設備種類	水源	吸收距離	精準度	價格	備註
<1>	超音波加濕氣	CW/RO/DI	1.8 m	1%		是水分子，不是蒸汽。時間 Delay 5sec.
<2>	電極式純蒸氣加濕器	CW	0.6 m	1%	便宜	耗電 0.76kg/hr，控制水位高低，20~100%
<3>	噴射式純蒸氣加濕器	CW/RO/DI		1%		
<4>	電熱式加濕器	RO/DI	0.6 m	1%		
<5>	純水電熱式加濕器	DI				耗電 0.75kg/hr，SCR 比例式，0~100%
<6>	蒸氣熱交換器加濕器	DI	很少用			
<7>	高壓噴霧加濕器	CW/RO/DI		5%		
<8>	直接噴霧加濕器	CW/RO/DI		5%		
<9>	蒸發式加濕器	CW/RO/DI	0.5 m	5%		

B.4.2.1. 電加濕　Electrical Humidity

- 電加濕有電熱加濕或電極加濕，主要區別式供水源的種類。用電熱(極)的方式將水加熱至蒸氣狀態的加熱方法。

  電源供應有單相、三相，加濕量 (電熱式：2.7~390 kg/hr。電極式：4.2~90 kg/hr)、耗電量依各製造廠不同，詳細技術資料詢問供應商。

  (1) 電熱：使用 RO 或 DI 水 (電阻式)，因為 RO 或 DI 的水沒有極性需要用電熱產生蒸汽，儲水桶一般產用 SUS304 或 SUS316 防止水源的腐蝕。

  (2) 電極：使用自來水 (電極式)，因為自來水質本體有雜質可用極性產生蒸氣，儲水桶一般都用塑膠材質，但也因此會有水垢產生且電熱棒會有腐蝕現象，需要經常性的維修保養時間較多，但設備價格便宜。

- 電極式加濕器技術資料 (取材：NORDMANN)，詳細資料詢問供應商

型號		424	434	824	834	1534	2364	3264	4564	6464	9064
電壓	Voltage	400V，50/60Hz									
電源相數	Phase	1	3	1	3	3	3	3	3	3	3
電熱電流	A	7.5	4.3	15.3	8.8	16.5	25.3	35.1	49.4	2x35.1	2x49.4
型號		422	432	822	832	1532	2362	3262	----	6464	----
電壓	Voltage	230V，50/60Hz									
電源相數	Phase	1	3	1	3	3	3	3	----	3	----
電熱電流	A	13	7.5	26.5	15.3	28.6	43.9	61	----	2x61	----
產生蒸氣	kg/hr	4	4	8	8	15	23	32	45	64	90
產氣範圍	kg/hr 蒸氣	0.8-4	0.8-4	1.6-8	1.6-8	3-15	4.6-23	6.4-32	9-45	6.4-64	9-90
一般耗電	kW	3	3	6.1	6.1	11.4	17.5	24.3	34.2	2x24.3	2x34.2

注意事項：
(1) 供水壓力 1-10bar.
(2) 水質 125-1,250 s/cm
(3) 風管內壓力 +/- 1,000 Pa
(4) 環境溫度 1-50℃
(5) 電力系統 IP43
(6) PID 控制器的比例需比較主系統控制的輸出比是否匹配

B.4.2.2. 蒸氣加濕　Steam Humidity

- 蒸氣源可取自系統鍋爐的蒸氣，經過減壓與過濾後可用於空調的加濕源，不用額外產生蒸氣。蒸氣加濕於乾球溫度會增加少許，所以簡化後又被稱為等溫加濕。安裝與電加濕的原理相同，需要吸收距離。

B.4.2.3. 超音波加濕

- 超音波加式是用水分子的震盪產氣，與電加濕不同。其應用於需要水珠顆粒細小的區域，容量尚無法與電加濕器有很大的加濕量，一般都用於需求量很小的系統，水源多用 UPW，購置成本非常貴。

B.4.2.4. 水霧加濕

- 水霧加濕有高壓水流與二相流的噴霧加濕，是一種等焓的加濕方法，當進風溫度很低時，濕度很難控制達到環境需求的條件。
- 此種加濕法適用噴頭噴出細緻的水顆粒，用細小的水顆粒與進風混合達到加濕的目標。出設購置成本也很貴，現在市場使用越來越少。

B.4.3. 水洗設備 Air Washer

- MAU採用水洗的功能分為：(1) 加濕功能 (2) 加濕功能+去除外氣含有的化學分子-主要功能是去除AMC。因為功能不同所以設計也不同。例如：噴頭，噴頭安裝距離，噴放水霧的顆粒大小，水氣比都不同。
- 加濕的噴頭設計有單排、多排，依需求設計 (取材：sciencedirect)

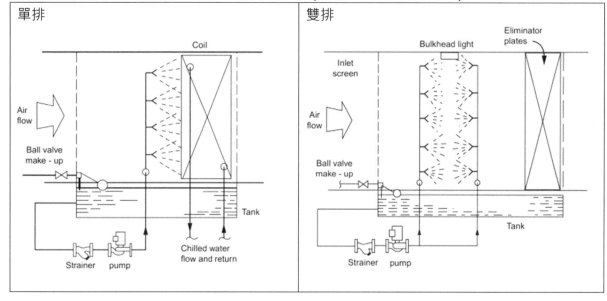

B.4.3.1. 加濕功能

- 組成的元件有：噴頭、配管 (SUS304 / SUS316 或 PP管)、循環水泵 (依設計選用立式 Turbin、in line或臥式)、儲水桶 (依設計需求選配)、進水浮球開關、定水位閥、導電度計 (當加濕水質未達到需求標準時進行排放)與水位計 (監視水位高低)。
- 噴頭的配置與消防撒水頭、irrigation、Scrubber系統的配置類同。
  將空氣經過的區域納入噴放的範圍內，亦有噴頭的設計是一段(逆風配置)或多段(逆風+順風，....等)的模式，越多段加濕效果越好，但購置成本也越高，經驗上單段的設計已可達到加濕的需求。
- 噴頭規格 (取材：L-ES)

Bar	8 mm Liter/hr	10 mm Liter/hr	Eff. [%]	說明
0.3	420	610		耐熱：130℃。噴放形狀：空心錐形和錐形。
0.5	560	750		
0.8	670	920		
1.0	780	1,050		
1.2	860	1,145		
1.5	930	1,260		
1.8	1,010	1,355		
2.0	1,090	1,440		
2.2	1,120	1,520		
2.5	1,190	1,600	95-98	
2.8	1,250	1,690		

B.4.4.2. 應用

● 除濕輪的應用於節能除濕，超低濕環境(Tadp -40℃)需求外，應用於廢氣處理SOX (工業製程有機類廢氣體)的吸附/脫附/再生應用的理論也相同。
　各製造商的性能略有不同，例如再生溫度不同材質的需求不同，詳細規格請詢問供應商。(取材：杭州川泰电器有限公司)

標準型：

除濕區/再生區面積	3：1
除濕/再生風量	3：1
轉輪厚度	200 mm
除濕側風速	2 m/s（20℃）
再生溫度 TR1	140℃
再生側進風濕度 XR1	23g/kg
除濕側進風溫度 TP1	10、20、30℃

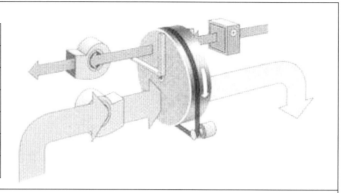

通過熱脫復流動系統節省能耗，較常規可節省 20%以上：

除濕區/冷卻/再生區面積	3：1：1
除濕/冷卻/再生風量	3：1：1
轉輪厚度	200 mm
除濕側風速	2 m/s（20℃）
再生溫度 TR1	140℃
再生側進風濕度 XR1	PR1
除濕側進風溫度 TP1	10、20℃

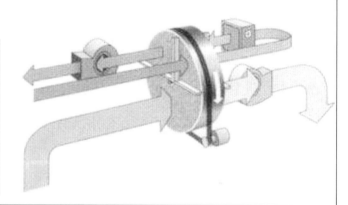

高溫處理型：

除濕區/再生區面積	1：1
除濕/再生風量	1：1
轉輪厚度	200 mm
除濕側風速	2 m/s（20℃）
再生溫度 TR1	70～100℃
再生側進風濕度 XR1	23g/kg
除濕側進風溫度 TP1	10、20、30℃

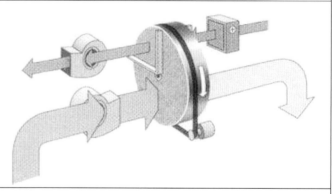

露點溫度可達到 -20℃CDP～-80℃CDP：

除濕區/冷卻/再生區面積	3：1：1
除濕/冷卻/再生風量	3：1：1
轉輪厚度	400 mm
除濕側風速	2 m/s（20℃）
再生溫度 TR1	140℃
再生側進風濕度 XR1	PR1
除濕側進風溫度 TP1	10、20℃

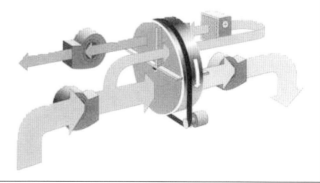

B.4.4.3. 除濕輪性能-

● 轉輪市場供應商為美系或日系產品的技術，各有其優勢。本節說明取材：順利空調-Niches，騰強-NoveLAire，與MUNTERS轉輪。

● 除濕材料分為：矽膠，沸石 (A、X)。構造上是一種蜂巢式。(取材：順利空調)

吸濕劑		SG-HP	MS-X	MS-A
		特殊矽膠	沸石 X 型	沸石 A 型
		低濕下除濕	全外氣除濕	循環氣除濕
密度	kg/m^3	230	350	350
壓縮強度	N/cm^2	147	196	196
	kgf/cm^2	15	20	20
比表面積	m^2/g	280	390	---
標準再生溫度	℃	120-140	180-250	180-250
孔數	浪高	1.9	2.1	2.1
	節距	3.3	4.1	4.1
開口率	%	76	71	71
露點溫度	Tadp ℃	-70~-80℃		

● 轉輪的技術 (取材：順利空調型錄)

入/出口濕度：

轉輪表面風速	2m/s
轉輪厚度	200mm
再生空氣比	0.33
轉輪迴轉數	18rpm
再生空氣絕對濕度	X3=X1
處理空氣溫度	20~35℃
再生溫度	140℃

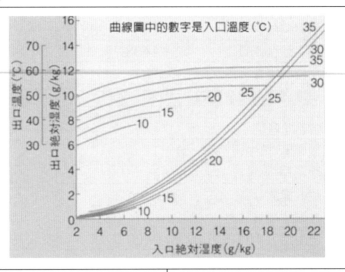

表面風速：

轉輪表面風速	2m/s，3m/s
轉輪厚度	200mm
再生空氣比	0.33
處理空氣	25℃，14g/kg
再生空氣	140℃，14g/kg

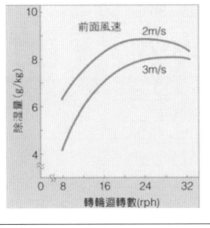

除濕輪厚度，風速與壓損：

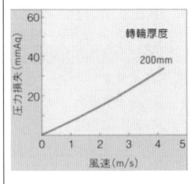

B.4.4.4. MUNTERS

- ROTOR除濕輪運轉時的各部溫濕度
  低濕轉輪的除濕工作區分為三部分：(1) 低濕空氣處理區 (2) 再生區 (3) 還原區。

(1) 低濕空氣處理區：將濕空氣以吸附方式處理成低濕空氣。
(2) 再生區：以熱將水氣驅離轉輪。
(3) 還原區：已經去除水氣的轉輪陷處於高溫狀態中，正要降溫。

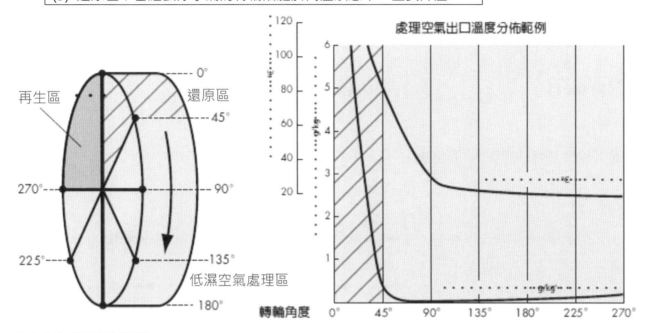

B.4.4.5. 除濕輪選機

- 除濕輪的選機。取材：NoveLAire Technologies-騰強)
- 設備規格

轉輪 Wheel	Wheel：Unitary Rotor Design with 6 spokes equally spaced 114.3mm aluminum center hub，17.0mm shaft，3.2mm outer band。
	Media：WSG Desiccant Media，corrugated synthetic fibrous matrix。
箱體 Cassette	Frame：Galvanized 14ga，steel with two (2) removable side panels
	Bearings：Internal sealed roller bearing
	Air Seals：Inner and outerbulb contact seals
	Drive：Perimeter driven chain drive

- 選機條件

乾球溫度	風量		乾球溫度	濕球溫度	絕對濕度	相對濕度	Enthalpy
	cmh	Acmh	°CDB	°CWB	g/kg	%rh	kWH/kg
Process Inlet	5,800	5,814	20.0	9.3	2.88	20.0	0.0125
Process Outlet	5,800	6,172	39.2	14.9	0.72	1.7	0.0164
Regen Inlet	1,931	2,095	35.0	28.2	21.44	60.0	0.0299
Heater Outlet	1,931	2,810	140.0	-	21.44	0.9	0.0603
Regen Outlet	1,931	2,443	82.5	39.3	27.95	8.3	0.0484

● 圖示：Model Number WSG 965 x 20

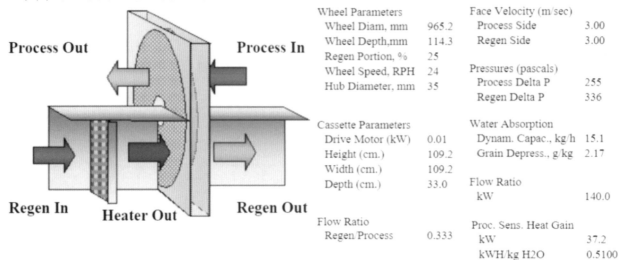

Wheel Parameters			Face Velocity (m/sec)	
Wheel Diam, mm	965.2		Process Side	3.00
Wheel Depth,mm	114.3		Regen Side	3.00
Regen Portion, %	25			
Wheel Speed, RPH	24		Pressures (pascals)	
Hub Diameter, mm	35		Process Delta P	255
			Regen Delta P	336
Cassette Parameters			Water Absorption	
Drive Motor (kW)	0.01		Dynam. Capac., kg/h	15.1
Height (cm.)	109.2		Grain Depress., g/kg	2.17
Width (cm.)	109.2			
Depth (cm.)	33.0		Flow Ratio	
			kW	140.0
Flow Ratio			Proc. Sens. Heat Gain	
Regen/Process	0.333		kW	37.2
			kWH/kg H2O	0.5100

● 除濕流程的溫度 / 濕度變化

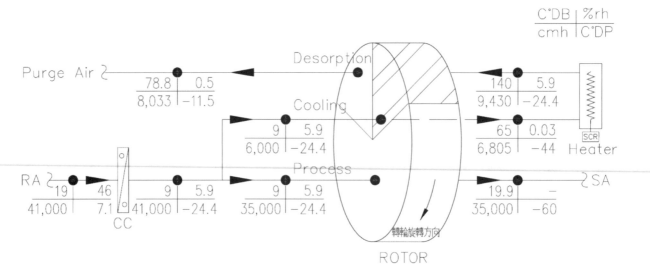

B.4.4.6. 外型圖

● 照片：空調箱+除濕輪 (取材：網路照片)

B.5. 除水器 Drop Eliminator

● 本節介紹除水器，施工時經常忘記此設備的重要，選擇不適當的除水器時：(1) 水氣會飄到空調箱下一段 (2) 壓損過大。
HVAC 中稱為除水器 (Drop Eliminator)，排氣洗滌塔末端時稱為除霧層 (Demist)，功能相同。

● 除霧器的材質：熱塑性塑料（PP-聚丙烯，PE-聚乙烯，PVC-聚氯乙烯，PVDF-聚偏二氟乙烯）。一般常用的材料是PP，可依需求選用不同的材質，各材質的性能特性詢問供應商。PP 材質，長時運轉 100℃，耐溫130℃。

● 除霧器的功能有阻擋水氣 (限制水霧直徑最大為10μm) 與調整氣流。本節介紹一般常用的除霧器。
安裝位置：盤管的二次側，Air Washer 二次側阻擋水氣，進入下一階段。

● 性能資料-風速與壓損、下降幅度

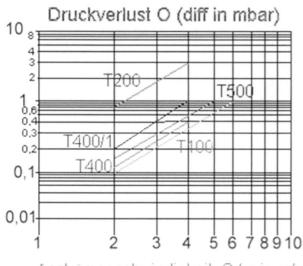
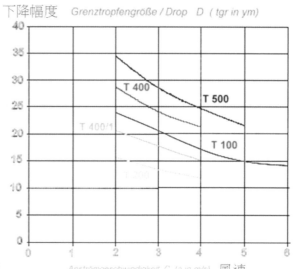

● 除水器 (取材：L-ES)

T-100 型	
除霧器用作整流器時，在空氣清洗器入口處距離為 20-30 mm。 在空氣速度為 4.5-7m/s 空氣清洗器中，距離為 20 mm 的型材用作除液器。 白色部分為氣流的流動	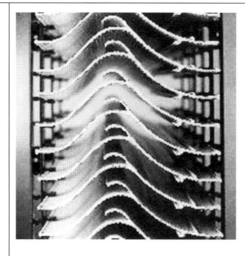 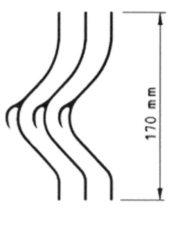

T-200 型 通過將氣流重定向到多波偏轉消除器中，夾帶的液滴將被投射到型材的內表面。在除霧器處，液膜需要排空，強重定向和氣流加速。 流入速度為 1-4 m/s，距離為 25 mm。 白色部分為氣流的流動	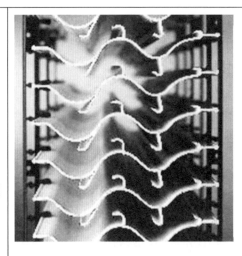	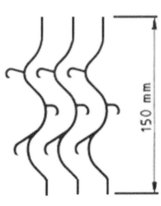
T-400/1 型 空氣清洗中用作整流器，距離為 30 mm。 白色部分為氣流的流動		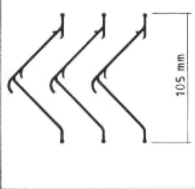
T-500 型 要與普通空氣冷凝器結合使用，因為它們用於空調並且流入速度高於 2-5m/s。 安裝深度為 100mm，與夾桿墊片相結合，要求空間不大。 白色部分為氣流的流動		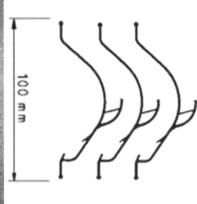

B.6.　空調箱基礎座

B.6.1.　設備機座

● 防止地震造成設備的移動，在MAU設備的底部用鋼材做機座，並在機座設置制震設備。
制震設備設計上可參考 ASHRAE Seismic，實務上亦可以請結構技師計算符合需求。

B.6.2.　設備基礎

● 設備的基礎以RC + 植筋 + epoxy coating 為組合，植筋是防止地震造成設備的移動。
AHU / MAU 設備的 RC 基礎內需以植筋方式防止基礎移位。
植筋間距 100 ~ 300mm。
設備基礎尺寸的規畫：以周邊大於設備~200mm，高度 ~150mm 以上 (配合設備需求
-亦有為防止微震，其基礎高度設計達 500~1,000mm)。詳細資料可委託結構技師計算
符合需求。下圖：植筋照片，完成照片。

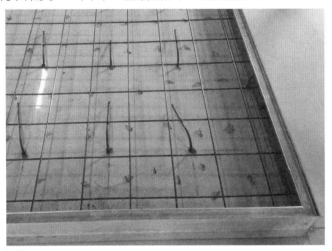 

● 大樣圖

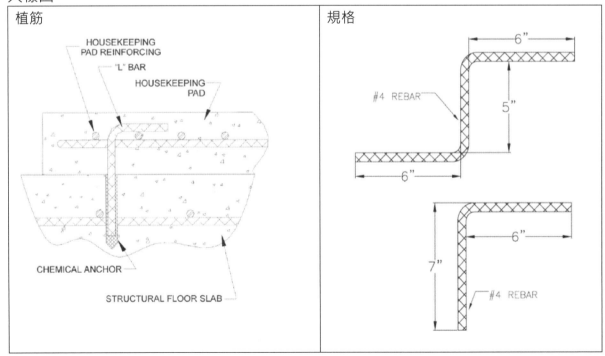

B.7. IAQ 室內空氣品質

- 室內空氣品質規劃 (IAQ)：依據ASHRAE 62.1 and ASHRAE 90.1 說明。

  公式：Vbz = Rp * Pz + Ra * Az (公式說明，詳下一節)

  (查表 ASHRAE 90.1-2004 Table 6-1)。這公式的生活習慣應用是美國系統，實務上應用於本國時有些名稱或許不同。

- 空氣品質最困難管控的是CO_2管理 (人的呼吸是吸入O_2，吐出CO_2)，CO_2的濃度雖有規範，但室外的濃度超標時，在提供給室內的新鮮空氣無法再加工處理，當然室內也一定超標。對其他污染源USA EPA也有規定，詳下方說明。

B.7.1. CO_2 的知識

- 二氧化碳氣體性質

分子量	44
三相點	-56.3 ℃，5.3kg-f/cm²
臨界溫度	31 ℃
臨界壓力	75.2 Kg-f/cm²
空氣中含量	0.03 %
腐蝕性	無
導電性	無
毒性	有

- CO_2濃度 [ppm]

CO_2 濃度 [ppm]	對健康影響
400	一般室外空氣
650	室內通風空氣佳
850	開始覺得空氣有點悶
1,000	CNS 室內空氣品質建議標準
2,500	不利健康，頭疼、心跳加速、輕度噁心，....
5,000	不得超過 8hr，可能導致嚴重缺氧，永久性腦損傷，昏迷，...
15,000	有急性死亡危險，要馬上離開

- 缺氧狀態的症兆

空氣中含氧量	出現症狀
12 ~ 16%	呼吸和心跳加速，肌肉不協調
10 ~ 14%	情緒低落、疲勞、呼吸不順
6 ~ 10%	噁心、嘔吐、虛脫或喪失意識
< 6%	痙攣、窒息和死亡

B.7.2. 環境空氣質量標準

● 空氣品質：於美規ASHRAE 與台灣環保署規定項目類同。

台灣環保署規定：

101 年 5 月 14 日行政院環境保護署環署空字第 1010038913 號令修正發布

項目	標準值		單位
總懸浮微粒(TSP)	二十四小時值	250	$\mu g / m^3$
	年幾何平均值	130	(微克 / 立方公尺)
粒徑小於等於十微米(μm)之懸浮微粒(PM_{10})	日平均值或二十四小時值	125	$\mu g / m^3$
	年平均值	65	(微克 / 立方公尺)
粒徑小於等於二·五微米(μm)之懸浮微粒($PM_{2.5}$)	二十四小時值	35	$\mu g / m^3$
	年平均值	15	(微克 / 立方公尺)
二氧化硫(SO_2)	小時平均值	0.25	ppm
	日平均值	0.1	(體積濃度百萬分之一)
	年平均值	0.03	
二氧化氮(NO_2)	小時平均值	0.25	ppm
	年平均值	0.05	(體積濃度百萬分之一)
一氧化碳(CO)	小時平均值	35	ppm
	八小時平均值	9	(體積濃度百萬分之一)
臭氧(O_3)	小時平均值	0.12	ppm
	八小時平均值	0.06	(體積濃度百萬分之一)
鉛(Pb)	月平均值	1.0	$\mu g / m^3$ (微克 / 立方公尺

● 第 3 條：本標準所稱之各項平均值意義如下：

(1) 小時平均值：指一小時內各測值之算術平均值。

(2) 8hr 平均值：指連續 8hr 之小時平均值之算術平均值。

(3) 日平均值：指一日內各小時平均值之算術平均值。

(4) 24hr 值：指連續採樣 24hr 所得之樣本，經分析後所得之值。

(5) 月平均值：指全月中各日平均值之算術平均值。

(6) 年平均值：指全年中各日平均值之算術平均值。

(7) 年幾何平均值：指全年中各 24hr 值之幾何平均值。

● 第 4 條：空氣污染防制區及總量管制區細懸浮微粒濃度符合下列規定者，判定為符合空氣品質標準：

(1) 區內一般空氣品質監測站，各站每年 24hr 值有效監測值，由低到高依序排列，取累計第 98%比對應值，計算連續 3 年之平均值，再就區內各站該平均值平均後，須小於細懸浮微粒空氣品質標準之 24hr 值。

(2) 區內一般空氣品質監測站，各站年平均值計算連續 3 年之平均值，再就區內各站該平均值平均後，須小於細懸浮微粒空氣品質標準之年平均值。

前項作為判定基礎之一般空氣品質監測站，指中央主管機關設置或認可者；監測站細懸浮微粒全年有效監測值比率未達 75%以上者不予採計。

細懸浮微粒以外項目符合空氣品質標準之判定方法，由中央主管機關另定之。

● 第 五 條：

細懸浮微粒(PM2.5)濃度監測之標準方法，以中央主管機關公告之空氣中細懸浮微粒(PM2.5)手動檢測方法為之。

前項監測中央主管機關得經評估，以自動監測數據經由與手動監測數據轉換計算後替之。細懸浮微粒以外項目空氣品質監測之標準方法，由中央主管機關另定之。

● ASHRAE 62.1，表 4-1 室外空氣的國家初級環境空氣質量標準 (USA EPA 標準)

污染物	長時間 - 平均濃度			短時間 - 平均濃度			備註
	$\mu g/m^3$	ppm	時間	$\mu g/m^3$	ppm	時間	
SO$_2$	80	0.03	1 年	365	0.14	24 hr	長時間：年算術平均值。 短時間：每年不得超過一次。
粉塵 PM 10	50	---	1 年	150	---	24 hr	長時間：年算術平均值。 短時間：每年不得超過一次。
粉塵 PM 2.5	15	---	1 年	65	---	24 hr	長時間：每年與 3 年的算術平均值。短時間：24 小時濃度的第 98 百分位的 3 年平均值。
C				40,000	35	1 hr	短時間：每年不得超過一次。
CO				10,000	9	8 hr	短時間：每年不得超過一次。
氧化物					0.08	8 hr	短時間：每年在一個區域內每個監測器測得的每日最高 8hr 平均臭氧濃度的第 3 高平均值的 3 年平均值不得超過 0.08 ppm。
臭氧					0.12	1 hr	短時間：每小時平均濃度高於 0.12 ppm 的每個日曆年的預期天數≤1 時，達到該標準。
氮氧化物 Nox	100	0.053	1 年				長時間：年算術平均值。
鉛	1.5	---	3 個月				長時間：3 個月期間是日曆-季度。

B.7.3. 外氣吸口位置

● 外氣空調箱的進氣位置。說明入氣口位置的距離，因為缺乏CNS建築技術規格規範，因此資料引用美國的 ASHRAE 標準，本標準具有參考價值。一般工程師在設計時經常忽略系統整合導入選用不適當的入口，希望能提供給工程師應用於所需要的場所。
(取材：ASHREA 62.1 IAQ)

● ASHREA 62.1，Table 5-1 Air Intake Minimum Separation Distance

Key Point (重點說明)		說明	最短距離		Remark
			ft	m	
Odor	氣味	會污染排氣	15	5	Note (1)
Poison	毒	有毒或危險的排氣	30	10	Note (2)、(3)
Poison	毒	來自燃燒設備和設備的通風口，煙囪和煙道	15	5	Note (4)
Car Park	停車場	停車場入口，汽車裝載區或免下車隊列	15	5	Note (5)
Truck Park	卡車公園	卡車裝載區或碼頭，公共汽車停車場/空轉區	25	8	Note (5)
Car (Street)	車（街）	車道，街道或停車位	5	2	Note (5)
High Traffic	交通繁忙	交通量大的通道。	25	8	
Roof	屋頂	屋頂，景觀或其他直接位於進水口下方的表面	1	0	
Garbage	垃圾	垃圾存放/撿拾區，垃圾箱	15	5	Note (6)、(7)
CT Intake	冷卻水塔污染	冷卻水塔排氣	15	5	
CT Exhaust	冷卻水塔污染	冷卻水塔進氣口與水盤	25	8	

Notes：
(1) 被嚴重污染的廢氣是廢氣，其污染物濃度高，感覺刺激強度大或有惡臭味。
(2) 實驗室通風櫃的排氣口，應符合 NFPA 45-19913 和 ANSI / AIHA Z9.5-1992.4 的要求。
(3) 有毒或危險性廢氣是指煙霧或氣體含量極高的廢氣，和/或具有潛在危險性微粒，生物氣溶膠或濃度較高的氣體的廢氣。
(4) 按照以下方法確定時，允許較短的分離距離
(a) ANSI Z223.1 / NFPA 54-20027 的第 7 章，用於燃氣燃燒器具和設備，
(b) NFPA 31-20018 的第 6 章（用於燃油燃燒設備和設備）
(c) NFPA 211-20039 的第 7 章用於其他燃燒設備和設備。
(5) 所測量到的最接近車輛排氣口的距離。
(6) 對於與水平線傾斜超過 45 度或寬度小於 1″ 的表面，沒有最小分隔距離。
(7) 在預計會有積雪的地方，應將列出的距離增加預期的平均積雪深度。

B.7.4. 外氣需求量

- ASHRAE 62.1計算分法為：
  (1) 已知人員數量。
  (2) 預估人員數量。
  其採用依預估為主，當實際人員數量超過預估量時，可採用已知人員數量計算。

B.7.4.1. Vbz = Rp * Pz + Ra * Az

- 外氣需求量 (取材：ASHRAE 62.1)
- [例題] 公式符號/單位說明：Vbz = Rp * Pz+Ra * Az = Rp x 人數+Ra x 面積=外氣量

Zone Identification		方法 1：已知人數 Know the People Vbz = Rp * Pz + Ra * Az						方法 2：未知人數 Unknow People Vbz = Rp * Pz + Ra * Az					
區域 Zone 已知	居住類別 Zone Category	建築面積 Zone Floor Area 已知 m^2	比：外氣量/人 People OA Rate ASHRAE 62.1 Table L/s-p	比：外氣量/面積 Area OA Rate ASHRAE 62.1 Table L/s-m^2	已知人員數量 已知	已知人密度 Zone Population #/100m^2	呼吸區外氣量 Breathing Zone OA Flow L/s	建築面積 Zone Floor Area 已知 m^2	比：外氣量/人 People OA Rate ASHRAE 62.1 Table L/s-m^2	比：外氣量/面積 Area OA Rate ASHRAE 62.1 Table #/100m^2	ASHRAE 預估人員數量 查表(預估) #/100m^2	預估人密度 Zone Population ASHRAE 62.1 Table L/s-m^2	呼吸區外氣量 Breathing Zone OA Flow L/s
		Az	Rp	Ra	人數	Pz	Vbz	Az	Rp	Ra	人數	Pz	Vbz
教育	演講廳	250	3.8	0.3	300	20.0	1,215	250	3.8	0.3	不知	4.0	1,575
服務	餐廳	550	3.8	0.9	400	72.7	2,015	550	3.8	0.9	不知	5.1	2,459
一般	會議室	100	2.5	0.3	70	70.0	205	100	2.5	0.3	不知	3.1	185
酒店	大廳	100	3.8	0.3	30	30.0	144	100	3.8	0.3	不知	4.8	174
辦公室	辦公區	1,250	2.5	0.3	250	20.0	1,000	1,250	9	0.3	不知	5	938

- 當計算完基本的新鮮空氣需求後，為了系統風量的平衡，需要考慮排氣系統。排氣量參考AHRAE 62.1表4-3或台灣建築技術規格、第五章。

  計算完基本的新鮮空氣需求後，需考慮區域送風效率 (Voz = Vbz / Ez)，單區或多區送風模式(與送風/回風的模式有關)，然後決定外氣總送風量。這目的是要用經驗值確保外氣設計量足夠。

  在多區外氣需求下，若某區域外氣不足時，可使用風管上的自動控制風門調節風量。外氣量需求自動判定，可用 CO2 感測傳訊器得知區域的 CO_2 濃度值，並是時調配區域外氣量的需求，或提出警報告知區域人員注意 CO_2 濃度超出警戒值。

B.7.4.2. 送風效率 Ez

● 區域的外氣量 Voz：Voz = Vbz / Ez = 呼吸區外氣量 x 送風效率
ASHRAE 62.1，表 6-2 呼吸區送風效率 Ez

空氣分配配置	Ez
天花板供應冷空氣	1.0
天花板供應暖風和地板回風	1.0
天花板供應的暖空氣溫度高於空氣溫度 15°F（8°C）或更高的天花板溫度	0.8
天花板供應的暖空氣溫度低於空間溫度 15°F（8°C）和天花板回流，前提是 150 fpm（0.8 m/s）供氣噴射到地面 4.5ft（1.4m）以內。注意：對於低速供氣，Ez = 0.8	1.0
地板供應冷空氣和天花板返回，前提是 150 fpm（0.8 m/s）供氣噴射器高出地面 4.5 英尺（1.4 米）或更高。注意：大多數地板下的空氣分配系統符合此附帶條件。	1.0
地板供應冷空氣和天花板返回，提供低速位移通風，實現單向流動和熱分層	1.2
地板供應暖風和地板回風	1.0
地板供應暖風和天花板回風	0.7
化妝用品從排氣和/或返回吸入房間的另一側	0.8
在排氣和/或返回位置附近吸取化妝品	0.5

註：
(1). 冷空氣：是比空間溫度更低的空氣。
(2). 暖空氣：比空間溫度高。
(3). 天花板：包括呼吸區域上方的任何點。
(4). 地板：包括呼吸區域下方的任何點。
(5). 作為使用上述值的替代方法，Ez 可視為等於根據 ANSI / ASHRAE 確定的換氣效果

B.7.4.3. 系統通風效率 Ev

● ASHRAE 62.1，表 6-3 系統通風效率 Zp = Voz / Vpz
Vpz 主要應用於 VAV 系統。

Max (Zp)	≤ 0.15	≤ 0.25	≤ 0.35	≤ 0.45	≤ 0.55	> 0.55
Ev	1.0	0.9	0.8	0.7	0.6	附件 A
Note						
(1)	Max (Zp)：指在系統服務的所有區域中使用等式 Zp=Voz/Vpz 計算 Zp 的最大值。					
(2)	對於 Zp 在 0.15~0.55 之間的值，可以通過對表中的值進行插值來確定 Ev 對應值。					
(3)	該表中的 Ev 值基於系統的 0.15 平均室外空氣分數，（即-未經校正的室外空氣進氣口 Vou 與空氣處理器所服務的所有區域的總區域主空氣流量的比率）。對於具有較高的室外空氣平均分數值的系統，該表可能導致不真實的低 Ev 值，並且參考 ASHRAE 62.1 附錄 A 可能產生更實際的結果。					

B.7.4.4. 呼吸區最低外氣風量

● ASHRAE 62.1 Rev.2016 – 表6-1：呼吸區的最低通風率 (MINIMUM VENTILATION RATES IN BREATHING ZONE)

| Occupancy Category 居室分類 | | People Outdoor Air Rate Rp 外氣風量/人 | | Area Outdoor Air Rate Ra 外氣風量/面積 | | Notes 註 | Default Values 預估值 | | | Air Class 空氣等級 |
| | | | | | | | (see Note 4) 密度：人/面積 | Combined Outdoor Air Rate (see Note 5) 綜合外氣比 | | |
英文	中文	cfm/person	L/s-person	cfm/ft²	L/s-m²		#/1000 ft² (#/100 m²)	cfm/person	L/s-person	
Correctional Facilities 矯正設施										
Cell	禁閉室	5	2.5	0.12	0.6		25	10	4.9	2
Dayroom		5	2.5	0.06	0.3		30	7	3.5	1
Guard stations	守衛室	5	2.5	0.06	0.3		15	9	4.5	1
Booking/waiting	登記/等待處	7.5	3.8	0.06	0.3		50	9	4.4	2
Educational Facilities 教育設施										
Daycare (through age 4)	幼稚園 (~4 歲)	10	5	0.18	0.9		25	17	8.6	2
Daycare sickroom	病房	10	5	0.18	0.9		25	17	8.6	3
Classrooms (ages 5–8)	教室 (~9 歲)	10	5	0.12	0.6		25	15	7.4	1
Classrooms (age 9 plus)	教室 (5~9 歲)	10	5	0.12	0.6		35	13	6.7	1
Lecture classroom	講座教室	7.5	3.8	0.06	0.3	H	65	8	4.3	1
Lecture hall (fixed seats)	演講廳 (固定座位)	7.5	3.8	0.06	0.3	H	150	8	4.0	1
Art classroom	藝術教室	10	5	0.18	0.9		20	19	9.5	2
Science laboratories	科學實驗室	10	5	0.18	0.9		25	17	8.6	2
University/college laboratories	大學/學院實驗室	10	5	0.18	0.9	A	25	17	8.6	2
Wood/metal shop	木/金屬店	10	5	0.18	0.9		20	19	9.5	2
Computer lab	計算機實驗室	10	5	0.12	0.6		25	15	7.4	1
Media center	媒體中心	10	5	0.12	0.6	A	25	15	7.4	1
Music/theater/dance	音樂/戲劇/舞蹈	10	5	0.06	0.3	H	35	12	5.9	1

| Occupancy Category 居室分類 | | People Outdoor Air Rate Rp 外氣風量/人 | | Area Outdoor Air Rate Ra 外氣風量/面積 | | Notes 註 | Default Values 預估值 | | | Air Class 空氣等級 |
| | | | | | | | (see Note 4) 密度: 人/面積 #/1000 ft² (#/100 m²) | Combined Outdoor Air Rate (see Note 5) 綜合外氣比 | | |
英文	中文	cfm/person	L/s-person	cfm/ft²	L/s-m²			cfm/person	L/s-person	
Multi-use assembly	多用途組裝	7.5	3.8	0.06	0.3	H	100	8	4.1	1
Food and Beverage Service 食品和飲料服務										
Restaurant dining rooms	餐廳用餐室	7.5	3.8	0.18	0.9		70	10	5.1	2
Cafeteria/fast-food dining	自助餐廳/快餐	7.5	3.8	0.18	0.9		100	9	4.7	2
Bars, cocktail lounges	酒吧·雞尾酒休息室	7.5	3.8	0.18	0.9		100	9	4.7	2
Kitchen (cooking)	廚房	7.5	3.8	0.12	0.6		20	14	7.0	2
General 一般										
Break rooms	休息室	5	2.5	0.06	0.3	H	25	10	5.1	1
Coffee stations	咖啡站	5	2.5	0.06	0.3	H	20	11	5.5	1
Conference/meeting	會議室	5	2.5	0.06	0.3	H	50	6	3.1	1
Corridors	走道	---	---	0.06	0.3	H	---			1
Occupiable Storage rooms for Lq and gels	儲藏室	5	2.5	0.12	0.6	B	2	65	32.5	2
Hotels, Motels, Resorts, Dormitories 酒店·汽車旅館·度假村·宿舍										
Bedroom/living room	臥室/客廳	5	2.5	0.06	0.3	H	10	11	5.5	1
Barracks sleeping areas	營房睡覺區	5	2.5	0.06	0.3	H	20	8	4.0	1
Laundry rooms, central	洗衣房·中央	5	2.5	0.12	0.6		10	17	8.5	2
Lobbies/prefunction	大堂/迎賓	7.5	3.8	0.06	0.3	H	30	10	4.8	1
Multipurpose assembly	多功能區	5	2.5	0.06	0.3	H	120	6	2.8	1
Office Buildings 辦公室建築物										
Office space	辦公區	5	2.5	0.06	0.3		5	17	9	1
Breakrooms	休息室	5	2.5	0.12	0.6		50	7	3.5	1

Occupancy Category 居室分類		People Outdoor Air Rate Rp 外氣風量/人		Area Outdoor Air Rate Ra 外氣風量/面積		Notes 註	Default Values 預估值			Air Class 空氣等級
							(see Note 4) 密度: 人/面積	Combined Outdoor Air Rate (see Note 5) 綜合外氣比		
英文	中文	cfm/person	L/s-person	cfm/ft²	L/s-m²		#/1000 ft² (#/100 m²)	cfm/person	L/s-person	
Occupiable storage rooms for dry material	儲藏室	5	2.5	0.06	0.3		2	35	17.5	1
Reception areas	接待區	5	2.5	0.06	0.3	H	30	7	3.5	1
Telephone/data entry	電話交換機室	5	2.5	0.06	0.3	H	60	6	3.0	1
Main entry lobbies	主要入境大廳	5	2.5	0.06	0.3	H	10	11	5.5	1
Miscellaneous Spaces	其他空間									
Bank vaults/safe deposit	銀行金庫/保險箱	5	2.5	0.06	0.3	H	5	17	8.5	2
Banks or Bank Lobbies	銀行或銀行大廳	7.5	3.8	0.06	0.3	H	15	12	6	1
Computer (not printing)	計算機區	5	2.5	0.06	0.3	H	4	20	10	1
Freezer and refrigerated	冷凍,冷藏空間 <50°F	10	5	0	0	E	0	0	0	2
General manufacturing (Excludes heavy industrial)	一般製造業,不含重工業，製程過程用化學品	10	5	0.18	0.9		7	36	18	3
Pharmacy (prep. area)	藥房（準備區）	5	2.5	0.18	0.9		10	23	11.5	2
Photo studios	攝影工作室	5	2.5	0.12	0.6		10	17	8.5	1
Shipping/receiving	運輸/接收	10	5	0.12	0.6	B	2	70	35	2
Sorting,packing,light assem.	分類,包裝,輕工作	7.5	3.8	0.12	0.6		7	25	12.5	2
Telephone closets	電話亭	---	---	0.00	0.0		---			1
Transportation waiting	等待運輸	7.5	3.8	0.06	0.3		100	8	4.1	1
Warehouses	倉庫	10	5	0.06	0.3	B	---			2
Public Assembly Spaces	公共集會空間									
Auditorium seating area	禮堂休息區	5	2.5	0.06	0.3	H	150	5	2.7	1
Places of religious worship	教會禮拜堂	5	2.5	0.06	0.3	H	120	6	2.8	1
Courtrooms	法庭	5	2.5	0.06	0.3	H	70	6	2.9	1

Occupancy Category 居室分類		People Outdoor Air Rate Rp 外氣風量/人		Area Outdoor Air Rate Ra 外氣風量/面積		Notes 註	Default Values 預估值			Air Class 空氣等級
							(see Note 4) 密度：人/面積	Combined Outdoor Air Rate (see Note 5) 綜合外氣比		
英文	中文	cfm/person	L/s-person	cfm/ft²	L/s-m²		#/1000 ft² (#/100 m²)	cfm/person	L/s-person	
Legislative chambers	立法院	5	2.5	0.06	0.3	H	50	6	3.1	1
Libraries	圖書館	5	2.5	0.12	0.6		10	17	8.5	1
Lobbies	大廳	5	2.5	0.06	0.3	H	150	5	2.7	1
Museums (children's)	博物館（兒童）	7.5	3.8	0.12	0.6		40	11	5.3	1
Museums/galleries	博物館/美術館	7.5	3.8	0.06	0.3	H	40	9	4.6	1
Residential 住宅										
Dwelling unit	住宅單位	5	2.5	0.06	0.3		F,G,H,F			1
Common corridors	共同走廊	---	---	0.06	0.3	H				1
Retail 零售										
Sales (except as below)	銷售（以下除外）	7.5	3.8	0.12	0.6		15	16	7.8	2
Mall common areas	商城公共區域	7.5	3.8	0.06	0.3	H	40	9	4.6	1
Barbershop	理髮店	7.5	3.8	0.06	0.3	H	25	10	5.0	2
Beauty and nail salons	美容和美甲沙龍	20	10	0.12	0.6		25	25	12.4	2
Pet shops (animal areas)	寵物店（動物區）	7.5	3.8	0.18	0.9		10	26	12.8	2
Supermarket	超級市場	7.5	3.8	0.06	0.3	H	8	15	7.6	1
Coin-operated laundries	投幣式洗衣店	7.5	3.8	0.06	0.3		20	11	5.3	2
Sports and Entertainment 體育和娛樂										
Sports arena (play area)	體育競技場（遊樂區）	---	---	0.3	1.5	H	---			1
Gym, stadium (play area)	健身房、體育場（遊樂區）	---	---	0.3	1.5	E	30			2
Spectator areas	觀眾區	7.5	3.8	0.06	0.3	C	150	8	4.0	1
Swimming (pool & deck)	游泳（游泳池和甲板）	---	---	0.48	2.4	H	---			2

Occupancy Category 居室分類		People Outdoor Air Rate Rp 外氣風量/人		Area Outdoor Air Rate Ra 外氣風量/面積		Notes 註	Default Values 預估值			Air Class 空氣等級
							Occupant Density (see Note 4) 密度:人/面積	Combined Outdoor Air Rate (see Note 5) 綜合外氣比		
英文	中文	cfm/person	L/s-person	cfm/ft²	L/s-m²		#/1000 ft² (#/100 m²)	cfm/person	L/s-person	
Disco/dance floors	舞池	20	10	0.06	0.3		100	21	10.3	1
Health club/aerobics room	健康俱樂部/健美操室	20	10	0.06	0.3		40	22	10.8	2
Health club/weight rooms	健身俱樂部/舉重室	20	10	0.06	0.3		10	26	13	2
Bowling alley (seating)	保齡球館(座位)	10	5	0.12	0.6		40	13	6.5	1
Gambling casinos	賭博賭場	7.5	3.8	0.18	0.9		120	9	4.6	1
Game arcades	遊戲拱廊	7.5	3.8	0.18	0.9		20	17	8.3	1
Stages, studios	舞台、工作室	10	5	0.06	0.3	D,H	70	11	5.4	1

注意面積單位的不同選擇適當的參考係數。

● 說明:

　(1) 相關要求:此表中的比率基於滿足本標準的所有其他適用要求。

　(2) 吸煙:此表適用於禁煙區。允許吸煙的空間的比率須使用其他方法確定。吸煙有關通風要求,ASHRAE 62.1 第 6.2.9 節。吸煙區應比類似的禁煙區有更多的通風和/或空氣清潔。在種威威機構確定達到可接受風險水平的煙霧濃度之前。無法確定員體的通風率要求。來自吸煙區的空氣不得再循環或轉移到禁煙區。

　(3) 空氣密度:體積氣流速率基於 0.075 lbda/ft3(1.2 kgda/m3)的空氣密度。相當於氣壓為 1 atm(101.3 kPa)的干燥空氣和空氣溫度為 70°F(21°C)。可以根據成員際密度差知時。應使用本標準。不需要進行此類調整。

　(4) 認同成員密度:當實際成員密度未知時。應使用認同成員密度。

　(5) 認同組合室外空氣速率(每人):此速率基於認同的成員密度。

　(6) 非上市人員:如果未列出凝議空間或區域的入住類別,則列出的入住類別的要求與應使用居住密度。活動和建築結構。

　(7) 醫療機構:比率應根據 ASHRAE 62.1 附錄 E 確定。

● Notes 註:本表的注意事項

　(A) 對於高中和大學圖書館。使用公共集會空間 - 圖書館顯示的值。

　(B) 當儲存的材料包括具有潛在有害排放的材料時。速率可能不足。

　(C) Rate 不允許室外的通風或除濕以去除水分。可能需要額外的通風或除濕以去除水分。

(D) Rate 不包括舞台效果的特殊排氣，例如乾冰蒸氣，煙霧。

(E) 當燃燒設備用於比賽場地時，應提供額外的稀釋通風和/或源控制。

(F) 住宅單元的默認人住率為工作室和單臥室單元的兩個人，每個額外的臥室有一個額外的人。

(G) 來自一個住宅的空氣不得再循環或轉移到該住宅外的任何其他空間。

● ASHRAE 62.1 Rev.2007 −表5-2和表6-1中的分類基於相對污染物濃度，使用以下主觀標準：

空氣等級	說明
1	污染物濃度低，感官刺激強度低，無氣味的空氣。
2	具有中等污染物濃度的空氣，溫和的感覺刺激強度或輕度令人反感的氣味。2 級空氣還包括不是有害或令人反感的空氣但不適合用於轉移或再循環到用於不同目的的空間。
3	具有顯著污染物濃度，顯著的感覺刺激強度或令人不快的氣味的空氣。
4	具有高度令人反感氣體的空氣或具有煙霧的空氣。生物氣溶膠或氣體或氣溶膠顆粒，其濃度足以被認為是有害的。

表 5-2 氣流 Airstreams

說明	空氣等級
印刷設備油墨排氣	4
商用廚房油煙機	4
商業廚房油煙機及除油脂	3
實驗室排氣罩	4
住宅廚房排氣罩	3

B.7.5. 混合空氣

● 空調箱體的進風有RA與OA。RA室內循環空氣，OA為室外的空氣。外氣屬於耗能的空氣，1cmh約要0.03kW的冰水。本節介紹 OA+RA混合的計算公式。

B.7.5.1. 一般外氣OA與一股回風RA混合

● 計算公式

$V_{MA} = V_{OA} + V_{RA}$
$T_{MA} = (V_{OA} * T_{OA} + V_{RA} * T_{RA}) / (V_{OA} + V_{RA})$
$\omega_{MA} = (V_{OA} * \omega_{OA} + V_{RA} * \omega_{RA}) / (V_{OA} + V_{RA})$
$h_{MA} = (V_{OA} * h_{OA} + V_{RA} * h_{RA}) / (V_{OA} + V_{RA})$

● 計算例：公式符號/單位說明

外氣條件 (OA) Outside Air				室內回風條件(RA) Recirculation Air				混合後條件 (MA) Mixxing Air = OA + RA					離風條件 (LA) Leaving Air				
V_{OA} 風量	T_{OA} 溫度	%rh$_{CA}$ 相對溼度	h_{OA} 焓	V_{RA} 風量	T_{RA} 溫度	%rh$_{RA}$ 相對溼度	h_{LA} 焓	V_{MA} 風量	T_{MA} 溫度	%rh$_{MA}$ 相對溼度	ω_{MA} 絕對溼度	h_{MA} 焓	V_{LA} 風量	T_{LA} 溫度	%rh$_{LA}$ 相對溼度	ω_{LA} 絕對溼度	h_{LA} 焓
CMH	DB °C	% rh	kCal/kg Dry Air	CMH	DB °C	% rh	kCal/kg Dry Air	CMH	DB °C	% rh	g/kg Dry Air	kCal/kg Dry Air	CMH	DB °C	% rh	g/kg Dry Air	kCal/kg Dry Air
5,652	5	55	3.0	16,668	24	55	12.1	22,320	19	61	8	9.8	22,320	22	51	8	10.4

B.7.5.2. 一般外氣OA與二股回風RA混合

● 計算公式

$V_{MA} = V_{OA} + V_{RA} + V_{RA2}$
$T_{MA} = (V_{OA} * T_{OA} + V_{RA} * T_{RA} + V_{RA2} * T_{RA2}) / (V_{OA} + V_{RA} + V_{RA2})$
$\omega_{MA} = (V_{OA} * \omega_{OA} + V_{RA} * \omega_{RA} + V_{RA2} * \omega_{RA2}) / (V_{OA} + V_{RA} + V_{RA2})$
$h_{MA} = (V_{OA} * h_{OA} + V_{RA} * h_{RA} + V_{RA2} * h_{RA2}) / (V_{OA} + V_{RA} + V_{RA2})$

B.8. 通風/排氣風量

● 本節介紹通風/排氣量需求：

(1) CNS 建築技術規則，ASHRAE 62.1-IAQ：CNS 規則及 ASHRAE 兩種規則大致相同，可供工程者設計參考。

(2) 工業安全-勞委會：設計趨向勞安的 Exhaust 系統。

● 工業通風的模式，OSHA將通風裝置分成5種

(1)	整體換氣	Dilution and Removal by General Exhaust
(2)	局部排氣	Local Exhaust
(3)	置換空氣	Makeup Air (or Replacement)
(4)	舒適考量	HVAC (Primarily for Vomfort)
(5)	循環系統	Recirculation Systems

B.8.1. ASHRAE 最小排氣率

● ASHRAE 62.1表 6-4 最小排氣率

Occuancy Category 居室分類	排氣率 cfm / unit	排氣率 cfm / ft²	註	排氣率 L / s-unit	排氣率 L / s-m²	空氣等級
競技場	---	0.50		---	---	1
藝術教室	---	0.70		---	3.50	2
汽車修理廠	---	1.50		---	7.50	2
理髮店	---	0.50		---	2.50	2
美容和美甲沙龍	---	0.60		---	3.00	2
隔間廁所	---	1.00		---	5.00	2
複印，印刷室	---	0.50		---	2.50	2
暗房	---	1.00		---	5.00	2
教育科學實驗室	---	1.00		---	5.00	2
清潔員衣櫃，垃圾房，回收	---	1.00		---	5.00	3
小廚房	---	0.30		---	1.50	2
廚房 - 商業	---	0.70		---	3.50	2
衣櫃室/更衣室	---	0.25		---	1.25	2
衣櫃室	---	0.50		---	2.50	2
噴漆房	---	---	F	---	---	4
停車庫	---	0.75	C	---	3.70	2
寵物店（動物區）	---	0.90		---	4.50	2
製冷機房	---	---	F	---	---	3
住宅廚房	50/100	---	G	25/50	---	2
污染的洗衣房	---	1.00	F	---	5.00	3
化學儲藏室	---	1.50	F	---	7.50	4
廁所 - 私人	25/50	---	E	12.5/25	---	2
廁所，公共	50/70	---	D	25/35	---	2
木製品店/教室	---	0.50		---	2.50	2

- 註：
  (1)：發動機運行的地方應有排氣系統，直接連接到發動機排氣口，防止煙霧逸出。
  (2)：當燃燒設備用於比賽場地時，應提供額外的稀釋通風和/或源控制。
  (3)：有兩個或多個排氣包括至少 50%向外開放的牆壁，則不需要排氣。
  (4)： Rate 是每個抽水馬桶和/或小便池。 在預計會出現大量使用期間的情況下提供較高的費率，例如劇院，學校和體育設施中的廁所。 較低的否則可以使用費率。
  (5)： 比率適用於一次由一個人佔用的衛生間。 對於在正常使用時間內連續系統操作，可以使用較低的速率。 除此以外使用更高的費率。
  (6)：參見其他適用的排氣標準。
  (7)：對於連續系統操作，可以使用較低的速率。 否則使用更高的費率。
- 補充說明：
  ASHRAE 62.1 表 6-4 最小排氣率比 CNS 建築技術規格所規定的風量小，因此這部分可參考建築技術規則-設備設置標準第 102 條規定。

B.8.2. 建築技術規則

- 舊版-建築技術規則-第五章、空氣調節及通風設備-第二節、機械通風系統及通風量。
  第 102 條、建築物供各種用途使用之空間，設置機械通風設備時，通風量不得小於下表規定：(換氣次數)

房間用途	樓地板面積每 m^2 所需通風量 (m^3 / hr)	
	m^3/hr-m^2	
臥室、起居室、私人辦公室等容納人數不多者。	8	8
辦公室、會客室	10	10
工友室、警衛室、收發室、詢問室。	12	12
會議室、候車室、候診室等容納人數較多者。	15	15
展覽陳列室、理髮美容院。	12	12
百貨商場、舞蹈、棋室、球戲等康樂活動室、灰塵較少之工作室、印刷工場、打包工場。	15	15
吸煙室、學校及其他指定人數使用之餐廳。	20	20
營業用餐廳、酒吧、咖啡館。	25	25
戲院、電影院、演藝場、集會堂之觀眾席。	75	75
廚房 營業用	60	60
廚房 非營業用	35	35
配膳室 營業用	25	25
配膳室 非營業用	15	15
衣帽間、更衣室、盥洗室、樓地板面積大於 15 平方公尺之發電或配電室	---	10
茶水間	---	15
住宅內浴室或廁所、照相暗室、電影放映機室	---	20
公共浴室或廁所，可能散發毒氣或可燃氣體之作業工場	---	30
蓄電池間	---	35
汽車庫	---	25

- 第101條、（通風系統）機械通風應依實際情況，採用的系統：
  (1) 機械送風及機械排風。
  (2) 機械送風及自然排風。
  (3) 自然送風及機械排風。

- 本節研究機電設計常見的系統有：停車場、廁所、廚房、發電機，...等。

B.8.2.1. CO的知識

- CO通常在燃燒不完全的情況下產生，常見的中毒情況為：
  (1) 不當使用瓦斯等加熱設備、
  (2) 不當使用汽柴油引擎或幫浦等機械設備、
  (3) 火災事故現場，......等。

- CO的氣體毒性很強，其本身一種無色、無味、無臭、無刺激性的氣體，現場人員常在不知不覺之間受害。CO分子量28g/mole比空氣重。
  一氧化碳中毒時可能有頭痛、反胃欲嘔等初期症狀，但急性的一氧化碳中毒並不會有感覺。

- CO濃度對健康影響

CO 濃度 [ppm]	對健康影響
數百 ppm	人體即可能昏迷
2,000	以上可能致死
5,000	可能在數分鐘內致死。

參考：「勞工作業環境空氣中有害物容許濃度標準」。

B.8.2.2. 停車場通風

- 依建築技術規則-設備設置標準第102條規定：停車場通風-須設通風量 25 cmh/m^2．一般設置會採用一進一出通風，置換通風方式換氣。設計模式：

機械排氣＋自然進風	用車道出入口當口，加上輔助誘導式風機協助氣流擾動。
機械排氣＋機械進風	(1) 設置機房+輔助誘導式風機協助氣流擾動 (2) 設置機房+設置進風/排氣風管 (送風風口位置在樑下，排氣風口位置離地板~300mm 高的隔柵式風口，效果好但成本較高)。

- 控制空氣品質及節能
  (1) 空氣品質可設計感測器量測 CO 濃度，適時調節停車空間的空氣品質，當空氣品質不好時，可以啟動排氣風機置換室內空氣品質。
  (2) 可設置變頻風機，平時維持低量運轉，或於車輛流動頻繁時啟動排氣風機，增加換器次數，控制室內環境溫度值。
  (3) 可以設置時間監控器，當上下班時加強排氣量達到節能效果。
  (4) 經濟部能源委員會：密閉停車場排氣風機的送風量大於 14,000 L/s (840 cmm) 時，需設置 CO 測濃度值，設置符合離峰控制功能之控制器，當停車場使用率有變化時，進行風扇起停控制或通風量調整之控制器。

● 停車場常用的誘導式風機 (取材：陽鼎 THE FLOWTECH GROUP)

配件型式	出口面積	出口平均風速	出口風量	聲功率	噪音	吹達距離	吹達風速
	m²	m/sec	CMH	dBA	dBA	m	m/s
長噴嘴	0.01508	16.7	952	74	63	27.80	0.5
						13.54	1
碗形噴嘴	0.01325	17.4	741	73.8	63	25.24	0.5
						12.62	1
格柵	0.04390	8.12	1,284	71	60	21.44	0.5
						10.72	1

聲功率依據 AMCA 300 測試；噪音為距風機出口 1m 處測得。風量測試為不安裝入口防蟲網。
規格尺寸皆為單相馬達，電壓 110V 或 220V。可選用外轉子馬達，單相或三相電壓。
裝配單相馬達，風機總高度則為 145±5mm。裝配三相馬達，風機總高度則為 15±5mm。

● 圖示

長噴嘴	碗形噴嘴	格柵
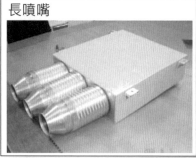		

B.8.2.3. 例題-停車場通風設計

● [Ex-1] 地下停車場空間約~3,000m2，停車位置LB1、LB2 and LB3，詳平面圖
[Ans]

(1) LB1	進風採出入車道進風，氣流路徑上用誘導式風機，終端排氣用輔助風機經排氣管道排氣。
(2) LB2	進風採風機經管道間吸入外氣，氣流路徑上用誘導式風機，終端排氣用輔助風機經排氣管道排氣。
(3) LB3	進風採風機經管道間吸入外氣，氣流路徑上用誘導式風機，終端排氣用輔助風機經排氣管道排氣。

(4) 計算說明

● 通風量需求計算：

Description		通風面積	法規通風量	法規 102 條	設計通風風量	
			25	需求風量	排風 (Exh)	進風 (OA)
Project	Floor	m²	cmh/m²	cmh	cmh/Fan	cmh/Fan
A	LB1	3,000	25	75,000	75,000	75,000
A	LB2	3,000	25	75,000	75,000	75,000
A	LB3	3,000	25	75,000	75,000	75,000

● 通風管道間計算

Description	外氣(OA)-進/排風 Louver				機械進風管道		
	維持 4m/s 以下				維持 10m/s 以下		
	寬 (W)	深 (D)	防颱百葉	百葉風速	寬 (W)	深 (D)	管道風速
Floor	mm		效率：η	m/s	mm		m/s
LB1 進風	車道入口進風						
LB2 進風					5,000	700	**11.90**
LB3 進風					5,000	700	**5.95**
LB2+LB3 進風	5,000	4,000	0.40	**5.21**			
LB1 排氣					5,000	1,100	**11.36**
LB2 排氣					5,000	1,100	**7.58**
LB3 排氣					5,000	1,100	**3.79**
LB1+LB2+LB3 排氣	5,000	6,000	0.40	**5.21**			

● 平面機房計算：

Description	各樓機房-機房進風(或排氣)百業				
	維持 6m/s 以下				
	寬 (W)	深 (D)	風量風速	一般百葉	百葉風速
Floor	mm		m/s	效率：η	m/s
LB1 進風機房					
LB2 進風機房	3,000	2,000	**3.47**	0.70	**4.96**
LB3 進風機房	3,000	2,000	**3.47**	0.70	**4.96**
LB1 排氣機房	3,000	2,000	**3.47**	0.70	**4.96**
LB2 排氣機房	3,000	2,000	**3.47**	0.70	**4.96**
LB3 排氣機房	3,000	2,000	**3.47**	0.70	**4.96**

● 圖示：

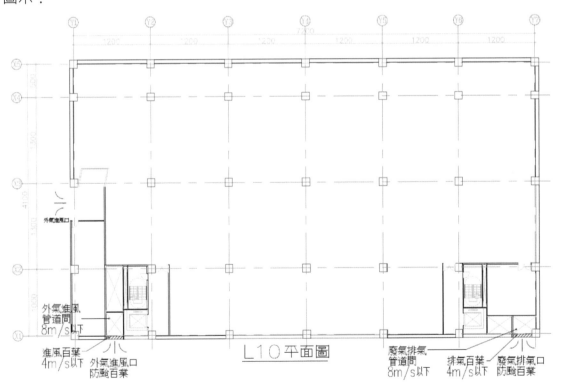

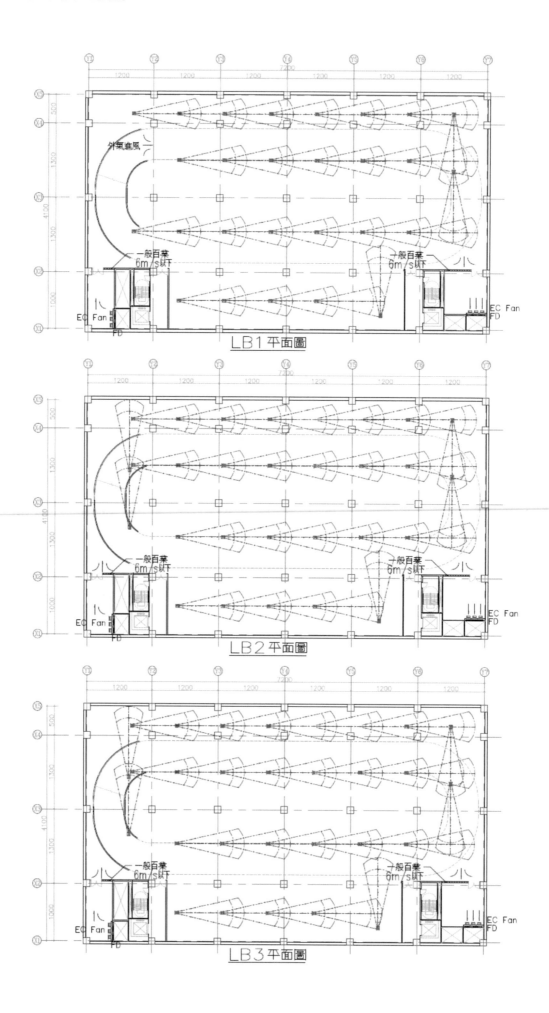

LB1平面圖

LB2平面圖

LB3平面圖

B.8.2.4. 廁所通風

● 廁所於建築技術法規102條：須設通風量 20(住宅) ~30(公共) cmh/m²。
針對不同的建物設計上有所不同：例如，一建物設計系統的廁所排氣

說明		通風面積	法規通風量	法規風量計算		機械風機設計風量		
樓層	用途					機械排風		
		m²	cmh/m²	cmm	cmh	cmh/Fan	Pcs	cmh
L 10	Men	50	30	21	1,500	6,000	2	12,000
L 10	Women	50	30	21	1,500			
L 20	Men	80	30	33	2,400			
L 20	Women	80	30	33	2,400			
L 30	Men	30	30	13	900			
L 30	Women	30	30	13	900			
				Sum：	9,600	6,000	2	12,000

註：
(1) 設置 2 台排氣風機，平時運轉可以 1 備 1 用。
(2) 排氣管進入管道間時必須設置防火風門。
(3) 依 LEED 要求，因為廁所清洗需用到鹽酸類的清洗劑，所以會將排氣系統排放到酸排廢氣去進行處理，但一般住商的建物並不是工廠有製程上的需求，沒有設置廢氣處理設備，所以一般設計是排放到室外，而不影響室內空氣的品質。

B.8.2.5. 廚房通風

● 廚房於建築技術法規102條：須設通風的風量35 (非營業) ~ 60 (營業) cmh/m²。

● 營業廚房系統是種非常專業的工作(大型營業廚房，建議請專業廚房廠商協助設計)，考慮的項目有：
(1) 廚具設備的排氣量：主風管的風速、Hood 的建議風速，......等。
(2) 排放的空氣品質臭味、熱氣、油脂 (油脂處理方式：靜電分離或水洗滌去除油煙，再排放到室外)。
(3) 廚房內的正壓或負壓 (依廚房作業流程需求調整)、與餐廳相接的廚房需考慮系統風量平衡及氣流走向 (避免廚房的油煙傳播到用餐區)，....等。
(4) 系統示意圖-取材：www.energydesignresources.com.

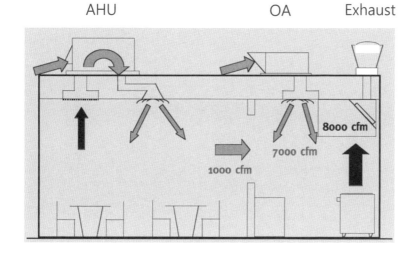

● 系統廚房進/排氣設計 (取材：GreenHeck)

(1) 風管風速

Type	Supply (m/s)	Extract (m/s)
Main runs	6 ~ 8	6 ~ 9
Branch runs	4 ~ 6	5 ~ 7
Spigots	3 ~ 6	5 ~ 7

(2) 排氣罩的風速

Canopy type	Light m^3/s	Medium m^3/s	Heavy m^3/s	Extra-Heavy m^3/s
Wall mounted	0.23 ~ 0.31	0.31 ~ 0.46	0.31 ~ 0.62	> 0.54
Single Island	0.39 ~ 0.46	0.46 ~ 0.62	0.46 ~ 0.93	> 0.85
Double Island	0.23 ~ 0.31	0.31 ~ 0.46	0.39 ~ 0.62	> 0.77
Eyebrow	0.23 ~ 0.39	0.23 ~ 0.39	---------	---------
Passover /Backs helf	0.15 ~ 0.31	0.31 ~ 0.46	0.46 ~ 0.62	不建議

(3) 維護保養

Heavy Use	12-16 Hours Per Day	3 Monthly
Moderate Use	6-12 Hours Per Day	6 Monthly
Light Use	2-6 Hours Per Day	Annually

● 職業安全衛生設施規則 – 第322條：雇主對於廚房及餐廳，應依下列規定辦理：

(1)	餐廳、廚房應隔離，並有充分之採光、照明，且易於清掃之構造。
(2)	餐廳面積，應以同時進餐之人數每人 $1m^2$ 以上為原則。
(3)	餐廳應設有供勞工使用之餐桌、座椅及其他設備。
(4)	應保持清潔，門窗應裝紗網，並採用以三槽式洗滌暨餐具消毒設備及保存設備為原則。
(5)	通風窗之面積不得少於總面積 12%。
(6)	應設穩妥有蓋之垃圾容器及適當排水設備。
(7)	應設有防止蒼蠅等害蟲、鼠類及家禽等侵入之設備。
(8)	廚房之地板應採用不滲透性材料，且為易於排水及清洗之構造。
(9)	污水及廢物應置於廚房外並妥予處理。
(10)	廚房應設機械排氣裝置以排除煙氣及熱。

B.8.3. 工業安全

● 本節說明是以工業上對勞工安全所需要的通風。本節介紹相關的規則，供設計者參考通風需求。

B.8.3.1. 職業安全衛生設施規則

● 法規名稱：職業安全衛生設施規則。修正日期：民國 109 年 03 月 02 日。

● 第19-1條：
局限空間，指非供勞工在其內部從事經常性作業，勞工進出方法受限制，且無法以自然通風來維持充分、清淨空氣之空間。

● 第310條：
雇主對坑內或儲槽內部作業，應設置適當之機械通風設備。但坑內作業場所以自然換氣能充分供應必要之空氣量者，不在此限。

● 第311條：
(1) 雇主對於勞工經常作業之室內作業場所，其窗戶及其他開口部分等可直接與大氣相通之開口部分面積，應為地板面積之 1/20 以上。但設置具有充分換氣能力之機械通風設備者，不在此限。
(2) 雇主對於前項室內作業場所之氣溫在 10℃以下換氣時，不得使勞工暴露於 1m/s 以上之氣流中。

B.8.3.2. 通風系統設計

● 作業環境中的有害物或危險物的濃度，設計上控制環境空氣在勞工作業時安全無虞。
(1) 整體換氣 Displacement Ventilation、
(2) 局部排氣 Local Exhaust。

● 職業安全衛生設施規則-第312條：依容積計算新鮮空氣需求
雇主對於勞工工作場所應使空氣充分流通，必要時應依下列規定以機械通風設備換氣：
(1) 應足以調節新鮮空氣、溫度及降低有害物濃度。
(2) 其換氣標準如下

工作場所	每一勞工所需
每一勞工所佔 m³	新鮮空氣之 cmm
未滿 5.7	0.6 以上
5.7 ~ 14.2	0.4 以上
14.2 ~ 28.3	0.3 以上
28.3 以上	0.14 以上

● 有機溶劑中毒預防規則-第15條第2項

溶劑種類	整體換氣裝置之換氣量 cmm
第一種溶劑	每分鐘換氣量 [cmm] = 作業 1hr 有機溶劑或其混存物之消費量 [g/hr] x 0.3
第二種溶劑	每分鐘換氣量 [cmm] = 作業 1hr 有機溶劑或其混存物之消費量 [g/hr] x 0.04
第三種溶劑	每分鐘換氣量 [cmm] = 作業 1hr 有機溶劑或其混存物之消費量 [g/hr] x 0.01

Chapter C
空調階段設備
HVAC Stage Equipments

Chapter C. 空調階段設備 HVAC Stage Equipments

● 本節主要介紹：乾盤管（電子廠常用的系統）、FCU、VAV、電氣室、CIM，.......等。

C.1. 乾盤管

● 乾盤管 DCC (Dry Cooling Coil)：常應用於無塵室內循環風系統的一個重要因子，功能為去除顯熱 (Sensible heat)，沒有去除潛熱 (Latent heat)的功能，所以不會有冷凝水。因為沒有冷凝水，所以不需要集水盤 (集水盤亦可配合需求設計)。因為沒有冷凝水，所以可以水平或垂直方式安裝 (若有冷凝水則不適合水平安裝)。

● DCC的設計方法，會配合FFU的系統進行相關規劃，所以DCC的冷卻能力、風量與壓損必須考慮，最後要考慮包裝與運輸的許可尺寸。

DCC 圖面/照片 (取材：鎰鎧)

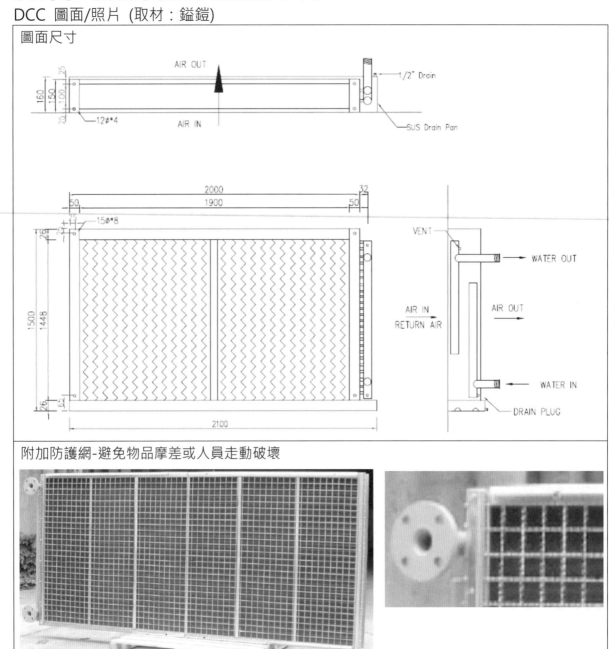

C.1.1. 設計流程

● DCC設計流程與基準參數

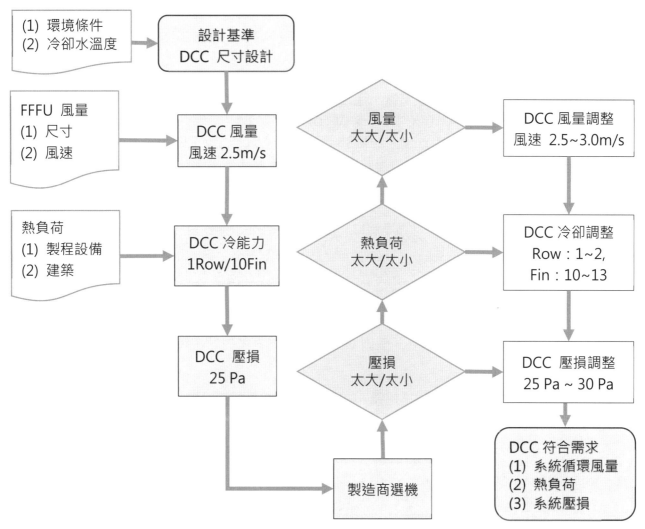

C.1.2. 乾盤管尺寸

● 乾盤管的製造、測試的方法與MAU/AHU的製造方法、測試方法與標準相同。
● 外框太高、太寬時盤管結構要補強。
  寬度補強材料：寬度3m以上時，補一支C型鋼 3m x 1.6 / 2.0 mmt。
  高度補強材料如下表：

1 m (H) 以下	120 * 1.6 / 2.0 mmt.
1 ~ 1.5 m (H)	150 * 1.6 / 2.0 mmt.
1.5 ~ 2　m (H) 以下	180 * 1.6 / 2.0 mmt.
2 m (H) 以上	200 * 1.6 / 2.0 mmt.

● 乾盤管 DCC 運輸時的尺寸限制：Max. 5,000 (L) * 2,400 (H) mm

長度限制	因為運輸關係，無法太高.車輛的寬度及板車長度限制.
	因為包裝關係，中間的銅管無法支撐力量.
寬度限制	因為運輸關係，無法太寬.

C.1.3. 冷卻能力

● 乾盤管 (DCC：Dry Cooling Coil)設計基礎是去除室內環境的顯熱，因此不會有冷凝水產生。因此要考慮環境空氣條件與冷卻水的問題-防止冷凝。
  同理，冷卻冰水盤管設計也是相同 (包含顯熱+潛熱)，區別是冷卻能力大、壓損大、有冷凝水產生。

● 設計每個乾盤管循環風量風量、溫度差，即可求出盤管能力：
  顯熱公式： $Q_{S-kW} = m * C * \Delta T = (V * \rho) * C * \Delta T$
  $Q_{S-kW} = 1.2 \text{ (kg/m}^3)* V \text{ (cms)} * 1.0035 \text{ (kJ/kg-}°C) * \Delta T (°C) = 1.2* V \text{ (cms)} * \Delta T (°C)$
  1st 定義表面風速 = 2.5 m/s。可以求得循環風量。
  2nd 定義循環風的溫度差 = 2 ℃。可以求得盤管能力。
  公式符號/單位說明：

表面風速	DCC 外框		循環風量	風溫	風溫	風溫差	盤管能力
	L	H	$V_{(cmh)}$	In	Out	ΔT	Q_{s-kW}
m / s	mm	mm	CMH	℃	℃	K	kW/unit
2.5	1,200	1,200	9,900	23.0	21.0	2.0	6.6
2.5	1,900	1,500	21,420	23.0	21.0	2.0	14.3

計算 DCC 盤管能力，此尺寸是指盤管的淨面積，不包含外框的尺寸。

C.1.4. 循環風量

● 循環風量：環境所需求的循環風，來自FFU或空調箱的風量。
  [例如：空調箱] 空調箱循環風 60,000 cmh，DCC計算需要 6.06片，則需設計 7片。
  [例如：FFU] FFU 的總風量 = FFU單體的風量 x FFU數量。

FFU 寬	FFU 長	FFU 風速	FFU 循環風量		
		0.40	風量	數量	Total
mm	mm	m/s	cmh/pcs	Pcs	CMH
600	1,200	0.40	985	60	59,098

當設計完成 DCC 後，必須確認總循環風量、總熱負荷能力是否足夠。下一步是確認 DCC 的壓損是否 FFU 設計的靜壓範圍內。

C.1.5. 壓損

● DCC 風壓損經驗值

Row/Fin	1R/10F	2R/10F	3R/10F
V [m/s]	2.5	2.5	2.5
dP [Pa]	15~25	25~40	35~60

DCC 設計注意事項：

(1) 表面風速越快壓損會增加。風速越大理論上冷卻能力會增加，但機械的效率致使風速超過一定值後，風速再加快也不能增加冷卻能力。

(2) Fin 片數增加冷卻能力會增加，Fin 數增加時風壓損也增加。(例如) 13 Fin > 12 Fin。

(3) 銅管尺寸也會影響能力，(例如) 冷卻能力 3/4"> 1/2"。壓損 3/4" > 1/2"。

(4)共同管尺寸也會影響少許冷卻能力，(例如)冷卻能力 DN32mm > DN25mm。

(5) 現代設計大多用 1R，很少 2R-除非有特殊需求 ，3R 已經不再遇見。

C.1.6. 盤管選機

● Type-1

盤管結構 Coil construction　　　　　　交貨數量 Quantity Order ：DCC-LB1-05*2

盤管型式 Type of coil　　　　　　　　： *DRY COOLING COIL*
鰭片高度 * 長度 Fin height * Fin length　： 2362 mm 〉 3150 mm　　Net Weight：184 Kg
排數 * 鰭片數 Row * Fin per inch　　　： 1 R x 13 FPI　　　Gross Weight
管外徑 * 厚度 Tube OD * Thickness　　： 5/8 " x 0.41 mm　　(with water)：227 Kg
鰭片厚度 * 材質 Fin thickness * Material： 0.2 mm Corrugated Aluminum Fins
鰭片表面積 Face area　　　　　　　： 7.44 square meter

空氣側性能 Air side performance　　　　*液體側性能 Liquid side performance*

風量 Air flow　　　　　　　　　　： 66623 CMH　入水溫度 Entering Water Temperature ： 14.0 ℃
入風乾球溫度 Entering Air dry bulb　： 23.00 ℃db　出水溫度 Leaving Water Temperature ： 20.0 ℃
入風濕球溫度 Entering Air Wet bulb　： 17.00 ℃wb　迴路數 No of circuits　　　　： 9.0 Pass
離風乾球溫度 Leaving Air dry bulb　 ： 20.96 ℃db　水量 Water flow rate　　　　： 1.82 LPS
離風濕球溫度 Leaving Air Wet bulb　： 16.27 ℃wb　水壓損 Water pressure drop　　： 33.1 kPa
表面風速 Face velocity　　　　　： 2.49 M/S　　水流速 Water velocity　　　　： 1.09 M/S
風壓損 Air side pressure drop　　： 24.4 Pa　　　出入管徑 Pipe connection　　　： 50 A

總能力 Total capacity　　*13.0 RT*　： 45.6 kW　　*熱傳面積 Ht Trans A.* ： *208 M²*
　　　　　　　　　　　　　　： 39209 Kcal / hr
　　　　　　　　　　　　　　： 155580 Btu / hr

Rated in accordance to ARI Standard 410

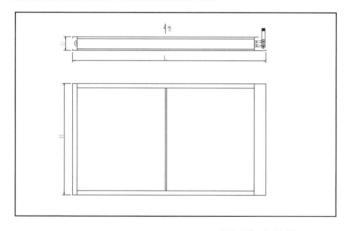

DWG：RIGHT HAND CONNECTION 圖示為右接管
外框材質 Frame：SPG-C*1.6 mml　　　　鰭片 Fin：波浪型藍波鋁片*0.2mml
集流管 Header ：SGP- B 級-NPT　　　　　管 Pipe ：為無縫紫銅平滑管 Seamless Cogger Tube
　　　　　　　　　　　　　　　　　　備註 Remarks：

外型尺寸	Length 長	Deep 深	High 高
單位/mm	33500	200	2450

Technical data is given gratis and seller assumes
no obligation or liability for results obtained.

● **Type-2**

1.	空氣側進口	
	空氣進口風量(CMM)	1,314
	盤管面速(m/s)	2.47
	進口乾球溫度(°C)	23.00
	進口相對濕度	0.6
2.	空氣側出口	
	出口乾球溫度(°C)	21.04
	出口濕球溫度(°C)	17.06
	出口相對濕度	0.676
	總熱傳量(W)	51,416.62 (SH =51,416.62 W)
	總熱傳量(kCal/hr)	44,218.30
	空氣側壓降(Pa)	17.36
3.	冷媒側進口	
	冷媒種類	water
	進口冷媒溫度(°C)	14.00
	質量流率(LPM)	121.000
	流速(m/s)	1.133
4.	冷媒側出口	
	冷媒出口溫度(°C)	20.09
	冷媒側壓降(kPa)	29.04
5.	盤管規格	

1R-12F-50T-9C-4650L-1905H

註： 1. 本軟體之實驗數據是根據能資所熱交換器實驗室性能測試而得(部份資料則是由實驗數據求出之性能曲線,以內插或外插法求得)
2. 實驗規範係依據 ASHRAE Standard 41.1~41.3 的溫度、壓力及風量量測和 ASHRAE Standard 33-78 所列之量測方法

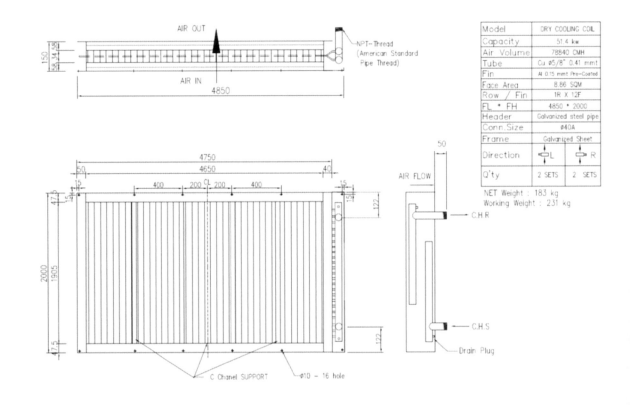

C.2. 小型送風機 FCU

● FCU 實際使用因為不占空間、施工容易、費用低,所以深受業主青睞。但因為舒適度、保養與維修困難,使後續的空氣品質難以控制。

● 實務上FCU的設計雖然簡單,但內外周區環境的不同,大辦公室回風的短循環造成溫度傳訊器的失真(舒適度),因此調適上需要較多時間與專業。

● 小型送風機FCU分類:

安裝方式	(1) 吊掛-隱藏式 (2) 吊掛-露明式 (3) 落地。
機外靜壓	(1) 高靜壓 (2) 低靜壓。
供風型態	(1) 冷氣 (2) 暖氣。
收集水盤	(1) 有標準與加長型。(2) 水盤材質有鍍鋅與不銹鋼。
附屬設備	集風箱、回風箱與箱體保溫。
控制方式	單獨的溫控器(三速開關)或與網路銜接集中/分散式管理控制。

C.2.1. FCU 設備規格

● 市場銷售的FCU因製造商不同略有差異,詳細規格請供應商提供。以下介紹不同供應商提供資料,包含英制與公制單位。

C.2.1.1. FCU 的送風溫度

● (1) 冰水系統:冰水CHS 7°C時,空氣側 SA 15~16°C,RA 28°C。
FCU 要滿足這些條件才可以用400CFM/1RT去計算:400CFM/1RT 那是指進出水溫為 7~12°C,這樣盤管可以提供 10.5°C的露點溫度,可以使標準室內空氣條件 (24°C 50%RH) 冷卻至送風條件 12°C / 90%RH。冰水因為低溫黏滯性的問題,所以冰水溫度最低不會低於 5.2°C。

● (2) 冷媒系統
冷媒在條件符合時,蒸發器的溫度 可以在 3~5°C,送風溫度 7~8°C。
日立設計,試驗室條件入氣 27°C時出風口大概是在 12~13°C之間, 所以溫度差並沒有太大異常。

C.2.1.2. 外型圖

● 斷面圖

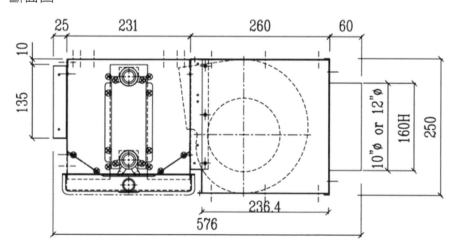

● 小型送風機的外型尺寸：各製造商規格略有不同，但尺寸略同。

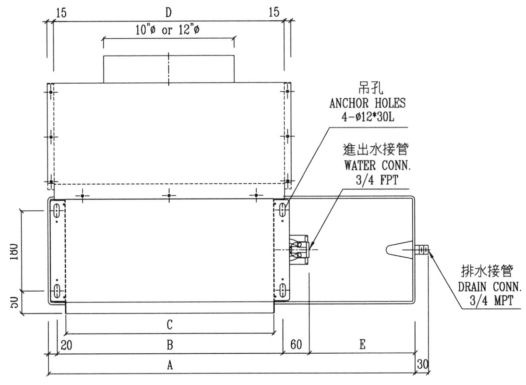

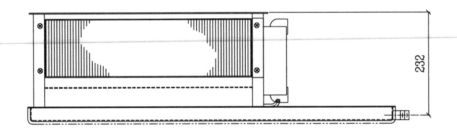

● 配管尺寸

型號	尺寸					數量			回風	
	A	B	C	D	E	風機	馬達	盤管	Φ10"	Φ12"
FCU-300	840	520	480	530	240	1	1	3R8F	1	1
FCU-400	1,040	710	670	720	250	1	1	3R8F	1	1
FCU-500	1,040	770	730	780	190	2	1	3R8F	1	1
FCU-600	1,270	910	870	920	280	2	1	3R8F	2	1
FCU-800	1,490	1,140	1,100	1,150	270	2	1	3R8F	2	2
FCU-1,000	1,700	1,360	1,320	1,370	260	3	2	3R8F	3	2
FCU-1,200	1,890	1,570	1,530	1,580	240	4	2	3R8F	3	2
FCU-1,400	2,090	1,760	1,720	1,770	250	4	2	3R8F	3	3
FCU-1,600	2,090	1,760	1,720	1,770	250	4	2	4R8F	4	3

FCU-300 ~ FCU-1,400 進出冰水管 3/4" FPT。
FCU-1,600 進出冰水管 1" FPT。

C.2.1.3. 型錄-力菱

- FCU 性能規格，各製造商的型錄冷房與暖房的能力類同，各有特殊規格。以下選各製造商型錄供設計者考。
- 力菱產品

FCU-型號(風量)		CFM	300	400	500	600	800	1,000	1,200	1,400	1,600
盤管能力	冷房能力	kCal/hr	2,500	3,450	4,500	5,350	7,150	8,400	9,350	11,300	12,800
		kW	2.9	4.0	5.2	6.2	8.3	9.8	10.9	13.1	14.9
	暖房能力	kW	4.9	6.9	8.3	9.8	12.8	15.4	17.3	20.9	23.8
電源	60Hz 單相		60Hz 1 Phase 110V， 60Hz 1 Phase 220V								
風機	風量	m³/hr	525	690	880	1,050	1,380	1,750	2,060	2,450	2,800
	型式		離心式雙吸								
	數量	pcs	1		2			3		4	
電動機	型式		E 級絕緣電容啟動								
	數量		1					2			
	控制開關		三速開關 (高、中、低速)								
標準型	機外靜壓	mmAq	2								
	運轉電流	A (110V)	0.42	0.52	0.56	0.62	0.79	1.2	1.25	1.58	3.8
		A (220V)	0.21	0.26	0.28	0.31	0.39	0.6	0.62	0.76	1.9
	消耗電力	W	45	55	60	67	83	128	134	166	410
高靜壓	機外靜壓	mmAq	4								
	運轉電流	A (110V)	0.62	0.82	0.88	0.96	1.34	1.67	1.92	2.58	4.18
		A (220V)	0.31	0.41	0.44	0.48	0.67	0.83	0.96	1.28	2.09
	消耗電力	W	65	85	92	100	140	175	200	270	450
盤管	型式		銅管多縫鋁質鰭片								
	水流量	LPM	8.5	11.5	15	17.8	23.8	28	31.2	37.6	42.6
		cmh	0.51	0.69	0.90	1.07	1.43	1.68	1.87	2.26	2.56
	水頭損失	mAq	0.9	1.5	2.4	3.1	5	2.6	3.1	3.9	5.5
裝箱尺寸	207H x 500W x L (mm)		925	1,125	1,125	1,355	1,570	1,785	1,975	2,175	
產品淨重		kg	19	22	24	26	31	38	44	50	55

- 註：
  (1) 冷房能力：進風溫度 27°C DB / 19.5°C WB；冰水進水溫度 7°C，出水溫度 12°C。
  (2) 暖房能力：進風溫度 21°C DB；熱水進水溫度 60°C 時測得。
  (3) 性能資料，詳細規格請詢問供應商。

C.2.1.4. 型錄-揚帆冷氣

● 冰水式送風機標準規範

型號：YFCR		單位	300 S 300 H	400 S 400 F	500 S 500 F	600 S 600 H	800 S 800 H	1000 S 1000 F	1200 S 1200 H	1400 S 1400 H	1600 S 1600 H
冷房能力		kCal/hr	2,550	3,450	4,500	5,350	7,150	8,400	9,350	11,300	13,800
軟防能力		kCal/hr	4,200	5,900	7,100	8,460	11,040	13,200	14,900	18,000	21,900
風量	高速	m³/hr	525	690	880	1,050	1,380	1,750	2,040	2,450	2,760
風扇	型式		前曲葉片離心雙吸口式								
	數量	pcs	1	1	2	2	2	3	4	4	4
馬達	電源		1 Ph - 220V - 50Hz								
	型式		E 級絕緣電容器啟動式三速馬達								
	數量	pcs	1	1	1	1	1	2	2	2	2
標準型	機外靜壓	mmAq	2	2	2	2	2	2	2	2	2
	輸入功率	W	45	55	60	67	83	128	134	166	166
	運轉電流	A	0.21	0.26	0.27	0.30	0.40	0.60	0.63	0.79	0.79
高靜壓	機外靜壓	mmAq	4	4	4	4	4	4	4	4	4
	輸入功率	W	65	85	92	100	140	185	200	270	360
	運轉電流	A	0.31	0.41	0.44	0.48	0.67	0.84	0.96	1.29	1.64
盤管	型式		鋁質多縫鰭片，經機械脹管與紫銅管緊密結合								
	操作壓力	kg/cm²	17.5	17.5	17.5	17.5	17.5	17.5	17.5	17.5	17.5
	水流量	l/min	8.5	11.5	15.0	17.8	23.8	28.0	31.2	37.6	50.1
	水壓降	mAq	0.9	1.5	2.4	3.1	5.0	2.6	3.1	3.9	5.2
	進出水管徑	mm	20	20	20	20	20	20	20	20	25

冷房：進風乾球溫度 27℃，濕球溫度 19.5℃。冰水進水溫度 7℃，出水溫度升高 5℃
暖房:進風乾球溫度 21℃，熱水進水溫度 60℃

● 直膨式送風機標準規範

型號：YFCR-X		單位	300 S 300 H	400 S 400 F	500 S 500 F	600 S 600 H	800 S 800 H	1000 S 1000 F	1200 S 1200 H	1400 S 1400 H	1600 S 1600 H
冷房能力		kCal/hr	2,550	3,450	4,500	5,350	7,150	8,400	9,350	11,300	13,800
風量	高速	m³/hr	525	690	880	1,050	1,380	1,750	2,040	2,450	2,760
風扇	型式		前曲葉片離心雙吸口式								
	數量	pcs	1	1	2	2	2	3	4	4	4
馬達	電源		1 Ph - 220V - 50Hz								
	型式		E 級絕緣電容器啟動式三速馬達								
	數量	pcs	1	1	1	1	1	2	2	2	2
標準	機外靜壓	mmAq	2	2	2	2	2	2	2	2	2
	輸入功率	W	45	55	60	67	83	128	134	166	166
	運轉電流	A	0.21	0.26	0.27	0.30	0.40	0.60	0.63	0.79	0.79
高靜壓	機外靜壓	mmAq	4	4	4	4	4	4	4	4	4
	輸入功率	W	65	85	92	100	140	185	200	270	360
	運轉電流	A	0.31	0.41	0.44	0.48	0.67	0.84	0.96	1.29	1.64
盤管	型式		鋁質多縫鰭片，經機械脹管與紫銅管緊密結合，直接膨脹式								
	操作壓力	kg/cm²	20.0								
	冷媒		R-410A								
	冷媒管管徑	inch	1/4"	1/4"	1/4"	1/4"	1/4"	3/8"	3/8"	1/2"	1/2"
	回流管管徑	inch	3/8"	1/2"	1/2"	1/2"	5/8"	5/8"	5/8"	3/4"	3/4"

冷房：進風乾球溫度 27℃，濕球溫度 19.5℃。

冷媒蒸發溫度 7℃。

C.2.1.5. 型錄-詮恩

● 本節介紹TRANE的FCU (取材：HFCA-CC-201512)
● 噪音值

機型		八音頻率								
CFM		63	125	250	500	1000	2000	4000	8000	dBA
N 標準 馬達	300	35	48	46	47	44	42	35	31	48
	400	36	49	47	48	45	43	35	32	51
	600	39	52	47	48	46	44	37	32	49
	800	41	54	52	53	50	49	39	38	50
	1,000	39	52	51	52	49	46	41	35	51
	1,200	44	56	52	53	51	47	41	36	51
	1,400	46	57	53	55	52	49	42	37	52
H 高靜壓 馬達	300	39	54	52	53	49	48	37	36	50
	400	39	52	48	50	49	47	39	36	53
	600	41	55	51	54	51	50	43	38	51
	800	44	59	58	59	58	55	44	41	50
	1,000	42	56	56	58	54	52	47	42	53
	1,200	48	61	57	59	57	55	47	40	53
	1,400	49	63	58	60	57	56	48	41	54

註：(1) 以上數值參考 CNS 3615 條件量測
　　(2) 2. 靜壓基準: N-3mmAq、H-5mmAq，各機型設定於高速檔轉速。

● 各機型所採用的電熱kW規格

機型		電熱器						
CFM		1 kW	1.5 kW	2 kW	2.5 kW	3 kW	3.5 kW	4 kW
300	110 V							
	220 V							
400	110 V							
	220 V							
600	110 V	110 V	110 V					
	220 V	220 V	220 V					
800	110 V	110 V	110 V					
	220 V	220 V	220 V	220 V	220 V			
1,000	110 V	110 V	110 V					
	220 V	220 V	220 V	220 V	220 V	220 V		
1,200	110 V	110 V	110 V					
	220 V	220 V	220 V	220 V	220 V	220 V	220 V	
1,400	110 V	110 V	110 V					
	220 V	220 V	220 V	220 V	220 V	220 V	220 V	

● FCU 性能規格

項目		機型 [cfm]						
		300	400	600	800	1,000	1,200	1,400
盤管	型式	銅管鋁鰭片						
	表面積 FT^2	1.01	1.40	1.85	2.47	2.84	3.39	3.57
	能量總熱 H	10.5	17.3	21.6	28.7	32.3	39.5	46.7
	MBH N	9.7	16.0	20.0	26.6	30.0	36.5	43.1
	水量 H	2.3	3.9	4.6	5.5	7.4	7.7	9.1
	GPM N	2.2	3.6	4.6	5.1	6.9	7.2	8.5
	水壓降 H	2.5	10.2	15.4	24.0	6.9	12.8	14.8
	FT N	2.2	8.5	14.0	21.0	7.5	11.8	13.6
	工作壓力 PSI	250						
	排氣閥 inch	管牙 1/8						
風車	型式	前曲多翼離新雙吸口式						
	風車數量	1	1	2	2	3	4	4
	風量 Ncfm	300	400	600	800	1,000	1,200	1,400
	馬達靜壓 H	5/16"						
	N	5/32"						
馬達	型式	B 級絕緣電容器啟動式三速馬達						
	馬達數量	1	1	1	1	2	2	2
	電壓頻率	單相 / 220V / 60Hz						
	馬達功率 (Watts) / 額定電流 (A) — H-高速	74/0.38	86/0.40	114/0.58	176/0.80	196/0.97	207/1.07	345/1.57
	H-中速	70/0.33	81/0.36	110/0.54	135/0.61	191/0.88	204/0.98	260/1.21
	H-低速	64/0.31	75/0.33	104/0.50	104/0.48	180/0.82	194/0.92	201/0.94
	N-高速	50.2/0.22	51.4/0.23	78.4/0.37	105.7/0.48	143.9/0.67	152.3/0.71	202.0/0.92
	N-中速	47.0/0.21	48.6/0.22	72.5/0.33	94.1/0.43	136.1/0.62	141.7/0.65	188.0/0.85
	N-低速	44.0/0.20	44.2/0.20	62.8/0.28	80.5/0.37	123.7/0.56	123.7/0.56	168.0/0.75
配管	冷熱水出入口 inch	3/4"						
	排水 inch	3/4"						

(1) 冷房能力：冰水進水溫度 44°F，溫升 9°F；進風溫度 78.8°FDB / 67.1°FWB；機外靜壓零為準。

(2) 風量為機外靜壓為零時知測試值。

(3) H-高靜壓馬達；N-標準馬達。

● 吊掛隱蔽式：Model HFCA-N 外型尺寸

機型	外型尺寸 (mm)				數量 (個)		運轉重量 kg	
CFM	A 標準水盤	A1 長水盤	B 機體	C 出風口	風車	馬達	A~F 有回風箱	N 無回風箱
300	784	964	530	480	1	1	23	20
400	964	1,164	710	660	1	1	28	23
600	1,164	1,349	915	865	2	1	34	29
800	1,454	1,624	1,200	1,150	2	1	43	34
1,000	1,624	1,824	1,370	1,320	3	2	51	46
1,200	1,874	2,074	1,620	1,570	4	2	58	50
1,400	1,954	2,154	1,700	1,650	4	2	62	53

● 吊掛隱蔽式-圖示

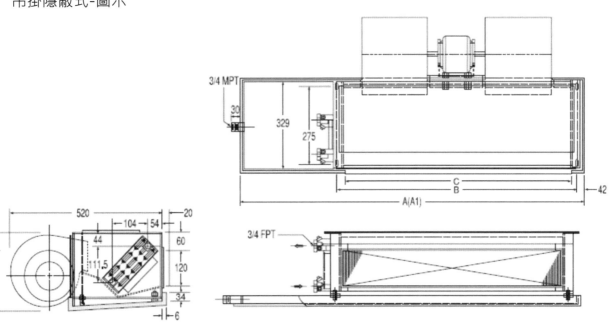

● 吊掛隱蔽式-附回風箱-圖示

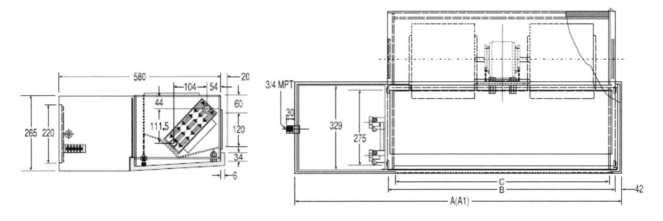

● 吊掛露明式：Model HFWA 外型尺寸

機型	外型尺寸 [mm]										數量 [個]		運轉重量 [kg]	
CFM	A	A1	B	B1	C	D	E	E1	F	F1	風車	馬達	標準長度	長水盤
300	886	1,127	844	1,085	530	480	127	225	204	446	1	1	34	44
400	1,127	1,248	1,085	1,206	710	660	189	165	266	387	1	1	40	52
600	1,248	1,488	1,206	1,446	915	865	104	200	182	422	2	1	48	55
800	1,610	1,730	1,568	1,688	1,200	1,150	181	157	259	379	2	1	57	69
1,000	1,730	1,972	1,686	1,930	1,370	1,320	131	229	209	451	3	2	65	77
1,200	1,972	2,212	1,930	2,170	1,620	1,570	123	219	201	441	4	2	73	86
1,400	2,092	2,332	2,050	2,290	1,700	1,650	188	259	241	481	4	2	81	88

● 圖示

吊掛露明式
標準水盤

吊掛露明式
標準水盤

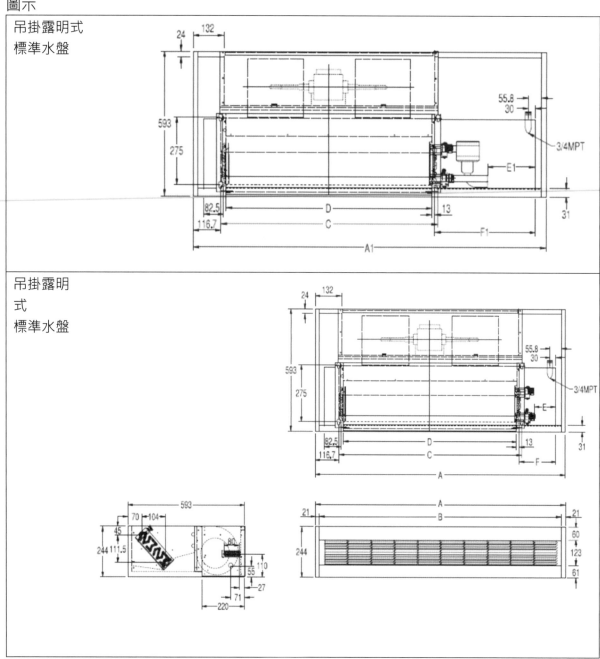

C.2.2. FCU 設計及配置

● 本節研究小型送風機：風口連接的規格，熱負荷，FCU 數量預估計算。

● FCU 的應用常用於小區域，依需求可設計冷卻與暖氣的功能，配管也因需求可用2管或 4管模式，控制可選單獨溫控、大區域溫控與中央監控系統的控制。

C.2.2.1. 口連接的規格

● 小型送風機：風口連接的規格

小型送風機			保溫伸縮軟管尺寸、數量			出風口尺寸、數量			回風花板
CFM	CMH	CMM	單出口	二出口	三出口	單出口	雙出口	三出口	尺寸
400	680	11	Φ10"	Φ8"	---	10" x 10"	8" x 8"	---	24" x 24"
600	1,019	17	Φ12"	Φ10"	---	12" x 12"	10" x 10"	---	24" x 24"
800	1,359	23	Φ14"	Φ10"	Φ8"	14" x 14"	10" x 10"	8" x 8"	24" x 24"
1,000	1,699	28	---	Φ12"	Φ10"	---	12" x 12"	10" x 10"	24" x 24"
1,200	2,039	34	---	Φ12"	Φ10"	---	12" x 12"	10" x 10"	24" x 24"
1,400	2,378	40	---	Φ12"	Φ10"	---	12" x 12"	10" x 10"	24" x 24"

C.2.2.2. FCU 熱負荷預估

● FCU 常應用在辦公室區、設備區，因為高程不一定相同。所以資料僅供一般辦公區參考，工廠區天花高度較高則建議經計算後定案。

熱負荷 W/m^2 為基準 (經驗數據)

	Descriptiom	W/m^2	RT/坪	坪/RT
<1>	CR_辦公室 (Max)	100	0.094	10.6
<2>	一般辦公室 (Max)	150	0.141	7.1
<3>	C/R_Fab (一般)	300	0.282	3.5
<4>	C/R_Fab (Min)	200	0.188	5.3
<5>	Support Fab	150	0.141	7.1
<6>	設備區	50	0.047	21.2
<7>	Electrical Room	400	0.377	2.7
<8>	ERC	500	0.471	2.1
<9>	MIS Room	600	0.565	1.8
<10>	Data Center	1,000	0.941	1.1
<11>	旅館-客房 (Min)	79	0.074	13.4
<12>	旅館-客房 (Max)	95	0.089	11.2
<13>	旅館中的餐廳 (Min)	290	0.273	3.7
<14>	旅館中的餐廳 (Max)	350	0.329	3.0
<15>	旅館-客房	150	0.141	7.1

● 單位換算

單位換算	W/m^2	RT/坪	坪/RT	m^2/RT
W/m^2	1	0.0009	1,062	3,512
RT/坪	1,062	1	1.00	3.31
坪/RT	1,062	1.00	1	3.31
m^2/RT	3,512	3.31	0.30	1

● 送風口溫差之選擇

系統應用	溫差型式	典型溫差
置換式空調	小溫差	3~5 ℃
一般空調	中溫差	10~13 ℃
超冷風空調	大溫差	16~19 ℃

● 送、回風溫差

用途	空調類型及要求		送風溫度差 ℃
一般舒適性空調 T_2-T_1 取 10~12 ℃	樓高 H =< 5 M		= < 10
	樓高 H >= 5 M		= < 15
工業性空調	室內允許 波動範圍	± 3.0 ℃	14
		± 2.0 ℃	10
		± 1.0 ℃	6 ~ 8
		± 0.5 ℃	3 ~ 6
		± 0.1~0.2 ℃	2 ~ 3
恆溫恆溼區	± 3℃，供/回風溫差，取 8 ~ 9 ℃		
	± 2℃，供/回風溫差，取 6 ~ 7 ℃		
	± 1℃，供/回風溫差，取 5 ℃		
	± 0.5℃，供/回風溫差，取 2 ℃		

C.2.2.3. FCU 設計計算

● FCU的設計簡單但經常會設計過大、設備分配不平均，造成太冷或太熱。設計者因為空間天花板的高度不一，因此設計時會考慮用多元方式去驗證熱負荷與舒適度：
(1) 換氣法 ACH：適當的換氣數(ACH)一般用 ACH 6~8，高級用 ACH 10 ~ 12。
(2) 面積法 Check Heat Load：這是用經驗決定 50~100 W/m^2。
(3) 溫差法 Difference with SA and RA。這是用經驗與計算決定 10 ~ 15 ℃。
經 (1), (2), (3) 種方法計算後，選擇最適當的熱負荷與舒適度的需求。

● 設計FCU的出風口，注意送風、回風氣流的走向，不適當的SA配置位置，造成氣流對著使用者吹，造成使用者不舒適。不適當的RA配置位置，造成回風吸到送風的氣流，造成室內溫度控制與調整的困難。

● [例題] 一多用途辦公場所，預估熱負荷。預估天花板可能高度，如表：計算熱負荷
(1) 換氣法 Air Changes
假設：標準的循環空氣 11.3 cmm/RT，設計時可取 10 cmm/RT (預留設計風量)。

Length	Width	Ceiling	Area		1_ 換氣法 Air Changer			
L	W	H	A		Recirculation Air		ACH Method HL.	
長	寬	高	坪	平方米	ACH	A*H*ACH	Heat Load		Pin/RT
m	m	m	Pin	m^2	Time/Hr	CMH	RT	kW	Check
50.0	15.0	2.5	227	750	10	18,750	27.7	97	8.2
50.0	15.0	3.0	227	750	10	22,500	33.2	117	6.8
50.0	15.0	3.5	227	750	10	26,250	38.7	136	5.9
50.0	15.0	4.0	227	750	5	15,000	22.1	78	10.3

(2) 面積法　Check Heat Load

Length	Width	Ceiling	Area		面積法　Check Heat Load		
L	W	H	A		Heat Load	Area Method HL.	
長	寬	高	坪	平方米	W/m²	kW	Pin/RT
m	m	m	Pin	m²	經驗數據	面積法	Check
50.0	15.0	2.5	227	750	150	113	7.1
50.0	15.0	3.0	227	750	150	113	7.1
50.0	15.0	3.5	227	750	100	75	10.6
50.0	15.0	4.0	227	750	100	75	10.6

(3) 溫差法　Difference with SA and RA

假設：標準溫差<15℃，設計時可取溫差<10℃ (預留設計溫差)。

3 _ 溫差法　Difference with SA and RA									
Envload Method		Recirculation Air		C 比熱	ρ 密度	ν 比容	Tsa	Tra	
kW	RT	ACH	A*H*ACH	kCal/kg-℃	kg/m³	m³/kg	℃	℃	溫差 <10℃
預估熱負荷		Time/Hr	CMH	0.24	1.2	0.83	預估	預估	Y/N
100	28	17	31,875	0.24	1.20	0.83	18.0	27.4	Ok
110	31	15	33,750	0.24	1.20	0.83	18.0	27.8	Ok
100	28	12	31,500	0.24	1.20	0.83	18.0	27.5	Ok
78	22	8	24,000	0.24	1.20	0.83	18.0	27.8	Ok

C.2.2.4. 結論

● 設計 FCU 時的注意事項

(1)	天花板的高度越高，換氣次數不需太大，因為每人占平面面積固定。換氣次數太大，會造成循環風量大而氣流的速度太快。
(2)	預估W/m²的熱負荷，配合最後SA、RA的溫差決定循環風量。其中溫差是設計的預留空間，溫差決定了空間中人體的舒適度。
(3)	得到設計所需的熱負荷後，配置出風口需注意人的舒適度，配置回風口需注意回風的氣流不是短循環的氣流。
(4)	冷、熱水管供同一 Coil 使用時，注意控制閥位置，避免系統冷、熱水互相干擾。
(5)	溫度控制器的位置，配合實際需求位置與控制需求，尋找適當位置。
(6)	冷凝水注意排水坡度及位來維護保養的路徑。
(7)	FCU 的安裝位置，需配合維修需求，必須有適當的維修空間、維修平台、維修人孔與電圓切換開關。

C.2.3. FCU 配管型式

- FCU 的配管一般都是簡單、便宜，所以選擇性很多。例如：2通閥、3通閥；配管用二管式、四管式。標準回水、逆回水工法。盤管區分冷氣與暖氣分立與合用，對合用盤管上再季節變化時的切換困難，合用的配管也因熱水的熱傳會影響冷卻系統的效能。(取材：Titus)

C.2.3.1. 二管式

- 標準配管元件組合方式：2管式 + 2通閥、Y行過濾器、平衡閥、.....等。各種組合配法依據工程師設計需求，不同的配置功能上都能達到，考慮的是初設與維修保養費用。

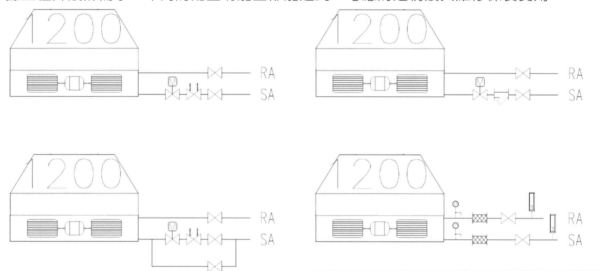

C.2.3.2. 四管式

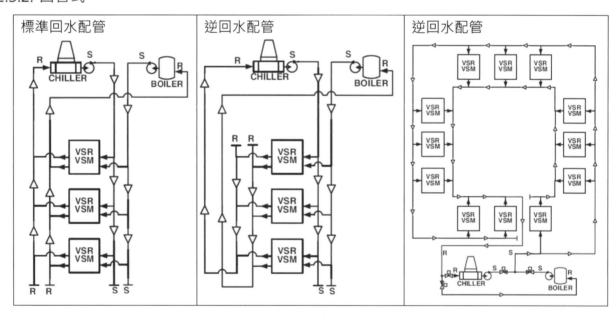

C.3. 變風量設備

● 本節說明變風量的設備，簡易定義：附有皮託管量測的設備，可稱為變風量設備。

● 變風量的設備，以下設備本書皆稱為變風量設備，分為：
(1) VAV-Variable Air Volume
(2) Fan Powered
(3) CAV-Constand Air Volume
(4) 風門 + senseor Transmitter
(本章介紹取材：TROX、PRICE、TITUS 的設備型錄與技術資料，採用圖示出處的皆取材 TROX 的型錄與技術資料)

● 變風量設備的應用：辦公室、實驗室、酒店、學校，.....等。
變風量廣泛用於需要通風/排氣和空調系統來調節室內空氣質量以及房間內供暖舒適度和濕度的條件。而為了保持必要的空氣質量並實現系統的經濟運行，必須配合監視和控制系統的所有氣流。

● 可針對特殊不同區域用途及功能，需要風量的控制調節時，需選用不同的產品。例如：有污染粉塵、廢氣、防爆、壓力控制區、溫度控制區，.....等。因此，VAV的控制模式是系統成功的關鍵-於下節研究。

● 變風量設備VAV是最佳節能的空調設備，當環境熱負荷變動時，藉著改變送風量而不改變送風溫度，達到環境的舒適。
VAV 的應用範圍：
(1) 負荷變化較大的建築物
(2) 多區域控制的建築物
(3) 公用回風通道的建築物。

● 送風量公式：　$Q_{kW} = C \times \rho \times V (Trm - Tsa) = 1.2 \times V_{cms} \times \Delta T$
[例題] 公式符號/單位說明：

C	ρ	V	Trm	Tsa	Q
空氣比容	空氣密度 1.2	送風量	室內溫度	送風溫度	吸收室內熱量
KJ/Kg-°C	Kg/m³	m³/s	°C	°C	kW
1.0035	1.20	1.20	28.00	22.00	8.67

VAV 選機的要點：變風量比 = Vmin / Vmax。
變風量比 = 0.2 ~ 0.6 (選機)，0.4 ~ 0.6 (建議值)

C.3.1. VAV 系統配置

C.3.1.1. 系統配置

● 說明：VAV and Fan Powered (串聯與並聯模式) 的系統配置方式。
  (取材：2016 Building Energy Efficiency Standards Reference Ace Tool)

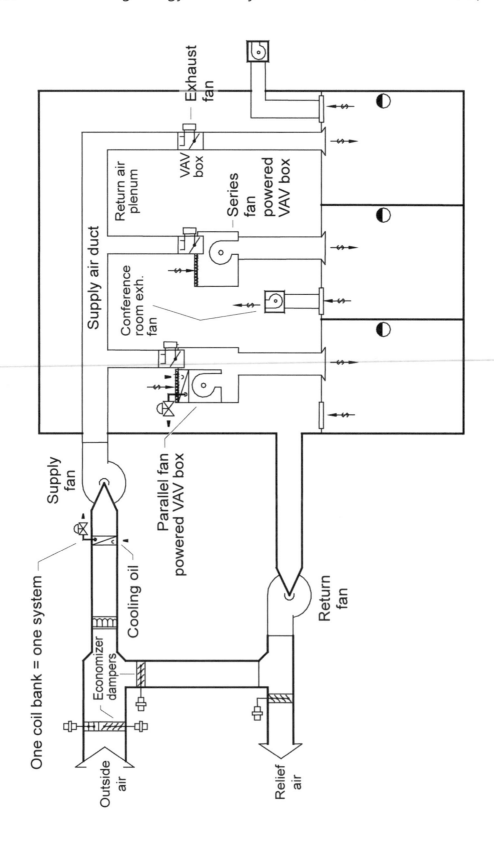

C.3.2. VAV 設備組成

● VAV系統的架構：

<1>	VAV 設備	(1) VAV (2) Fan Power (3) CAV (4) 風門 + senseor Transmitter
<2>	附屬設備	(1)箱體採用薄形設計 (2)調節風門 (3)風速感測器 (4)熱水盤管 (5)電熱盤管 (6)並聯風機(7)控制器 (8)消音器。
<3>	主要供風系統	供應外氣 / 循環風設備 （AHU 空調機）
<4>	風管系統	SA、RA、OA、Exhaust、Ventilation
<5>	空調控制系統	空調控制方式：靜壓控制法、變靜壓控制法、總風量控制法。

● VAV設備的分類依：供風方式、末端形狀、壓力、控制、再熱盤管分

<1>	改變房間送風方式	(1)單風道型，(2)風機動力型，(3)旁通型，(4)誘導型，(5)變風量風口等。
<2>	末端裝置形狀	(1)矩形，(2)圓形。
<3>	補償系統壓力變化的方式	(1)壓力相關型，(2)壓力無關型。
<4>	驅動器執行的能源	(1)氣動型，(2)電動型。
<5>	控制方式	(1)電氣模擬控制，(2)電子模擬控制，(3)直接數字式控制_DDC
<6>	末端裝置送風量的變化	(1)定風量型，(2)變風量型。
<7>	再熱方式	(1)無再熱型，(2)熱水再熱型，(3)電熱再熱型。

● VAV按送風的方式，分為：(1)單風道，(2)雙風道，(3)多區域系統三種：

單風道	定風量	單風道定風量系統	單區域
			多區域
			旁通式
	變風量	單風道變風量系統	再熱
			誘導
			風機動力
			雙導管
			可變散流器
雙風道	定風量	雙風道定風量風系統	
	變風量	雙風道變風量系統	
多區域	定風量	多區域定風量系統	
	變風量	多區域變風量系統	
	多層式	多區域多層式系統	

● VAV：單風道型和雙風道型。

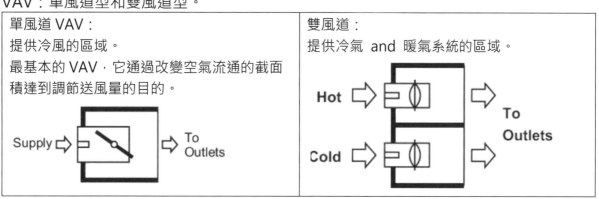

單風道 VAV： 提供冷風的區域。 最基本的 VAV，它通過改變空氣流通的截面積達到調節送風量的目的。	雙風道： 提供冷氣 and 暖氣系統的區域。

C.3.3. VAV 設備元件

● VAV各部名稱

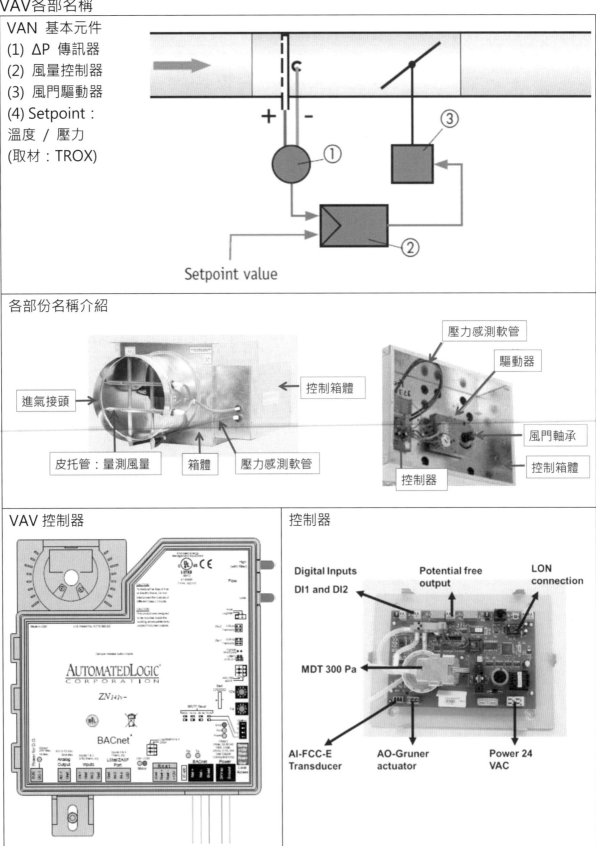

VAN 基本元件	
(1) ΔP 傳訊器	
(2) 風量控制器	
(3) 風門驅動器	
(4) Setpoint：溫度 / 壓力 (取材：TROX)	Setpoint value

各部份名稱介紹

進氣接頭

皮托管：量測風量　箱體　壓力感測軟管

控制箱體

壓力感測軟管
驅動器
風門軸承
控制箱體
控制器

VAV 控制器

AUTOMATEDLOGIC
CORPORATION
ZN141v
BACnet

控制器

Digital Inputs
DI1 and DI2

Potential free
output

LON
connection

MDT 300 Pa

AI-FCC-E
Transducer

AO-Gruner
actuator

Power 24
VAC

C.3.4. VAV 的控制模式

- VAV設備的控制模式，分為：
  (1) 室內溫度控制 Room temperature control
  (2) 壓力控制 Pressure contro
  (3) 空調箱風機轉速控制 AHU Fan speed control

C.3.4.1. 室內溫度控制

- 體積流量控制：
  流量的控制在閉合控制電路中進行，(1) 測量、(2) 比較、(3) 控制。
  壓力傳感器將壓差轉換為電信號，由控制器將其解釋為實際值。在大多數應用中，設定值來自室溫控制器。控制器將實際值與設定值進行比較，並根據這兩者之間的差異將控制信號改變為風門驅動器。

VAV 串級控制：(取材：TROX)
主要受環境溫度的變化控制。
溫度的變化不會直接控制風門控制器，而是經過控制器的電路來改變風門的開度。
體積流量控制還為空氣流量提供了最小和最大限制。

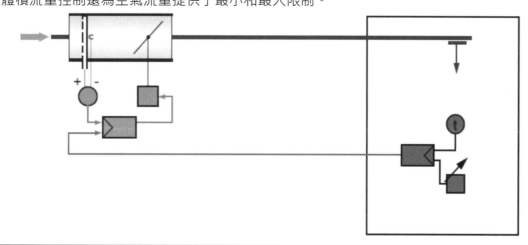

送/排風：主-從控制：(取材：TROX)
送風(主)的實際值作為排氣(從)的輸入訊號。排氣風量會自動跟隨送風的風量。

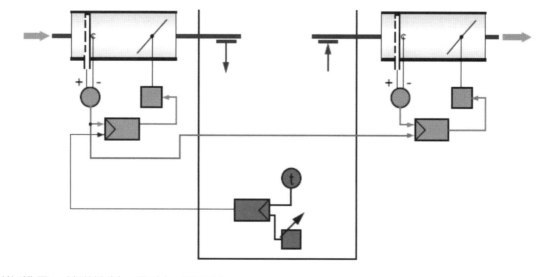

送/排風：並聯控制：(取材：TROX)

室溫控制輸入訊號同時送給 SA and Exhaust 的控制器，並提供並行控制。

兩個控制器具有相同的設定值。當壓力失控時，設定將回歸到順序控制優先並行控制。

綜合說明：房間控制 (取材：TROX)

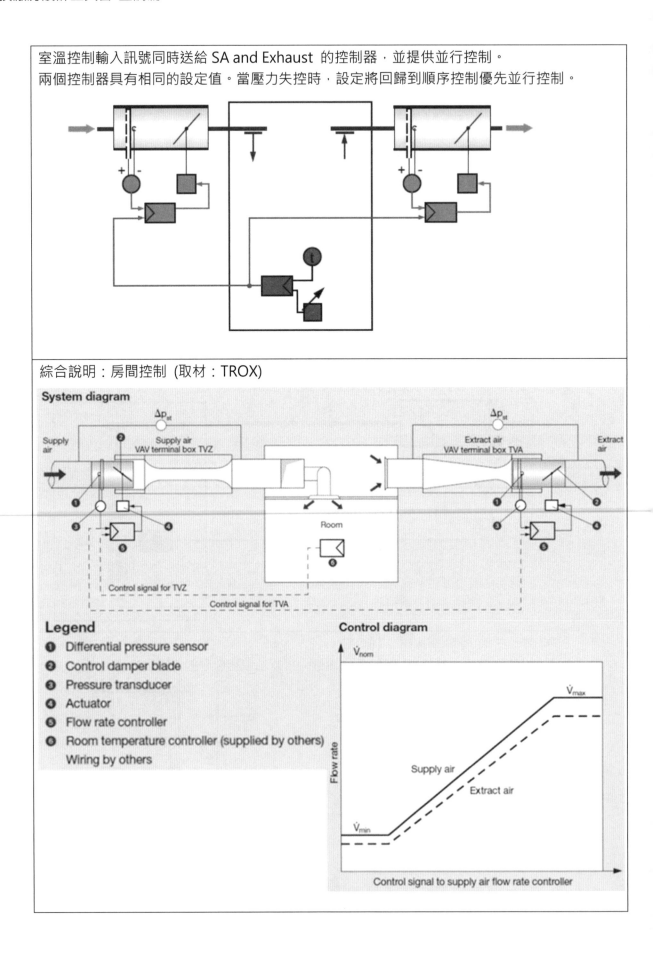

System diagram

Legend

❶ Differential pressure sensor
❷ Control damper blade
❸ Pressure transducer
❹ Actuator
❺ Flow rate controller
❻ Room temperature controller (supplied by others)
Wiring by others

Control diagram

C.3.4.2. 壓力控制

● 壓力控制方式，分為：(1) 風管內靜壓力 (2) 房間的壓差。(取材：TROX)

(1) 風管內靜壓力	(2) 房間的壓差
以壓力傳訊器來控制多個房間的空調，當終端風門的開關，經由壓力傳訊器來控制 VAV 的送風量。	以房間的壓力差，對房間進行壓力控制。 (Ex) 潔淨室、醫院、實驗室，.....等。
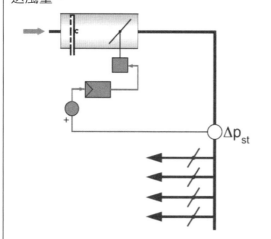	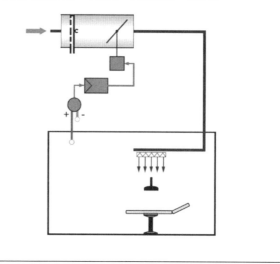

● VAV壓力控制分 (1) 壓力無關，(2) 壓力相關。壓力無關與相關比較：

(1) 壓力無關：VAV 的送風量與主風管內的靜壓值變化無關，VAV 末端有自己的風量量測裝置(皮托管)。末端依據實測室溫與設定室溫差計算需求的風量，再將需求風量與檢測風量的差計算送風閥門的開啟量。

(2) 壓力相關：受一次側主風管內靜壓影響，VAV 末端沒有自己的風量量測裝置(皮托管)。風門開度僅受溫控器調節，再一定範圍的偏差量，風門不動作。

比較表：

項目	壓力相關 VAV	壓力無關 VAV (常用類型)
風量檢測	末端無風量檢測裝置	末端增設風量檢測裝置
影響送風量	(1) 風閥開度 (2) 裝置上游風管內的靜壓值影響.	(1) 依實測值與室溫設定值的差，計算出風量，再按需求風量與檢測風量之間差，計算風閥的調節量.
控制閥開度	風閥開度僅受室內溫控制調節，在某一室溫偏差下 (dT = Constant)， 風閥開度維持不變.	(2) 末端裝置的送風量與主風內靜壓值無關，只有當室內負荷變化，引起室溫改變，使需求風量發生變化，才會引起送風量變化.
風量功能	設有自動維持.	不設自動維持.
控制回路	溫度及風量的控制回路串及控制	溫度控制回路輸出，直接操作風閥開度.
系統影響	以反應速度快為特點·風量控迴路來抵禦來自其他 VAV 末端風量變動的干擾.	容易受來自其他 VAV 末端變動的干擾
	可以確保最小風量	難於設定最小風量
	當系統內某末端裝置進行風量調節時，主風管的靜壓發生變化，其他末端裝置盡管開度沒變，但送風量已經發生變化，造成溫度控制區內空氣溫度不穩定.	裝置上游主風管內的靜壓變化，所引起的風量變化，立即被檢測出並回饋至控制器，控制器通過調節閥開度來補償風管內靜壓值的變化，使送風量不發生變化.

C.3.4.3. AHU風機控制

● 空調系統控制含有VAV，系統的方法：(1)定靜壓控制 (2)變靜壓控制 (3)總風量控制。
(1) 定靜壓控制：
為保持空調送風管道中有較大的壓力，使得風機耗能偏高，同時由于末端閥位多處于偏小狀態，噪聲問題比較突出。於送風管的最低靜壓處設置靜壓感測器(P)。靜壓傳感器安放位置在總管離送風機 1/3~2/3 處，各支風管的阻力平衡應計算。因為使用的變動，也會造成靜壓的漂動不穩定。

(2) 變靜壓控制：
為解決定靜壓的缺失，空調系統設計工程師要嚴格設計主風道、支風道的壓力分配，對管道長度、尺寸、走向、分布等都有嚴格的要求。採用靜壓再得法設計風管。

(3) 總風量控制：
總風量控制方式的變風量系統，不同于靜壓控制法，它是根據系統各末端風量之和與系統當前總風量相匹配的原理設計而成的。總風量控制法在控制性能上具有快速、穩定的特點，這種控制方法與壓力無關，控制系統的形式得到簡化，因而不僅使系統的調試工作變得容易，同時也帶來控制系統可靠性的提高，減少了以後的維護工作量。

● 圖示 (取材：TROX)

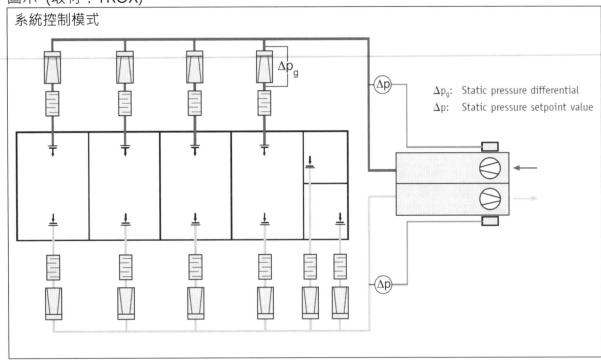

C.3.5. Fan Powered 風機動力型

● 加壓風機變風量閥的排列方式又分為：(可附加附屬配件如加熱盤管等)
(1)串聯風機型 Seris Fan Termimals
(2)並聯風機型 Parallel Fan Terminals 兩種產品。
注意事項：因為有加壓風車，使用上輻射噪音會比一般 VAV 還要高。

● 系統說明
(1) 串聯風機：指風機和變風量串聯內置，一次風既通過變風量閥，又通過風機加壓。
串聯風機 VAV 應用：一般較適合用於一次風低溫送風的系統中，如空調水系統大溫差設計（供回水溫度大於 5°C）的系統和有儲冰的系統中，其優點是可以減小末端設和風管的尺寸及節約風機能耗。
串聯風機型和並聯風機型可以同時使用：對於休息室，大廳、咖啡室等需要維持一定送風量的地方是可以考慮的。
(2) 並聯風機：只通過變風量閥，而不需通過風機加壓。

特徵　　類型	並聯風機型	串聯風機型
風機運行	低供冷負荷，供暖負荷和夜間循環時，間歇運行。	所有時間內連續運行。
送風風量調節	(1)中到高供冷負荷時，變風量運行。 (2)供暖與供冷負荷時，定風量運行。	暖與供冷負荷時，定風量運行。
送風溫度	(1)中到高供冷負荷時，送風溫度恒定。 (2)在供供暖與供負荷時，定風量運行。 在所有時間內送風溫度可變。	所有時間內送風溫度可變。
風機大小	供熱負荷（通常 60%供冷負荷）設計。	供冷負荷（通常 100%供冷負荷）設計。
一次風最小送風靜壓	較高，需克服節流閥，下游風管和散流器阻力。	較低，只需克服節流閥阻力。
風機控制	不需與 AHU 風機聯鎖	必需與 AHU 風機聯鎖以防增壓。
AHU 風機	需較大功率克服節流閥，上下游風管和散流器阻力。	只需克服上游風管和節流閥阻力。
噪間	風機間歇運行，啟動噪間大，平穩運行噪間低。	風機連續運行，噪間平穩，但比並聯風機型平穩運行噪間稍商。
風機能耗	風機間歇運行，且設計風量小耗能低。	風機連續運行，且設計風量大能耗較高。
氣流路徑並聯/串聯取材：TITUS		
附加加熱盤管		

C.3.6. CAV-定風量

● 本節介紹定風量的CAV：(1) 外觀上有矩形和圓形，(2) 可附加選配附件。

● CAV的應用特性：
(1) 恆風量系統中的送風/排風量流量控制
(2) 用於精確控制正常至高恆定體積流量，控制精度高。
(3) 從外部旋鈕來調節體積流量，無須外部電源
(4) 調試無需現場測試測量
(5) 操作點優化風門葉片位置的可視化顯示
(6) 安裝時一次側需要有足夠的空間
(7) 其他：風量、噪音，....等，請詢問供應商

● CAV的選配附件：
(1) 降低外殼輻射噪聲的聲學包層
(2) 降低空氣再生噪音的消音器
(3) 熱熱交換器，用於再加熱氣流
(4) 在設定值或穩定運行之間切換的驅動器

C.3.6.1. 矩形-CAV

● 矩形CAV - EN (取材：TROX)

各部名稱：
① Damper blade
② Bellows
③ Bellows inlet
④ Scale sticker
⑤ Visual display of the damper blade position
⑥ Rotary knob
⑦ Actuator (optional)

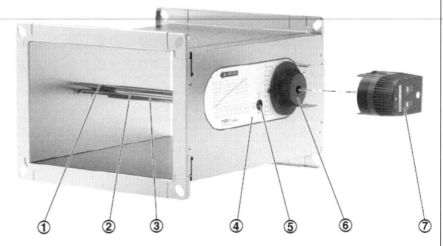

Technical data

Nominal sizes	公稱尺寸	200 × 100 – 600 × 600 mm
Volume flow rate range	體積流量範圍	39~3,500 l/s or 140~12,600 m³/h
Volume flow rate control range	體積流量控制範圍	Approx. 25 to 100 % of the nominal volume flow rate
Scale accuracy	精密度	± 4 %
Minimum differential pressure	最小壓差	50 Pa
Maximum differential pressure	最大壓差	1,000 Pa
Operating temperature	工作溫度	10 to 50 °C

C.3.6.2. 圓形-CAV

● 圓形CAV - RN (取材：TROX)

各部名稱：
① Damper blade
② Bellows
③ Bellows inlet
④ Crossbar
⑤ Leaf spring
⑥ Cam plate
⑦ Volume flow rate scale lock
⑧ Scale
⑨ Lip seal

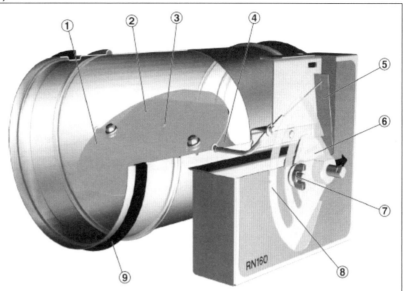

Technical data

Nominal sizes	公稱尺寸	Φ80 ~ 400 mm
Volume flow rate range	體積流量範圍	11 ~ 1,400 l/s or 40 ~ 5,040 m³/h
Volume flow rate control range	體積流量控制範圍	Approx. 25 to 100 % of the nominal volume flow rate
Scale accuracy	精密度	± 4 %
Minimum differential pressure	最小壓差	50 Pa
Max. differential pressure	最大壓差	1,000 Pa
Operating temperature	工作溫度	10 to 50 °C

RN：用於精確控制恆定體積流量
(取材：Trox-RN)
(1) 手動調節
(2) 驅動器在流量範圍內的調節

特性：
(1) 已於工廠調整，現場不需要在調整。
(2) 控制精密度高。
(3) 適用最高風速 12 m/s。
(4) 洩漏符合 EN 1751-C 級。
(5) 不需要外部供應電源。
(6) 可以在標示區內，調整風量。

可以選購附屬配件：
(1) 外殼聲學包覆，減少殼體輻射噪音。
(2) 附加消音器。
(3) 再熱盤管。
(4) 電動或氣動驅動器。

手動調節 (CAV)

附選驅動器，
在流量範圍內
調節風量
① Qmin
② Qmax

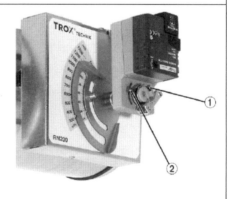

C.3.7. 系統控制

● 建築VAV空調系統投入運行後，主要表現爲自控系統與空調系統不匹配，調試無法成功；設置參數不穩定，風量不平衡；空氣品質和舒適感達不到設計要求。

● 室溫控制器：在VAV系統中，室溫控制採用級聯控制的形式。主要控制變量是房間溫度。室溫控制器的輸出信號不直接饋送到供氣控制風門，而是改變供氣流速控制電路的設定值。流量控制還產生氣流的最小和最大限制，這有利於保持室溫恆定和整個房間空調系統的功能。

● 流量測量：傳感器 (皮托管) 對於氣流的正測量是必要的，這通過在橫截面上分佈的多個點處的壓力測量和提供的所得平均值來實現。差壓傳感器是可根據正常的上游流量條件為大多數室內空調應用提供精確的結果。

● 各種風速傳感器性能參數比較

名稱	原理	流速範圍 m/s	精度	使用場合
皮托管 (壓力)	根據柏努力定理，測得動壓值求出截面積平均風速	≥3	----	風速較小時，精度較差，是合於較乾淨的氣流，進口處要有一定的穩定段.
螺旋槳	根據流體推動，葉輪旋轉次數求出截面風速	1 ~ 10	1.5%	適合於含微粒的氣流.
熱線	根據惠斯頓電橋平衡原哩，測出電流或電阻值求截面風速	1 ~ 9	5%	精度稍低，須溫度較正，是用含微粒的氣流.
超音波	根據發生渦流頻率求得截面風速	1 ~25	1.5%	不受溫度影響，可用於含微粒的氣流.
霍爾效應電磁	通過霍爾原件感應電壓變化，求得截面風速	0 ~ 20	1.1%	可用於受灰塵、溫度、震動及其他環境因素影響的場所.

C.3.7.1. 皮託管

● 皮托管
皮托管構造：皮托管由鋁合金、銅或不銹鋼管製成，其外徑愈小對氣流干擾也越小，測量精度愈高。
一般來說，全壓測孔的總面積應小於測壓管總面積的 3%。爲保證傳感器有足夠剛度，一般測管外徑與管道內徑之比在 0.04~0.09 之間，測壓管上全壓測孔的直徑是測壓管內徑 0.2~0.3 倍，且應在 0.5~1.5mm 之間。測壓管上的開孔位置、數量要根據變風量末端裝置的氣流分佈與控制精度確定。

● 標準皮托管：
取空氣密度ρ = 1.2 kg/m^3，放大係數 0.97，風速 1 m/s，測得的動壓值 0.582 Pa。

● 皮托管式風速傳感器，注意問題：
(1) 被測流體的流速不能太小，流速太小會使動壓值太小，一般要求其全壓測孔處雷諾數大於 200。

(2) 應避免皮托管對被測流體的干擾過大，保證皮托管的直徑與被測管道得直徑之比在 0.04 ~ 0.09 之間。

(3) 被測管道的相對粗造度應不大於 0.01。

(4) 測量時應保證全壓測孔迎著流體的風向流動，並使其軸線與流體流動方向一致。

(5) 應防止孔堵塞。

(6) 皮托管式風速傳感器的測量範圍 0<ΔP<400Pa.設計風速 3~16 m/s 內可保適當的測量精度。

C.3.7.2. 壓力無關

VAV 的送風量與主風管內的靜壓值變化無關。 VAV 末端有自己的風量量測裝置(皮托管)。 末端依據實測室溫與設定室溫差計算需求的風量，再將需求風量與檢測風量的差計算送風閥門的開啟量。 進風側端有皮托管量測靜壓，為精準良策需要前端有 2D 以上的距離，令進風氣流能夠達到層流，精確度量測。	實體外觀  進風處皮托管位置 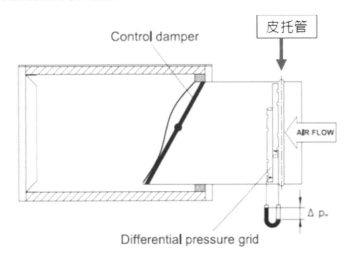
皮托管： 依據送風量的大小的有： " 一" 、" 十" 、" 井" .... 等，各製造商不同， 但都是量測靜壓與動壓。 皮托管式的風速傳感器，測量範圍 0<ΔP<400Pa，設計風速 3~16 m/s 內可保適當的測量精度。	皮托管外型 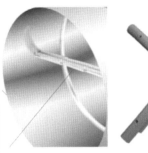  

C.3.8. 變風量設備安裝

C.3.8.1. VAV

● VAV末端有自己的風量量測裝置(皮托管)。詳細資料請詢問供應商。(取材:TROX)
皮托管的測量需注意風管的有效距離 (目的是取量測值接近層流狀態)。
(1) 直管進風段：至少需有 2D ~ 5D 的距離 (建議值 5D)
(2) 進風的彎頭 R 段：至少需有 1D 角度。

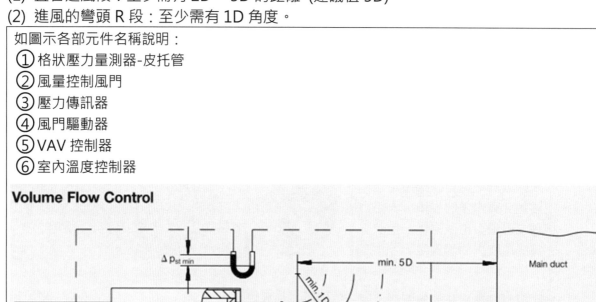

C.3.8.2. CAV

● 安裝CAV注意事項：安裝需求空間

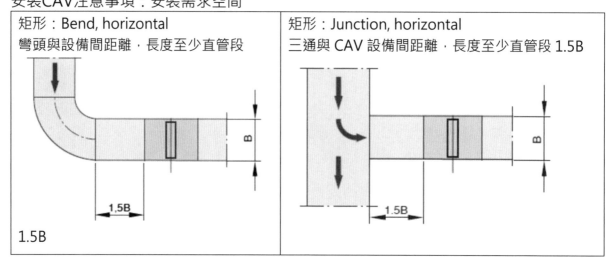

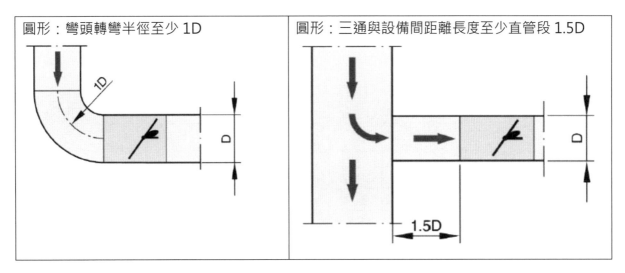

圓形：彎頭轉彎半徑至少 1D

圓形：三通與設備間距離長度至少直管段 1.5D

C.3.8.3. 維護保養空間

● 維護保養空間：詳細資料請詢問供應商

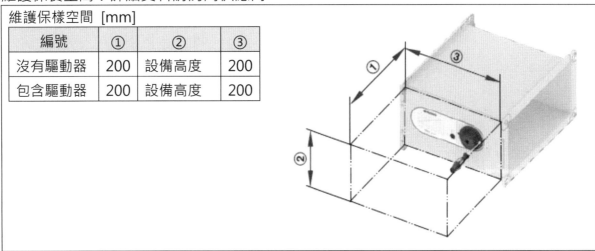

維護保樣空間 [mm]

編號	①	②	③
沒有驅動器	200	設備高度	200
包含驅動器	200	設備高度	200

C.3.8.4. 功能驗證 Commissioning

● CAV 設備已於出廠前已經校正，所以設備安裝後不需要做commissioning的工作。

● VAV 的功能驗證項目：
(1) 風量驗證：風量與開度。
(2) 現場控制器調整：Qmin and Qmax 的電壓訊號，進行比對風量。
(3) 遠端調節控制：各製造廠有 VAV 系統控制與調整軟體。(各製造商不同通用)

C.3.9. 型錄資料

C.3.9.1. Fan Power

● 設備廠商的技術不斷更新，詳細資料請詢問供應商。(取材：Titus)

型號 PTQS‧ATQS‧DTQS				輻射噪音 NC				出口噪音 NC			
設備編號	入口尺寸 英吋	風量	最小 壓損	風車 噪音	dPs			風車 噪音	dPs		
		CMH	Pa		0.5"	1.0"	2.0"		0.5"	1.0"	2.0"
2	6	510	9.14	21	21	24	26	21	23	23	23
		680	16.51	25	25	27	30	23	27	27	26
		850	25.65	29	29	30	33	26	30	29	29
		1,062	40.13	33	33	34	38	29	32	31	31
		1,275	57.91	37	37	38	40	29	31	31	31
3	8	1,020	18.29	24	24	27	30	---	---	20	21
		1,275	28.45	27	27	30	34	---	---	20	22
		1,700	50.55	31	31	34	38	21	23	23	25
		2,040	72.64	33	35	38	40	24	24	26	27
		2,380	99.06	35	36	40	43	27	27	27	30
4	12	1,445	18.29	29	31	32	33	20	22	22	21
		1,700	25.15	31	34	34	35	22	25	25	25
		1,870	30.48	33	35	35	38	24	26	26	26
		2,210	42.67	35	37	38	41	26	29	28	29
		2,550	56.64	38	38	40	45	28	32	31	31
5	12	1,530	14.48	26	26	29	32	---	---	---	22
		1,870	21.84	30	30	32	36	21	21	23	25
		2,210	30.48	32	32	36	40	24	24	26	27
		2,550	40.39	34	36	39	43	27	27	29	30
		3,059	58.42	37	39	43	46	30	30	30	33
6	14	2,550	24.89	32	32	35	39	22	24	25	27
		2,890	32.00	34	35	38	41	25	25	27	30
		3,399	44.20	38	38	41	45	28	28	30	32
		3,824	56.13	40	41	44	48	30	30	32	35
		4,249	69.34	42	43	46	50	32	32	35	38
7	16	3,059	21.34	38	38	40	43	25	29	30	32
		3,654	30.48	41	41	44	46	29	32	34	35
		4,079	37.85	43	43	45	48	31	34	35	36
		4,589	48.01	45	45	48	50	32	36	36	39
		5,269	63.25	48	48	50	53	35	38	39	40

ΔPs 是組件上的靜壓差。

短劃線（ - ）表示 NC 值小於 20。

C.3.9.2. VAV

● VAV市場的型式規格，各製造商略有不同，詳細資料請詢問供應商（取材：Titus）

Inlet Size inch	Discharge [inch]		Basic Rated		Total Range		PESV-1 [CFM]		PESV-2 [CFM]		AESV [CFM]		DESV [CFM]	
	H	W	cfm	ΔPs-in	cfm	m/s	min.	max.	min	max	min	max	min	max
4	8	12	150	0.04	0~225	13.10	50~210	90~225	65~210	90~225	50~225	50~225	30~225	30~225
5	8	12	250	0.03	0~350	13.05	70~300	125~350	90~300	125~350	70~350	70~350	40~350	40~350
6	8	12	400	0.13	0~500	12.94	80~345	145~500	100~345	145~500	80~500	80~500	45~500	45~500
7	10	12	550	0.10	0~650	12.36	120~515	210~650	150~515	210~650	120~650	120~650	70~650	70~650
8	10	12	700	0.02	0~900	13.10	160~700	285~900	205~700	285~900	160~900	160~900	90~900	90~900
9	12.5	14	900	0.05	0~1,050	12.08	205~900	370~1,050	260~900	370~1,050	205~1,050	205~1,050	120~1,050	120~1,050
10	12.5	14	1,100	0.01	0~1,400	13.05	250~1,110	455~1,400	325~1,110	455~1,400	250~1,400	250~1,400	145~1,400	145~1,400
12	15	16	1,600	0.01	0~2,000	12.94	330~1,460	600~2,000	425~1,460	600~2,000	330~2,000	330~2,000	190~2,000	190~2,000
14	17.5	20	2,100	0.04	0~3,000	14.26	525~2,335	955~3,000	675~2,335	955~3,000	525~3,000	525~3,000	300~3,000	300~3,000
16	18	24	2,800	0.03	0~4,000	14.56	665~2,970	1,215~4,000	860~2970	1,215~4,000	665~4,000	665~4,000	385~4,000	385~4,000
24x16 (40)	(18)	(38)	(5,300)	(0.06)	0~8,000	15.25	1,245~5,555	2,270~8,000	1605~5555	2,270~8,000	1,245~8,000	1,245~8,000	720~8,000	720~8,000

Note：一次側測定風量控制風箱設計之最小及最大風量範圍 17%～100%.

● 控制器：(1) PESV：Pneumatic (2) AESV：Analog Electronic (3) DESV：Digital Electronic

● 型錄中尚包含其他技術資料，例如：輻射噪音，送風的噪音，耗電，熱水盤管規格（1R～4R），……等。詳細資料請詢問供應商

C.3.9.3. CAV

● CAV風量設定範圍，詳細資料慶詢問供應商 (取材：TROX)

Nominal size	l/s		m³/h		圖示
	min	max	min	max	
80	11	45	40	162	
100	22	90	79	324	
125	35	140	126	504	
160	60	240	216	864	
200	90	360	324	1,296	
250	145	580	522	2,088	
315	230	920	828	3,312	
400	350	1,400	1,260	5,040	

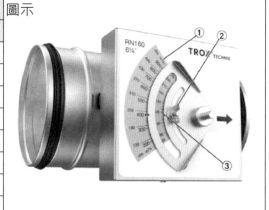

圖示-調整說明：

(1) 放鬆翼形螺絲

(2) 將調節刻度上的槽口，設置到體積流量刻度上的所需值

(3) 完成-固定翼形螺絲

● CAV附加驅動器-風量設定範圍

控制訊號	設定旋轉角度	圖示
0 / 1 / 2V	0°	
3 V	≈ 12°	
4 V	≈ 24°	
5 V	≈ 36°	
6 V	≈ 48°	
7 V	≈ 59°	
8 V	≈ 71°	
9 V	≈ 83°	
10 V	≈ 95°	

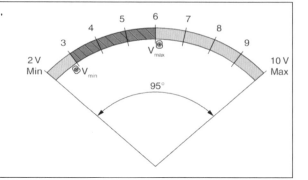

圖示-調整說明：

(1,2) 驅動器的體積流量控制器 RN 時，訂貨時出廠設置在旋轉擋塊 Qmin 和 Qmax 中指定的體積流量值。

(3) 旋轉擋塊可以進行後續更改。要轉動調節刻度，可以通過按鈕斷開執行器的驅動。

(4) 建議採購原廠的驅動器，訊號匹配會精準。

[Ex] 機械電壓設定：

電壓信號 2～10V 對應於 0°~95°的設置範圍，

在本例中 Vmin = 3V 和 Vmax = 6V。

(1) 0～3V-Vmin：機械停止

(2) 3～6V：工作範圍

(3) 6～10 V-Vmax：機械停止

C.4. 電氣室相關-空調熱負荷

● 本節介紹動力電氣室 (變電站)、MIS、Data Center的相關知識。
預估熱負荷 (經驗數值，僅供參考)

機房類型	熱負荷估算經驗參數
動力機房	350 ~ 550W/m².
UPS	250 ~ 450W/m².
傳輸機房	250 ~ 350W/m².
Server 機房 (CIM)	300 ~ 400W/m².
電腦控制中心(EMC)	400 ~ 500 W/m².
IDC 資料中心 (Data Center)	600 ~ 1,000 W/m².

現代的 Data CenterServer 的技術提升，環境需求不在嚴苛，耗費的空調能源也逐漸降低中。

● 實際需求計算， $Q_t = Q_1 + Q_2$

Q_1			Q_2			Q_t
室內設備負荷 (設備功率×0.8)			環境熱負荷			總熱負荷量
設備需求	發熱率	熱負荷	機房面積	100W/m²	熱負荷	$Q_t = Q_1 + Q_2$
kW	0.8	kW	m²	0.1 kW	kW	kW
300.0	0.8	240.0	200	0.1	20.0	**260.0**

C.4.1. 電氣室

● 本節主要研究室內的變電站通風系統的設計。變電站的環境條件配合變電設備需求。

● 電氣室是獨立的防火區劃，有風管進出時需設置防火風門。
按消防安全設備設置標準，電氣室超過 200m² 時，需設置 CO_2 滅火系統，因此提醒社記者系統會有 CO_2 的排放風管與外氣氣風管，會影響電氣室內空間規劃。當滅火系統啟動時，空調系統必須連動關閉運轉。
建築技術規則規定，設備設置標準第 102 條規定：電氣室要求通風量 25 次/小時-m²，現行因為業主要增長電氣設備運轉壽命及潔淨會在電氣室內設置空調系統。

通風面積	法規通風量	
m²	m³/Hr-m²	cmh
113.0	25	2,825

C.4.1.1. 電氣室的熱負荷

● 電氣室的內有變壓器、銅排、斷路器，....等。熱的產生員最大的來源是變壓器。其負荷特性是高顯熱.所以必須要大風量來帶走熱負荷。
變壓器預估熱損失經驗值 (可查變壓器供應商的型錄或 ASNI 的標準，詳本節下方說明)

變壓器容量	鐵損	銅損
KVA	%	%
1,500 以上	0.03	0.09
1,000 ~ 1,500	0.06	0.12

盤內熱損 (銅排及其他)_按變壓器的數量比例計算，預估 0.005%。

- VFD 變頻器的發熱量

容量	熱損失 %
11 kW 以上	0.02
11 kW 以下	0.03
變頻運轉中	0.05

- UPS 發熱量：1kW 發熱量 = 10 ~ 12% = 0.1 ~ 0.12 kW。250 - 350 W/m²

- 自動功率因數控制（APFC）盤：0.2%。

- [例題] 對變電站的變壓器估季熱產生
  [Ans] 變壓器數量規格詳設計資料說明

設計資料說明			Douglas 預估、概算			查廠商型錄		
電壓等級	變壓器		變壓器熱損失			變壓器熱損失		
環境溫度	規格	數量	鐵損	銅損	發熱量	鐵損	銅損	發熱量
KV / ℃	KVA	Pcs	%	%	KVA	W	W	KVA
24 / 120	3,333	4	0.030	0.900	124.0	5,000	25,000	120.0
24 / 120	2,000	8	0.030	0.900	148.8	4,000	14,500	148.0
24 / 120	1,600	1	0.030	0.900	14.9	3,100	13,500	16.6
24 / 120	1,250	1	0.060	1.200	15.8	3,100	13,500	16.6
24 / 120	1,000	1	0.060	1.200	12.6	2,400	10,000	12.4
24 / 120	0	0	0.000	1.000	0.0	0	0	0.0
24 / 120	0	0	0.000	0.000	0.0	0	0	0.0
盤內熱損 (銅排及其他熱損)			0.005	1.7			0.005	1.7
盤外熱損 (配線及其他熱損)			0.005	1.7			0.005	1.7
總發熱量 Sum (KVA)：					319.3		查型錄：	316.9

取材變壓器參考廠商：Siemens Cast-Resin Transformers。

C.4.1.2. 空調箱的設計

- 選用一般電器室的RCU，因為負載屬於顯熱，對環境溫度濕度的要求僅需控制溫度<30℃~35℃。平時沒有工作人員進駐，空調率往僅需初級濾網與袋式中效濾網。空調箱的盤管可選用溫差15℃~20℃。冰水可選用進水溫度7℃或14℃。

- 注意事項：風管配置穿越電氣室時需配置防火風門，出風口與回風口的位置配置於接近有熱產生的設備，例如：變壓器、變頻器，....等。

C.4.1.3. 變壓器發熱

- 變壓器型錄 (取材：盛英股份有限公司 Unelectra International Corp. 簡稱 UIC)
- 高壓模鑄式變壓器特性表 (TC206F1A-N)
  Applied Standard: IEC 60076-11,Temp. Rise 100K HV BIL 125kV/P.F. 50kV - LV P.F. 3kV,3 Ø 60 Hz 22.8kV-380Y/220V

Rated Cap	Impedance Voltage	No-Load Losses	Load Losses	I_R	I_X	I_0	Noise Level
容量	阻抗電壓 75℃	無載損 75℃	負載損 75℃	電阻	電抗	激磁電流	噪音(AN)
kVA	%	W	W	%	%	%	dB(A)
500	6	1,700	6,130	1.23	5.87	1.3	58
600	6	2,000	6,900	1.15	5.89	1.2	60
750	6	2,200	8,800	1.17	5.88	1.2	60
1,000	6	2,850	12,350	1.24	5.87	1.1	60
1,250	6	3,650	13,800	1.10	5.90	1.0	60
1,500	6	3,900	15,450	1.00	5.92	0.9	61
2,000	6	5,000	18,090	0.90	5.93	0.9	61
2,500	6	6,000	20,500	0.82	5.94	0.8	62
3,000	6	7,200	24,300	0.80	5.95	0.8	63

- 低壓模鑄式變壓器特性表 (TC016F1A-N)
  Applied Standard: IEC 60076-11 Temp. Rise 100K P.F. 3kV 3 Ø 60 Hz LV/LV (Below 600V) (F 級)。(選用 H 級的無載損更低)。

Rated Cap	Impedance Voltage	No-Load Losses	Load Losses	I_0	Noise Level
容量	阻抗電壓 75℃	無載損 75℃	負載損 75℃	激磁電流	噪音(AN)
kVA	%	W	W	%	dB(A)
3	4.5 以下	50	120	10.0	50
5	4.5 以下	65	180	9.5	50
7.5	4.5 以下	85	240	9.0	50
10	4.5 以下	95	300	8.5	50
15	4.5 以下	120	460	8.0	50
20	4.5 以下	135	620	7.5	50
25	3.0 ~ 5.5	165	770	7.0	50
30	3.0 ~ 5.5	180	920	6.5	50
37.5	4.0 ~ 6.0	240	1,100	6.5	50
50	4.0 ~ 6.0	270	1,420	6.0	50
75	4.0 ~ 6.0	340	1,850	6.0	55
100	4.0 ~ 6.0	490	2,120	5.5	55
150	4.0 ~ 6.0	580	3,130	5.5	55
200	4.5 以下	750	3,330	5.0	58
250	4.5 以下	840	4,000	5.0	58
300	4.5 以下	1,100	4,400	4.5	58
400	4.5 以下	1,200	5,720	4.5	58
500	4.5 以下	1,300	6,700	4.5	58

C.4.2. 網路及通訊機房 CIM

● 本節研究網路及通訊機房CIM (Computer-Integrated Manufacturing) 類似資訊管理系統MIS (Management Information System)，稱呼上也有稱為 IT Room，實際的區域功能需求必須清楚，否則設計上常會出現差異。

● 一般分伺服器 (server) 的數量超過 5,000台，稱為Data Center。
小型的稱為 CIM / MIS，.......等，各業主用的稱呼不同，實際上是網路及通訊機房。
Data Center 的規範 TIA-942。這是屬於完整的一套機電系統。Google Data Center 運轉最省電、機電技術及設備要求也比較高。

C.4.2.1. CIM 機房的設計

● 環境需求：以下是通用標準，若有不同需求請業主提出需求：
(1) 乾球溫度：20℃~25℃
(2) 相對濕度：40%rh ~ 55%rh
(3) 最大露點溫度：21℃
(4) 最大變化速度：5℃/hr

● CIM區是很重要的設備，設計上會考慮備用系統。備用的方法有：(1) 冷媒系統支援 (2) 設備支援或兩者兼用。

(1)	冷媒系統支援：意思是說有 2 種冷媒，一為冰水系統，另一微冷媒直膨系統。平時運轉 1 種系統，突變狀況時可以啟動另一系統維持系統正常運轉。
(2)	設備支援：意思是說設備有備機 (N + 1)。平時可以降載運轉 N+1。維護保養時時可運轉 N 設備。突變狀況時可以關閉 1 台，其餘 N 台升頻致滿載狀況。

C.4.2.2. CIM 空調箱的設計

● 因為環境條件需求不同，系統需求低濕及環境的穩定，類似恆溫恆濕的空調箱，設計上應注意是否需要加濕與加熱需求(一般不需要加熱，設備產生很大得顯熱)。

● 環境因素
環境的穩定需注意外氣的侵入，施工時應氣密環境空間，外氣的侵入會嚴重影響環境的穩定度需求。
環境空間內一般工作人員很少，所以 OA 的需求量很小，OA 多為提供環境正壓，空調箱的濾網可採用初級濾網與袋式中效濾網。
環境的回風方式有多種：天花板回風，高架地版回風，施工時應注意高架地板下的回風順暢，因為高架地板下方會有很多網路連接線架。

● 大型的CIM，一般稱為Data Center。Data Center 的設計與一般CIM不同，它有國際的標準。(Ref. ANSI-TIA-EIA-942)
Data Center 標準規定包含有：(1) 佈線設計 (2) 網絡設計(3) 設施設計 (4) 包含 "最佳做法" 和可用性要求的信息性附件 (5) 空間規劃 (6) 途徑 (7) 機架/櫃，......等。
(詳細請參閱 ANSI/TIA/EIA-942)。

C.5. 環境溫控-影響因素

● 精密環境溫控的區域都屬重要設備且有環境溫度、濕度控制的需求。所以，一般循環空調箱 RCU 設置在接近需要控制區域環境的附近。其終端系統的送風口有FFU、HEPA Box或其他類型出風口。

● 精密環境的溫控室的驗收標準

(1) 乾球溫度：22℃ ± 1K。

(2) 相對濕度：沒要求 (依設備需求，亦有要求濕度 45%±0.1%rh)

(3) 最大變化速度：±0.1℃/15min

● 精密控制的穩定度需要注意

(1) 計算馬達造成溫升。

(2) 風管造成溫升的誤差。

(3) RCU 的進風：有外氣與無塵室的回風：若用外氣則需要非常穩定的溫度與濕度的外氣。用無塵室的回風時，因無塵室的回封條件穩定，因此系統的穩定度容易控制。

C.5.1. 馬達溫升

C.5.1.1. 風機溫升公式 - (1)

H_{Fan} (馬達氣流內) = C_4 x (Q x P_{Tp} / (η_{Fan} x η_{Motor}))

H_{Fan} (馬達氣流外) = C_4 x (Q x P_{Tp} / η_{Fan})

公式符號/單位說明：直結式風機皮帶效率 = 1。

係數	風機			效率			馬達位於	風機溫升_公式 (1)		
	風量	全壓	效率	馬達	皮帶	系統		得熱	係數 C_1	溫升
C_4	Q	P_{Tp}	$\eta_{Fan.}$	η_{Motor}	η_{Belt}	η	氣流	H_{Fan}	1.2	ΔT_{Fan}
W-s/L-Pa	CMH	Pa	$\eta = (\eta_{Motor})$ x (η_{Belt})				in/out	W	W-s/m³-℃	℃
RCU 風機馬達的溫升										
0.000999	120,000	2,200	0.85	0.90	0.97	0.87	in	83,918	1.20	2.10
0.000999	120,000	2,200	0.85	0.90	0.97	0.87	out	86,188	1.20	2.15
FFU 風機馬達的溫升										
0.000999	2,070	135	0.50	0.52	1.00	0.52	in	149	1.2	0.22
0.000999	2,070	135	0.50	0.52	1.00	0.52	in	276	1.2	0.40

風機的馬達安裝位置，風機得熱是氣流內 ＞ 氣流外。

FFU 的溫升，靜壓不同時風機的溫升差異很大。

C.5.1.2. 風機溫升公式 - (2)

$\Delta T = \Delta P$ x Cp / (ρ x cp x η)

公式符號/單位說明：

經過風扇上升壓力	單位換算	空氣密度	空氣比熱 1,005	風車效率	經過風扇上升溫度
ΔP	C_p	ρ	c_p	η	ΔT
kPa	Pa/kPa	hg/m3	J/kg-K	10 進位	K
2.20	1,000	1.20	1,005	0.85	2.15

用二種 (1) and (2) 不同公式的計算結果大致相同。

C.5.2. 風管溫升

● 環境需要精密溫度控制時，風管/水管，因為風/風的運行摩差產生溫度上升。
(取材：ASHRAE Handbook - Foundamentals -1993 and From Dorgan and Elleson (1988))

C.5.2.1. 方型風管

● 送風管，矩形風管公式：

$q_{duct} = (U \times P \times L_{duct} / C_9) \times ((T_e + T_i) / 2 - T_a)$
$T_i = (T_e (\gamma + 1) - 2T_a) / (\gamma + 1)$
$y_{Square} = C_{10} \times Acs \times V \times (\rho / (U \times P \times L_{duct}))$
$y_{Round} = C_{10} \times D \times L_{duct} \times (\rho / (U \times P \times L_{duct}))$

$U_{duct} = 1 / (Ri + Rs)$

● 公式符號/單位說明

U_{duct}	Overall duct heat transfer coefficient	W / m²-K
Ri	Insulation thermal resistance.	m²-K / W
Rs	Duct Surface air film thermal resistance	0.109 m²-K/W

● [例題] 公式符號/單位說明

風量	係數	風管						空氣密度	保溫材料		熱阻	風管鐵皮表面熱阻	風管壁總傳熱係數	風管得熱計算過程值	係數	空氣溫度		空氣離開風管段溫度	風管壁內空氣得/損熱量
		寬 W	高 H	長 L_{duct}	周長 P	截面面積 Acs	平均風速 V	ρ	熱導係數 K	厚度	Ri	Rs	U=1/(Ri+Rs)	y_{Square}	C_9	風管周圍 T_a	風管內部 T_e	T_i	q_{duct}
Q	C_{10}	mm	mm	m	mm	m²	m/s	kg/m³	W/m-k	mm	m²-K/W	m²-K/W	W/m²-K	°C	mm/m	°C	°C	°C	W
CMH	Wms/mm-kg							1.2	0.04	25					1,000				
25,000	2.01	1,150	600	100	3,500	0.69	10.1	1.20	0.04	25	0.625	0.109	1.362	35	1,000	23.0	21.0	19.727	-1,257
40,000	2.01	1,150	600	100	3,500	0.69	16.1	1.20	0.04	25	0.625	0.109	1.362	56	1,000	23.0	21.0	20.196	-1,145

C.5.2.2. 圓型風管

● 送風管，圓形風管公式：$y_{Round} = C_{10} \times D \times L \times (\rho / (U \times P \times L_{duct}))$
● [例題] 公式符號/單位說明

風量	係數	風管					空氣密度	保溫材料		熱阻	風管鐵皮表面熱阻	風管壁總傳熱係數	風管得熱計算過程值	係數	空氣溫度		空氣離開風管段溫度	風管壁內空氣得/損熱量
		直徑 D	長 L_{duct}	周長 P	截面面積 Acs	平均風速 V	ρ	熱導係數 K	厚度	Ri	Rs	U=1/(Ri+Rs)	y_{Square}	C_9	風管周圍 T_a	風管內部 T_e	T_i	q_{duct}
Q	C_{10}	mm	m	mm	m²	m/s	kg/m³	W/m-k	mm	m²-K/W	m²-K/W	W/m²-K	°C	mm/m	°C	°C	°C	W
CMH	Wms/mm-kg						1.2	0.04	25					1,000				
25,000	2.01	1,150	20	3,613	1.04	6.7	1.20	0.04	25	0.625	0.109	1.362	0	1,000	23.0	21.0	-24.999	-2,461
40,000	2.01	1,150	20	3,613	1.04	10.7	1.20	0.04	25	0.625	0.109	1.362	11	1,000	23.0	21.0	17.251	- 381

Chapter D

空調終端設備
HVAC Terminal Equipment

Chapter D. 空調終端設備 HVAC Terminal Equipment

D.1. 風知識

- 風的強與弱程度，通常用風力等級來表示。目前國際通用之風力估計，以蒲福風級為標準。
- 蒲福氏為英國海軍上將，於 1805年首創風力分級標準。先僅用於海上，後亦用於陸上，並屢經修訂，乃成今日通用之風級。

D.1.1. 實際風速與蒲福風級

- 實際風速與蒲福風級之經驗關係式為：$V = 0.836 * (B^{3/2})$

0.836	B	3/2	V [m/s]
係數	蒲福風級	係數	風速
0.836	5	1.5	9.35
0.836	10	1.5	26.44

- 蒲福風級的定義

蒲福風級	風之稱謂	一般敘述	風速 m/s	浬每時 kts
0	無風 > calm	煙直上	不足 0.3	不足 1
1	軟風 > light air	僅煙能表示風向，但不能轉動風標。	0.3-1.5	1-3
2	輕風 > light breeze	人面感覺有風，樹葉搖動，普通之風標轉動。	1.6-3.3	4-7
3	微風 > gentle breeze	樹葉及小枝搖動不息，旌旗飄展。	3.4-5.4	8-12
4	和風 moderate breeze	塵土及碎紙被風吹揚，樹之分枝搖動。	5.5-7.9	13-16
5	清風 fresh breeze	有葉之小樹開始搖擺。	8.0-10.7	17-21
6	強風 strong breeze	樹之木枝搖動，電線發出呼呼嘯聲，張傘困難。	10.8-13.8	22-27
7	疾風 near gale	全樹搖動，逆風行走感困難。	13.9-17.1	28-33
8	大風 gale	小樹枝被吹折，步行不能前進。	17.2-20.7	34-40
9	烈風 strong gale	建築物有損壞，煙囪被吹倒。	20.8-24.4	41-47
10	狂風 storm	樹被風拔起，建築物有相當破壞。	24.5-28.4	48-55
11	暴風 violent storm	極少見，如出現必有重大災害。	28.5-32.6	56-63
12	颶風 hurricane	-	32.7-36.9	64-71
13	-	-	37.0-41.4	72-80
14	-	-	41.5-46.1	81-89
15	-	-	46.2-50.9	90-99
16	-	-	51.0-56.0	100-108
17	-	-	56.1-61.2	109-118

D.1.2. 室外風的聲音

● 室外風的聲音，是由風壓造成的，風壓是力的一種：P = 0.125(V²)。

V 風速	係數	P 風壓
m/s	0.125	Kg/m²
4.00	0.125	2.00

D.1.3. 風壓力計算

● 此部份應屬建築工程，但建築完成運轉後當有颱風或其他風壓力問題時，需要機電工程師協助計算。(取材：諾伊斯聲學之家)

D.1.3.1. 風壓力公式：P = Vp × C × A

Vp	C	A	P
速度壓	風力係數	地區係數	建築物之表面所受壓力
See G1.3.2	See G1.3.3	See G1.3.4	See G1.3.5

D.1.3.2. 速度壓 Vp 之求出方法：h 為建築物之高度

$Vp = 60\sqrt{h}$	h ＜16m 之場合
$Vp = 120\sqrt[4]{h}$	h ≧ 16m 之場合

D.1.3.3. 風力係數 C：

● 細長比（正），W：寬(m)，h：高(m)

細長比	牆面受到正風壓之風力係數
0.1 < W / h ≦ 0.2	1.0
0.2 < W / h ≦ 0.4	0.9
0.4 < W / h	0.8

● 細長比（負），W：寬(m)，h：高(m)

細長比	產生負風壓之建築物部分
0.1 < W / h ≦ 0.2	建築物之 14/15 高度以上部分及從側端水平方向可見寬度 1/6 以內部分
0.2 < W / h ≦ 0.4	建築物之 9/10 高度以上部分及從側端水平方向可見寬度 1/8 以內部分
0.4 < W / h	建築物之 5/6 高度以上部分及從側端水平方向可見寬度 1/10 以內部分

D.1.3.4. 地區係數 A

● 依照日輕之規定，東京及台北之地區係數A=0.8，但靠海岸8km以內之地區，則A = 1。

D.1.3.5. 風壓例題

● 假設一平地部分建造樓高55m，45m鋁帷牆大廈，則：

120	$\sqrt[4]{h}$	Vp	W	h	W/h	C	A	P
係數	高值	速度壓	迎風寬	高	細長比	風力係數	地區係數	建築物表面所受壓力
None	m	kg/m²	m	m	None	None	none	kg/m²
120	2.72	326.8	45	55	0.82	0.8	0.8	209

D.1.4. 玻璃強度

● 玻璃強度高度不同用的係數不同。

D.1.4.1. 建築物 31m 高度以上

● 依照日輕之規定,對於超過 31m 高之建築,其玻璃強度之計算公式如下:
● 玻璃強度公式:$P = 30 \times K \, (\, t + t^2 / 4 \,) / A$

30	K	t	4	A	P
係數 30	查下表	玻璃厚度	係數 4	玻璃面積	kg/m^2

● K值

玻璃種類	K 值
普通平板玻璃	1
磨光玻璃	0.8
強化玻璃	3
鐵絲網玻璃	0.7
平行線玻璃	0.7
膠合玻璃	1.6
雙層玻璃	1.5

D.1.4.2. 建築物 31m 高度以下

● 壓力公式:
(1) 普通平板玻璃　　$P = 80 \, (\, t + t^2 / 4 \,) / FA$
(2) 磨光玻璃　　　　$P = 60 \, (\, t + t^2 / 4 \,) / FA$
(3) 公式符號/單位說明

玻璃種類	80 ; 60	t	4	W	H	A	F	P
	係數	玻璃厚度	係數	玻璃寬	玻璃高	玻璃面積	安全率	風壓力
普通/磨光	None	mm	None	m	m	m^2	None	kg/m^2

● F 安全率

安全率	1.0	2.0	2.3	2.5
破損確率	0.500	0.010	0.003	0.001

● (Ex) 試求出寬0.6m,高1.2m,厚6mm之玻璃 (1)普通平板 (2)摩光玻璃之容許風壓力。

玻璃種類	80 ; 60	t	4	W	H	A	F	P
	係數	玻璃厚度	係數	玻璃寬	玻璃高	玻璃面積	安全率	風壓力
普通/磨光	None	mm	None	m	m	m^2	None	kg/m^2
普通平板玻璃	80	6	4	0.6	1.2	0.72	1	1,667
磨光玻璃	60	6	4	0.6	1.2	0.72	1	1,250

D.2. 通風百業 Louver

● 本節介紹取材：AMCA 500/511，百業的應用常見於於通風工程。

D.2.1. 百業的基礎

● 百業效率標準

(1)	壓降	PRESSURE DROP (葉片設計直接影響壓降)
(2)	自由面積	FREE AREA
(3)	防水性	WATER PENETRATION RESISTANCE

百葉窗選擇標準的參數、應用的設計意圖和當地建築規範相關。

● 百葉認證的需求項目

(1)	空氣性能	Air performance
(2)	聲音性能	Sound performance
(3)	水滲透	Water penetration
(4)	風帶雨	Wind driven rain
(5)	風帶粉塵	Wind driven sand
(6)	洩漏	Air leakage

D.2.2. 百業的型式

● 百業的型式：大致分為如圖示

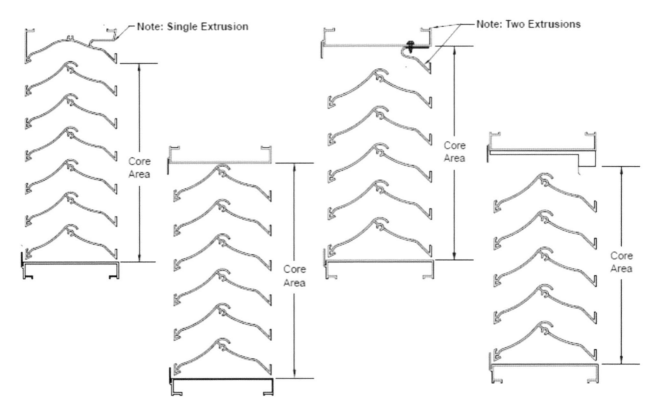

● 圖示顯示最小距離公式的典型百葉窗和框架橫截面

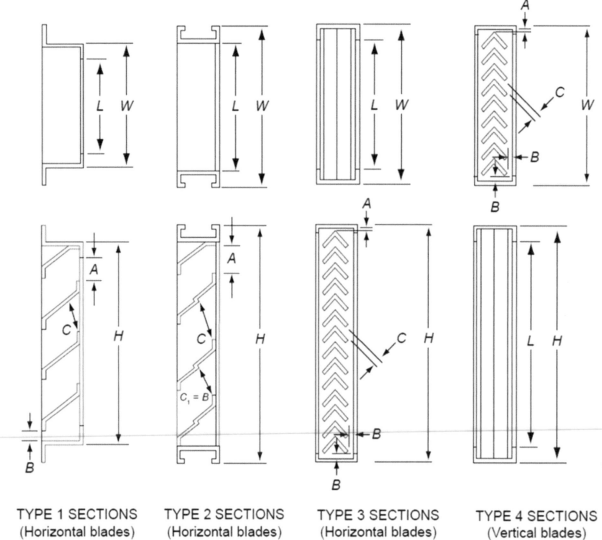

TYPE 1 SECTIONS　　TYPE 2 SECTIONS　　TYPE 3 SECTIONS　　TYPE 4 SECTIONS
(Horizontal blades)　(Horizontal blades)　(Horizontal blades)　(Vertical blades)

● 百葉公式：

自由面積	Free Area = L[A+B +(N×C)]
自由面積百分比	Percent Free Area = L[A+B +(N×C)] 100% ÷ (W x H)

公式說明：(1) 水平葉片安裝、(2) 垂直葉片安裝。

(1) Horizontal blade louvers

A	頂部和頂部刀片之間的最小距離。注意事項：如果頂部刀片尺寸 C 小於 A，則使用 C 的值
B	門檻和底部葉片之間最小距離
C	相鄰葉片之間的最小距離。注意事項：在 2 型百葉窗中，C 可能不等於 C1*
N	百葉窗 C 開口數
L	百葉窗側柱之間的最小距離
W	實際百頁的高度
H	實際百頁的寬度

A、B 和 C 空間應在距每個側柱 cm 的範圍內測量並取平均值。

(2) Vertical blade louvers

A*	左邊框和左葉片之間的最小距離。注意事項：當左葉片尺寸 C 小於 A 時，使用 C 的值
B*	右邊框和右葉片之間的最小距離
C*	相鄰葉片之間的最小距離
N	百葉窗 C 開口數
L	百葉窗側柱之間的最小距離
W	實際百頁的高度
H	實際百頁的寬度

*：A、B 和 C 間距應在距每個刀片端一英寸的範圍內測量並取平均值。

D.2.3. 百業的試驗

● 風雨試驗，水和氣流的速率應保持在以下給出的公差範圍內：

測試基準條件		誤差值
供水率	Water supply rate	± 2%
集水率	Water collection rate	± 10%
通風氣流速率	Ventilation airflow rate	± 5%
風速	Wind velocity	± 10%

測試值應定期記錄，間隔不超過 10min.，當記錄到穩態容差內的至少 4 個連續讀數時，測試期應完成。最短測試時間為 30min.。

D.2.3.1. 水滲透試驗

● 雨水滲入會在建築物內引起各種問題，從損壞的天花板瓷磚和幹牆以黴菌生長以設備損壞因地板潮濕而造成人身傷害。

● ANSI/AMCA 標準 500-L 水滲透測試方法：靜止空氣測試，模擬平靜的降雨條件沒有風的影響。水以兩種方法應用於百葉窗：

(1)	模擬雨滴從百葉窗上方落下。
(2)	水被噴灑在測試室艙壁上方的測試室隔板上。

最大風量經測試，最大 AMCA 水滲透額定值為 6.35 m/s (1,250 fpm) 自由區域速度。雖然傳統的百葉窗可以在平靜的降雨條件下防止一些雨水滲透，但在存在風雨的風暴條件下，它們的效果要差得多。

● 氣流被拉過百葉窗，同時風吹到百葉窗的表面。測試中使用兩種不同級別的風暴條件：

種類	風速 [m/s]	降雨 [mm/hr]
第 1 種	13	75
第 2 種	22	202.4

氣流以不同的速率通過百葉窗，水滲透以克（體積）為單位測量，基於 1hr 的持續時間。該結果是效率比和性能係數，可能的最高性能等級被確定為 A 級，代表 99%或更高的防雨性能。

在可用的最高系統氣流下，許多風力驅動的雨水百葉窗可以提供 99%或更好的防雨效果。相比之下，傳統百葉窗只拒絕了大約 65%的應用水，在對比測試期間允許超過 25 倍的水量。

● 百葉窗/m²的最大模擬降雨量的分類

等級	效率 [%]	最大允許穿透 [l/h/m²]	
		風速 13 m/s，雨量 75 mm/hr	風速 22 m/s，雨量 202.4 mm/hr
A	99.9 ~ 99	0.75	4
B	98.9 ~ 95	3.75	20
C	94.9 ~ 80	15	80
D	80% 以下	大於 15.0	大於 80.0

Note：

(1) 最大風箱氣流速率不超過 3.5 m/s。

(2) 使用的噴嘴應為寬噴霧型，具有方形衝擊區域的實心錐形噴霧圖案，噴霧角度為 93° 至 115°，在 30 kPa (4.35 psi) 壓力下具有指定容量。

● 型錄上的等級分為 (風帶雨)：

等級	效率 [%]
A	98
B	90
C	75

● 水等級字母應在流量等級字母之前，然後是極限心速度比如這些：

等級	最大風速
A2	1 m/s
B2	2 m/s
C2	3 m/s

● 圖示：百業試驗正面與側面圖 (這個測試中，氣流被拉過百葉窗，同時風吹到百葉窗的表面)。

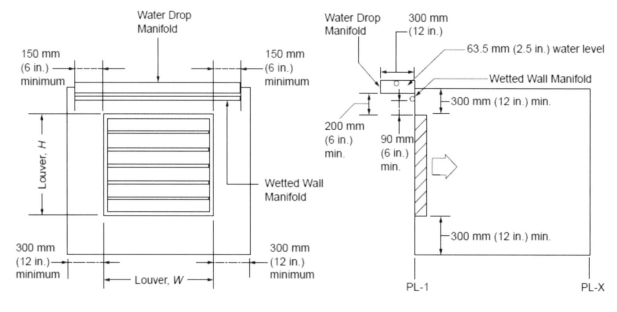

Front Elevation   Side Elevation

D.2.3.2. 砂的試驗

● 砂試驗參數 (Sand Test Parameters)

數量	誤差	數值				
自由區域速度	± 5%	1 m/s	2.5 m/s	4 m/s	5.5 m/s	7 m/s
沙子的重量	± 5%	1 kg	1 kg	2 kg	2 kg	2 kg
放砂時間	± 10%	200 sec	75 sec	100 sec	70 sec	60 sec
進砂速度	± 5%	0.005 kg/s	0.0286 kg/s	0.044 kg/s	0.064 kg/s	0.073 kg/s

● 測試方法-簡易說明：如圖所示，用6個方格子來測量試驗的結果

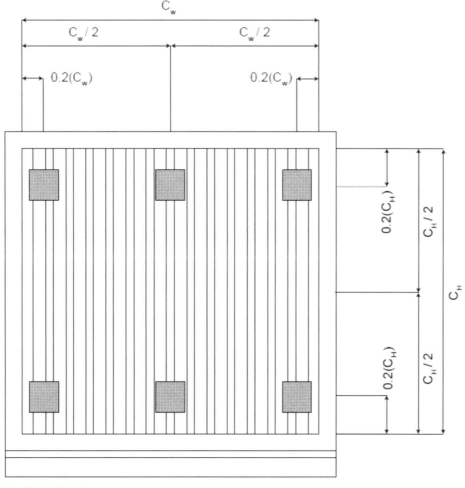

(1) 如圖所示。

(2) 在一側覆蓋九塊 25 mm × 25 mm (±5 mm) 的方格紙板。

(3) 製作兩條高 25mm (±5 mm)的紙板，與測試管道的整個寬度相同。用雙面膠帶覆蓋上游側並將兩條膠帶稱重。

(4) 閉注砂器後，仔細取出方格並單獨稱重，檢查砂百葉窗上的九個方格上粘附的砂子分佈是否均勻。任何兩個方格中砂的重量差之比不得超過 4 比 1。

(5) 檢查附著在地板上的兩條帶子上的沙子分佈是否均勻。注入沙子後，將兩條條帶一起稱重。試驗前後兩條砂帶的總重量差不得超過注入砂的 1%。

(6) 如果均勻分佈檢查的結果不滿意，調整分佈管的方向，重複步驟 2 直到達到滿意的分佈。

D.2.3.3. 壓力損失

● 排氣損失係數

等級	排氣損失係數
1	0.4 以上
2	0.3 ~ 0.399
3	0.2 ~ 0.299
4	0.19 以下

D.2.3.4. 洩漏等級

● 允許漏氣量的分級

Class	最大洩漏量 [L/s/m^2]		
	0.25kPa	1.0kPa	公式 y [kPa]
1A	15.2	N/A	N/A
1	20	41	2 $\sqrt{y}$ x 4
2	51	102	2 $\sqrt{y}$ x 51
3	203	406	2 $\sqrt{y}$ x 203

Note：y kPa：於不同的壓力可用此公式帶入壓力值 y。

D.2.3.5. 噪音性能

● 聲音性能 Sound performance：
● 噪音值的需求-因應各環境區域的不同-噪音要求標準不同。請參考本書：噪音基礎-環保署-噪音標準。

D.2.4. 百業設計

● 選擇百業考慮的基本原則：

	項目	說明	用途分類
1.	用途	排氣 (考慮噪音)	排氣風速：max. 3.5 m/s
		進風(考慮夾帶雨水)	進氣風速：max. 6 m/s
2.	防水/噪音	有效通風面積的穿越風速：穿越時夾帶雨水、噪音	最大風箱氣流速：max. 3.5 m/s
			防水滲透最大速度：max. 6.35 m/s
3.	效率	自由面積 (百業的效率)	防水雨型效率：min. 90%以上
			一般效率(不防雨)：65%。
4.	洩漏量	設備的氣密性	依需求功能決定氣密等級-Class：1A/1/2/3
			排氣要求洩漏 (室內污染空氣排放)
5.	壓損	驅動設備的耗能	動力驅動時考慮百頁壓力損失：排氣/進氣
6.	防砂	室外粉塵	室外有粉塵的進氣百業需考慮需求

● Note：選擇是多重性的項目，須依使用適當的選用，其基準是以自由面積。

D.2.5. 百頁的型錄

● AMCA 針對Louver的介紹非常詳細，資料不足處-請參考AMCA (取材：AMCA511-10，R. 11-13)。

● 本節介紹AMCA的百業試驗樣本型錄，報告的方式與內容-請參考AMCA。

D.2.5.1. Louver Air Performance Catalog

Company ABC certifies that the AL123 shown hereon is licensed to bear the AMCA Seal. The ratings shown are based on tests and procedures performed in accordance with AMCA Publication 511 and comply with the requirements of the AMCA Certified Ratings Program.

The AMCA Certified Ratings Seal applies to Air Performance ratings.

Test Information
Tested in accordance with ANSI/AMCA 500-L, Figure 5.5
Test sample size is 1220 mm x 1220 mm (48 in. x 48 in.)
Air performance data are based on intake performance

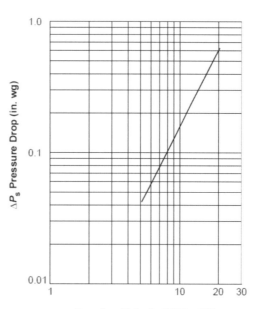

D.2.5.2. Louver Wind-Driven Rain Catalog

Company ABC certifies that the WDRL123 shown hereon is licensed to bear the AMCA Seal. The ratings shown are based on tests and procedures performed in accordance with AMCA Publication 511 and comply with the requirements of the AMCA Certified Ratings Program.

The AMCA Certified Ratings Seal applies to Wind-Driven Rain ratings.

Rainfall Rate:　3 in./hr
Wind Velocity:　29 mph

Core Velocity (fpm)	0	106	218	286	386	499	586	686	761	853	987
Effectiveness (%)	99.7	99.4	99.1	98.3	96.9	93.9	91.6	86.2	84.4	81.5	75.2
Penetration Class	A	A	A	B	B	C	C	C	C	C	D

Rainfall Rate:　8 in./hr
Wind Velocity:　50 mph

Core Velocity (fpm)	0	128	214	300	401	498	586	667	772	861	973
Effectiveness (%)	98.5	98.4	98.3	98.7	96.9	96.4	95.5	93.6	93.3	88.2	80.1
Penetration Class	B	B	B	B	B	B	B	C	C	C	C

D.2.5.3. Louver Water Penetration Catalog

Company ABC certifies that the AL123 shown hereon is licensed to bear the AMCA Seal. The ratings shown are based on tests and procedures performed in accordance with AMCA Publication 511 and comply with the requirements of the AMCA Certified Ratings Program.

The AMCA Certified Ratings Seal applies to Air Performance and Water Penetration ratings.

The beginning point of water penetration is 799.4 fpm.

Test Information
Tested in accordance with ANSI/AMCA 500-L, Figure 5.5
Test sample size is 1220 mm x 1220 mm (48 in. x 48 in.)
Air performance data are based on intake performance

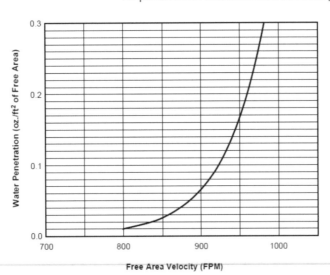

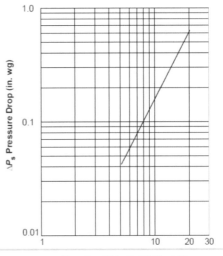

D.2.5.4. Acoustical Louver Sound Performance Catalog

Company ABC certifies that the AL123 shown hereon is licensed to bear the AMCA Seal. The ratings shown are based on tests and procedures performed in accordance with AMCA Publication 511 and comply with the requirements of the AMCA Certified Ratings Program.

The AMCA Certified Ratings Seal applies to Sound and Air Performance ratings.

Test Information
Tested for air performance in accordance with ANSI/AMCA 500-L, Figure 5.5
Test sample size is 1220 mm x 1220 mm (48 in. x 48 in.)
Air performance data are based on intake performance

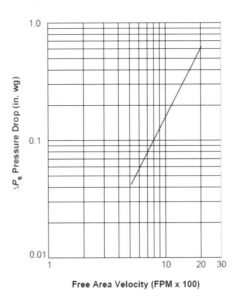

Octave Band (Hz)	2 (125)	3 (250)	4 (500)	5 (1000)	6 (2000)	7 (4000)
Free Field Noise Reduction	10	10	13	16	18	16

D.2.5.5. Adjustable Louver Air Leakage Catalog

Company ABC
Model AL123

Company ABC certifies that the AL123 shown hereon is licensed to bear the AMCA Seal. The ratings shown are based on tests and procedures performed in accordance with AMCA Publication 511 and comply with the requirements of the AMCA Certified Ratings Program.

The AMCA Certified Ratings Seal applies to Air Leakage ratings.

Test Information
Tested in accordance with ANSI/AMCA 500-L, Figure 5.4
Air leakage data are based on intake performance
Data are based on the maximum torque of 120 in-lb/ft^2 applied to hold the louver during the test.
Air leakage is based on operation between 50 °F and 104 °F

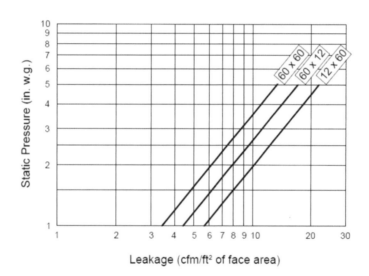

● 百業Louver試驗與Damper試驗，2者大致相同。讀者可以比較Damper的試驗曲線。

D.3. 風門 Damper

- 風門的材質分類：(1)鍍鋅鋼板 (2)不銹鋼板 (3)鐵氟龍不銹鋼 SUS+Ccoating (4)PP~PPs (5)玻璃纖維 FRP，......等。
- 風門的葉片動作分類：(1)對角風門 Opposed (2)平行風門 Parallel (3)圓型風門 Round。
- 風門的葉片形式分類：(1)翼結式 (2) 平板葉片。
- 風門的功能分類：(1)控制風量風門 (2)釋壓風門 (3)逆止風門 (4)防火風門-詳消防系統 (5)排煙閘門-詳消防系統。

D.3.1. 風門組成部分說明：

- 風門組成部分說明 (取材：LUCOMA)

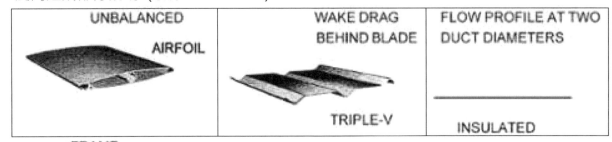

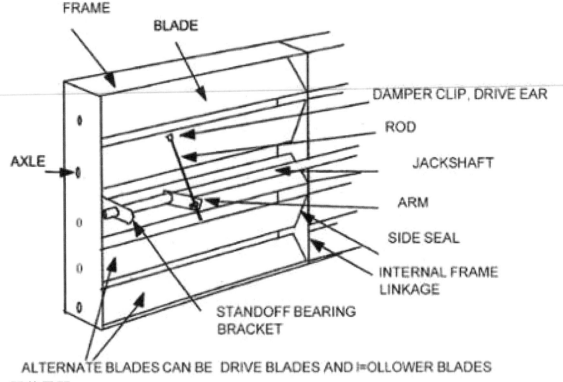

- 單葉風門

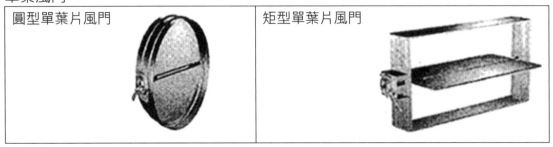

D.3.2. 風門重量

● 風門葉片寬度，各家製造商的材質、寬度有自己的成本強度技術，供參考寬度：100，
150，152，155。

● 風門重量計算公式
(1) 一般風門：
Damper Weight [kg] = (B + H x 6) + (Q x B x 2.3)

Damper Size			No Intermediate Support			
風門尺寸			Coffe.	Coffe.	Blade Q'ty	Damper
B (Length)	H	Area	6	0.23	Q	Weight
m	m	m^2	None	None	None	kg
1.200	1.200	1.440	6.00	0.23	8.0	10.61

(2) 補強的風門重量計算公式：
Weight [kg] = (B + H x 6) + (Q x B x 2.3) + Q with intermediate support

Damper Size			With Intermediate Support			
風門尺寸			Coffe.	Coffe.	Blade Q'ty	Damper
B (Length)	H	Area	6	0.23	Q	Weight
m	m	m^2	None	None	None	kg
1.200	1.200	1.440	6.00	0.46	8.0	18.61

D.3.3. 風門規格

● 葉片規格；各製造商的產品不同。詳以下說明 (取材：LUCOMA)。
● 葉片瞬間承受壓力最大值比較

葉片型式與規格	LUCOMA Aerofoil	Triple V Groove	Single Skin
1,500 mm	6,500 Pa	Not Rated	沒比較
915 mm	8,200 Pa	2,117 Pa	520 Pa
750 mm	12,500 Pa	3,730 Pa	896 Pa

● 風門的噪音
空調風門因為風速而產生的噪音 Noise Generation Levels (Acoustic Capacity)

Approach Velocity		Lucoma	Triple Groove	Single Skin
5 ms^{-1}	1,000 fpm	NR 20	NR 31	NR 30
10 ms^{-1}	1,000 fpm	NR35	NR 45	NR 45
15 ms^{-1}	1,000 fpm	NR 45	NR 52	NR 57
20 ms^{-1}	1,000 fpm	NR 50	NR 59	NR 61

● 風門外框材料：各製造商方式不同，請詢問廠商詳細資料

項目	標準品	定製品
S	1.5mm (15ga)	2mm Al /1.5mm
材質	Galvanized Steel	SS304/SS316Ti
A	135mm	Any Length
T	165mm	125mm
F_1/F_2	36mm	25mm

S：製造的材料標準。

A：表示軸心的長度。軸心可依需求有：圓型，四角形，六角形，多角形。

T：外框的深度。

F_1/F_2：外邊框的寬度。

● 對角風門圖

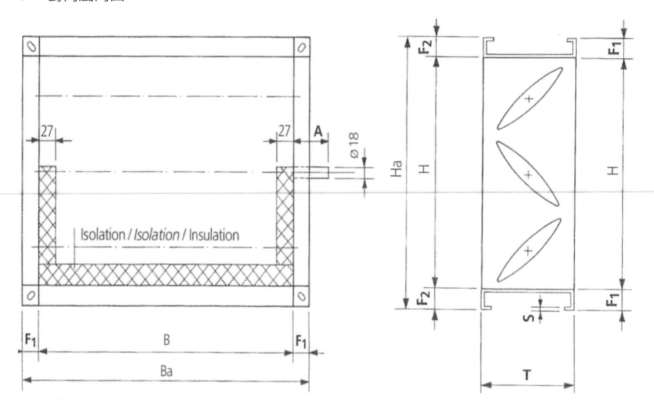

D.3.4. 空調風門　HVAC Damper

● 空調風門選用目的多位調節風量，按氣流分類：
　(1) 對角風門 Opposed-容易調節風量。
　(2) 平行風門 Parallel-多用於開與關的功能。

D.3.4.1. 風門氣流走向　Damper Flow Patten

● 左圖：平型風門，氣流偏向一方流出風門。風量控制不易，在風管內會有擾流段。
● 右圖：對角風門，氣流平行流出風門。風量容易比例式的調節。

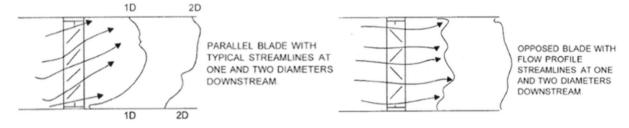

D.3.4.2. 風門性能曲線　Damper Performance Curve

● Opposed Type (葉片開啟呈八字型)

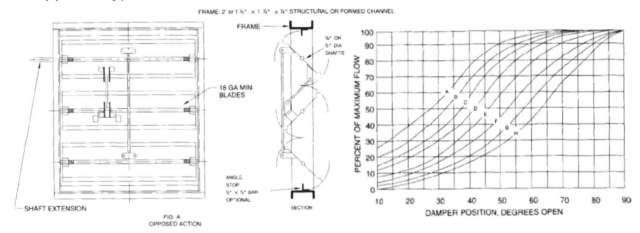

● Parallel Type (葉片開啟呈平行型)

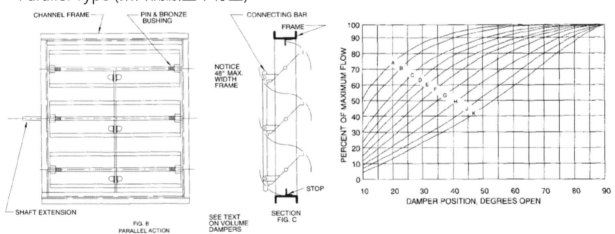

D.3.4.3. 製程用圓型風門

● 扇形風門-開啟狀態 (葉片呈花開型)

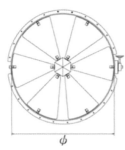

D.3.4.4. 風門壓損

● 風門壓損可用計算取得，但一般的計算變數太大都超過實際的測試資料。
參考 AMCA and Lucoma 技術資料

用 Lucoma 風門說明：開啟角度、風速的不同，壓力損失也不同。如下圖供參考。	AMCA：表內尺寸的標準不同時，比率改變。風速決定壓損。
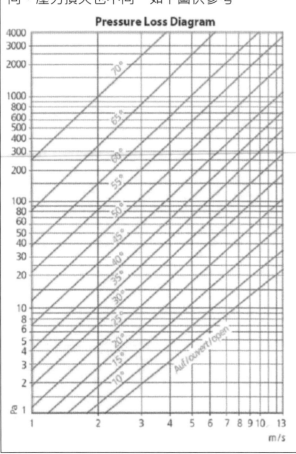	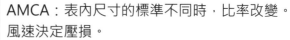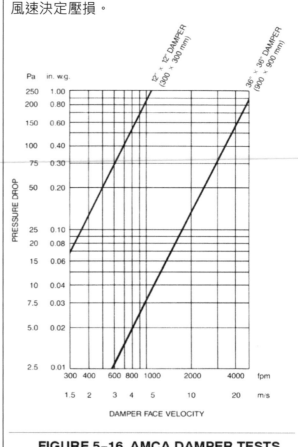 **FIGURE 5-16 AMCA DAMPER TESTS**

● 風門壓降：標準測試風門的尺寸 24" x 24"，風門越小壓降越高。

風管風速	ft/min	500	600	700	800	900	1,000	1,250	1,500	1,750	2,000	3,000	4,000
風門全開壓降	inch	0.01	0.01	0.02	0.02	0.03	0.04	0.04	0.07	0.08	0.10	0.25	0.48
風管風速	m/s	2.55	3.06	3.57	4.08	4.59	5.10	6.38	7.65	8.93	10.20	15.30	20.40
風門全開壓降	Pa	2.54	3.30	3.81	5.33	7.62	8.89	10.16	17.02	20.32	25.40	63.50	121.92

D.3.5. 釋壓風門　Pressure Relief

● 釋壓風門功能：當管內壓力超過一定的壓力時，風門開啟。
　 控制方式：(1)機械式 (2)驅動器式。
　 設定壓力區域：(1) < 80Pa (2) 80 ~ 500Pa (3) > 500Pa
　 型式：方型，圓型。
　 應用：於主風管上或無塵室的庫板上 (維持無塵室內壓力)。

風管	無塵室庫板

D.3.6. 風門試驗

● AMCA 風門試驗與百業試驗方法相同，資料不足處-請參考AMCA511-10，R. 11-13。

D.4.　逆止風門　Backdraft Damper

● 擋風閥可防止回流或不需要的空氣進入。在操作中，葉片是打開的。當壓力下降或空氣流回時，葉片自動關閉。
● 系統的應用

(1)	排氣風車的排氣端，防止氣流倒灌。多是機械式。與釋壓風門功能相同。
(2)	用於主風管上，預防風車變頻獲故障、操作不正確時過載，系統壓力過大。 規格上是屬於大型風門，配合壓力傳訊器做開啟的動作

D.5.　防火風門/排煙閘門

● 法規：參考本系書之消防系統的防火風門 / 排煙閘門。

D.6. 風門驅動器 Damper Actuator

● 驅動器的應用廣泛,在Duct (Air side:HVAC,Exhaust) and Piping (CHW,CDA,......等) 有需要控制與監視的功能的區域。本節介紹以風系統為主。

D.6.1. 風門驅動器

● 驅動器選用原則

item	Description	Option -1	Option -2	Option -3
1	Installation	Fileld	Factory	
	安裝	現場	工廠	
2	Method	Direct-Coupled	Linear motion & Lever Arm	
	安裝方式	直結	線性位移及搖桿	
3	Power	Electrical	Pneumatic	
	驅動力量	電動	氣動	
4	Fail Position	On - Off	Modulating	
	故障時安全位置	開關控制	比例控制	
5	Control	Last Position	Fail Open	
	控制	最後位置	故障時風門-開	
6	Damper Shape	Rectangular	Round	
	風門形狀	矩形	圓形	
7	Damper Type	Round	Opposed Blade	Parallel Blade
	風門型式	單板圓	八字, 對角風門	平行風門

● Item 4-故障時安全位置:例如消防排煙,當停電時風門自動開啟 (Spring Return)。
● 風門驅動器以動力源分類 Actuator,可分為:(1) 電動 (2) 氣動。

D.6.1.1. 電動驅動器

● 驅動電源有 AC120V (220V),DC24V。

驅動器型號	電壓	消耗電力	
	AC / DC	運轉	保持
BELIMO:FSNF120	AC 120	0.23A,18W	0.09A,6W
BELIMO:FSNF24	DC 24	24 VA	24 VA
HONEYWELL:ML4115	AC 120	0.18A,18W	0.11A,9W
HONEYWELL:ML8115	DC 24	16VA	16VA
HONEYWELL:MS4209F,MS4309F	AC 120	0.25A,23W	0.13A,7W
HONEYWELL:MS8209F,MS8309F	DC 24	23VA	23VA
HONEYWELL:MS4120F	AC 120	0.35A,35W	0.15A,10W
HONEYWELL:MS8120F	DC 24	45VA	45VA

D.6.1.2. 氣動驅動器

● 氣動驅動器(Pneumatic)應用於製程風管的風門,因為穩定可靠、速度快、扭力大。
● 氣動驅動器:一般要求儀錶空氣的壓力為 0.3-0.6 MPa (表壓 3~ 10 kg/cm^2)。
● 空氣消耗量:依型號不同需求不同。(Ex) 2.5、3.4、4.5、6.3、11.4、26.3、40.1、93.8、179.2、207.2 lpm,......等。

D.6.2. 選擇扭力方法

● 本節介紹2種扭力選擇方法：(1) 計算的方式及 (2) 查表方法。

這2種方法計算的結果-略有不相同，工程師選取時可採用最大值，或以查表方式定義扭力大小。

D.6.2.1. 扭力計算

● (1) 方法1 - 扭力計算公式：$P = 0.125 (V^2)$。

表 - 1，額定扭力(取材：Belimo)

表 - 1：額定扭力
Rate Torque 扭力選用表

單位：Pa/m^2 (Netwon-m/m^2)

| Rated Torque 額定扭力 | | R：Round 單板圖 | | P：Paralled Blades | | O：Opposed Blades | |
Air Velocity m/s	Tsp 靜壓 Pa	Air Tight 氣密	without seal 一般	Air Tight 氣密	without seal 一般	Air Tight 氣密	without seal 一般
Up to 5.08	300 Pa	12.0	6.0	8.5	5.0	6.0	3.5
5.08~12.7	450 Pa	18.0	9.0	13.0	7.5	9.0	5.0
12.7~17.78	500 Pa	24.0	12.0	17.0	10.0	12.0	7.0

扭力計算公式：$P = 0.125(V^2)$。(取材：Belimo)

額定扭力 (查表 - 1)

Des. Project	Air Volume CMH	Damper Size 風門尺寸 W(φ) mm	H mm	Area m²	Damper Type P/O/R	Damper Seal Y/N	Air Velocity (定義風速) 定義風速 查表-1 m/s	Pressure (定義壓力) 係數	Calculate Pressure Pa (Nm)	定義壓力 查表-1 Pa	Rate Torque 選擇定義的基準 基準：風速/壓力	查表-1 Nm/m²	Torque Calc. 扭力計算 Nm/m²	Safety Factor 安全係數 1.5	Design Torque 設計扭力 Nm/m²
消防排煙	50,000	1,200	1,200	1.440	Oppose	No Seal	9.65	0.125	164	300	風速	5.0	7.20	1.50	10.8
消防排煙	50,000	1,200	1,200	1.440	Oppose	No Seal	9.65	0.125	164	300	壓力	5.0	7.20	1.50	10.8
HVAC	120,000	2,000	2,000	4.000	Oppose	No Seal	8.33	0.125	341	450	風速	7.5	30.00	1.50	45.0
HVAC	120,000	2,000	2,000	4.000	Oppose	No Seal	8.33	0.125	341	450	壓力	7.5	30.00	1.50	45.0

(2) 方法2 - 扭力計算公式：另一種計算選擇公式（取材：LUCOMA）
標準型風門扭力計算式：[Nm] = (0.23 x Q) + (B x Q) x 1.3。
補強型風門扭力計算式：[Nm] = (0.46 x Q) + (B x Q)。

標準風門-扭力計算公式：Torqure Required [Nm] = (0.23 x Q) + (B x Q) x 1.3

Description		Air Volume	Damper Size 風門尺寸			No Intermediate Support			
Project	Location	CMH	B(Length) m	H m	Area m²	Coffe. 0.23 / None	Blade Q'ty Q / None	Coffe. 1.30 / None	Torque Nm
消防排煙	L30	50,000	1.20	1.20	1.44	0.23	8.00	1.30	14.32
消防排煙	L30	50,000	0.85	0.85	0.72	0.23	5.67	1.30	7.57

Note :
Blade Width [mm]：100, 150, 152, 155。

補強風門-扭力計算公式：Torqure Required [Nm] = (0.46 x Q) + (B x Q) with intermediate support

Description		Air Volume	Damper Size 風門尺寸			With Intermediate Support			
Project	Location	CMH	B (Length) m	H m	Area m2	Coffe. 0.46 / None	BladeQ'ty Q / None	Coffe. 1.3 / None	Torque Nm
消防排煙	L30	50,000	1.20	1.20	1.440	0.46	8.0	1.3	16.16
消防排煙	L30	50,000	0.85	0.85	0.723	0.46	5.7	1.3	8.87

Note :
Blade Width [mm]：100, 150, 152, 155。

D.6.2.2. 查扭力表 Belimo

● 選取方法，詳圖表中的例子

BELIMO   **Actuator sizing**

Equation for damper actautor sizing

	Cross area of damper	×	Rated torque load	=	Torque requirement
Example:	1.6 m²	×	6	=	9.6

Torque load of typical dampers in HVAC systems

Actuator sizing can be done according to the typical torque load value listed in following table.*

Damper Type	Torque Loading Nm/m² (according to air speed or static pressure)		
	<5m/s/ 300Pa	5 - 12m/s or 450Pa	>12m/s or 500Pa
Air tight application			
Round blade/edge seals	12	18	24
Parallel blade/edge seals	8.5	13	17
Opposed blade/edge seals	6	9	12
Normal close - off application			
Round blade/no edge seals	6	9	12
Parallel blade/no edge seals	5	7.5	10
Opposed blade/no edge seals	3.5	5	7

* Please contact damper manufacturer for torque confirmation.

Damper area controlled by a Belimo new generation actuator

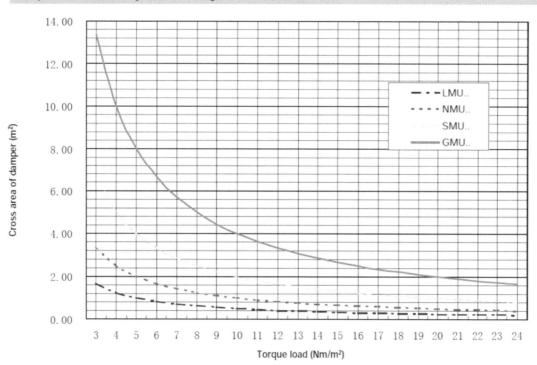

D.6.3. 驅動器安裝

● 驅動器安裝方式-水平 / 垂直

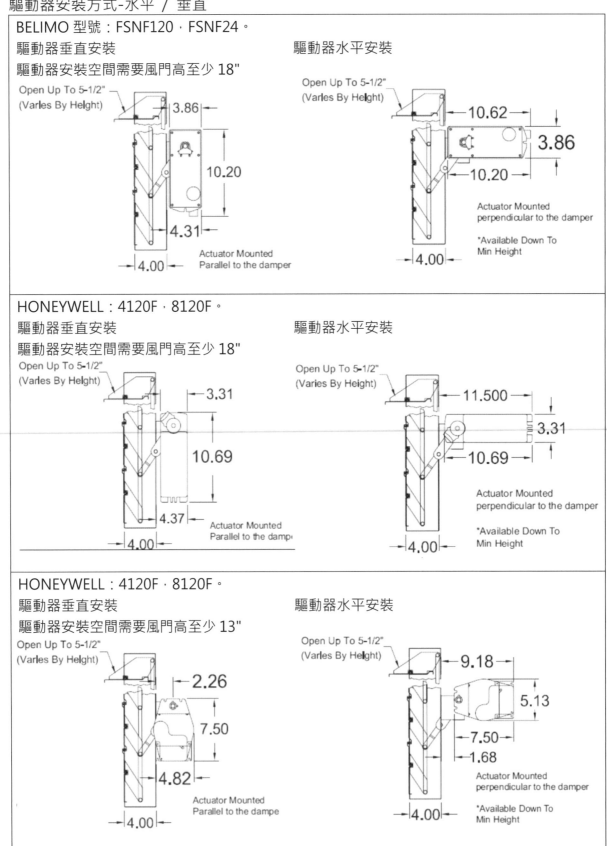

D.7.　洩漏　Leakage

● 風系統的洩漏於此研究：風門、風管洩漏與空調箱洩漏。

D.7.1. 風門洩漏

● 風門洩漏的標準有美規、歐規，應注意的是等級壓力與等級代表的符號有所不同。
● 一般風門洩漏的標準：AMCA 511。排煙風門依據：UL 555S。

(1) AMCA Standard 511　要求的評級

Leakage Class	Required Rating					
	1"w.g.	0.25 kPa		4"w.g.	1.0 kPa	
	cfm/ft^2	L/S-m^2	cmm-m^2	cfm/ft^2	L/S-m^2	cmm-m^2
1A	3.0	15.2	0.9	8.0	40.6	2.4
1	4.0	20.3	1.2	8.0	40.6	2.4
2	10.0	50.8	3.0	20.0	102.0	6.1
4	40.0	203.0	12.2	80.0	406.0	24.4

(2) AMCA Standard 511 Extended Ranges (Optional)　延伸的評級（選擇性的需求）

Leakage Class	Extended Ranges (Optional)					
	8"w.g.	2.0 kPa		12"w.g.	3.0 kPa	
	cfm/ft^2	L/S-m^2	cmm-m^2	cfm/ft^2	L/S-m^2	cmm-m^2
1A	11.0	55.9	3.4	14.0	71.1	4.3
1	11.0	55.9	3.4	14.0	71.1	4.3
2	28.0	142.0	8.5	35.0	178.0	10.7
4	112.0	569.0	34.1	140.0	711.0	42.7

(3) UL 555S Classified Leakage Ratings　洩漏等級

Leakage Class	Leakage, cfm/ft2 (L/S/m2)								
	4"w.g.	1.0 kPa		8"w.g.	2.0 kPa		12"w.g.	3.0 kPa	
	cfm/ft^2	L/S-m^2	cmm-m^2	cfm/ft^2	L/S-m^2	cmm-m^2	cfm/ft^2	L/S-m^2	cmm-m^2
I	8.0	40.6	2.4	11.0	55.9	3.4	14.0	71.1	4.3
II	20.0	102.0	6.1	28.0	142.0	8.5	35.0	178.0	10.7
III	80.0	406.0	24.4	112.0	569.0	34.1	140.0	711.0	42.7

D.7.2. 風管洩漏

● 風管的洩漏：本節介紹依據 (1) 美規、(2) 歐規的標準。

● 洩漏測試的目的，空調系統可以避免過多的送風(正壓)洩漏，造成系統風量不足；排氣系統避免過多排氣吸入非排氣的風(負壓)，造成系統排氣風量不足。
ASHRAE 90.1，風管壓力 750Pa，風管表面積的 25%。

D.7.2.1. 美規 SMACNA

● 美規風管洩漏標準：
(1) SMACNA HVAC Air Duct Leakage Test Manual 1st ED 1985。
(2) ASHRAE 90.1。

● SMACNA 風管洩漏公式：Leakage Rate：$F = C_L \times P^N$
F：洩漏比. cfm / 100ft².
N：一般取用 0.65，有些案例可以用 0.5 ~ 0.9。(ASHRAE 公式 $Lmax = C_L(P^{0.65}/1,000)$)
C_L：分類有 3, 6, 12, 24 and 48

● 洩漏公式符號/單位說明：$F = C_L \times P^N$

C_L	P	N	P^N	F		A	100	Q
Leakage Class	Test Pressuer	it is 0.5 to 0.9	Static Pressuer	Leak Rate		Surface Duct Area	Constant Coeff.	Leakage Air Vol.
洩漏等級	測試壓力	係數	靜壓	洩漏比		表面積	係數	洩漏風量
none	in-Wg	0.65	in-Wg	cfm/100ft²	cmh/m²	ft²	None	cfm
24	1/2	0.65	0.64	15.3	2.8	2,074	100	317
24	1	0.65	1.00	24.0	4.4	2,074	100	498
24	2	0.65	1.57	37.7	6.9	2,074	100	781

● 查表法：曲線C48、C24、C12、C6 and C3

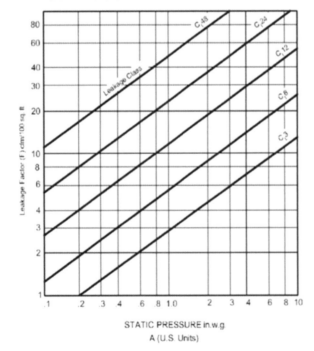

STATIC PRESSURE in.w.g.
A (U.S. Units)

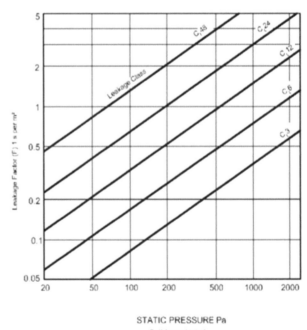

STATIC PRESSURE Pa
B (Metric Units)

● 取材：SMACNA 測試圖

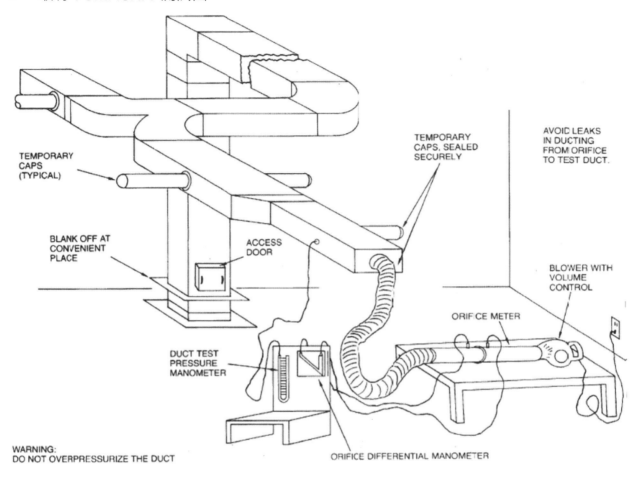

● 風管氣密等級

等級	氣密需求	使用靜壓等級
A	風管短向、長向與穿牆的要氣密	大於 1,000 Pa
B	風管短向、長向的要氣密	750 Pa
C	風管短向的要氣密	500 Pa

● 風管氣密位置

Duct Class	1/2"．1"．2"　Wg	3"　Wg	4"．6"．10"　Wg
Seal Class 氣密等級	C	B	A
Sealing Applicable 氣密位置	Transverse Joints Only 短向	Transverse Joints and Seams 短向與銜接處	Joints, Seams and All Wall Pentrations 銜接與穿牆處

● 洩漏等級係數

風管種類	洩漏等級係數 C_L		
	C	B	A
矩形風管 Rectangular Metal	24	12	6
圓形風管 Round Metal	12	6	3

- 測試儀器

  $Q = 21.8\, K\, (D2)^2 \sqrt{\Delta P}$

  Q：風量，cfm

  D2：測試流量孔徑，in

  D1：測試風管管徑，in

  dP：經過測試流量孔徑的壓降，inch-Wg

  K：詳下表

D2 / D1	0.70	0.60	0.50	0.40	0.30
A2 / A1	0.49	0.36	0.25	0.16	0.09
K	0.699	0.650	0.623	0.608	0.600
K_P	0.52	0.63	0.73	0.82	0.88

- 孔管比

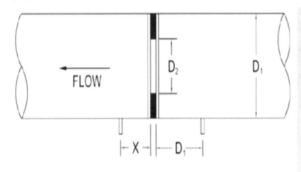

LOCATION OF VENA CONTRACTA TAPS

USE 3/32" OR 1/8" STEEL SQUARE EDGE ORIFICE PLATE

$\dfrac{D_2}{D_1}$	X
0.2	$0.74\, D_1$
0.3	$0.71\, D_1$
0.4	$0.66\, D_1$
0.5	$0.60\, D_1$
0.6	$0.53\, D_1$
0.7	$0.45\, D_1$
0.8	$0.36\, D_1$

- 照片

系統測試.銜接	`儀表	壓力感測器/傳訊器

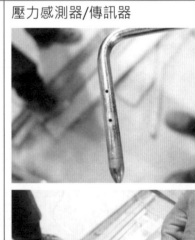

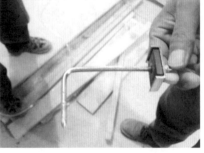

● 測試結果：系統洩漏比率

Leakage Class	Fan cfm Prorated Per ft^2	Static Presure (in Wg)					
		1/2	1	2	3	4	6
48	2	15.0	24.0	38.0			
	2 1/2	12.0	19.0	30.0			
	3	10.0	16.0	25.0			
	4	7.7	12.0	19.0			
	5	6.1	9.6	15.0			
24	2	7.7	12.0	19.0			
	2 1/2	6.1	9.6	15.0			
	3	5.1	8.0	13.0			
	4	3.8	6.0	9.4			
	5	3.1	4.8	7.5			
12	2	3.8	6.0	9.4	12.0		
	2 1/2	3.1	4.8	7.5	9.8		
	3	2.6	4.0	6.3	8.2		
	4	1.9	3.0	4.7	6.1		
	5	1.5	2.4	3.8	4.9		
6	2	1.9	3.0	4.7	6.1	7.4	9.6
	2 1/2	1.5	2.4	3.8	4.9	5.9	7.7
	3	1.3	2.0	3.1	4.1	4.9	6.4
	4	1.0	1.5	2.4	3.1	3.7	4.8
	5	0.8	1.2	1.9	2.4	3.0	3.8
3	2	1.0	1.5	2.4	3.1	3.7	4.8
	2 1/2	0.8	1.2	1.9	2.4	3.0	3.8
	3	0.6	1.0	1.6	2.0	2.5	3.2
	4	0.5	0.8	1.3	1.6	2.0	2.6
	5	0.4	0.6	0.9	1.2	1.5	1.9

註：一般情狀：風機 cfm/風管表面積 = 2~5 cfm/ft^2 = 37 ~ 92 cmh/m^2 。

D.7.2.2. 歐規風管洩漏

● 歐規風管洩漏標準：
BS En 12237：2003 – Circular Ductwork
BS En 1507： 2006 – Rectangular Ductwork
DW/143 (HVAC – A practical guide to ductwork leakage testing)
Eurovent 2/2 (Air leakage rate in sheet metal air distribution systems)

● 洩漏測試方法：DIN EN 12599
測試標準

風管氣密 DIN EN 1507 標準	風管最大洩漏 $m^3/s\text{-}m^2$	使用推薦根據 VDI 3803
A	$0.027 \times P^{0.65} \times 10^{-3}$	不建議
B	$0.009 \times P^{0.65} \times 10^{-3}$	最低需求
C	$0.003 \times P^{0.65} \times 10^{-3}$	標準
D	$0.001 \times P^{0.65} \times 10^{-3}$	最高需求

● P：靜壓 [Pa]
氣密等級必須在管道系統的安裝部分上進行認證，該管道系統包含代表性數量的管道和配件，表面積至少為 $10m^2$（參見 DIN EN 1507，DIN EN 12599 中的測量程序）。
為了監控安裝質量，建議在裝配階段根據 DIN EN 15599 對洩漏率進行樣品測試。

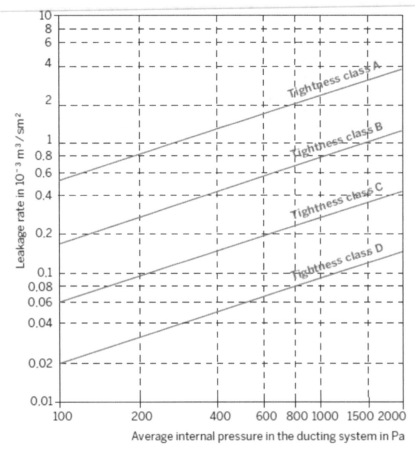

D.7.3. 空調箱洩漏

● 空調箱的測試基準，本節說明採用歐規標準FN-1886。
EN-1886：2007–Ventilation for buildings–Air handing units–Mechanical performance。

● AHU(空調箱本體)的洩漏可分為正壓測試與負壓測試，洩漏公式係數不同。

D.7.3.1. AHU 負壓測試

● 洩漏公式：

$$f_{400} \ = \ f_m \ (\frac{400}{\text{Test Pressure}})^{0.65}$$

● 測試標準：以 -400 Pa 為基準的洩漏比

Leakage class of casing	Max. f_{400} leakage rate lps/m^2
L1	0.15
L2	0.44
L3	1.32

● 測試結果計算

Leakage class of casing	f_{400}		- 400 Pa	0.65	Test Pressure	f_m		受測面積	受測面積洩漏量	
	標準壓力 洩漏量-查表 4		測試基準 壓力	係數		測試壓力 洩漏量				
L1/L2/L3	lps/m^2	cmh/m^2	Pa	None	Pa	lps/m^2	cmh/m^2	m^2	lps/m^2	cmh/m^2
L1	0.1500	0.5400	400	0.65	-600	0.1952	0.7028	156.26	30.51	109.82
L2	0.4400	1.5840	400	0.65	-600	0.5727	2.0616	156.26	89.49	322.15
L3	1.3200	4.7520	400	0.65	-600	1.7180	6.1849	156.26	268.46	966.46

● 測試方法：

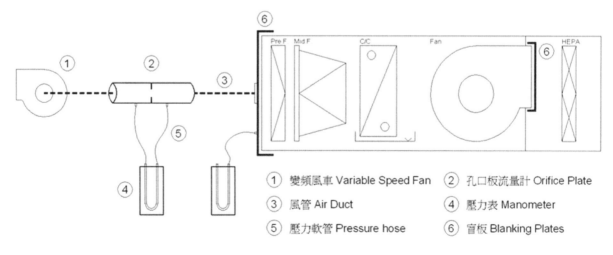

① 變頻風車 Variable Speed Fan　② 孔口板流量計 Orifice Plate
③ 風管 Air Duct　④ 壓力表 Manometer
⑤ 壓力軟管 Pressure hose　⑥ 盲板 Blanking Plates

D.7.3.2. AHU 正壓測試

- 洩漏公式:

$$f_{700} = f_m \left(\frac{700}{\text{Test Pressure}}\right)^{0.65}$$

- 測試標準:以 +700 Pa 為基準的洩漏比

Leakage class of casing	Max. f_{400} leakage rate lps/m²	Filter class (EN 779)
L1	0.15	superior to F9
L2	0.44	F8 to F9
L3	1.32	G1 to F7

- 測試結果計算

Leakage class of casing	f_{700} 標準壓力 洩漏量-查表		+ 700 Pa 測試基準 壓力	0.65 係數	Test Pressure 測試壓力	f_m 測試壓力 洩漏量		受測 面積	受測面積洩漏量	
L1/L2/L3	lps/m²	cmh/m²	Pa	None	Pa	lps/m²	cmh/m²	m²	lps/m²	cmh/m²
L1	0.2200	0.7920	700	0.65	1008	0.2788	1.0038	71.15	19.84	71.42
L2	0.6300	2.2680	700	0.65	1008	0.7985	2.8746	71.15	56.81	204.53
L3	1.9000	6.8400	700	0.65	1008	2.4082	8.6695	71.15	171.34	616.83

- 測試方法

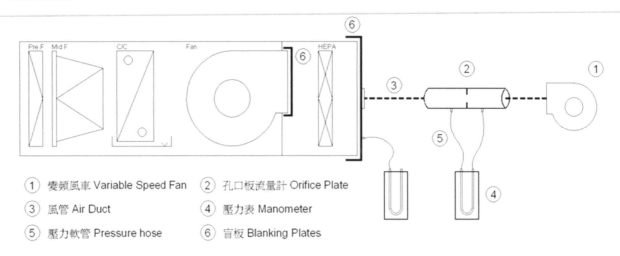

① 變頻風車 Variable Speed Fan ② 孔口板流量計 Orifice Plate
③ 風管 Air Duct ④ 壓力表 Manometer
⑤ 壓力軟管 Pressure hose ⑥ 盲板 Blanking Plates

D.7.3.3. 注意事項

- 負壓量測:對於通過協議的特殊應用,可以選擇獨立於過濾器的洩漏等級類。即使設備沒有配備過濾器,仍然建議量測基準使用L3級。

- 正壓量測:潔淨室的空調箱一般採用L1級進行驗證。

D.8.　送/回風口　Diffuser and Grill

● 空調設計的最後階段步驟，就是選用適當的送風/回風/排氣口的型式。參考：ASHRAE Handbook 有詳細的說明。

● 送/回風口的選擇，應注意選用適當的功能需求與氣流終端風速的位置、氣流方向、舒適度、噪音，並要配合現場安裝。

D.8.1. 解釋名詞

● Free Jet 自由射流：如果空氣射流沒有被牆壁，天花板或其他表面阻擋或影響。當出口面積與垂直於射流的空間的尺寸相比較小時，射流可以被認為是自由的一個房間內的空氣射流的特性可能受到誘導環境空氣的相同射流產生的逆流的影響。

● Primary Air / Induced Air / Total air

Outlet 出口 (送風口)	將空氣排放到空間中的裝置（例如：格柵，調節器，擴散器）。
Inlet 入口 (回風口、排氣口)	允許空氣離開空間中的裝置（例如：格柵，調節器，擴散器）。
Primary Air	一次送風。風管接送風口 (格柵、擴散型，....等) 送出的風。
Induced Air	誘導送風。又稱為二次送風，因為誘導產生的風。
Total air	總空氣風量。送風+誘導空氣的風量（總風量 = 一次風量+二次風量）。

冷氣系統

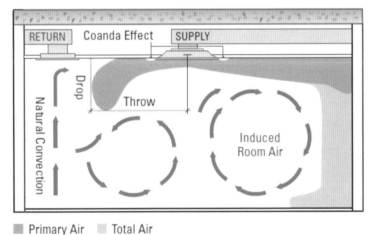
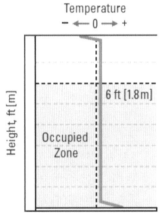

暖氣系統

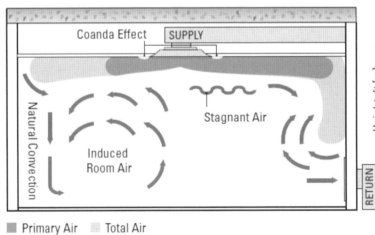
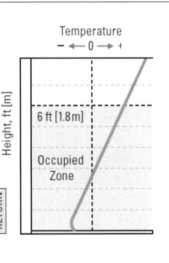

● Throw / Drop / Spread / Draft

Throw 水平距離	在最大流速減小到由 ASHRAE 標準 70 定義的特定終端速度（例如：0.25、0.5、0.75 或 1.0 m/s）之前，氣流在離開空氣出口之後行進的水平或垂直軸向距離。
Drop 下降距離	水平投射的氣流的下邊緣在其出口和出口的末端之間下降的垂直距離。
Spread 擴散距離	在氣流離開出口後，氣流在水平和/或垂直平面上的發散。
Draft	Undesired local cooling of a person caused by air movement. 人員不需求的通風由空氣流動引起的局部冷卻。

側吹送風口：側視圖 Drop
Vertical Cross Section

平面圖 (投射圖) Spread
Plan View

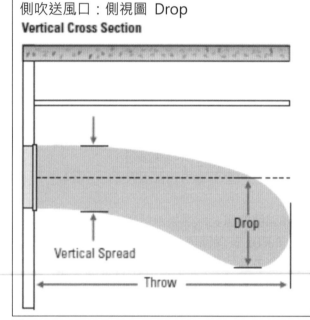
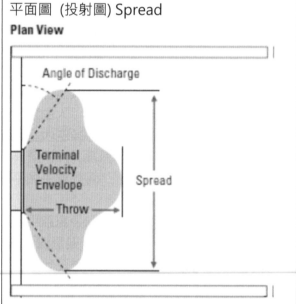

● Throw

天花板型擴散器投擲比較-
24"x 24" 模塊 (610mmx 610 mm)，
風量 380 cfm (646 cmh)，
頸部速度 700 fpm (3.57 m/s)，
等溫條件，終端速度 50 fpm (0.25 m/s)

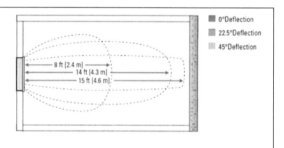

Diffuser Type		Throw Distance	
		ft	m
Square Cone	方型	10	3.0
Round Cone	圓型	9	2.7
Perforated 4 way	網孔 4 方向	14	4.3
Perforated 1 way	網孔 1 方向	33	10.1
Modular Core 4 way	模塊 4 方向	24	7.3
Modular Core 1 way	模塊 1 方向	36	11.0

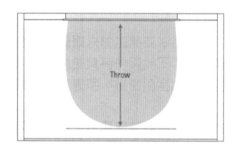

活動和非活動部分的視圖

	活動部分的長度 Length of Active Section			非活動部分的長度 Length of Inactive Section		
ft	1	5	10	1	2	3
m	0.3	1.5	3	0.3	0.6	0.9

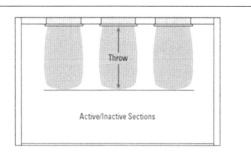

Active/Inactive Sections

- 終端風速

英制 T_{50}	端點速度為 50 fpm (約 0.25 m/s；公制 $T_{0.25}$)。
英制 T_{100}	端點速度為 100 fpm (約 0.5 m/s；公制 $T_{0.5}$)。
英制 T_{150}	端點速度為 150 fpm (約 0.75 m/s；公制 $T_{0.75}$)。

- 康達效應（Coandă Effect）：
流體在流經物體的表面時，會順著物體表面流。
亦稱附壁作用。流體（水流或氣流）有離開本來的流動方向，改為隨著凸出的物體表面流動的傾向，並使周圍流體逸入此一噴流中。由於流體移動方向的改變，使得周圍產生壓力較低的區域，此稱為康達效應。結果可能需求空調的空間不冷。

- 擴散器的推薦供氣速度。由於供氣口的空氣流速通常遠高於0.36 m/s且溫度遠低於24.4℃，因此在達到佔用水平之前必須與室內空氣充分混合。這取決於空氣分配系統的有效設計。

應用 符合噪音標準	送風風速 m/s
視聽室、戲院	3 - 3.5
公寓、辦公室	4.0 - 5.0
餐廳、圖書館	5.0 - 6.0
超級市場	6.0 - 7.5
工廠、健身房	7.5

- 各種類型的供應空氣出口的性能，使用它們可以選擇合適的供應空氣出口。

送風口	單位面積風量		天花板高度 3m (H)
	$L/s/m^2$	cmh/m^2	Max.換氣次數 ACH
格柵	3 ~ 6	10.8 ~ 21.6	7
線槽	4 ~ 20	14.4 ~ 72	12
孔板送風口	4.5 ~ 15	16.2 ~ 54	18
天花板送風口	4.5 ~ 25	16.2 ~ 90	30

D.8.2. 風口型式

● 風口分類

材質	塑膠類 (ABS 材質)，金屬類 (鋁製、不銹鋼、烤漆、鍍鋅，……等)。
用途	送風、回風、排氣
安裝方式	高側壁、低側壁、天花板、窗台、地板。
外型	天花板-方/圓形、天花板-方/圓形+網孔、格柵、線條型、線槽型、燈槽型、地板型、噴頭型、噴頭盤面型。

● 風口外型，本節主要介紹風口的外觀型式
(取材：Price，Titus；各製造商產品類同，詳細規格資料請詢問供應商)

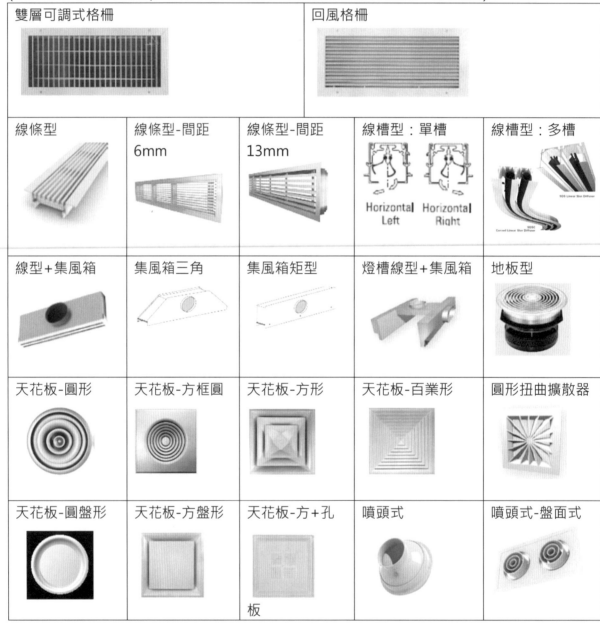

D.8.3. 舒適度

● 人體對環境的熱量損失的方式：(1)輻射、(2)對流、(3)傳導、(4)蒸發。
● 人員的舒適度由兩個條件：人員變量和空間。
  (1) 人員因素包括：活動水平和代謝率（Met 單位），及人員服裝（Clo 單位）。
  (2) 影響空間舒適條件的因素包括：乾球和輻射溫度、相對濕度、空氣流速。

● ADPI的定義為位置百分比
  廣泛的研究已經導致了當地溫度，速度和舒適反應之間的關係。基於特定點的溫度和速度，可以計算該位置的有效通風溫度。通風溫度由下式計算：

  Θ ＝ (Tx-Tc) -8 (Vx-0.15)

Θ	Tx	Tc	Vx
通風溫度	區域溫度	控制溫度	局部速度
℃	℃	℃	m/s

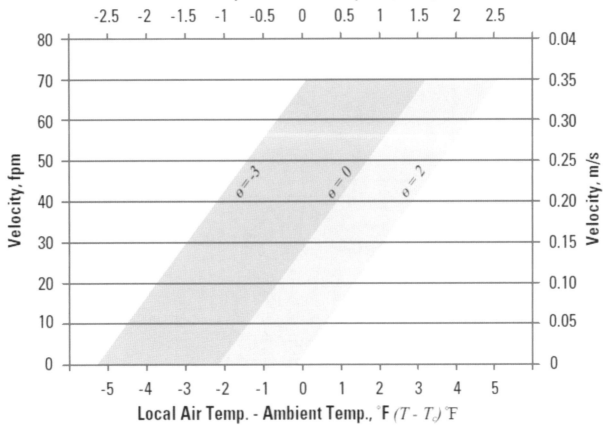

● 舒適溫度感覺

溫度	+3	+2	+1	0	-1	-2	-3
舒適	炎熱	熱	暖	舒適	涼	冷	寒冷

D.8.3.1. 舒適度區域

● 人體頸部、腳踝部舒適度區域

當在一個空間的空調區域中保持以下條件時，通過季節變化保持個人舒適度：

<1> 氣溫保持在 73-77°F (22.8-25℃)之間，依各國標準。

<2> 相對濕度保持在 60%以下。

<3> 空調區域的最大空氣流動。垂直方向 6″ 至 6′ (15cm-180cm)，牆壁 1′ (30cm) 內：
風速 50　fpm (0.25 m/s) 冷氣，30 fpm (0.15 m/s) 暖氣。

<4> 腳踝到頭部水平，最大溫度梯度為：站立為 5.4°F，座姿為 3.6°F。

局部溫度（Tx）是空間中給定點的溫度。 環境溫度（TA）是所需的室溫，可以認為是恆溫控制器設定值。

舒適度：溫度、濕度範圍。(取材：網路)

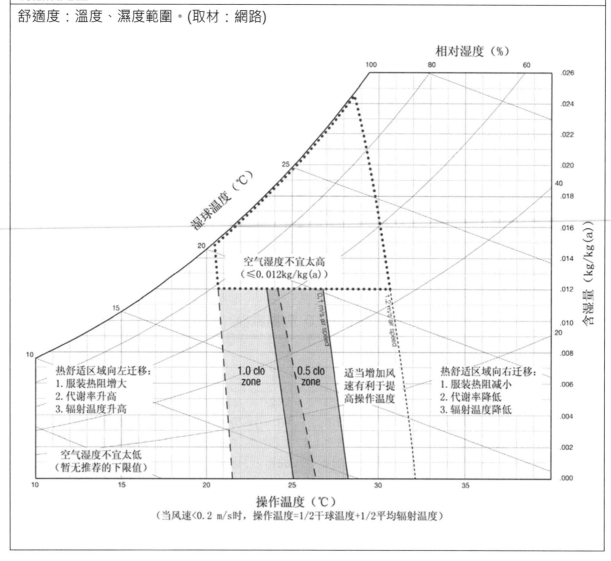

頸部：舒適度區域

腳踝部：舒適度區域

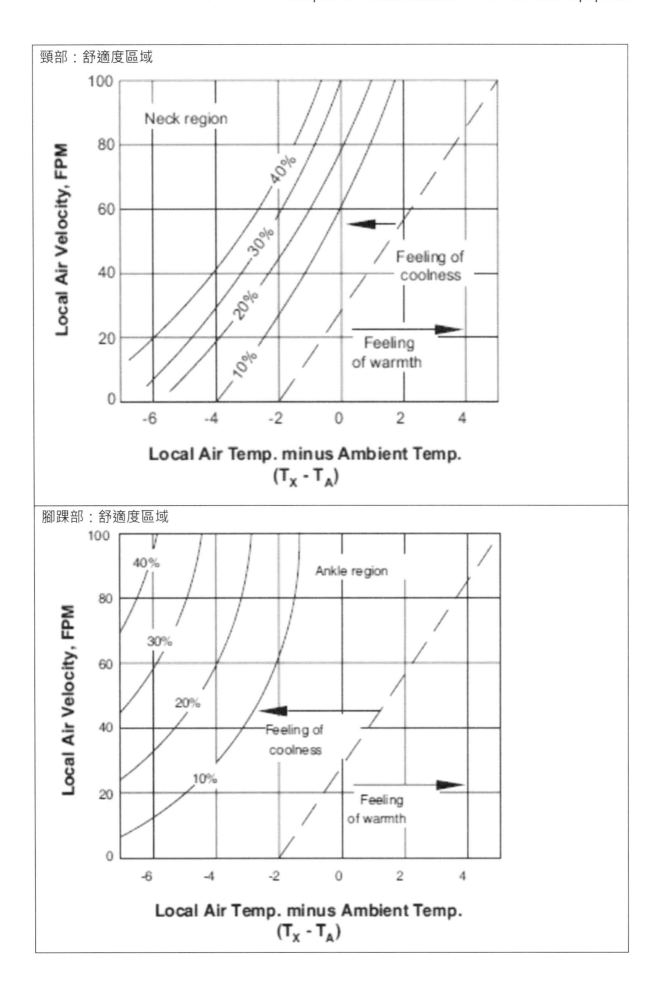

D.8.3.2. ADPI 選擇程序

(1). 選擇出風口類型。

(2). 如果使用天花板擴散器，以確定空氣量是否小於房間天花板高度的最大值。選擇側壁格柵時，請檢查冷卻過程中的配置（風量和風管速度）。

(3). 從平面圖中選擇特徵長度-從風口到牆壁的距離或兩個風口之間到中心線的距離

(4). 從相應的特徵長度中選擇可接受的投擲（Throw）值範圍

(5). 在所需風量的擴散器性能表中，選擇 T_{50} 在範圍內的尺寸。對於 VAV 系統，必須對最大流量（最大負載）和空間佔用時預期的最低流量進行此操作。（這可能高於建築平面圖中顯示的最小流量）

(6). 檢查聲音級別以確保 NC 兼容性

D.8.3.3. 特徵長度（L）

● L 是從出口到壁的距離或出口之間的中間平面。當出口通過空間提供相同的模塊時，這也可以被認為是模塊線，並且所有考慮因素都可以基於模塊參數。

● T_{50}是終點速度為50 fpm的目錄投擲值。通過將投射比（throw ratio T_{50} / L）乘以特徵長度（L），可以使用目錄性能表選擇投擲值。投射比基於9英尺的天花板高度。投擲（Throw）可以增加或減少與天花板高度超過或小於 9 ft 相同的量。

特徵長度 L：側壁、天花板、窗台、燈槽型。

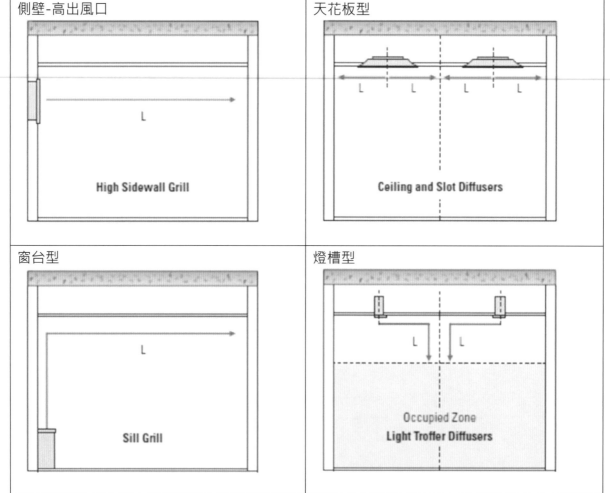

風口間距

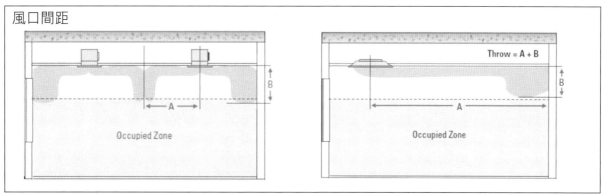

● ADPI 推薦出口的範圍 (取材：Titus)

風口	T_{50}/L 範圍		計算資料：T_{50} & L				
Sidewall Grilles 側壁隔柵	1.3-2.0	L	10	15	20	25	30
		T_{50}	13-20	20-30	26-40	33-50	39-60
Ceiling Diffusers Round Pattern	0.6-1.2	L	5	10	15	20	25
		T_{50}	3-6	6-12	9-18	12-24	15-30
Ceiling Diffusers Cross Pattern	1.0-2.0	L	5	10	15	20	25
		T_{50}	5-10	10-20	15-30	20-40	25-50
Slot Diffusers 線型出風口	0.5-3.3	L	5	10	15	20	25
		T_{50}	8-18	15-33	23-50	30-66	38-83
Light Troffer Diffusers 燈槽型	1.0-5.0	L*	4	6	8	10	12
		T50	4-40	6-30	8-40	10-50	12-60
Sill and Floor Grilles 窗台或地板出風口	0.7-1.7	L**	5	10	15	20	25
		T50	4-9	7-17	11-26	14-34	18-43

注意事項：

T_{50}：等溫投射到終點速度為 50 fpm (0.25 m/s)。選擇這些範圍內的漫射器尺寸。

LT_{50}：等溫投射到終點速度為 50 fpm (0.05 m/s)。選擇這些範圍內的漫射器尺寸。從擴散器到模塊線的特徵長度。

L*：對於重疊氣流，單位之間的距離加上 2 英尺。

L**：到天花板和遠牆的距離。

D.8.3.4. 風口風量

● 風口型式代碼

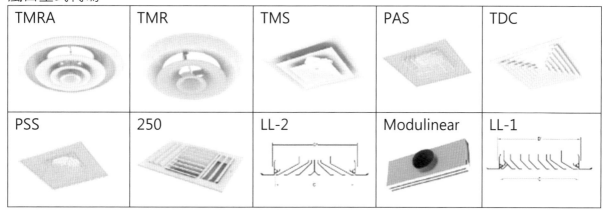

TMRA	TMR	TMS	PAS	TDC
PSS	250	LL-2	Modulinear	LL-1

● 出風口最大風量cfm-基於Drop (取材：Titus)

Outlet Type 風口型式		Ceiling Height Ft.					
		8	9	10	12	14	16
代碼	外型說明	風量 cfm					
TMRA	天花板-圓型	550	1,300	2,200	4,000	6,200	9,300
TMR	天花板-圓型	270	700	1,300	2,100	3,300	5,500
TMS	天花板-方型	1,100	1,500	2,000	---	---	---
PAS	天花板-方型+網孔	650	1,000	1,500	---	---	---
TDC	天花板-方型	250	400	650	900	1,400	1,600
PSS	天花板-方型+網孔						
250*	矩型	160	250	400	600	800	1,000
LL-2*	線型						
Modulinear*	線型+集風箱						
LL-1	線型	320	500	800	1,200	1,600	2,000

D.8.3.5. 熱負荷

熱負荷與 ADPI 選法 (取材：Price)

風口設備	熱負荷	最大值 ADPI		大於 ADPI	
	W/m^2	$T_{0.25}/L$	%	$T_{0.25}/L$ 範圍	%
High Sidewall Grilles 高位置側壁風口	250	1.8	68	---	---
	190	1.8	72	1.5-2.2	70
	125	1.6	78	1.2-2.3	70
	65	1.5	85	1.0-1.9	80
	< 30	1.4	90	0.7-2.1	80
Circular Ceiling Diffusers 圓形 / 方型類風口	250	0.8	76	0.7-1.3	70
	190	0.8	83	0.7-1.2	80
	125	0.8	88	0.5-1.5	80
	65	0.8	93	0.4-1.7	80
	< 30	0.8	99	0.7-1.7	80
Sill Grille Straight Vanes 窗台型格柵式風口	250	1.7	61	1.5-1.7	60
	190	1.7	72	1.4-1.7	70
	125	1.3	86	1.2-1.8	80
	65	0.9	95	0.8-1.3	90
Sill Grille Spread Vanes 窗台型格柵式風口	250	0.7	94	0.6-1.5	90
	190	0.7	94	0.6-1.7	80
	125	0.7	94	---	---
	65	0.7	94	---	---
Ceiling Slot Diffusers (for T_{100}/L) 天花板線槽型風口	250	0.3	82	0.3-0.7	80
	190	0.3	88	0.3-0.8	80
	125	0.3	91	0.3-1.1	80
	65	0.3	92	0.3-1.5	80
Light Troffer Diffusers 燈槽型風口	190	2.5	86	< 3.8	80
	125	1.0	92	< 3.0	90
	65	1.0	95	< 4.5	90
Perforated & Louvered Ceiling Diffusers	35~160	2.0	96	1.4-2.7	90
	35~160	2.0	96	1.0-3.4	80

D.8.4. 等溫氣流 ISOTHERMAL AIR JETS

● 等溫射流/非等溫射流

等溫射流	如果供氣溫度等於環境室內空氣溫度，則空氣射流稱為等溫射流。
非等溫射流	初始溫度與環境空氣溫度不同的射流稱為非等溫射流。

● 絕大多數的空氣擴散系統都是強制通風系統。
  格柵或擴散器產生高速射流，並且通過混合保持舒適條件。來自空氣擴散器裝置的主要
  氣流將室內空氣吸入供氣噴嘴，
  如圖所示。主要氣流引入室內空氣（或二次空氣）以提供完全的室內空氣混合併通過產
  生均勻的室溫來維持熱舒適條件。

● 圖：主要空氣膨脹過程：當空氣離開出口時，有四個不同的膨脹區域限定了射流。

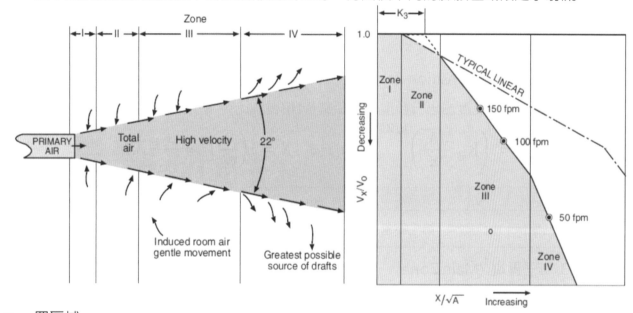

● 四區域

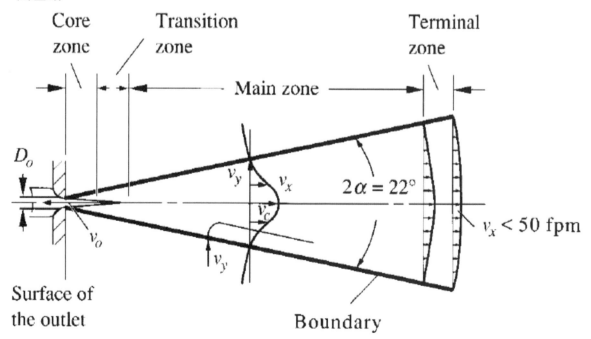

D.8.4.1. 第一區域 (Core Zone)

● 從出口面延伸的短核心區域，其中氣流的最大速度和溫度幾乎保持不變。

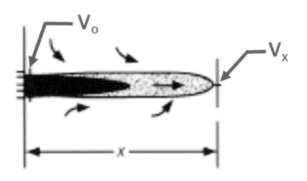

$$\frac{V_X}{V_O} = 常數$$

V_X	V_O
X 點風速	出口風速

● 比率 V_X / V_O 是恆定的並且在 1.0 和 1.2 之間的範圍內，等於在開始膨脹時的射流的中心速度與平均速度的比率。
● 比率 V_X / V_O 從圓形入口噴嘴的大約 1.0 變化到直管排放的大約 1.2；對於不同的排放口，它具有更高的值。

D.8.4.2. 第二區域 (Transition Zone)

● 過渡區域，其長度由出口類型，出口縱橫比(長寬比)，初始氣流混流等決定。

$$風速：\frac{V_X}{V_O} = \left(K_2 \frac{\sqrt{A_O}}{X}\right)^{1/2} \quad ；投射距離：X = \left(\frac{Q}{V_X}\right)^2 x \frac{K_2}{\sqrt{A_O^3}}$$

V_X	V_O	K_2	A_O	X
X 點風速	出口風速	第二區常數	出口有效面積	投射距離

D.8.4.3. 第三區域 (Main Zone)

● 這是大部分誘導發生的區域，是最重要的區域，因為它對室內空氣流速和房間感應影響最大。通常，自由空氣射流以恆定角度發散，通常在20°至24°的範圍內，平均為22°。第三區的初始速度和噴射中心線速度之間的關係由下面的等式給出。

● $風速：\dfrac{V_X}{V_O} = \left(K_3 \dfrac{\sqrt{A_O}}{X}\right) \quad ；投射距離：X = \left(\dfrac{V_O}{V_X}\right) \dfrac{K_3}{\sqrt{A_O}}$

D.8.4.4. 第四區域 (Terminal Zone)

● 射流退化區，最大空氣速度和溫度迅速下降。到該區域的距離及其長度取決於環境空氣的速度和亂流特性。在幾個直徑或寬度中，空氣速度小於0.25 m/s。

● $風速：\dfrac{V_X}{V_O} = \left(K_4 \dfrac{\sqrt{A_O}}{X}\right)^2 \quad ；投射距離：X = \left(\dfrac{V_O}{V_X}\right)^{1/2} x \dfrac{K_4}{\sqrt{A_O}}$

D.8.5. 風口安裝位置的氣流

D.8.5.1. 側壁型接近天花板

● 送風在天花板水平傳播水平空氣氣流投影：冷氣 / 暖氣

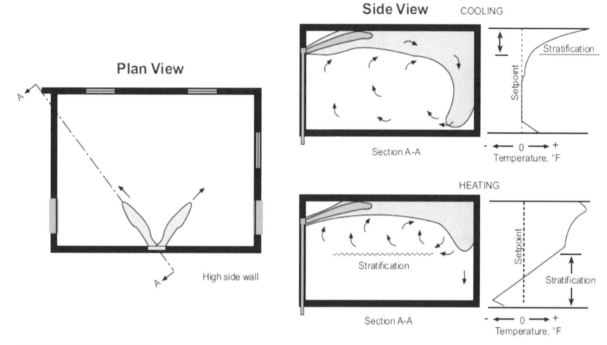

● 側壁型送風氣流分佈

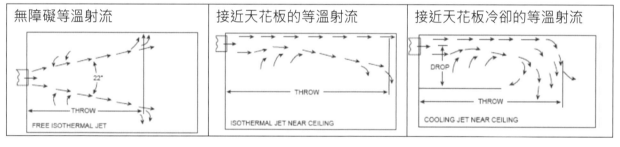

D.8.5.2. 側壁型靠近地板

● 置換通風

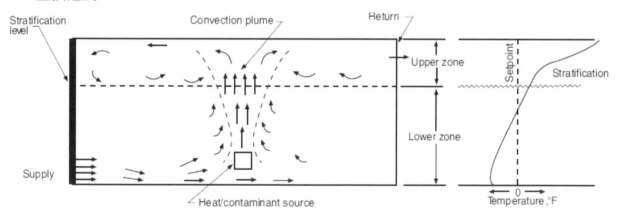

● 水平氣流圖

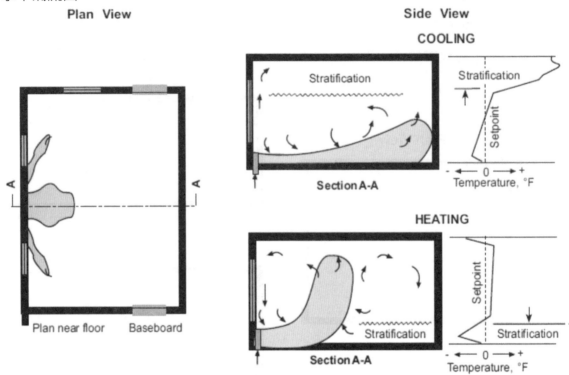

D.8.5.3. 天花板

● 一次空氣在停滯區域向上傳播，出現相對較大的溫度變化：冷氣 / 暖氣

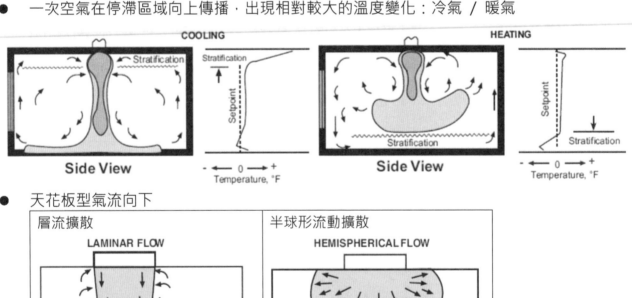

● 天花板型氣流向下

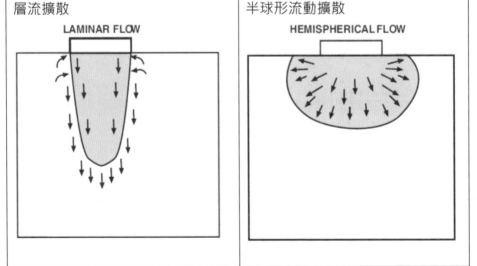

● 圓型出風口水平空氣氣流投影：冷氣 / 暖氣

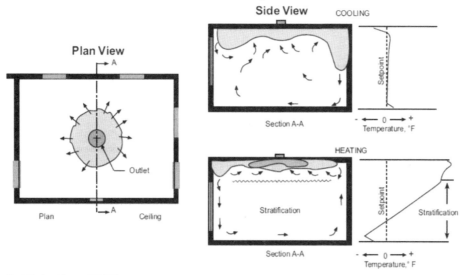

● 靠近窗戶 / 牆面

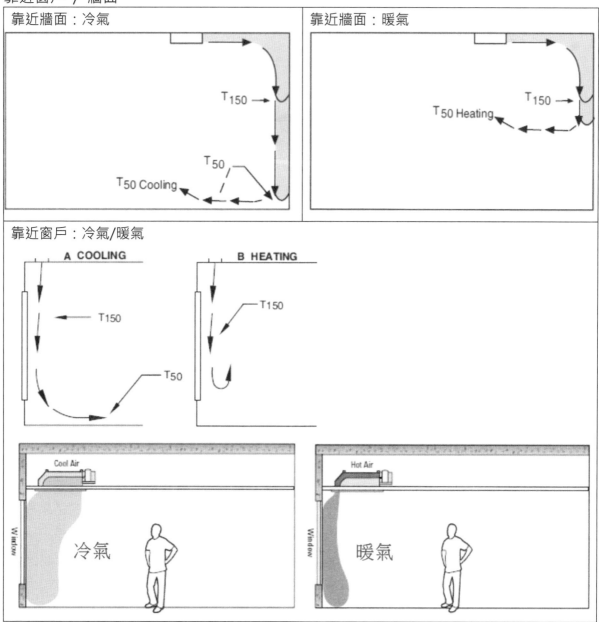

D.8.5.4. 地板型

● 擴散器的氣流特性：冷氣 / 暖氣

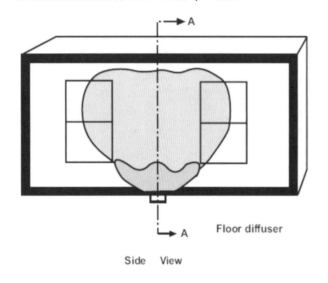
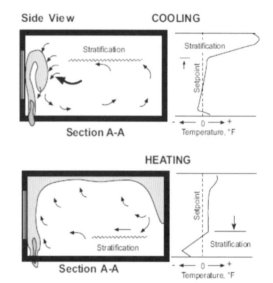

● 地板型出風口-工作區投影

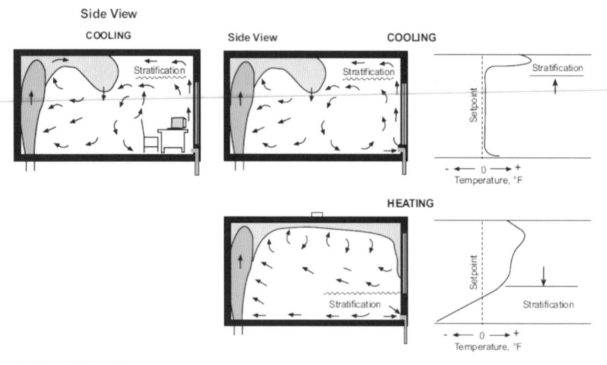

D.8.5.5. 風口選擇步驟

● 在冷卻期間 (冷氣)，所有出口的分層區域中的梯度曲線的斜率幾乎相同；加熱 (暖氣)
顯示了相同的特性。
通常，僅根據出口和應用的類型改變分層區域的尺寸。空氣分佈研究的結果表明，溫度
梯度和分層區域的大小通過降低的溫差和氣流速率或供應速度的增加而降低。這些條件
傾向於降低浮力效應，並且還導致室內空氣運動增加且更均勻。

● 非等溫送風氣流特性，空氣分佈特性：冷氣與暖氣 (5個程序步驟)

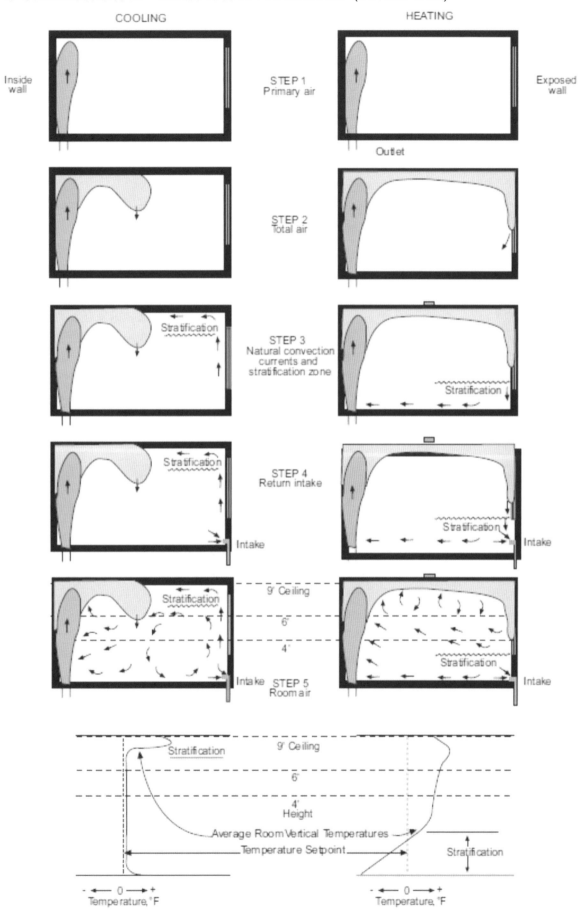

- 選擇出口和應用程序時，以下非常重要的注意事項。

第 1 步： 一次空氣	在配置或調查空間房間空氣運動時，一次空氣是起點。 一次空氣定義為供應到出口的空氣混合物和在速度大於 150fpm 的包絡內的誘導室內空氣。主要圖案可以通過兩個垂直平面截取的高速等級完全定義。這些顯示了主要氣流中噴流的數量和角度。
第 2 步： 總空氣	總空氣定義為在出口條件影響下的主空氣和室內空氣（不包括在主要和整個空氣包絡中的空間中的空氣部分）的混合物。通常，總空氣具有相對高的速度，但沒有明確限定的下限。 總空氣和室內空氣之間的溫差產生浮力效應。這導致冷卻的總空氣下降並且溫暖的總空氣上升。 除了出口類型和位置之外，由浮力效應引起的動作很大程度上取決於供氣和室內空氣之間的溫差。
第 3 步： 自然對流氣流	自然對流是由室內空氣與與溫暖或冷卻接觸的空氣之間的溫度差引起的浮力效應產生的。與溫暖表面接觸的空氣將上升；與冷表面接觸的空氣將下降。對流不僅由窗戶和牆壁引起，而且還由人，燈，機器等內部負載引起。在大多數情況下，自然對流不僅會影響室內空氣運動，還會在室內空氣運動中發揮重要作用。舒適的空間。在今天較低的供氣速率下，自然對流可能是確定佔用區域中實際室內空氣運動水平的主要變量。 測試結果顯示，加熱期間的腳踝水平溫度可低於室溫 5°F，速度範圍為 15 至 30 fpm。表明約有 10%的人員會反對這些情況。 應當注意，自然對流在冷卻過程中在分層和天花板之間以及在加熱期間在分層和地板之間形成混合區。
第 4 步： 回風口	回風口僅影響其附近的空氣運動。 即使是自然對流也具有足夠的能量來克服吸入量。這並不意味著回風位置並不重要，只是它對室內空氣運動影響不大。
第 5 步： 空氣室	當剩餘的室內空氣向主空氣和全空氣漂移時，室內空氣圖完成。空間中最高的空氣運動在初級和全部空氣中和附近。最均勻的空氣運動在總空氣和分層之間。最低的空氣運動位於分層區域。 溫度梯度曲線強調了所討論的一些因素是如何相互關聯的以及它們如何影響空間溫度分佈。在空氣運動均勻的情況下（在總空氣和分層之間），溫度大致相等且均勻（如梯度的幾乎垂直部分所示）。 當交叉分層時，中性區的溫度變化很大。分層區域中的梯度表明，空氣在升高的溫度層中分層，空間高度增加。 由於分層區主要取決於自然氣流，因此還必須取決於加熱或冷卻負荷的大小，空間結構和體積，暴露面積或負荷（在內部負荷的情況下）。完整的關係尚未完全理解，但在住宅中進行的許多測試表明，梯度隨室內外溫差和挨家挨戶變化而變化。 因此，溫度之間的變化幅度在溫和氣候條件下，在溫和氣候條件下，在暴露牆壁的空間具有更大的熱流阻力且內部載荷最小的空間中，水平將更小。在沒有負載的情況下，溫度梯度曲線將是垂直的，表明調節空間中的所有空氣溫度都等於控制溫度。

D.8.5.6. 風口型式及氣流

● 風口與氣流

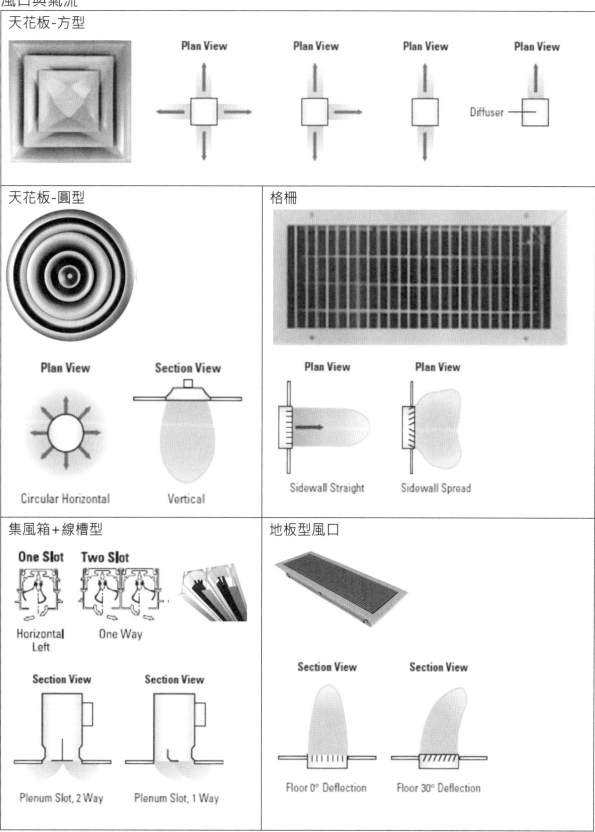

D.8.6. 送風口的位置選擇

● 根據設計者的偏好或由於建築結構的必要性，出口位於側壁，天花板，地板，....等。選擇類型和尺寸以最有效地克服由自然對流和內部載荷產生的分層區域。同時，選擇應產生可接受的噪音水平，房間速度和溫度，以滿足每個人的需求。

有三種方法決定：

方法 I：選擇噪音	選擇出口尺寸的最常用程序，是使用列表出口 NC 水平（通常假定觀察者位置的室內吸收為 10 dB）等於所需的空間 NC。 要考慮出口的數量，距離，房間大小等。在相同編目的 NC 等級的空間中的多個出口將導致聽到的實際聲級的增加。10ft 內的第二個出口將增加不超過 3 dB 的聲壓級。 NC 選擇指南： •通常在 10ft 的模塊內，目錄 NC 等級將適用於漫射器和連續線性 •我們只聽到 10ft 的連續擴散器 •頸部寬敞的平衡風門可增加 4-5 NC •顯著關閉的平衡風門可以增加 10 個以上的 NC，具體取決於管道壓力和供氣風扇特性入口風門的影響可以通過計算速度與總壓力的比率來確定。 入口平衡風門在完全打開時可以增加大約 3dB，同時多個風門如果顯著關閉，則為 10 dB 或更多。
方法 II：選擇供應噴射圖	此選擇過程使用性能表中的拋出值到 150,100 和 50 fpm 的終端速度。 如何使用終端速度的示例在（圖 7 和 8，頁面 B13 和 B14）中示出。 通過使用以下等式將這些終端速度的溫差添加到氣流圖中 等溫射流圖： 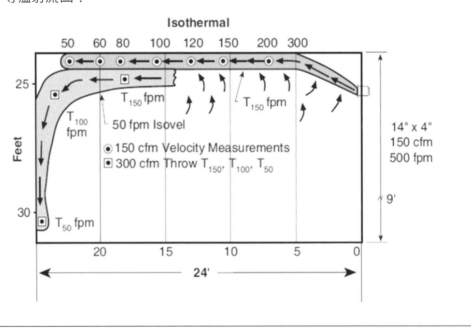

等溫冷氣射流圖：

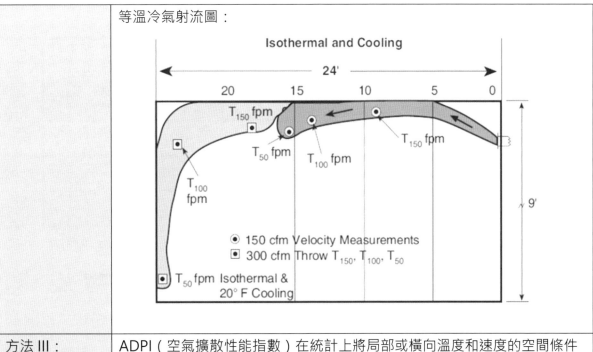

| 方法 III：
選擇舒適標準
ADPI | ADPI（空氣擴散性能指數）在統計上將局部或橫向溫度和速度的空間條件與居住者的熱舒適性聯繫起來。這類似於 NC 將當地聲音條件與人員的噪音水平舒適度聯繫起來的方式。高 ADPI 值是理想的，因為它們代表高舒適度，並且還增加了通風空氣混合的可能性。
對於不同的擴散器類型，可接受的 ADPI 條件如圖所示，速度小於 70 fpm，速度-溫度組合將提供優於 80%的人員接受度。

圖顯示 4 類型出風口：燈槽型、格柵、線型、圓型送風口。

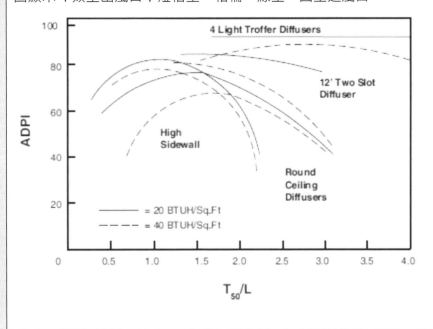 |

● 參考型錄 (取材：美規 Price)

Size						NC 20		30		40	
	Neck Jet Velocity, fpm	400	500	600	700	800	900	1000	1200	1400	1600
	Velocity Pressure, in. w.g.	.010	.016	.023	.031	.040	.051	.063	.090	.122	.160
	Total　　　　Horizontal	.021	.034	.048	.065	.084	.107	.132	.189	.256	.346
	Pressure　　Vertical	.027	.044	.063	.085	.109	.139	.172	.246	.333	.437
6	Flow Rate, cfm	80	100	120	140	160	180	200	235	275	315
	Radius of Diffusion, ft.	1-2-3	2-3-4	2-3-5	2-4-6	3-4-7	3-5-7	4-5-8	4-6-10	5-7-11	6-8-13
	NC	–	–	15	20	24	27	31	36	41	45
8	Flow Rate, cfm	140	175	210	245	280	315	350	420	490	560
	Radius of Diffusion, ft.	2-3-4	2-3-5	3-3-7	3-5-8	4-5-9	4-6-10	5-7-11	5-9-13	6-9-15	7-11-17
	NC	–	–	16	21	26	29	32	38	43	47
10	Flow Rate, cfm	220	270	330	380	435	490	545	655	765	870
	Radius of Diffusion, ft.	2-3-5	3-4-7	3-5-8	4-6-9	4-7-11	5-8-12	6-8-14	7-10-16	8-12-19	9-13-22
	NC	–	–	17	22	27	30	33	39	44	48
12	Flow Rate, cfm	315	390	470	550	630	705	785	940	1100	1255
	Radius of Diffusion, ft.	3-4-7	3-5-8	4-6-10	5-7-11	5-8-13	6-9-15	7-10-16	8-12-19	9-14-23	11-16-26
	NC	–	–	18	23	27	31	34	40	45	50

● Price 型錄-終端風速：T_{150} (0.75 m/s)、T_{100} (0.5 m/s)、T_{50} (0.25 m/s)。

Size		NC 20	
	Neck Jet Velocity, fpm	700	800
	Velocity Pressure, in. w.g.	.031	.040
	Total　　　　Horizontal	.065	.084
	Pressure　　Vertical	.085	.109
6	Flow Rate, cfm	140	160
	Radius of Diffusion, ft.	2-4-6	3-4-7
	NC	20	24
8	Flow Rate, cfm	245	280
	Radius of Diffusion, ft.	3-5-8	4-5-9
	NC	21	26

3意義：	5意義：	8意義：
T_{150}	T_{100}	T_{50}

● 參考型錄 (取材：asli 顯隆機械) 終端風速 0.5-0.25 m/s。

頭部尺寸 mm 面積 m²	風速 M/S	2	2.5	3	3.5	4	4.5	5
200 (0.0324)	風量(CMH)	233	292	350	408	467	525	583
	全壓損失(mmAq)	1.0	1.1	1.5	2.1	2.6	3.4	4.2
	到達距離(M)	1.5-2.6	2.1-3.2	2.4-3.5	2.6-3.8	2.7-4.2	3.0-4.3	3.1-4.4
250 (0.0507)	風量(CMH)	365	456	548	640	730	820	913
	全壓損失(mmAq)	1.1	1.6	2.4	3.2	4.1	5.3	6.5
	到達距離(M)	2.1-3.5	2.4-3.8	3.0-4.5	3.2-4.8	3.5-5.1	4.0-5.4	4.1-5.7
300 (0.0731)	風量(CMH)	526	658	790	920	1052	1185	1315
	全壓損失(mmAq)	1.6	2.5	3.4	4.8	6.0	7.6	8.7
	到達距離(M)	2.5-4.2	3.0-4.8	3.6-5.4	4.3-5.7	4.3-6.4	4.6-6.7	5.2-7.2
350 (0.0979)	風量(CMH)	705	881	1057	1234	1410	1585	1762
	全壓損失(mmAq)	1.3	2.1	2.9	4.1	5.3	6.7	7.9
	到達距離(M)	2.7-5.2	3.6-5.7	4.2-6.2	4.9-6.9	5.2-7.2	5.4-7.7	5.5-8.5

4.9m @0.5m/s　6.9m @0.25m/s

■ 到達距離以終端風速在0.5M/S～0.25M/S測得

■ 依據 A.D.C 標準測試

D.8.7. 風口的規格 Specification

● 本節介紹風口所需知道的設計、施工資料 (取材：顯隆機械)。
● 風口種類很多，僅介紹一種標準類型的風口，而設計者必須收集風口的資料如下：

<1>	外型規格
<2>	產品尺寸
<3>	可加附件
<4>	主產品加附件說明
<5>	建議規格
<6>	性能表

注意事項：美規的終端風速有 50cfm、100cfm、150cfm。各製造商外觀、性能、安裝、附屬配件略有不同，詳細資料請詢問供應商。

● 以下介紹天花板-圓形-擴散型的風口。

D.8.7.1. 外型規格

● 外型規格：風口代碼CA-A

材質	鋁板，0.8 mm
表面處理	白色粉體塗裝/烤漆/陽級處理
特性	滾壓成型，外框與內層為活動式，且有二個不同高度可調整風量之吹出角度。
適用場所	天花板下吹式

D.8.7.2. 產品尺寸

● 產品尺寸

規格尺寸	頸部尺寸	開孔尺寸	外框尺寸	高度 H_1	高度 H_2
150	148	210	250	62	18
200	199	260	301	62	20
250	250	310	352	62	22
300	300	360	402	62	24
350	350	410	453	62	26
400	406	526	557	74	45
450	450	570	646	74	47
500	500	620	696	74	49
550	550	670	746	74	54
600	600	720	806	74	57

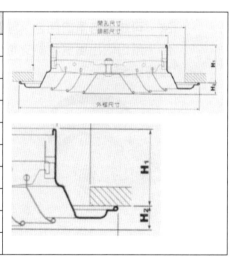

D.8.7.3. 可加附件

● 可加附件：C1，屬於選配零件，設計者必須標示清楚需求

品名	圓型整流開關
材質	鍍鋅鐵板
適用規格	150、200、250、300、350 (mm)。
整流開關，具有整流風量使之均勻分佈之效果，並可座風量大小之調節。	
頸部外緣附有倒勾孔，專為伸縮軟管安裝結合所設計，與伸縮軟管銜接時，能有效的勾住軟管鋼絲，使軟管不易脫落。	
設備組合	

D.8.7.4. 主產品加附件說明

● 主產品加附件說明：CA-A+C1

整流器內呈放射狀分佈，具有整流效果，利用螺絲起子可直接由風口中心調整，無需拆除風口調整。
內附扇形葉片，螺絲向右旋緊時，扇形葉片逐張開，風口吹出風量減少，當扇形葉片完全張開時，可將整各風口閉合，風口程緊閉狀態。當螺絲起子將螺絲向左旋鬆時，扇形葉片逐漸閉合，風口吹出風量也隨之增大。
設備組合

D.8.7.5. 建議規格

● 建議規格：有特殊用途及性能，應請供應商協助選用適當規格

整流器內呈放射狀分佈，具有整流效果，利用螺絲起子可直接由風口中心調整，無需拆除風口調整。
內附扇形葉片， 螺絲向右旋緊時，扇形葉片逐張開，風口吹出風量減少，當扇形葉片完全張開時，可將整各風口閉合，風口程緊閉狀態。 當螺絲起子將螺絲向左旋鬆時，扇形葉片逐漸閉合，風口吹出風量也隨之增大。

D.8.7.6. 性能表

● 圓形頸部-風口性能資料

頸部尺寸 mm (面積 m²)	風速 m/s		2	3	4	5	6	7	8
150 (0.0182)	風量	cmh	130	196	262	328	393	460	525
	全壓損失	mmAq	0.8	1.5	2.3	3.6	5.1	6.9	9.1
	擴散半徑	m	0.5-0.8	0.8-1.4	1.1-2.0	1.4-2.3	1.7-2.9	2.0-3.2	2.4-3.8
200 (0.0324)	風量	cmh	233	350	467	583	700	816	933
	全壓損失	mmAq	1.0	2.0	2.5	3.9	5.6	7.7	10.2
	擴散半徑	m	0.8-1.1	1.1-2.0	1.4-2.6	2.0-3.2	2.2-3.8	2.6-4.3	3.2-5.0
250 (0.0507)	風量	cmh	365	548	730	913	1,095	1,280	1,460
	全壓損失	mmAq	1.0	2.1	2.5	4.1	5.8	8.2	10.7
	擴散半徑	m	0.8-1.4	1.4-2.3	2.2-3.2	2.3-4.1	2.8-4.7	3.5-5.5	3.8-6.5
300 (0.0731)	風量	cmh	526	790	1,052	1,315	1,580	1,842	2,105
	全壓損失	mmAq	1.1	2.2	2.8	4.4	6.4	8.7	11.2
	擴散半徑	m	1.0-2.0	1.7-2.9	2.3-3.8	2.9-4.7	3.5-5.6	4.1-6.8	4.7-7.6
350 (0.0979)	風量	cmh	705	1,057	1,410	1,762	2,115	2,467	2,820
	全壓損失	mmAq	0.9	2.0	2.9	4.4	6.5	8.5	11.5
	擴散半徑	m	1.3-2.2	2.0-3.2	2.6-4.3	3.5-5.5	4.1-6.5	4.7-7.6	5.5-8.7
400 (0.1297)	風量	cmh	934	1,400	1,868	2,335	2,800	3,270	3,735
	全壓損失	mmAq	0.8	1.5	2.4	3.6	5.2	6.9	9.1
	擴散半徑	m	1.4-2.6	2.2-3.7	3.1-5.0	4.1-6.5	4.6-7.6	5.5-8.6	6.4-10.2
450 (0.1642)	風量	cmh	1,182	1,773	2,365	2,955	2,546	4,140	4,730
	全壓損失	mmAq	0.8	1.5	2.3	3.6	5.1	6.9	9.1
	擴散半徑	m	1.6-2.8	2.5-4.3	3.5-5.8	4.3-7.0	6.2-8.5	6.1-9.8	7.0-11.4
500 (0.2027)	風量	cmh	1,460	2,190	2,920	3,650	4,380	5,110	5,840
	全壓損失	mmAq	0.9	2.0	2.9	4.4	6.5	8.5	11.5
	擴散半徑	m	1.9-3.2	2.8-4.6	4.1-6.4	5.0-7.8	5.5-9.4	7.0-11.1	8.5-12.5
550 (0.2452)	風量	cmh	1,765	2,648	3,530	4,415	5,295	6,180	7,060
	全壓損失	mmAq	1.1	2.2	2.8	4.4	6.4	8.7	11.2
	擴散半徑	m	2.0-3.5	3.2-5.0	4.3-7.0	5.4-8.6	6.3-10.4	7.6-12.2	8.8-14.0
600 (0.2919)	風量	cmh	2,100	3,152	4,203	5,255	6,305	7,355	8,405
	全壓損失	mmAq	1.0	1.7	2.3	3.9	5.6	7.7	10.2
	擴散半徑	m	2.2-3.8	3.5-5.5	4.7-7.5	5.8-9.4	7.0-11.5	8.2-13.1	9.4-15.2

擴散半徑以終端風速在 0.5 m/s - 0.25 m/s 測得。
依據 A.D.C. 標準測試。

● 矩形頸部-風口性能曲線性能資料 (取材：ASLI型錄)

面積	頸部尺寸	風速 [m/s]		2	2.5	3	3.5	4	5	6
		動壓損失 mmAq		0.25	0.40	0.55	0.75	1.00	1.55	2.20
m²	mm	靜壓損失 mmAq		0.8	1.2	1.7	2.2	3.0	4.6	6.7
0.025	250x100、200x125	風量	cmh	180	225	270	315	360	450	540
		噪音 NC		---	---	11	17	23	30	39
0.03	300x100、200x150	風量	cmh	216	270	324	378	432	540	648
		噪音 NC		---	---	12	19	25	31	41
0.035	350x100	風量	cmh	252	315	378	441	504	630	756
		噪音 NC		---	---	14	21	26	34	43
0.04	400x100、250x150	風量	cmh	288	360	432	504	576	720	864
		噪音 NC		---	---	16	23	28	36	45
0.05	350x150、250x200	風量	cmh	360	450	540	630	720	900	1,080
		噪音 NC		---	---	16	23	28	36	45
0.06	600x100、400x150	風量	cmh	432	540	648	756	864	1,080	1,296
		噪音 NC		---	11	18	25	30	37	46
0.075	750x100、350x200、500x150、300x250	風量	cmh	540	675	810	945	1,080	1,350	1,620
		噪音 NC		---	11	18	25	30	37	46
0.09	900x100、400x200、550x150、350x250	風量	cmh	648	810	972	1,134	1,296	1,620	1,944
		噪音 NC		---	13	21	26	32	39	47
0.1	1000x100、450x200、650x150、400x250	風量	cmh	720	900	1,080	1,260	1,440	1,800	2,160
		噪音 NC		---	14	21	28	33	40	48
0.12	1200x100、450x250、750x150、350x300	風量	cmh	864	1,080	1,296	1,512	1,728	2,160	2,592
		噪音 NC		---	15	23	29	34	42	49
0.128	850x150、500x250、600x200、400x300	風量	cmh	922	1,152	1,382	1,612	1,843	2,304	2,765
		噪音 NC		---	16	23	29	34	42	49
0.135	450x300、400x350	風量	cmh	972	1,215	1,458	1,700	1,944	2,430	2,916
		噪音 NC		---	16	23	29	34	42	50
0.18	900x200、600x300、750x250、450x400	風量	cmh	1,296	1,620	1,944	2,268	2,592	3,240	3,888
		噪音 NC		---	17	24	30	35	43	51
0.27	750x350、600x450、650x400、550x500	風量	cmh	1,944	2,430	2,915	3,402	3,888	4,860	5,832
		噪音 NC		---	17	25	32	37	45	53
0.36	1200x300、750x450、900x400、600x600	風量	cmh	2,592	3,240	3,888	4,536	5,184	6,480	7,776
		噪音 NC		12	19	26	33	39	47	55

Chapter E

保溫材料
Insulation Material

Chapter E. 保溫材料 Insulation Material

● 保溫的需求多是為安全、節能考慮。本章主要研究機電系統的風管類與水管類保溫計算。保溫材料介紹以常用的選用材料為主。

● 空調系統常用的材料有：(1) PS保麗龍類 (2) PU類 (3) PE類 (4) NBR類 (5) 玻璃棉 (6) 無塵室專用的陶磁保溫，內部玻璃纖為外部PTFE包覆，表面潔淨能夠防塵防火，符合FM4910標準。

E.1. 保溫材料

E.1.1. 解釋名詞

● 熱傳導係數：保溫材料之熱傳導係數愈小，保溫效果愈佳。
一般來說，在工程上熱傳導係數低於0.175W/m-K的材料稱為保溫材料。

● 熱膨脹係數：材料因為溫度梯度，所發生之膨脹與收縮現象，其材料兩點間之距離變化，稱之為線膨脹係數。
因此，當保溫材料之熱膨脹係數越小時，代表材料受熱變化小。

● 防水性：保溫材料會因外來水分或吸收濕氣後，水分容易滯留於材料孔隙之內，造成材料熱傳導係數上升，而使得保溫效果降低。
因此，保溫材料若能在表面噴塗一層防水塗料，不但確保保溫效果，並兼具有防水之功能，不僅可增加材料之耐久性，亦可增加防水效果。

● 熱容量：低熱容量之材料，當受到熱量時，溫度會急速上升，若熱源停止供熱時，則溫度急速下降，其溫度變化較為劇烈。反之高熱容量之材料，溫度上升緩慢，亦即溫度改變量較小。因此，保溫材料之應用以高熱容量者愈佳。

● 材質輕：保溫材料內部構造具有許多孔隙，故重量較輕；孔隙最好是密閉性，因為半連續性孔隙會導致吸水作用，造成保溫性質下降。

E.1.2. 保溫材照片

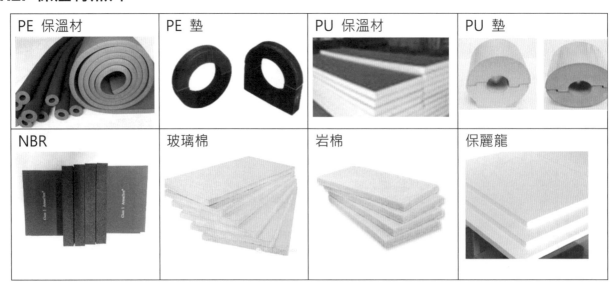

| PE 保溫材 | PE 墊 | PU 保溫材 | PU 墊 |
| NBR | 玻璃棉 | 岩棉 | 保麗龍 |

E.1.3. 保溫與保冷材料分類

● 常用保溫(熱)材料名稱及特性
(取材：中央大學論文-隔熱材珍珠岩表面特性及其應用潛能之研究-林基裕)

名稱	特性	適用溫度	隔熱效果	施工難易度	對環境影響
珍珠岩	質輕，溫度適用廣，防水、火性佳，吸水率及熱傳導係數低	-200~1,200℃	優且不易老化	充填易施工	易與土壤結合
岩棉	防火性佳，易濕性，吸收油份及化學品而著火，易造成皮膚過敏	0 ~ 600℃	優但易老化	柔軟易施工	不易焚化處理
玻璃棉	防火性佳，易濕性，易造成皮膚過敏	0 ~ 300℃	優但易老化	施工難度低	不易焚化處理
矽酸鈣	不易變形防火佳，易濕性，笨重搬運不易	60~600℃	優且不易老化	施工難度高	易與土壤結合
發泡玻璃	溫度適用廣，防水、火性佳，價格昂貴，笨重搬運不易	-200 ~ 400℃	優且不易老化	施工難度高	易與土壤結合
陶瓷棉	溫度適用廣，熱傳導係數低隔熱效果好，價格昂貴	200 ~ 1,500℃	優且不易老化	柔軟易施工	不易焚化處理
保溫磚	高溫爐內適用，需有專業優良技術方能製造，施工難度與風險也特高	600 ~ 1,000℃	優但易塌爐	施工技術高	易與土壤結合
耐火磚	高溫爐內適用，需有專業優良技術方能製造，施工難度與風險也特高	600 ~ 1,500℃	優但易塌爐	施工技術高	易與土壤結合
耐高溫土	高溫爐內適用，需有專業優良技術方能製造，施工難度與風險也特高	600 ~ 3,000℃	優但易塌爐	施工技術高	易與土壤結合

● 常用保冷材料名稱及特性

名稱	特性	適用溫度	隔熱效果	施工難易度	對環境影響
珍珠岩	質輕，溫度適用廣，防水、火性佳，吸水率及熱傳導係數低	-200~1,200℃	優且不易老化	充填易施工	易與土壤結合
岩棉	防火性佳，易濕性，吸收油份及化學品而著火，易造成皮膚過敏	0 ~ 600℃	優但易老化	柔軟易施工	不易焚化處理
玻璃棉	防火性佳，易濕性，易造成皮膚過敏	0 ~ 300℃	優但易老化	施工難度低	不易焚化處理
發泡玻璃	溫度適用廣，防水、火性佳，價格昂貴，笨重搬運不易	-200 ~ 400℃	優且不易老化	施工難度高	易與土壤結合
酚醛樹酯	防火性良好燃燒時無濃煙，易碎易損壞，吸水率高，熱傳低	-40 ~ 120℃	優且易老化	硬質難施工	污染不易處理
NBR	成型發泡應用性廣，吸水率及熱傳導係數高，燃燒時產生有毒氣體	-40 ~ 120℃	優且易老化	柔軟易施工	污染不易處理
PE	密閉氣泡構造，吸水率及熱傳導係數低	-5 ~ 80℃	優但易著火	柔軟易施工	污染不易處理
PIR	與 PE 略同，但又加了難燃劑	-5 ~ 80℃	優且易老化	硬質難施工	污染不易處理
PU	斷熱保冷效果佳但容易著火	-40 ~ 80℃	優但易著火	硬質難施工	污染不易處理
PU Spray	現場噴塗，符合環境保冷需求	-40 ~ 80℃	優但易著火	噴塗容易	污染不易處理

E.2. 保溫材料

● 建築機電常用的保溫材料,包含:保麗龍,PU,PE,NBR(高科技產業常用,因為防火及保險需求,成本貴),玻璃棉 (高溫保溫,風管吸音,防火及保險,........等需求),岩棉(高溫保溫,防火及保險需求),.......等。工程師於設計時與使用者討論需求,決定採用的材料種類。

● 本節介紹常用的保溫材料,科技的進步致使有些材料慢慢退出市場,但產業就設備的尚未更新,於此介紹的比重較少。

● 保溫的厚度關係到節能,也是本章談論重點。

E.2.1. 保麗龍

● 聚苯乙烯(Polystyrene,簡稱PS)是無色透明的熱塑性塑料,其中發泡聚苯乙烯俗稱保麗龍。應用上常見於早期生活中的免洗泡沫飯盒,建築上常用於屋頂、外牆的保溫。

● 絕佳的保溫性、高R值、低水氣滲透係數、低吸水率,為冷凍、冷藏倉庫之保溫材。

E.2.2. PU

● PU 聚氨脂泡沫,應用於冷凍冷藏庫、無塵室的庫板保溫層的材料。PU 性能係數。

項目	單位	PU 板材
導熱係數	W/m·k	≤0.022
抗壓強度	KPA	≥150
吸水率	%	< 3.0
耐溫(max)	℃	120
阻燃程度		離火自燃
燃燒級別		B2
密度	KG/m²	30-40
粘接強度	MPA	> 0.15

E.2.3. PE

● PE材料-因為防火問題,現代的高科技廠房火災保險需求因素使用少,但一般傳產使用率還是很多,且營建的成本比較便宜。

● PE 聚脂胺特性

PE 物性		取材:十全龍	單位
視密度		24±3	kg/m³
抗拉強度		>1.7	kgf/cm²
伸長率		>200	%
壓縮永久變形率		<8	%
加熱尺寸變化率		±5 以內	%
吸水率		<0.01	g/cm³
燃燒性		燃燒時間 120 秒以內,且燃燒長度在 60mm 以下	
熱傳導率	平均溫度 30±5℃	≤0.034	kcal/m·h·℃
	平均溫度 30℃±5°K	≤0.039	W/m·K

● 桶槽表面溫度 (取材：十全龍)

室外條件 1 大氣壓下			桶槽表面溫度 [°C]									
室內溫度	相對濕度	露點溫度	90	60	20	10	5	0	-10	-20	-40	-60
30°C	70%rh	23.09°C	1-1/2"	1"	1/4"	1/2"	5/8"	3/4"	1"	1-1/4"	2"	2-1/2"
30°C	80%rh	26.2°C	1-1/2"	1-1/4"	3/8"	3/4"	1-1/4"	1-1/2"	2"	2-1/2"	3"	4"
30°C	85%rh	27.2°C	3-1/2"	1-1/2"	5/8"	1-1/4"	1-1/2"	2"	2-1/2"	3"	4-1/2"	5-1/2"
35°C	85%rh	32.09°C	4"	2"	1-1/4"	2"	2-1/2"	3"	4"	4-1/2"	6"	7-1/2"
30°C	90%rh	25.2°C	5"	1-1/2"	1"	2"	2-1/2"	3"	4"	5"	7"	8-1/2"

● 管路表面溫度 (取材：十全龍)

室外條件 1 大氣壓下				管路表面溫度 [°C]								
室內溫度	相對濕度	露點溫度	管徑	60	15	10	5	0	-10	-20	-40	-60
30°C	70%rh	23.09°C	1/2"-2"	3/4"	3/8"	1/2"	5/8"	3/4"	1"	1-1/4"	1-1/2"	2"
			2-1/2"-5"	1"	3/8"	5/8"	3/4"	3/4"	1"	1-1/2"	2"	2"
			6"-12"	1"	1/2"	5/8"	3/4"	1"	1-1/4"	1-1/2"	2"	2-1/2"
30°C	80%rh	26.2°C	1/2"-2"	1-1/4"	5/8"	3/4"	1"	1"	1-1/4"	1-1/2"	2"	2-1/2"
			2-1/2"-5"	1-1/4"	3/4"	1"	1-1/4"	1-1/4"	1-1/2"	2"	2-1/2"	3"
			6"-12"	1-1/2"	3/4"	1"	1-1/2"	1-1/2"	2"	2"	3"	3-1/2"
30°C	90%rh	28.2°C	1/2"-2"	2"	1-1/4"	1-1/2"	2"	2"	2-1/2"	3"	4"	4-1/2"
			2-1/2"-5"	2"	1-1/2"	2"	2"	2-1/2"	3"	3-1/2"	4-1/2"	5-1/2"
			6"-12"	2-1/2"	1-1/2"	2"	2-1/2"	2-1/2"	3-1/2"	4"	5"	6-1/2"

E.2.4. NBR

● 橡膠發泡材料是以橡膠和特殊配方，經由生產技術加工製作成為具有完全密閉氣泡結構的良好橡塑保溫材。適用於空調系統中的冰水管路、冰水主機和風管等保冷作用及熱水管中的保溫作用。

● 材料特性

視密度 Kg/m³	≤ 60	ASTM D3575
導熱系數 W/(m-k)	≤ 0.036	ASTM C518
水蒸氣穿透率	≤ 1.3 x10⁻¹⁰ g/Pa-s-m)	ASTM E96
吸水率%	≤ 1	ASTM C209
燃燒性能	氧指數≥ 36%	ASTM D2863
適用溫度範圍 °C	-50~120	
Note：燃燒性能：ASTM E84 符合；符合 BS476：part6 Class0；符合 FM APPROVED。		

E.2.5. 玻璃棉

● 玻璃棉次要材料是玻璃渣，經過高溫熔融後，再經過離心成纖技術，製成玻璃棉製品。岩棉的次要材料是玄武岩，密度較玻璃棉大，比玻璃棉耐低溫，岩棉多用於防火隔音資料，而玻璃棉則更多用於保溫吸聲材料。

- 玻璃棉保溫筒是以熱固型數之黏合均勻且細長的玻璃玻璃纖維製成。依需求加貼鋁箔、玻璃布、不織布、PVC布及玻璃表面席等材質或其他面材。
  玻璃棉對身邊周遭的環境有斷熱與吸音等特性。如用於防止熱量的流失或增益是所謂的保溫、保冷之斷熱材料。如用於控制聲音的傳播就是所謂的吸音材料。
  材料特性

密度	56 kg/m^3	鋁箔玻璃棉 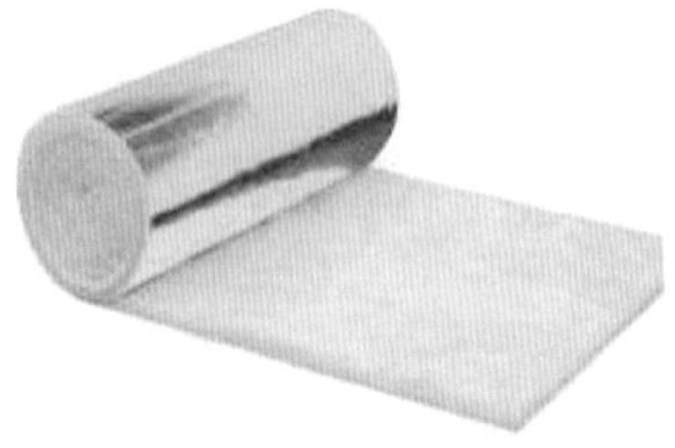
厚度	25、32、38、50、65、75mm。	
熱傳導	20℃，0.032 Wm-K	
含水量	20℃，65%rh，1% 以下。BS 2972-1975	
使用溫度	350℃~540℃	

E.2.6. 岩棉

- 岩棉 Rock Wool：一種由天然岩石、礦石為原料，經由高溫、高壓製成的纖維狀再生礦u物組織。因形態酷似棉，故稱岩棉。應要用於建築牆壁體、屋頂的保溫隔音；建築隔牆、防火牆、防火門和電梯井

- 岩棉是以玄武岩（或輝綠岩）等天然礦石為主要原料；礦棉是以高爐礦渣等工業廢渣為主要原料，所以礦棉又叫礦渣棉。

- 岩棉板性能

說明	岩棉板
密度	60、80、100、120、140 kg/m^3
厚度	25、50、75、100 mm。
使用溫度	250℃~750℃，產品種類不同而異
熱導係數	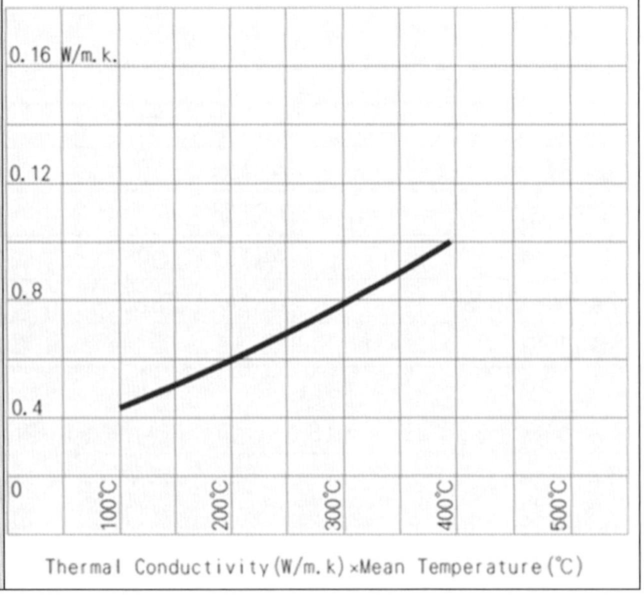0.16 W/m.k. 0.12 0.8 0.4 0 100℃ 200℃ 300℃ 400℃ 500℃ Thermal Conductivity(W/m.k)×Mean Temperature(℃)

● 應用於天花板的性能

密度	103 kg/m³	CNS 10994
熱阻	0.4205 m²-K/W at 15.1 mm	CNS 10994
含水量	1.3% 以下	ISO 830
耐燃	耐燃一級	CNS 14705-1
纖維直徑	6 μm	CNS 3657
無纖物含量	0.9772	TGA
下陷試驗	1.95 mm	ASTM C367
吸音率	NRC 0.8	CNS 9056
基材容點	> 1,200 °C	ASTM E794

E.2.7. 無塵室專用

● 製程設備的高溫排氣溫度有時會達120℃，且位置在無塵室內，材質要求需無塵、耐高溫，一般NBR的保溫材是達臨界點，若設備排氣溫度稍微再高點時將無法使用。因此，無塵室內高溫系統的保溫材料，一般可採用內部是玻璃纖維外部是PTFE布包覆防止粉塵的產生。

● 耐高溫保溫材，詳細技術資料請詢問供應商。(取材：工德)

特性	#08-20-FP	L/M	P/P
材質	100%高強度鐵氟龍布 (PTFE)	鍍鋁玻纖布	100%高強度鐵氟龍布 (PTFE)
厚度 [mm]	0.08	0.4	0.4 / 0.3 /0.17
重量 [g/m²]	200	490	560 / 330 /170
耐燃 (FM4910)	FM4910，UL94- V-0，CNS10285	CNS10285，G-1	CNS10285，G-1
無塵等級 (Air Particle)	Class 10	Class 1	Class 1 / Class 10
耐溫 [°C]	290+℃ (至 360℃不發煙/味及其他異物)	200	290+，290+℃ (至 360℃不發煙/味及其他異物)
顏色	純白	銀	銀灰/白色，純白
柔軟性/適形	佳 (高溫加熱後與被包覆物更服貼)	佳	一般 / 極佳 (高溫加熱後與被包覆物更服貼)
外觀	佳	佳	一般，佳
耐久	極佳，長時間 360℃高溫不變色，耐候，耐 UV，不沾黏粉塵外物，防由水，可輕易保養擦拭恢復外觀，耐強酸簡及化學品。	一般，表面鍍鋁品質及貼合性(皺摺少，不已剝落)	佳，長時間 360℃高溫不變色，耐候，耐 UV，不沾黏粉塵外物，防由水，可輕易保養擦拭恢復外觀，耐強酸簡及化學品。
其他	厚度 0.08mm 熱導性優		
適用布包位置	內外層	外層	外層，內外層

E.3. 保溫厚度計算

● 保溫的目的：不要於外界環境冷凝與熱量的散失。

E.3.1. 風管保溫

● 風管保溫厚度概算公式：$X_d = (K / h_s) \times (T_{dp} - T_{in}) / (T_o - T_{dp})$

風管保溫厚度公式：$X_d = K \dfrac{\dfrac{T_{dp} - T_i}{T_o - T_{dp}}}{h_s - \dfrac{X_w}{K_w}}$

Peripheral				Duct					Insulation		Calculation			
環境溫度 Temp.	環境濕度 Hu.	環境露點 Tdp	外部空氣對流係數 Convection H.T. Coeff	風管內部溫度 Temp.	風管內部濕度 Hu.	風管內部露點溫度 Tdp	風管鐵皮厚度 Steel Thickness	風管鐵皮熱導係數 Thermal Conductivity	保溫材料種類 Material Type	保溫材料熱導係數 Thermal Conductivity	計算保溫安全係數 Safty Factor	計算保溫厚度 Calc.	設計保溫厚度 Design	保溫後露點溫度 Adp After Insulation
To	rh	Tdp	hs	Ti	rh	Tdp	Xw	Kw	PE/NBR Others	K		X	Xd	Ts
°C	%	°C	W/m²-k	°C	%	°C	mm	W/m-k		W/m-k	1.05-1.3	mm	mm	°C
5.0	50	-4.7	8.0	12.0	90	10.4	0.8	0.3	PE Form	0.0390	1.3	-9.9	0	10.4
25.0	70	19.2	8.0	12.0	90	10.4	0.8	0.3	PE Form	0.0390	1.3	9.5	13	21.0
35.0	80	31.0	8.0	12.0	90	10.4	0.8	0.3	PE Form	0.0390	1.3	32.7	38	32.2
40.0	80	35.9	8.0	12.0	90	10.4	0.8	0.3	PE Form	0.0390	1.3	38.8	50	37.4

對流係數

媒介	自然對流 W / m²-K	強制對流 W / m²-K
空氣	5 ~ 25	10 ~ 200

●

E.3.2. 水管保溫
E.3.3.

● 冰水管保溫厚度公式：

$$X = \frac{d_o}{2} - \frac{\dfrac{d_o}{2}}{\text{Exp}\left(\dfrac{2K}{d_o h_s} \times \dfrac{T_{dp}-T_i}{T_o-T_{dp}}\right)}$$

$$d_1 \ln\left(\frac{d_1}{d_o}\right) = \frac{2K}{h_s} \times \frac{T_{dp}-T_i}{T_o-T_{dp}}$$

$$X = \text{S.F.} \;\; \frac{d_o - d_1}{2}$$

● [例題] 公式符號/單位說明

Peripheral				CHW Pipe			Insulation		Calculation			Checked	
環境			外部空氣	配管	加保溫後		保溫材料		計算	保溫厚度		保溫後	保溫前後
乾球溫度	相對溼度	露點溫度	對流係數	公稱管徑	配管直徑	管內溫度	種類	熱導係數		計算	設計	露點溫度	DP差
T_o	RH	T_{dp}	h_s	d_1	d_o	T_i		K	S.F.	X	Xa	T_s	ΔT
°C	%	°C	W/m²-k	mm	m	°C	PE / NBR Others	W/m-k	1.05-1.3	mm	mm	°C	°C
30.0	85	27.2	4.0	20	0.100	4.0	PE Form	0.039	1.0	40.0	40.0	27.2	0.0
30.0	85	27.2	4.0	20	0.092	7.0	PE Form	0.039	1.0	36.0	36.0	27.2	0.0
30.0	85	27.2	4.0	20	0.072	14.0	PE Form	0.039	1.0	25.9	26.0	27.2	0.0
30.0	85	27.2	4.0	20	0.066	16.0	PE Form	0.039	1.0	22.8	23.0	27.2	0.0

● 熱水管防燙的公式類同，將 T_{dp} 的溫度換成防燙邊的溫度。

E.3.4. 材料規格

● 本節主要介紹製造商有生產的規格，設計需求是否有現貨應詢問製造商，且實際單價請詢問供應商。表列單價已經歷多年僅供參考。

E.3.4.1. PE 保溫管

● 一般空調常會用到保溫厚度規格。(取材：互豪龍，)

公稱尺寸		保溫	PE 保溫管厚度 (配合管徑-常用規格)							
鐵管	銅管	內徑	3/8"	1/2"	5/8"	3/4"	1"	1-1/4"	1-1/2"	2"
	3/8"	13								
1/4"	1/2"	16								
	5/8"	18								
	3/4"	22								
1/2"	7/8"	24								
3/4"	1-1/8"	29								
1"	1-3/8"	37	Yes							
1-1/4"	1-5/8"	45								
1-1/2"	1-7/8"	51								
	2-1/8"	53		Yes						
2"	2-3/8"	63								
2-1/2"	3"	75			Yes					
3"	3-1/2"	91				Yes				
3-1/2"		104								
4"		117					Yes	Yes		
5"		144								
6"		171								
8"		222								
10"		276							Yes	
12"		326								Yes
14"		358								
16"		409								
18"		400								
20"		510								

E.3.4.2. PE 保溫板

● 雖然厚度種類很多，採購前請詢問是否有庫存。(取材：互豪龍)

PE 保溫板厚度		寬 x 長	備註
mm	inch	m x m	
1		1 x 2 m	實務常用的
3	1/8"	1 x 2 m	供應材厚度：6-9-13-20 mm
5		1 x 2 m	
6	1/4"	1 x 2 m	
9	3/8"	1 x 2 m	
12	1/2"	1 x 2 m	
13		1 x 2 m	
15	5/8"	1 x 2 m	
16		1 x 2 m	
19	3/4"	1 x 2 m	
20		1 x 2 m	
23	7/8"	1 x 2 m	
25	1"	1 x 2 m	
30	1-1/4"	1 x 2 m	
38	1-1/2"	1 x 2 m	
50	2"	1 x 2 m	
63	2-1/2"	1 x 2 m	
75	3"	1 x 2 m	

E.3.4.3. 熱水管

● 熱水管：玻璃棉保溫外加鋁皮或不鏽鋼鐵皮包覆。

密度	流體 [°C]							
	-10	-5	0	5	10	100	150	200
Kg/cm^3	密厚 [mm]							
12K	120	120	95	85	70	25	45	70
16K	115	105	90	80	70	25	45	65
20K	110	100	90	75	65	20	40	65
24K	105	100	85	75	65	20	40	60
32K	105	95	90	70	60	20	40	60
40K	100	90	80	70	60	20	40	60
48K	100	90	80	70	60	20	40	50

E.4. 保溫材料安裝

E.4.1. 風管保溫安裝

● 安裝方式

(1) 玻璃纖維保溫棉固定空調風管的方法是用專用的保溫釘進行固定。
當空調環境有噪音需求的場所，可採用內保溫的方式削減噪音壓力，其材料要求碳化長纖外披覆碳化玻璃纖維網防止纖維飛散脫落。
(2) NRB 固定空調風管的方法是用塗膠水和膠帶進行固定。
(3) PE 保溫板自己有單面膠,能直接固定。
(4) 塗佈膠水時環境有 VOC 的要求時，需採用 VOC 濃度低的膠水，施作其間設置排氣防止 VOC 擴散置至潔淨空間。

E.4.1.1. 風管內保溫

● 玻璃纖維保溫棉固定空調風管的方法是用專用的保溫釘進行固定。(取材：SMACNA)

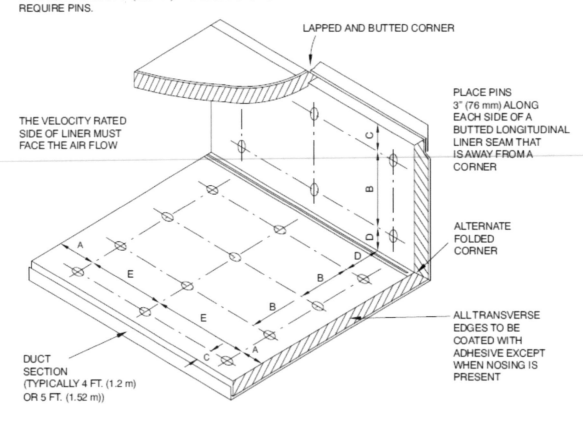

MAXIMUM SPACING FOR FASTENERS.
ACTUAL INTERVALS ARE APPROXIMATE.

"A" PIN ROW MAY BE OMITTED WHEN METAL NOSING IS
USED. "E" THEN STARTS FROM THE NOSING.

Velocity *	Dimensions				
	A	B	C	D	E
0 – 2500 FPM (0 – 12.7 MPS)	3" (76.2)	12" (305)	4" (102)	6" (152)	18" (457)
2501 – 6000 FPM (12.7 – 30.5 MPS)	3" (76.2)	6" (152)	4" (102)	6" (152)	16" (406)

* UNLESS A LOWER
LEVEL IS SET BY
MANUFACTURER
OR LISTING
AGENCY

E.4.1.2. 風管外保溫

● 風管外保溫材質依需求。(取材：CRD Typ.)

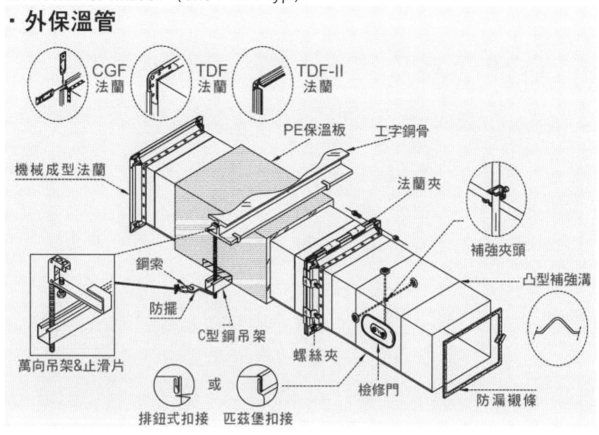

E.4.2. 水管保溫安裝

● PE發泡保溫筒：單位 mm

標稱管徑	15	20	25	32	40	50	65	80	100	125	150	200	300	350	400
保溫厚度	25	25	25	25	32	32	32	40	40	40	40	50	50	50	50

圖示：

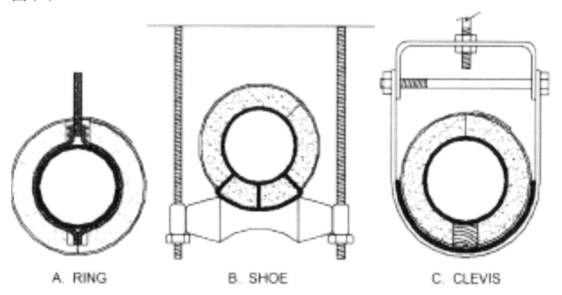

Chapter F
噪音基礎
Acoustic – Noise Control

Chapter F. 噪音基礎 Acoustic – Noise Control

● 本章介紹機電產生的噪音、機電噪音的削減，解決方法。

F.1. 解釋名詞

● 聲音是振動在介質中的傳播，因而稱為聲波(Sound wave)。
聲波包括三個要素：(1) 聲源(Source)，(2) 傳播路徑 (Transmission path)，(3)接收體(Receiver)。

● 聲音三要素：響度 (聲音強度)、音調 (聲音的高低聲)、音色 (發音體發音的特性)。

響度	聲音強度 (聲的大小聲，振幅大小)。單位分貝 dB。
音調	聲音的高低 (聲音的振動頻率)，決定於發音體振動的快慢 (即音調高低)。單位 Hz
音色	聲音的特色，決定於聲音的波形。

● 聲音的單位 (dB)，分貝為無因次化單位。測量聲音的響度或信號的強度。dB的定義：

$$分貝數\ (dB) = 10\ Log\ \left(\frac{量測值}{參考值}\right)$$

● 背景噪音（Background noise）：除了測定音源以外，其他音源所產生之噪音，噪音測定時須了背景噪音之大小。

● 音源

點音 Point source	音源發出之聲音，有如自一點輻射出來，一般點音源隨距離之倍增，其音量約下降 6 分貝。當音源與接受者間相距夠遠時，線面音源可視之為點源。 (Ex) 風機噪音、遠距離之飛機、工廠，.....等。
線音源 Line source	在自由音場與半自由音場裡，音源連續呈一直線時，受音者的距離加倍，則聲音下降 3dB。(Ex) 持續之交通噪音是為線音源工廠中排成一長列的機器、鐵路交通，....等。
面音源 Plane noise	音源之大小比測定之距離大許多者，稱面音源。在短距離內，面音源無距離衰減。

● 音場

自由音場 Free field	在一均勻之介質中，聲音經傳播出去之後，即形同被吸收，不再有回音之音場。
回響音場 Diffuse field	聲音經傳播後，不被吸收而被完全反射者，稱回響音場。
半自由音場室 Semi-anechoic room	在音場內有一反射面，其他表面吸收所有之射音能，因此在反射面之上為一自由音場者。

● 分貝規則

三分貝規則 3dB rule	假設聽力損失正比於所接受之聲音能量，則每增加 3 分貝 (能量加倍時)，容許暴露時間減半。
五分貝規則 5dB rule	由實驗證實，噪音導致暫時性聽力損失，每增加 5 分貝相當於曝露時間加倍。

F.1.1. 聲學公式

● SIL、SPL and SWL 公式

名詞	強度-I (SIL) Sound Intensity Level	音壓-P (SPL) Sound Pressure Level	功率-W (PWL) Sound Power Level
符號	L_i	L_P	L_W
單位	$W/m^2 \cdot$	Pa	W
公式	SIL= L_i =10 Log (I / Io)	SPL= L_P =20 Log (P / Po)	PWL=L_W=10 Log(W/Wo)
基準值	Io = 10^{-12} Watt/m^2	Po = 20 x 10^{-6} Pa	Wo = 10^{-12} Watt
位準單位	dB	dB	dB
說明	單位面積、單位時間內所通過的聲音能量稱為強度。 音量單位或聲音位準，相當於人耳所能查覺之最小聲音強度。	聲音在介質中傳播，導致壓力之變化，即音壓大小。 聲波擾動後壓力強度超過原先靜壓力的值，稱為聲壓。 噪音計所測得氣壓變化量。 音量的大小 = 聲壓	單位時間內某音源(聲源輻射)之總能量.單位 W。
備註	Level (級，位準)：以對數 (log) 表示聲音量的方法。 採用對數表示是因為聲音的量測量的值太小，經 log 計算後容易判讀。		

● 聲音強度 (I)、音壓 (P) and 功率 (W) 說明

聲音強度	在音場中的一點，與聲音的方向垂直的單位面積，每單位時間通過的聲能.稱為聲音的強度 (聲音大小的表示方法，振幅大小)。
聲壓	表聲音大聲。有聲音的存在其傳播媒介的壓力就會發生變化，而變化部分的平均值稱為聲壓；單位 [Pa]。一般指的聲壓是聲壓的有效值。
聲壓級 SPL- Sound Pressure Level	用對數表示的值，是相對於某一基準聲壓值用分貝 dB 值表示 (對數值)。一般標記 SPL (或用 LP)。
聲功率 聲源的輸出功率	指單位時間內聲源所輻射出的聲音的總功率(每單位時間內音源所產生的能量)，單位符號 W (瓦特)，常以 10-12 瓦(W0)作為參考功率，取對數後以 [dB] 或 [B] 為單位。 聲功率級：是聲源輸出功率對某一聲源輸出功率用 dB 表示。

F.1.2. 聲音量測

● 當音量 0 dB 為人耳聽覺最小值，而聽力比較遲鈍的人其最小聽音量會高於 0 dB。
聲強度的量測結果包含聲波的聲壓位準及方向性，因此在多聲源或是有反射聲波存在的環境中，經由測量待測物表面的聲強度量測做表面積分。

● 對於一個固定音源而言，其聲功率大小是固定的，與量測位置無關；反之，聲壓大小則與量測距離有直接關係。(Ex) 風機製造商提供聲功率噪音值PWL。
因此，量測聲功率之宣告不需要宣告量測位置，但聲壓之宣告則必須連同量測距離一同宣告，否則量測結果將不具意義。

- 使用者在實際使用產品時所感受的噪音大小，較傾向於量測聲壓。
  (Ex) 量測工廠排氣風機的噪音，使用者操作噪音計的距離大致上是固定的，因此，若想了解使用者在操作風機時感受到的噪音值，建議在操作者位置上進行聲壓的量測 (Operator position，定義於 ISO7779)。反之，若想要比較每台風機產品的噪音規格，則以量測聲功率較為適當，因為其與量測位置無關之特性(為一固定數值)，較不會因為量測位置定義之不同而造成困擾。

- 聲音加權是模擬人耳對不同頻率噪音之反應而設計，有 A、B、C、D and G。

A 權	Weighting 的測量單位，就是頻率範圍對人耳所造成的影響值。一般噪音量測器，量測時已將量測值經內部轉換計算得到 dB(A) 的顯示值。
B 權	非常少用。
C 權	測定機械噪音。
D 權	測定航空噪音。
G 權	測定超低頻。

- 常用的噪音計 (取材：泰仕)，

A 權噪音計：型號TES -1350A	八音頻噪音計：型號　TES-1358C
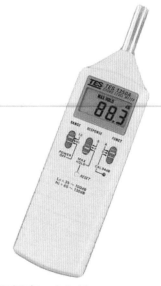	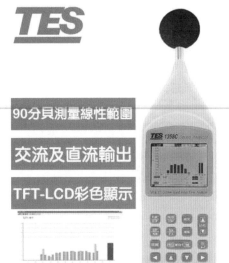
解析度：0.1dB 輸出可外接記錄器 測量範圍：35dB~130dB 聲音感測頻率：30Hz~8KHz 頻率加權特性：A or C 時間加權特性：FAST,SLOW ·記憶功能：最大值鎖定 ·附加功能：類比訊號輸出,弱電指示，可固定於三角架上。	麥克風　1/2 英吋極化電容式麥克風 量測範圍：25dB to 140dB (A-加權,1kHz) 準確度：±1.4dB (94dB@1kHz) 量測功能：Lp，Leq，LE，Lmax，Lmin，LN 頻率範圍：1/1 八音度分析(31.5Hz 至 8kHz) 　　　　　　1/3 八音度分析(25Hz 至 10kHz) 頻率加權：A，C，Z 時間加權：Fast、Slow、10ms、Impulse 顯示器：背光彩色 TFT LCD 顯示器(320x240 點陣式) 操作溫濕度：-10℃~50℃，10~90%RH 儲存溫濕度：-10℃~60℃，10~75%RH 尺寸及重量：34.5x10x6 cm。約 950g (含電池) USB 連接線、4GB microSD 卡、防風球、調整棒、

F.2. 噪音對人的影響

F.2.1. 八音頻

● 人類聽覺頻率範圍約在 20 ~ 20kHz (波長：17 ~ 1.7 m)。人類聽不到的頻率範圍約在低於20Hz稱為超低音頻率 Infrasound，高於20kHz稱為超音波頻率 Ultrasound。

● 測試聽力：通常測試頻率分別為 63，125，250，500，1k，2k，4k，8k Hz等8個。八音階頻帶

八音階頻帶中心頻率 (Hz)	63	125	250	500	1000	2000	4000	8000
L_P：dB	60	50	55	52	48	46	40	40

八音階（Octave band）：將入耳可以聽到的頻率劃分為八個中心頻率，且每一頻帶之上限頻率 (f2) 與下限頻率 (f1) 之比值為 2，即 f2 / f1 = 2。
(Ex) 500/250=2；8k/4k=2。

● 噪音：發生的聲音超過環保署管制標準者。
勞工安全衛生法：噪音在 85 分貝以上之作業為特別危害健康之作業。

F.2.2. 噪音影響

● 人耳對音量的感受度 (取材：環保署)

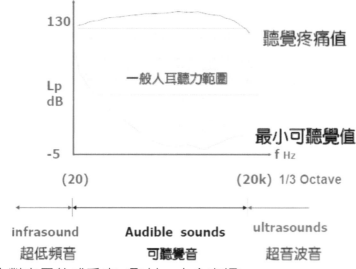

● 人對音量的感受度 (取材：大金空調)

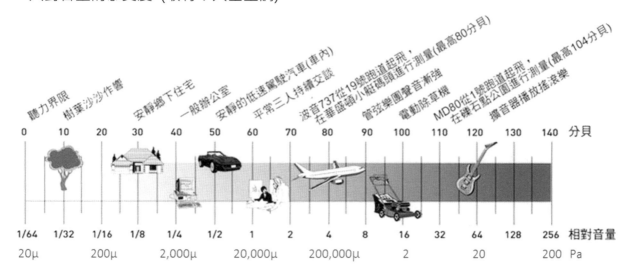

F.2.3. 環保署-噪音分類

● 噪音管制區劃分為四類，依其土地使用現況、行政區域、地形地物、人口分布劃分之

第一類	環境亟需安寧之地區。
第二類	供住宅使用為主且需要安寧之地區。
第三類	以住宅使用為主，但混合商業或工業等使用，且需維護其住宅安寧之地區。
第四類	供工業或交通使用為主，且需防止噪音影響附近住宅安寧之地區。

● 未實施都市計畫、區域計畫之地區，須劃定噪音管制區者，應於適當地點設置監測點蒐集全日環境音量，依一般地區音量標準值，劃定各類噪音管制區。

時段	日間	晚間	夜間
噪音管制區	均能音量（L_{eq}）		
第一類	55	50	45
第二類	60	55	50
第三類	65	60	55
第四類	75	70	65

● 環境保護署-噪音管制標準-時間區分

日間	上午 7 時 ～ 下午 7 時	
晚間	第一、二類	晚上 7 時 ～ 晚上 10 時
	第三、四類	晚上 7 時 ～ 晚上 11 時
夜間	第一、二類	晚上 10 時 ～ 翌日上午 7 時
	第三、四類	晚上 11 時 ～ 翌日上午 7 時

F.2.4. 環保署-噪音標準

● 第四條 工廠(場)噪音管制標準值

頻率	20 Hz 至 200 Hz			20 Hz 至 20 kHz		
時段	日間	晚間	夜間	日間	晚間	夜間
管制區	音量					
第一類	39	39	36	50	45	40
第二類	39	39	36	57	52	47
第三類	44	44	41	67	57	52
第四類	47	47	44	80	70	65

工廠(場)：指具有以人工或機械製造、加工或修理性質之場所。

● 第五條 娛樂場所、營業場所噪音管制標準值

頻率	20 Hz 至 200 Hz			20 Hz 至 20 kHz		
時段	日間	晚間	夜間	日間	晚間	夜間
管制區	音量					
第一類	32	32	27	55	50	40
第二類	37	32	27	57	52	47
第三類	37	37	32	67	57	52
第四類	40	40	35	80	70	65

娛樂場所、營業場所：指具有營業行為之商業、休閒、餐飲或消費之場所。

● 第六條 營建工程噪音管制標準值

頻率		20 Hz 至 200 Hz			20 Hz 至 20 kHz		
時段		日間	晚間	夜間	日間	晚間	夜間
管制區		音量					
均能音量 （ L_{eq} 或 $L_{eq,LF}$ ）	第一類	44	44	39	67	47	47
	第二類	44	44	39	67	57	47
	第三類	46	46	41	72	67	62
	第四類	49	49	44	80	70	65
最大音量 （ L_{max}）	第一、二類	---			100	80	70
	第三、四類				100	85	72

營建工程：在地面上下新建、增建、改建、修建、拆除構造物與其所屬設施及改變自然環境之施工行為。

均能音量：20Hz 至 20 kHz 之均能音量以 Leq 表示；20 Hz 至 200 Hz 之均能音量以 Leq,LF 表示。

最大音量（Lmax）：測量期間中測得最大音量之數值。

● 第七條 擴音設施噪音管制標準值

時段	日間	晚間	夜間
管制區	音量		
第一類	57	47	40
第二類	72	57	47
第三類	77	62	52
第四類	82	72	62

擴音設施：具有接收音源音量裝置（含可外接麥克風、收音器之功能）及音量擴大功能之設備或設施。

● 第八條 其他經主管機關公告之場所及設施之噪音管制標準值，例如.風力發電。一般工廠機電很少遇到，詳細法規資料參考環保署網站。

F.2.5. 噪音量測原則

- 噪音量測法規：噪音管制標準第三條中指出，噪音計指針呈週期性或間歇性的規則變動，而最大值大致一定時，則以連續五次變動之最大值平均之。
- 環境音量之測定應符合 "環境音量標準" 民國 99年01月21日，第三條規定：

<1>	測量儀器：須使用符合中華民國國家標準（CNS 7129）規定之一型噪音計或國際電工協會標準（IEC 61672-1）Class 1 噪音計。
<2>	測定高度：
	(1) 道路：聲音感應器應置於離地面、樓板或樓板延伸線 1.2 至 1.5 公尺之間。
	(2) 航空：機場周圍地區固定式航空噪音監測聲音感應器應置於離地面或樓板至少 3 公尺；非固定式航空噪音監測聲音感應器應置於離地面或樓板 1.2 至 1.5 公尺之間。
<3>	測定地點：

	(1)	道路：	
		(1.1)	於陳情人所指定其居住生活之下列地點測定：
			1. 測定地點在室外者，距離周圍建築物 1 至 2 公尺。
			2. 測定地點在室內者，將窗戶打開並距離窗戶 1.5 公尺。
		(1.2)	道路邊地區：距離道路邊緣 1 公尺處測量。但道路邊有建築物者，應距離最靠近之建築物牆面線向外 1 公尺以上之地點測量。
	(2)	航空：測點周圍三公尺範圍內無任何遮蔽物及反射物，且單一航空噪音事件最大音量與背景音量至少相差十分貝。	

<4>	動特性：
	(1) 道路：快特性（FAST）。
	(2) 航空：慢特性（SLOW）。
<5>	測定時間：
	(1) 道路：二十四小時連續測定。
	(2) 航空：機場周圍地區固定式航空噪音監測站，應蒐集全年之航空噪音日夜音量；非固定式航空噪音監測站，應蒐集連續十日以上之航空噪音日夜音量。
<6>	氣象條件：
	(1) 道路：測定時間內須無雨、路乾且風速每秒五公尺以下。
	(2) 航空：風速須在每秒十公尺以下。
<7>	測定紀錄應包括下列事項：
	(1) 日期、時間、地點（含 TWD97 大地座標及高度）及測定人員。
	(2) 使用儀器及其校正紀錄。
	(3) 測定結果。
	(4) 測定時間之氣象狀態（風向、風速、相對濕度、氣溫及最近降雨日期）。
	(5) 適用之環境音量標準。
	(6) 其他經中央主管機關指定記載事項。
<8>	測定地點附近有明顯噪音源時，應停止測量，另尋其他適合測量地點或排除、減低其他噪音源之音量，再重新測定之。

F.3. 噪音防制

● 聲音為一種振動的波，噪音的形成有 (1) 噪音源、(2) 傳送路徑、(3) 受音者。

(1) 噪音源	機電噪音的產生有風機、風管、泵浦、水管、設備的振動，....等。
(2) 傳送路徑	噪音是一種聲波可以用空氣當介質的傳遞，用水當介值或用建築結構當路徑來傳遞到人耳。
(3) 受音者	受音者就是人耳的聽覺感受。針對降低噪音對人耳的影響 3dB (有噪音感覺降低)，5dB (噪音明顯降低)，10 dB (響度降低一半)。

● 防制噪音的方法：(1) 將減低噪音源，(2) 聲音傳遞的路徑阻隔，藉建材的阻隔，吸音都是讓聲音不再傳遞的方法，(3) 保護受音者。
● 降低噪音的材料有：(1) 吸音-吸音材料，(2) 消音-消音箱，(3) 隔音-隔音材料，(4) 隔振-避振器，......等。

F.3.1. 吸音

● 吸音材料 (Absorptive material) 的目的是為消除反射音來控制噪音的再生成。
吸音材料：使用鬆軟或開孔材來作為吸音材料，如玻纖纖維棉、岩棉、沖孔板，....等。
材料越厚或孔細越多，吸音效果越好。

種類	代表性材料
(1) 多孔質材料	玻璃棉、岩棉、熔渣棉、發泡塑膠(連續氣泡)、噴吹纖維材料、燒成岩材料、木屑水泥板、木片水泥板、吸音用軟質纖維板、織物、植毛裝品
(2) 開孔板材料	開孔石膏板、開孔石棉水泥板、開孔合板、開孔硬板、開孔鋁板、開孔鐵板
(3) 板狀材料	合板、石棉水泥板、石膏板、硬板、塑膠板、金屬板

● 吸音原理：入射音聲波進入吸音材料內，音波與纖維材料摩擦，金音波振動能量轉變為摩擦熱能，使音波振幅變小而音量也就變小。

Ei 入射音	Er 反射音	Et 穿透音
Incident Sound	Reflected Sound	吸音材料通常安裝於牆面、金屬板等厚重材料上，這些材料聲音不易穿透 (容易反射)因此 Et 值很小，可忽略不計

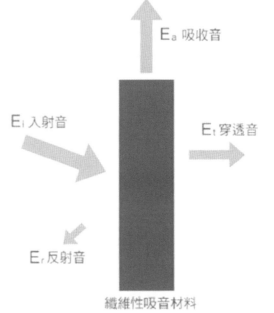

纖維性吸音材料

● 吸音係數α：用來評定材料吸音能力好壞之數值，計算方式為材料非反射面(吸音面)與反射面之比值。
其數值需由符合測試標準之實驗室進行測試。

測試標準包含 CNS 9056(台灣)、ASTM C423(美國)、ISO 354(歐洲)。

- 吸音材料的性能指標為吸音係數 α (Absorption Coefficience)
  (取材：噪音原理.防治材料--簡介手冊 2011)

  $$\alpha = \frac{E_i - E_r}{E_i} = \frac{E_a}{E_i}$$

  一般 α 在 0.2 以上的材料被稱為吸音材料，在 0.5 以上的材料就是理想的吸音材料。
  吸音係數最差為 0，最好為 1。
  一般混凝土牆為 0.02，吸音棉為 0.7。

- 吸音材料係數 (取材：噪音原理.防治材料--簡介手冊 2011)

材料名稱	頻率 (吸音係數表)					
	125	250	500	1K	2K	4K
32K, 50mm 厚玻璃棉	0.24	0.63	0.99	0.97	0.98	0.99
240K, 60mm 厚礦棉	0.25	0.55	0.78	0.75	0.87	0.91
2" 厚山型吸音泡棉	0.15	0.17	0.49	0.73	0.66	0.68
3" 厚 CSI 水泥發泡吸音板	0.23	0.6	0.99	0.97	0.95	0.96
6" 槽縫空心吸音磚	0.62	0.84	0.36	0.43	0.27	0.5
普通玻璃	0.35	0.25	0.18	0.12	0.07	0.04
1.3mm 木材，背後 25mm 空氣層	0.3	0.3	0.16	0.1	0.1	0.1
混凝土層、摩石子地面等	0.01	0.01	0.01	0.02	0.02	0.02

- 降噪係數 NRC

降噪係數 NRC (噪音減低係數 Noise Reduction Coefficient)：評估物質吸收聲音方式之一種方式，通常以 250，500，1000，2000Hz 聲音吸收係數之算數平均值表示之。

由於材料之吸音係數在不同頻率均不相同，為能快速比較其性能好壞，因此定義吸音材料將 250、500、1000、2000 Hz 之吸音係數求算數平均數成為降噪係數。

$$NRC = \frac{\alpha_{250} + \alpha_{500} + \alpha_{1000} + \alpha_{2000}}{4}$$

厚度	125 Hz	250 Hz	500 Hz	1000 Hz	2000 Hz	4000 Hz	NRC
1/2" (13mm)	0.06	0.13	0.47	0.91	0.94	0.78	0.61
1" (25mm)	0.12	0.45	0.99	1.01	1.12	1.01	0.89
2" (51mm)	0.29	0.82	1.04	1.10	1.01	1.01	0.99

玻璃棉板，厚度與密度不同時的 NRC

厚度 mm	NRC	密度 kg/cm³	NRC
25	0.65	16	0.86
50	0.89	24	0.88
100	0.96	40	0.89

- 防制噪音前需量測噪音的音頻，針對不同場所及需求選用材料。
  材料吸音的特性有：低音域、中音域、中高音域、高音域合權音域的吸音材。

F.3.2. 隔音

- 隔音材料 (Acoustical insulation material) 的目的是為隔離噪音源。用來阻絕空氣中聲音進入室內材料。

  隔音材料：它的一般特徵為剛性體材料、材料的密度高，振動越小，隔音效過越好。

  隔音材料會將聲音反射回噪音源側，使音量增加，降低隔音效果。因此會在隔音材料內側 (噪音源側)安裝吸音材料以降低音源側音量。

  如果要讓聲音能量變為只有原來的 1/10，吸音係數要用 0.9 的吸音材料，能達到這要求的材料很少。相反的，如果隔音的方法，則只要透過比 Et / Ei = 0.1 (TL 為 10dB) 的材料即可，一般稍微厚實的板狀材料 (Ex. 木板等) 都可以輕易地達到要求。

- 透過損失 TL (Transmission Loss) 來表示一個隔音設備的隔音能力，即 TL 值越大隔音性能越好，一般而言，同一材料的低頻部分 TL 值較高頻部分為低，材料商在標示隔音性能時，不標示頻率而只告訴設計者隔音幾分貝，並無法讓設計者在選擇材料時有所依據。例如某材料標示可隔音35分貝，如果是 125Hz、35分貝則其隔音性能相當好，但如果是 1,000Hz、35dB，此材料得隔音性能則是普通。

- 隔音材料的性能指標為透過損失TL，單位 dB。

  (取材：噪音原理.防治材料--簡介手冊 2011)

  $$TL = 10 \log \left(\frac{1}{\tau}\right) = 10 \log \left(\frac{E_i}{E_t}\right)$$

  隔音原理：入射音 Ei 傳向衝擊隔音材料時，導致隔音材料振動，隔音材料另外一側會產生新的聲波向四方傳播。

  入射音的聲音能量 Ei 與另一側(透過音)所產生聲音能量 Et 的透過比值 τ = Et / Ei。

  因為，Et/Ei 比值，從 0.1 (TL=10dB，Ex.木材) ~ 0.000001 (TL=60dB，Ex.水泥牆) 或更低，這麼大的範圍計算不方便，所以用對數。

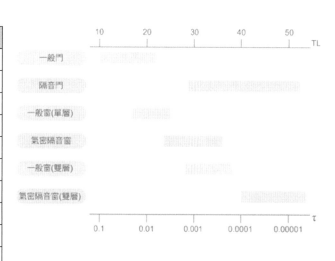

- TL 與 τ 對照表

TL(dB)	τ	TL(dB)	τ
12	0.0631	32	0.000631
14	0.0398	35	0.000398
16	0.0251	36	0.000251
18	0.0158	38	0.000158
20	0.0100	40	0.0001
22	0.00631	42	0.000063
24	0.00398	44	0.000040
26	0.00251	46	0.0000251
28	0.00158	48	0.0000158
30	0.0010	50	0.00001

● 各種隔音牆材料的穿透損失 (取材：FHWA-RD-76-58　Noise Barrier Design HandB(A)ook)

材料種類		厚度 mm	穿透損失 dB(A)
金屬類	鋁	1.6	23
		3.2	25
		6.4	27
	鋼	0.6	18
		0.9	22
		1.5	25
	鉛	1.6	28

材料種類		厚度 mm	穿透損失 dB(A)
混凝土及石材類	混凝土塊	100	36
		150	39
	磚	100	32
木材類	杉木	25	18
	松木	25	19
	三合板	25	23
透明板類	聚碳酸脂板	9.5	27
	壓克力板	15	30
	塑膠玻璃	5	25

● 具有多種部位(或材料)外牆的整體透過損失TL計算公式如下：
(取材：噪音原理.防治材料--簡介手冊 2011)

公式：$TL = 10 \log \left(\dfrac{S_1+S_2+\cdots\ldots+S_n}{\tau_1 S_1+\tau_2 S_2+\cdots\ldots+\tau_n S_n} \right)$

S	該部位 (材料) 的面積.
τ	該部位 (材料) 的透過比.

(Ex) 緊鄰道路學校活動中心牆面尺寸 20m(W) x 5m(H) – 總面積 100m^2。牆面有：門、換氣、窗、RC 牆。計算總 TL；改善(加隔音門、消音箱、隔音窗)TL：

改善前	S	TL	τ	τS
門	4	10	0.1	0.4
換氣	2	10	1	2
窗	42	14	0.0398	1.68
RC 牆	52	40	0.0001	0.0052
整體損失：14 dB				

改善後	S	TL	τ	τS
門+隔音門	4	30	0.001	0.004
換氣+消音箱	2	18	0.0158	0.0316
窗+隔音窗	42	28	0.00158	0.0664
RC 牆	52	40	0.0001	0.0052
整體損失：增加為 30 dB				

F.3.3. 隔音能力(效果) STC

● STC (聲音穿透等級 Sound Transmission Class) 用以評價一種材料或一種套件的隔音能力，主要針對在125～4000 Hz間之氣動噪音，此為多數人類語音所在的頻帶。其數值愈高表示隔音效果愈好。

● STC：評定隔間板 (Partition) 之聲音傳送損失，以500Hz傳送損失值表示。一般隔音材之防音能力，主要的評估指標為 STC，取決的因素為噪音源的頻率、隔音材的面密度、厚度、材質。

● 至於隔音材中之吸音材當其厚度增加時，對中低頻率的吸收也跟著增加，又材料背後空氣層的厚度增加時，吸音係數(Absorption coefficient)增大，穿透損失亦隨之增加。
例如：面密度為 15.3kg/m2 之雙動橫拉鋁窗其 STC 值 20，同樣形式之鋁窗面密度為 14.7kg/m2，STC 值為 18。
例如：STC 與質量的關係

材料密度	125 Hz	250 Hz	500 Hz	1000 Hz	2000 Hz	4000 Hz	8000 Hz
0.5 lb/ft^2	11	12	15	20	26	32	21
1.0 lb/ft^2	15	19	21	28	33	37	27

F.3.4. 建築防音工法及效果

● 台灣建築物防音的施工方式而來評估施工法對及效果之影響歸類下列五大項：
(1) 窗戶
(2) 門
(3) 牆
(4) 屋頂
(5) 空調。

(1) 窗戶：是主要的噪音侵入處，台灣常見的是單層玻璃及鬆動的外框，使窗戶成為噪音侵入的關鍵點，而台灣的窗戶 STC 常小於 20dB，噪音常經由鬆動的窗戶間隙穿透。改善施工方式：	
<1>	增加玻璃的厚度。
<2>	使用雙層玻璃。
<3>	使用獨立而厚重的窗框。
<4>	在玻璃邊緣加裝合成橡膠襯墊。
<5>	使用厚積層玻璃來阻隔低頻噪音。
<6>	填塞窗戶縫隙。

(2) 門：噪音由門縫中洩漏所致，加強門縫及門與門框之氣密是改善門噪音穿透的第一步。改善施工方式：	
<1>	增加門的面密度。
<2>	使用實心的門。
<3>	在空心的金屬門中填充玻璃纖維。
<4>	更換門及門框。
<5>	在門底部採用密合設施。

(3) 牆：台灣常用的牆材是鋼筋水泥或磚造，鋼筋水泥的噪音隔離度很高（STC 大於 50dB），所以鋼筋水泥牆一般是不需要改善的，老舊建築如使用木板牆或其他材料如膠片、鋼片等則有必要加裝第二道牆。

(4) 屋頂：頂樓的部份可以藉改善噪音穿透率或增加屋頂質量來解決噪音穿透的問題，台灣的屋頂大都是輕質鋼筋水泥，並已有適度的噪音衰減度（STC 大於 35dB），如要進一步加強噪音改善的效果，應由屋頂及牆柱之結構負載，聲音穿透的路徑量測，增加質量或於屋內上方加石膏板等方式著手。

(5) 空調：噪音的改善只有在窗或門關閉時有效，這意味著必須有空調設備但又不能讓噪音進入，運用窗型或分離式冷氣，以達到空調效率又不會讓空調設備產生之噪音進入。一般都採用換氣消音箱來避免噪音傳入，又兼具通風效果。

F.3.5. 機電隔振

● 機電設備的轉動元件會造成固體音的振動傳遞的噪音,如排氣風機、冷卻水塔、循環水泵、風管、水管,.....等。減少噪音的方法為有效的隔振處理。

● 隔振器的種類 (取材:兆山辰型錄)

F.4. 機電工程常見的噪音

● 噪音源的產生，除了機械設備本體產生的噪音外，其延伸的風管、水管也是會產生噪音，而噪音的防制方法可用隔離或消音的方式減少噪音。

● 本節介紹機電部份的改善。有關機電的噪音處理方法可分為：
(1) 隔音 (2) 吸音 (3) 消音器 (4) 避震器。

降低噪音方法	應用	說明
(1) 隔音： 降低噪音 20dB(A) ~ 50dB(A)	機房	使用隔音設備將噪音源與受音者分隔，用隔離方式防堵噪音的傳播。
(2) 吸音： 降低噪音 3 ~ 10dB(A)	風管/水管	噪音除了直接受音外，還有反射音(殘響音)，吸音處理降低殘響。
(3) 消音器： 降低噪音 20 ~ 40 dB(A)	風管/排氣管	是允許氣流通過，又能有效地阻止或減弱聲能向外傳播。消音器適用於降低空氣動力性噪音，對其他噪音源是不適用的。
(4) 隔震器： 降低噪音 5 ~ 25 dB(A)	轉動元件	用橡膠墊、避震器、防震接頭(水管、風管).....等隔震物，將震源與機器隔離，降低噪音幅射。

F.4.1. 變壓器噪音

● 變壓氣噪音的聲源，簡單分類有三個聲源：(1) 鐵心 (2) 繞組 (3) 冷卻器。

(1) 鐵心	矽鋼片接縫處和疊片之間存在因漏磁而產生的電磁吸引力。
(2) 繞組	電磁噪聲產生原因是磁場誘發鐵心疊片沿縱向振動產生噪聲，該振動幅值與鐵心疊片中磁通密度及鐵心材質磁性能有關，而與負載電流關係不大。
(3) 冷卻器	在高壓系統的變壓器，乾式變壓器和油浸式變壓器。油浸式因有油箱而需要風扇冷卻，風扇造成噪音。

● 減少噪音方法：

(1)	用隔間方式阻隔 (隔離) 噪音。
(2) 鐵心	選用磁致伸縮ε小的優質矽鋼片，降低鐵心的磁通密度 B，鐵心採用全斜交錯接縫，增加鐵心接縫，控制鐵心夾緊力，放置減振橡膠。
(3) 冷卻器	增加風扇數量，增加油箱壁強度，油箱內壁設置橡膠板，油箱底部與基礎間設置減震器，選用自冷式。

F.4.2. 水噪音

● 水系統的噪音源

噪音源	音源	改善
水泵	轉動元件，運轉不平衡	動平衡調整，隔離風機，加避震器或橡膠墊
水管	水流的速度快造成噪音	降低水流速，配管加大，水管外加吸音棉，採鑄鐵管材質
馬桶沖水	沖水時瞬間流速快	減少 90° 的彎頭，減少配管落差，隔離密閉系統

● 水管流速建議值

水管尺寸	DN mm	25	50	75	100	125	150	200	250	250 以上
最大流速	m/s	0.9	1.2	1.5	1.8	2.1	2.4	2.7	2.9	3.0

● 圖示：吊架與水泵系統各部元件名稱

(取材：ASHRAE-Noise and Vibration Control for HVAC SYSTEMS)

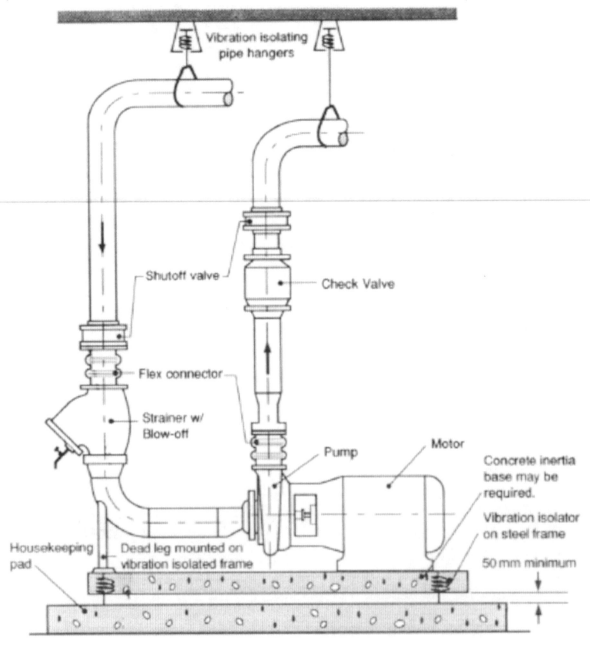

F.4.3. 空調噪音

● 空調系統噪音來源圖示 (取材：Shan K.Wang，Handbook of Air Conditioning and Refrigeration)

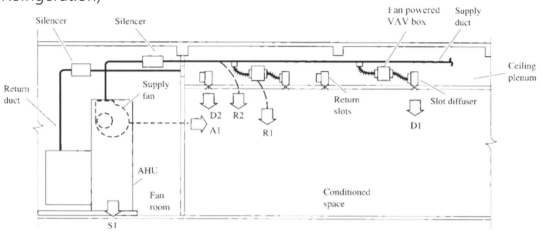

● 空調噪音來源

噪音源	音源	改善
機房風機	轉動元件，運轉不平衡	動平衡調整，隔離風機，加避震器或橡膠墊
風管	風的速度快造成噪音	降低風速、加消音箱、風管內保溫
送/回風口	風的速度造成風切聲	降低風速

F.4.4. 機房噪音

● 機房噪音：例如，空調機房都是24hr運轉，所以噪音沒有停止時間。而對機房的噪音-牆面可以設置消音牆，材料有多種選，例如用高密度玻璃棉加防蟲網 (或洞洞板)或庫板 (紙風巢/鋁風巢)。對機房地板可以設置浮動地板，防止設備震動傳遞至機房外部。

● 機房隔間

機房內：玻璃纖維+防塵布	洞洞板	庫板
	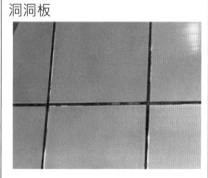	

● 機防地板-浮動地板

可調整高度式浮動地板	高度式浮動地板
	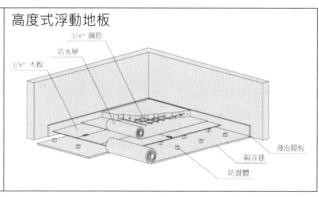

F.4.5. 振動噪音

- 振動噪音的原因很多源。舉例，泵的基座 (取材：噪音原理.防治材料--簡介手冊 2011)
- 設備重量中心點分配不平均

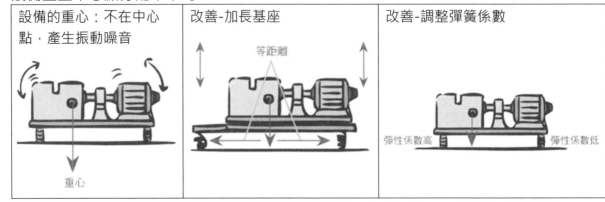

- 側向力造成側向振動

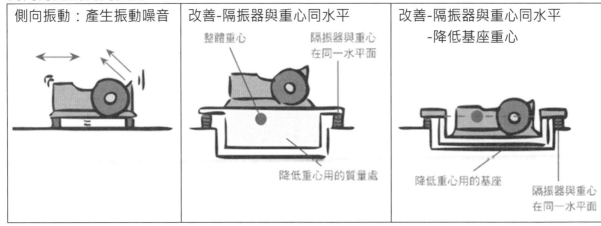

F.4.6. 消音器

- 噪音源的性質 (1) 機械噪音、(2) 電磁噪音 (3) 空氣動力性噪音。
- 消音器主要是對空氣動力性噪音，對其他的噪音處理無效能。

F.4.6.1. 消音箱類型

- 一般消音器組成包含：
  (1) 外殼：1.2 mm(含)以上的鍍鋅鋼板。
  (2) 吸音片：0.8 mm(含)以上的鍍鋅沖孔板 (保護吸音棉不受氣流浸蝕)。
  (3) 吸音材：密度 32Kg/m³ 以上，填充壓縮率為 5%，外覆高密度玻纖布，以防飛散。

- 消音器分類

消音方法	消除噪音頻率
內保溫風管	消除中、高頻噪音
外保溫風管	消除低頻噪音
風管尺寸<消音箱	消除低頻噪音
風管尺寸=消音箱	消除中、高頻噪音

● 消音器內流速

說明	噪音要求	流速範圍
	dBA	m/s
特殊安靜	≦ 30	3 ~ 5
較高安靜	≦ 40	5 ~ 8
一般安靜	≦ 50	8 ~ 10
工業通風	≦ 70	10 ~ 18

● 常用各類型消音器

管式消音器：
將吸音材料固定在管道內壁上，有直管式和彎管式，其通道可以圓形的，也可以是矩形的。
管式消音器，加工簡易，空氣動力性能好，適用於氣體流量較小的情況。

  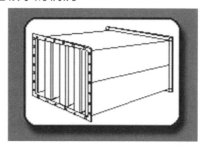

片式(閘板式)消音器：
片式(閘板式)消音器是由一排平行的消音片組成，它的每個通道相當
於一個矩形消音器，這種消音器的結構不複雜，中高頻消音效果好，
消音量一般為 15 ~ 20 dB(A)/m，阻力係數較小，約為 0.8。

蜂窩式消音器：
蜂窩式消音器是由：許多平行的小管式消音器並聯而成的，蜂窩式
消音器適用於控制大型鼓風機的氣流噪音，在要求阻力嚴格的情況
下不宜採用。

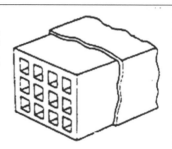

折板式(彎曲式)消音器：
折板式(彎曲式)消音器是由片式(閘板式)消音器演變而來的，為
了提高高頻區的消音性能，把消音片做成彎折狀。為了減小阻
力損失，折角應小於 20 度。
聲波在折板式(彎曲式)消音器內往複多次反射，可以增加音與吸
音材料的接觸機會，因此使消音效果得到提高。

但折板式(彎曲式)消音器的阻力損失比片式(閘板式)的大，阻力
係數一般在 1.5 ~ 2.5 之間，適用於壓力和噪音較高的噪音設
備，低壓通風機則不適用。

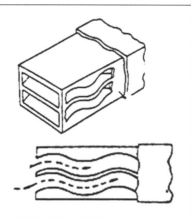

F.4.6.2. 消音箱選機

● 消音箱規格 (取材：環協)

空調設備編號	送/回風	消音設備尺寸 [mm]			消音設備型號	風機風量 m^3/s	全靜壓 Pa	經設備風量 m^3/s	面速度 m/s	壓損 Pa
		W	H	L						
AHU-L3-1a	SA	1,650	800	2,400	AE30/150/24	6.4	1,399	6.2	4.7	72

續-1

空調設備編號	消音設備八度音頻減音量(分貝)								數量 pcs	設計標準		消音設備		評估距離 m	出風口 m/s
	63	125	250	500	1k	2k	4k	8k		NC	dBA	未安裝	安裝後		
AHU-L3-1a	15	27	42	47	46	44	29	23	1	35	42	75dBA	36dBA	2.3	0.1

● 計算書

評估噪音地點	:	3F	(不含WC,走廊,餐廳室)		八度音頻資料(dBL)							
出風/迴風	:	supply	(supply/return)									
消音設備空氣流量	:	22,143 m3/hr			63	125	250	500	1k	2k	4k	8k
全靜壓	:	1399 Pa										
聲功率(風機廠商提供)		91	dBA		93	93	95	89	84	79	75	70
Sound Power split		100 %			0	0	0	0	0	0	0	0

直管	(W)mm	(H)mm	(L)m	Type								
D	1650	500	2	unlined u	-1	-1	0	0	0	0	0	0
D	500	300	8.5	unlined u	-11	-6	-3	-1	-1	-1	-1	-1
D				unlined u	0	0	0	0	0	0	0	0
D				unlined u	0	0	0	0	0	0	0	0
discharge安全係數			效應 7		3	3	3	3	3	3	3	3
彎管	(W)mm	(H)mm	(No.)	Type								
B	1800	850	1	unlined u	0	0	-1	-2	-3	-3	-3	-3
B	500	300	4	unlined u	-1	0	0	-4	-8	-12	-12	-12
B				lined l	0	0	0	0	0	0	0	0
B				lined l	0	0	0	0	0	0	0	0
B				lined l	0	0	0	0	0	0	0	0
出風口面積	(出風口V=0.1m/s)		1.2 m2		-4	-1	0	0	0	0	0	0
離開風管之聲功率 Lw to Exit					79	88	94	85	75	66	62	57
風機到房間的風量百分比 Qroom		11.5 %			-9	-9	-9	-9	-9	-9	-9	-9
房間體積 L=6 W=8 H=6		252 m3			-10	-10	-10	-10	-10	-10	-10	-10
房間殘響時間 RT (α=0.1)		1.7 sec			2	2	2	2	2	2	2	2
1.Lpr反射音音壓位準		70 dBA			62	71	77	68	58	49	45	40
風機到出風口的風量百分比 Qexit		2.8 %			-16	-16	-16	-16	-16	-16	-16	-16
風口到聽者耳朵距離 r 點音源		r = 2.3 m			-10	-10	-10	-10	-10	-10	-10	-10
風口的方向係數(Q=1,2,4,8)	Q=	2										
風口與人耳的角度	(angle)	30 deg			5	5	6	6	7	7	7	7
風口面積 Aexit	(area)	1.2 m2										
2.Lpd直接音音壓位準		67 dBA			58	67	74	65	56	47	43	38
Contribution		1 set			0	0	0	0	0	0	0	0
安全係數					3	3	3	3	3	3	3	3
未加消音設備噪音值 (Lp=Lpd+Lpr)		75 dBA			66	75	82	73	63	54	50	45
要求安靜程度		NC35			60	52	45	40	36	34	33	32
需求減音量					6	23	37	33	27	20	17	13
選用消音設備的減音量					15	27	42	47	46	44	29	23
選用消音設備後噪音值		36 dBA			51	48	40	26	20	20	21	22

採用	消音箱	型號	AE30/150/24		*建議消音箱的壓損<120Pa
採用	消音箱	尺寸	W	H	L
	立管安裝		1650	800	2400
通氣消音設備空氣流量		6.2 m3/s			
通氣消音設備面速度		4.7 m/s	ok		
通氣消音設備壓損		72 Pa	ok		

*建議主幹管室速度(face velocity)設計與需求的NC關係如下

設計NC	主幹管	支管	出風口
NC45	10 (m/s)	8 (m/s)	3.5 (m/s)
NC35	8 (m/s)	6 (m/s)	3 (m/s)
NC25	6 (m/s)	5 (m/s)	1.5 (m/s)

*消音箱後方damper 所產出的再生噪音必要時(特別安靜需求場合)以內保溫內吸音方式進行消音處理

self noise recheck for the silencer	63	125	250	500	1k	2k	4k	8k
單位消音箱的再生噪音	44	41	37	33	33	27	20	20
消音箱面積調整係數	5	5	5	5	5	5	5	5
調整後消音箱的再生噪音	49	46	42	38	38	32	25	25
消音箱的再生噪音是否需要考慮	不用	不用	不用	不用	不用	不用	不用	不用
消音箱再生噪音傳到房間的間接音SIL-Lpr(S/N)	18	24	24	17	12	2	13	13
消音箱再生噪音傳到房間的直接音SIL-Lpd(S/N)	14	20	21	14	10	13	13	13
消音箱再生噪音傳到房間的合成音SIL-Lpc(S/N)	19	25	26	19	14	13	16	16

F.4.7. 風管噪音

● 風管的噪音多是風速造成，建議直管風速
(取材：ASHRAE-Noise and Vibration Control for HVAC SYSTEMS)

風管位置	RC/NC 等級	最大風速 [m/s]	
		方管	圓管
管道間或 實心石膏板天花板上方	45	17.5	25.0
	35	12.5	22.5
	25 以下	8.5	15
天花板上方	45	12.5	22.5
	35	9	15
	25 以下	6	10

● 建議彎頭風速

最低 RC 或 NC 額定值	方管	圓管	方管-短導風片	方管-長導風片	圓管-導風片
	最大風速 [m/s]				
50+	10.0	12.5	12.5	14.0	15.0
45	8.0	10.0	10.0	12.0	13.0
40	6.5	8.0	8.0	10.0	12.0
35	5.0	6.5	6.5	8.0	10.0
30	4.0	5.0	5.0	6.0	7.5
25	3.0	4.0	4.0	5.0	6.0
≦ 20	---	2.5	2.5	3.0	3.0

F.4.7.1. 風管聲音衰減

● 風管系統因為風管的長度、彎頭和保溫致使風管聲音自然衰減，本節介紹風管消音。
(取材：實用供熱空調設計手冊)。

● 裸風管的自然消音：沒有任何的內襯的鍍鋅鐵板製的裸風管內的自然減音。

風管形狀及尺寸 (當量 m)		倍頻帶衰減量 (dB / m)				
		63	125	250	500	≥1,000
矩形風管	0.075 ~ 0.2	0.60	0.60	0.45	0.30	0.30
	0.2 ~ 0.4	0.60	0.60	0.45	0.30	0.20
	0.4 ~ 0.8	0.60	0.60	0.30	0.15	0.15
	0.8 ~ 1.6	0.45	0.30	0.15	0.10	0.06
圓形風管	0.075 ~ 0.2	0.10	0.10	0.15	0.15	0.30
	0.2 ~ 0.4	0.06	0.10	0.10	0.15	0.20
	0.4 ~ 0.8	0.03	0.06	0.06	0.10	0.15
	0.8 ~ 1.6	0.03	0.03	0.03	0.06	0.06

本表僅適用於管路較長，管內流速較低 (≦ 8m/s)條件，否則值管噪音衰減可忽略不計。

風管外側貼有斷熱材的風管，其減音效果是表的2倍。內襯保溫風管效果比外側保溫減音效果更好。

- 內襯風管的消音

風管尺寸	八度音階帶周波數 (Hz)							
	63	125	250	500	1,000	2,000	4,000	8,000
mm	減音量 (dB)							
150 x 150	---	4.6	3.9	11	16	19	17	---
150 x 300	---	3.6	3	8.5	17	18	15	---
300 x 300	---	2.3	2	6.9	15	15	3	---
300 x 600	---	1.6	1.6	5.9	15	10	2	---
600 x 600	---	1	1.3	4.9	12	1.6	0.3	---
600 x 900	0.3	1	2	3.6	7.9	4.6	3	2.3
600 x 1,200	0.3	0.6	1.6	3.3	7.5	3.9	2.3	2
600 x 1,800	0.3	0.3	1.6	3.9	7.2	3.9	2.3	2.3

風管尺寸係指吸音材內側尺寸，吸音材厚 25 mm，風管鐵板厚600 x 600時為0.6mm，超過時為0.8mm (無氣流時)。

- 裸彎頭的自然消音

彎頭形狀及尺寸 (當量 m)		倍頻帶衰減量 (dB / m)						
		125	250	500	1,000	2,000	4,000	8,000
矩形風管	0.125	----	----	1	5	7	5	3
	0.25	----	1	5	7	5	3	3
	0.5	1	5	7	5	3	3	3
	1	5	7	5	3	3	3	3
圓形風管	0.125 ~ 0.25	----	----	----	1	2	3	3
	0.28 ~ 0.5	----	----	1	2	3	3	3
	0.53 ~ 1.0	----	1	2	3	3	3	3
	1.05 ~ 2.00	1	2	3	3	3	3	3

帶有內襯材料彎頭，其衰減量會有明顯改善。
設有導流片的彎頭，其衰減量可以取圓彎頭及方彎頭的平均量。

- 風管分歧部份的消音：是利用分歧達到消音分散效果，並非在減少總音響的功率。但由於風管是分歧成 2 支，故音響功率會一分為二；每一分支的功率，音響的功率會跟著減少，是謂分歧的消音方式。

F.4.7.2. 風管附件造成的噪音

- 風管的附件為出風口、回風口和控制風門。(取材：蘇德勝-噪音原理及控制-台隆書局)。
- 出風口的發生噪音：八度音階帶個別修正值 (單位dB)

八度音階帶 中心周波數 Hz	63	125	250	500	1,000	2,000	4,000	8,000	備註
噴嘴形出風口	-2	-7	-7	-11	-16	-18	-19	-22	頸部風速 15m/s 以下
Punka Louver	-3	-7	-9	-14	-14	-17	-22	-19	頸部風速 15m/s 以下
格子形出風口	-6	-5	-6	-9	-11	-18	-26	-31	表面風速 15m/s 以下
槽出風口 Pipe Line	-8	-7	-6	-6	-9	-14	-24	-27	頸部風速 15m/s 以下
圓形擴散器 Ancmo	-2	-5	-8	-12	-16	-23	-29	-37	頸部風速 7 m/s 以下
角形擴散器 Ancmo	-3	-6	-7	-8	-8	-11	-18	-28	頸部風速 7 m/s 以下
Pan 形出風口	-6	-5	-6	-9	-11	-16	-24	-23	頸部風速 7 m/s 以下
輪形出風吸入口	---	-5	-4	-7	-9	-14	-24	-40	頸部風速 6 m/s 以下

- 回風口的發生噪音

八度音階帶 中心周波數 Hz	63	125	250	500	1,000	2,000	4,000	8,000	備註
格柵形回風口	-8	-12	-10	-6	-6	-14	-23	-36	表面風速 3m/s 以下, 控制風門
Pan 形回風口	-9	-7	-10	-10	-12	-16	-29	-38	頸部風速 5m/s 以下
菌形回風口	-3	-9	-11	-14	-11	-10	-18	-30	頸部風速 5m/s 以下

- 控制風門的發生噪音

八度音階帶 中心周波數 Hz	63	125	250	500	1,000	2,000	4,000	8,000
θ = 0°	-4	-5	-5	-9	---	---	---	---
θ = 45°	-7	-5	-6	-9	-13	-12	-7	-13
θ = 60°	-10	-7	-4	-5	-9	-9	-3	-10

風門在風管中越少，引發的噪音也減少。

F.4.7.3. 風管安裝

- 風機的安裝避免風機效應，就可以減少噪音。風管的安裝如下圖示：彎頭

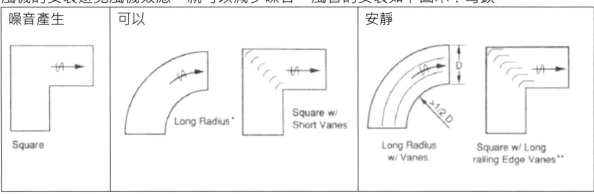

● 分歧風管

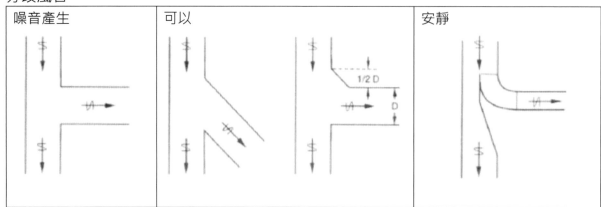

● 三通

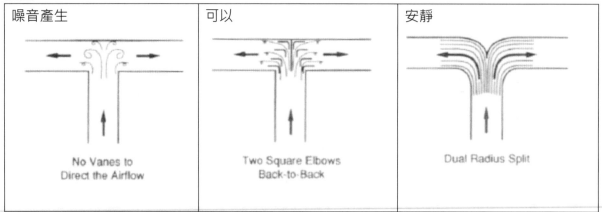

● 大小頭和偏移

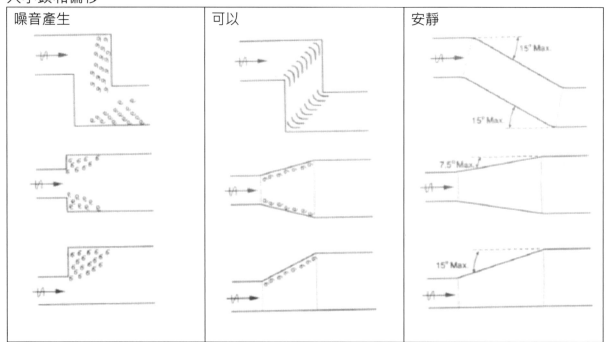

Chapter G
空氣基礎 Air Basic

Chapter G. 空氣基礎 Air Basic

- 本章節敘說空氣性質應用於空調，導入空氣線圖的基礎計算知識。主要引用ASHRAR HandBook內容延伸說明。

G.1. 標準

- Code and Standard 的不同：
  Code tells you what you need to do, and a Standards tells you how to do it

G.1.1. Code

- Code 告訴您需要做什麼。屬於技術性的規範須要遵循的一組規則。
  Code 它不是一項法律，但是需要可以被採納成為法律。
- Code 是最低的需求規範的標準。
  例如：CNS Building Code 建築法 (建築技術規則)。半導體製造業空氣污染管制及排放標準。

G.1.2. Stanard

- Standard 會告訴您如何執行。
  Standard 是技術的定義和準則。可作為設計者，製造商等的執行標準。
- Standard 標準是需要完成的工作方法。
  例如：NFPA 僅有 Standard，沒有 Code 的條文。又如 ASHRAE，ASTM， API，ISO，......等。

G.2. 常用標準

- 台灣常用標準大致分為：(1) CNS (2) 美規 (3) 日規 (4) 歐規。

- 台灣工程界參考的法規，美規系統較多：
  (1) CNS：資料範圍及涵蓋內容太少。
  (2) 美規：常用的 ASHRAE-Handbook、Design Guidelines，AMCA，SNACNA，AHRI，AABC，NEBB，ASTM，ASME，IEC，SEMI，ISO，NFPA，FM，UL，ACGIH，......等。
  (3) 日規：製造生產的產品常用到，又因語言的關係翻譯文獻太少，都屬於舊的資料。
  (4) 歐規：大多是參考德國的系統，也是因為語言的關係翻譯文獻太少。
  (5) GB 中國大陸規範：大多是參考德國或美國標準的翻譯。

G.3. 空氣標準

- 空氣的條件，對一般的空調系統影響不大(應用溫度範圍很小)。但對製程排氣的影響很大(例如：焚化爐溫度會達到800℃，空氣的溫度影響風量的大小)，所以條件很重要。
- 空氣的各種標準，於不同領域使用的標準有些差異。例如：溫度。

G.3.1. 空調工程系統

- 應用於HVAC系統設計

Scmh	Standard Temperature and Pressure (STP)	0℃, 760mmHg-abs, 0%rh, 空氣比重 1.293kg/m³
Ncmm	Normal Temperature and Pressure (NTP)	20℃, 760mmHg-abs, 65%rh, 空氣比重 1.20kg/m³
Acmm	Actual Temperature and Pressure (ATP)	實際需求

G.3.2. 化學工程系統

- 應用於製程排氣系統設計

Scmh	Standard Temperature and Pressure (STP)	0℃, 100kPa, 1 mole idea gas 22.4L
Ncmm	Standard Ambient Temperature and Pressure (SATP)	25℃, 101,325Pa. 24.5L
Acmh	Actual Temperature and Pressure (ATP)	實際需求

G.3.3. 環境變化

G.3.3.1. 溫度變化

- 於製程系統排氣溫度升高時，造成空氣體積的膨脹，因此公式必須修正。於製程有機廢氣 VOCs的章節，會詳細介紹。
- [例題]
  比較空氣在 20℃時的風量 10,000cmh，若溫度為 120℃ and 800℃的風量?
  [Ans] 溫度升高時，空氣膨脹-所以風量也因此增加，尤其是溫度差很大時

$$P = Constant \cdot \frac{V_1}{T_{1(K)}} = \frac{V_2}{T_{2(K)}}$$

Q @ Temp. Condition	Normal Temperature	Actual Temperature	Const. P Air Volume
Q = V_1	T_1 [K]	T_2 [K]	V_2
Std_cmh	℃	℃	A_cmh
10,000	20.0	120	13,411
10,000	20.0	800	36,609

G.3.3.2. 壓力變化

- 壓力的變化同樣也會影響，詳細請查閱本書系列-風機的基礎。

G.4. 空調單位名詞

● 本節介紹空氣相關名詞、定義、單位的說明。
  嚴謹的工程師，應注意單位的英文字母大寫與小寫之區別，請參閱本書的單位換算章。

G.4.1. 壓力

● P 壓力：高速運動的氣體粒子，不斷地碰撞容器壁，就對器壁產生壓力；密閉容器中氣體壓力的成因。壓力(P) = 承受的力(F) / 單位面積(A)。

標準大氣壓力 1atm [kPa]	0°C時海平面的大氣壓力，1 atm=101,325Pa = 760 mmHg 大氣壓力 (atmospheric pressure)，簡稱氣壓。 覆蓋在地表的大氣，其重量在單位面積所造成的壓力稱為大氣壓力。 大氣中的原子及分子會被地心引力往下拉，使地表的空氣密度比高空中大。空氣的密度隨地表高度上升而快速下降。

● P (濕空氣全壓力) [kg/cm^2] = P$_a$ (乾空氣的壓力) + P$_w$ (濕空氣的壓力=水蒸汽的壓力)。

乾空氣(Dry Air)	不含水蒸汽的空氣，熱焓不隨空氣溫度升降變化。
濕空氣(Moist Air)	含水蒸汽的空氣，濕空氣 = (乾空氣+水蒸汽)，兩成份組成。
蒸氣壓	液體氣化產生的氣壓則稱為蒸氣壓。 蒸氣壓和溫度關係，溫度越高，蒸氣壓越高。單位：[kPa]。
飽和蒸氣壓	氣相與其非氣相達到平衡狀態時的壓力。單位：[kPa]。
蒸發	蒸發的過程屬於吸熱反應，在任何溫度下皆可發生。蒸氣分子凝聚成液體的過程稱為凝結屬於放熱反應。

G.4.2. 溫度

● T (t)：溫度(Temperature)。氣體的溫度是氣體粒子平均動能(kinetic energy)的量度，溫度越高，表示氣體粒子的平均動能越大，在絕對零度(0 K)時，氣體粒子的平均動能為零，全然靜止。

K：絕對溫度	K (絕對溫度) = 273.15 + t°C。單位：[K]。
DB：乾球溫度	(Dry-Bulb Temperature)：一般溫度計所測得之溫度。單位：[°C]。
WB：濕球溫度	(Wet-Bulb Temperature)： 將一般溫度計感溫球部包上濕紗布（相對濕度達到 100%），用水蒸發吸熱原理所測得溫度。未飽和時 DB > WB，飽和時 DB = WB。單位：[°C]。
Tadp：露點溫度 DP	(Dew Point Temperature)： 定壓，冷卻空氣使空氣中的氣態水凝結成液態水時的溫度。單位：[°C]。
飽和線	(Saturated Line)：相對濕度 100%曲線，此點的溫度 DB=WB=Tadp。

G.4.3. 濕度比

● ω (or W) (比溼度 Humidity Ratio、Specific Humidity=絕對溼度)。單位：[kg/kg]。

%rh 相對濕度	相對濕度(Relative Humidity)：空氣中含水蒸氣分壓與該溫度下，含最大的水蒸氣的分壓之比，稱為相對濕度。單位：[%rh]。 空氣中含有水蒸氣的量會隨溫度改變，溫度愈高水蒸氣含量愈多。空氣中的水分含量達到飽和時，相對濕度就是 100%。
ω (or W) 絕對濕度	絕對濕度(Absolute Humidity)=kg(水蒸氣)/kg(乾空氣)：濕度比(水分含量)；每公斤重量的乾空氣，含有水蒸氣重量稱為重量絕對濕度。

G.4.4. 密度

G.4.4.1. 密度

D 密度 (ρ) [kg/m³] (Density)	流體：單位體積的重量。氣體：單位體積乾空氣的重量。D=1/ν。 乾空氣密度 ρ = 1.293 kg/m³，1atm，0℃。 水的密度：1 g/cm³ = 1,000 kg/m³ = 1 kg/liter。
S 比重 [kg/m³] Specific Gravity	比重又稱為相對密度，是指物體和另一參考物體 (水) 的密度比。 流體：單位體積的質量。 $S_{gas} = \rho_{gas} / \rho_{air} = \rho_{gas} / 1.205$。
γ 比重量 [kg/m³] Specific Weight	流體單位體積重量。γ = ρg = 密度 x 重力加速度。 $\gamma_{air} = \rho_{air} g = 1.205$ kg/m³ x 9.807 m/s = 11.8N/m³。 比重量不會因為溫度變化而改變，而是會隨著重力不同而不同。在無重力環境之下，任何物體的比重量皆為零。

ν (比容積 Specific Volume) [m³/kg]　：單位重量乾空氣的體積。$\nu = V / M_{da}$

● 空氣密度隨空氣壓力、溫度及濕度而變化。公式：$\rho = \rho_0 \times T_0 \times P / (P_0 \times T)$

ρ_0	P_0	T_0	P	T	ρ
標準狀態 乾空氣密度	標準狀態 空氣壓力	標準狀態 乾空氣溫度	實際狀態 乾空氣壓力	實際狀態 乾空氣溫度	實際狀態 空氣壓力
kg/m³	kPa	K	kPa	℃	K	kg/m³
1.293	101.325	273.15	101.325	27.000	300.15	1.177

水的密度 = 1,000 kg/m³。水的比重量 = 9,810 N/m³。

G.4.5. 比熱

● C (比熱 Specific Heat) [kJ/kg-K]：熱的容量。單位質量的物質升高1℃所需的熱量。
比熱：分為 (1) 定容比熱 Cv，(2) 定壓比熱 Cp。
空調過程中加熱或冷卻。對我們生活在大氣壓力下，空調用定壓比熱容易計算。

符號	比熱	kJ/kg-K	kCal/kg-℃
Cv-air = Cv	空氣定容比熱	0.718	0.172
Cp-air = Cp	空氣定壓比熱	1.005	0.240
Cpa	乾空氣比熱	1.005	0.240
Cpm	濕空氣比熱	1.025	0.245
Cpw	水比熱	4.186	1.000
Cpv	水蒸氣比熱	1.890	0.452

● 熱單位換算

熱	W	J/s	Cal/hr	Btu/hr
W	1	1	860.420	3.413
J/s	1	1	860.420	3.413
Cal/hr	0.00116	0.00116	1	0.00397
Btu/hr	0.293	0.293	252.101	1

G.4.6. 熱容量

G.4.6.1. 液體-熱容量

● 液態熱容量-公式：$Q = m * C * \Delta T = V * \rho * C * \Delta T = 4.186 * V * \Delta T$

IP	$Q_{Btu/hr}$	$= 500 \quad * V_{gpm} * \Delta T_{°F}$
公制	$Q_{kCal/hr}$	$= 1,000 * V_{cmh} * \Delta T_{°C}$
SI	Q_{kW}	$= 4.186 * V_{cms} * \Delta T_{°C}$

● 水的標準

單位	溫度	比重 S	比熱 C
英制 IP	39.2°F 純水	1.0	1.0 Btu/lb-°F
公制	4°C 純水	1.0	1.0 kCal/kg-°C
SI	4°C 純水	1.0	4.18 kJ/kg-°C

G.4.6.2. 氣體-熱容量

● 各種單位的氣態熱容量

顯熱	IP	$Q_{S-Btu/hr}$	$= m * C * \Delta T$		$= 1.08 * V_{cfm} * \Delta T_{°F}$
潛熱		$Q_{L-Btu/hr}$	$= m * h_{fg} * \Delta \omega$	$= (V * \rho) * h_{fg} * \Delta \omega'$	$= 0.68 * V_{cfm} * \Delta \omega_{g/lb}$
總熱		$Q_{T-Btu/hr}$	$= m * C * \Delta T$		$= 4.45 * V_{cfm} * \Delta h_{Btu/lb}$
顯熱	公制	$Q_{S-kCal/hr}$	$= m * C * \Delta T$		$= 0.288 * V_{cmh} * \Delta T_{°C}$
潛熱		Q_{L-kW}	$= m * h_{fg} * \Delta \omega$	$= (V * \rho) * h_{fg} * \Delta \omega'$	$= 2,950 * V_{cms} * \Delta \omega_{g/kg}$
總熱		Q_{T-kW}	$= m * C * \Delta T$		$= 1.2 \quad * V_{cms} * \Delta h_{kJ/kg}$
顯熱	SI	Q_{S-kW}	$= m * C * \Delta T$		$= 1.2 \quad * V_{cms} * \Delta T_{°C}$
潛熱		Q_{L-kW}	$= m * h_{fg} * \Delta \omega$	$= (V * \rho) * h_{fg} * \Delta \omega'$	$= 2,950 * V_{cms} * \Delta \omega_{g/kg}$
總熱		Q_{T-kW}	$= m * C * \Delta T$		$= 1.2 \quad * V_{cms} * \Delta h_{kJ/kg}$

● 綜合說明熱 – 公式 – 注意單位的不同。

總熱	$Q_{kCal/Hr}$	$= V_{cmm} * 1.2 * 0.24 * \Delta h_{kJ/kg} * 60 / 3,024$
加溼量	$HU_{kg/hr}$	$= V_{cmm} * 1.2 * \Delta \omega_{g/kg} * 60 / 1,000$
加熱量	HT_{kW}	$= V_{cms} * 1.2\ kg/m^3 * \quad \Delta T_{°C}$

G.4.7. 熱焓

● h (焓 Enthalpy) [kJ/kg]：物質所含熱量。
● 顯熱比 SHF(Sensible Heat Factor)：SHF = 空氣(顯熱) / (總熱)。
● 顯熱比線 RSHF：由標準準O與SHF上的點連成一線。又稱為室內負載線。
  空氣線圖上的右邊是顯熱比線的比值刻度線。空氣線圖上的左邊半圓，內圓的數字就是顯熱比的比值，此點連線圓心就是顯熱比線。

● 設備能力線 GSHF：露點溫度(室內負載線延伸到飽和曲線點)與混合風(冷卻盤管的入風點)的點連成一線。

G.5. 空氣線圖

本節參考 ASHRAE Handbook FUNDAMENTALS Chapter 1. PSYCHROMETRICS。
空氣線圖的應用公式，其困難是單位變化 (IP、SI、工程師自己習慣的單位)，參雜混用公式，工程師應統合自己使用的單位。

G.5.1. 美規與歐規的空氣線圖

- 空氣線圖顯示空氣的狀態，如溫度、濕度、焓的變化，......等。工程師可藉由空氣線圖上的處理過程來設計規劃空調箱。如冷卻、加熱、加濕、減濕，....等。
- 空氣理論的公式為簡化繁複的公式，都以理想氣體為計算基準，真實氣體與理想氣體間的差異不大，因此採用理想氣體簡化計算。
- 空氣線圖的種類分為：美規與歐規。(將美規與歐規線圖翻轉頁面對照可得相同曲線)。

美規空氣線圖 (台灣常用 ASHRAE)	空氣線圖準原點：
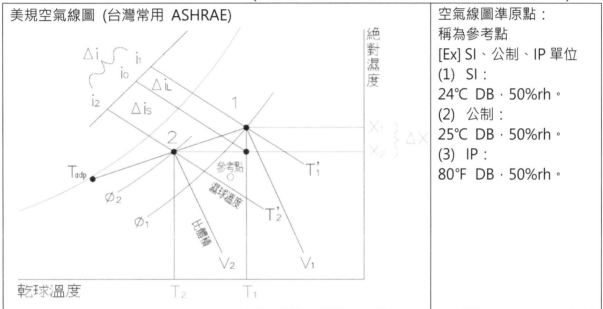	稱為參考點 [Ex] SI、公制、IP 單位 (1) SI： 24°C DB，50%rh。 (2) 公制： 25°C DB，50%rh。 (3) IP： 80°F DB，50%rh。

歐規空氣線圖：因為市面書籍的名詞翻譯種類多有差異，學習上請比對中文/英文名詞，以免混淆觀念。

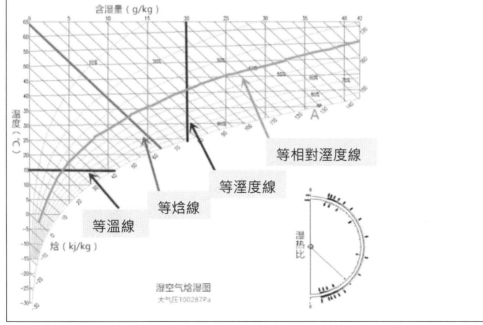

等相對溼度線

等溼度線

等焓線

等溫線

G.5.2. 空氣線圖公式

- 本節介紹用ASHRAE Handbook R2013 Fundamentals Chapter 1 空氣線圖公式。
  空氣線圖：用來描述空氣設備處理前/後各階段的空氣狀態。

G.5.2.1. 理想氣體方程式

- 空調工程的應用依據：假設空氣是理想氣體的簡化條件。

定律	條件	公式
查理定律	在定 P 氣體	$V_t = V_0 (1 + t_{°C} / 273)$
	在定 P、n 氣體	$V_1 / T_1 = V_2 / T_2$
波義爾定律	定 T，定 n 氣體	$P_1 V_1 = P_2 V_2$
亞佛加厥定律	同溫同壓下，同體積的任何氣體含有相同數目的分子。
	STP：0℃，1 atm 標準狀況下，1 mole 任何氣體體積為 22.4 L。
	NTP：25℃，1 atm 標準狀況下，1 mole 任何氣體體積為 24.5 L。

- 單位符號說明：理想氣體 = 查理定律+波義爾定律+亞佛加厥定律。 $PV = nRT$。

理想氣體方程式	P 壓力	V 體積	n 莫耳數	R 理想氣體常數	T 絕對溫度
化學科學	atm	L	mole	0.082 atm-L/mole-K..	K
物理科學	Pa	m^3	mole	8.31 J/mole-K..	K
熱力學	Pa	m^3	mole	1.987 Cal/mole-K..	K
空調工程	kPa	m^3	mole	8314.472 J/kmole-K..	K

乾空氣：$P_{da} V = n_{da} RT$
濕空氣：$P_w V = n_w RT$
$P V = nRT = (P_{da} + P_w) V = (n_{da} + n_w) RT$
乾空氣的氣體常數：$R_{da} = 8314.472/28.966 = 287.042$ J/kg-K。
水蒸汽的氣體常數：$R_w = 8314.472/18.015 = 461.524$ J/kg-K。

G.5.2.2. 壓力

- 公式：$P = 101.325 (1 - 2.25577×10^{-5} Z)^{5.2559}$。
  $t = 15 - 0.0065Z$ (溫度隨高度而改變)

Z 高度	t 溫度	P ASHRAE 壓力表	P 壓力公式計算結果	Z 高度	t 溫度	P ASHRAE 壓力表	P 壓力公式計算結果
m	℃	kPa		m	℃	kPa	
-500	18.2	107.478	107.477	3,000	-4.5	70.108	70.109
-500	18.2	107.478	107.477	4,000	-11.0	61.640	61.641
0	15.0	101.325	101.325	5,000	-17.5	54.020	54.021
500	11.8	95.461	95.461	6,000	-24.0	47.181	47.182
1,000	8.5	89.875	89.875	7,000	-30.5	41.061	41.062
1,500	5.2	84.556	84.556	8,000	-37.0	35.600	35.601
2,000	2.0	79.495	79.496	9,000	-43.5	30.742	30.744
2,500	-1.2	74.682	74.683	10,000	-50.0	26.436	26.437

G.5.2.3. 定溫定壓下

● 理想氣體條件的乾空氣與濕空氣

飽和度：μ	$\mu = W / W_s = \Phi / (1 + (1 - \Phi)W_s / 0.62945)$
濕度比：W	$W = 0.621945\, P_w / (P - P_w)$
飽和水蒸氣濕度比：W_s	$W_s = 0.621945\, P_{ws} / (P - P_{ws})$
相對濕度：Φ	$\Phi = x_w / x_{ws} = P_w / P_{ws} = \mu / (1 - (1 - \mu)(P_{ws} / P))$

公式符號/單位說明：

μ	W	W_s	Φ	x_w	x_{ws}	P_w	P_{ws}
飽和度	濕度比	飽和水蒸氣濕度比	相對濕度	水的莫耳分數	飽和水蒸氣莫耳分數	水蒸氣分壓	飽和水蒸氣分壓
沒單位	m^3/kg_w or m^3/kg_{da}	m^3/kg_w or m^3/kg_{da}	沒單位	沒單位	沒單位	kPa	kPa

G.5.2.4. 飽和水蒸汽壓力-ASHRAE

● 在混合氣體中，飽和水蒸氣壓 ＝ 液態或固態水處於平衡態的水蒸氣的分壓。
飽和水蒸氣壓是溫度的函數。
P (濕空氣全壓力) $[kg/cm^2]$ = P_a (乾空氣的壓力) + P_w (濕空氣的壓力=水蒸汽的壓力)

● 飽和濕空氣中，水蒸氣分壓P_s與相同溫度下純水飽和蒸氣分壓P_{ws}的差別可忽略不計。
因此，P_s可用於方程式中 $P_s = P_{ws}$
公式：$P_s = X_{ws} P$

P_{ws}	T	P_s	X_{ws}	P
飽和水蒸氣分壓	絕對溫度	水蒸氣分壓	飽和水蒸氣莫耳分數	濕空氣總壓力
Pa	K	Pa	Pa	Pa

● 飽和水蒸氣壓力的公式，依溫度不同 (0℃為區分段點)，參數也不同。

冰的狀態溫度：-100℃ ~ 0℃	水的狀態溫度：0℃ ~ 200℃
$\ln(P_{ws})$ $= C_1/T + C_2 + C_3 T + C_4 T^2 + C_5 T^3 + C_6 T^4 + C_7 \ln T$	$\ln(P_{ws})$ $= C_8/T + C_9 + C_{10}T + C_{11}T^2 + C_{12}T^3 + C_{13}\ln T$

ln	自然對數
C_1	-5.6745359E+03
C_2	6.3925247E+00
C_3	-9.6778430E-03
C_4	6.2215701E-07
C_5	2.0747825E-09
C_6	-9.4840240E-13
C_7	4.1635019E+00

ln	自然對數
C_8	-5.8002206E+03
C_9	1.3914993E+00
C_{10}	-4.8640239E-02
C_{11}	4.1764768E-05
C_{12}	-1.4452093E-08
C_{13}	6.5459673E+00

G.5.2.5. 飽和水蒸汽壓-Antoine

● Antoine 公式計算水的飽和蒸汽壓：水係數依液態與氣態不同，參數也不同

$$\log_{10}P = A - \frac{B}{C+T} \qquad P = 10^{A-\frac{B}{C+T}}$$

公式符號/單位說明

名稱		A	B	C	T_{min}, °C	T_{max}, °C
水	H_2O [液]	8.0713	1730.6	233.426	1	99
	H_2O [氣]	8.1402	1810.9	244.485	100	374

● [Ex] 水的飽和壓力

Name			T	水 P (飽和絕對壓力)			A	B	C
化學式		中文	°C	$mmHg_{abs}$	kPa_{abs}	atm_{abs}	Antoine 參數		
Water	H_2O	水	1.0 .	4.89	0.65	0.0064	8.0713	1730.6	233.43
Water	H_2O	水	50.0 .	92.30	12.31	0.1214	8.0713	1730.6	233.43
Water	H_2O	水	99.0 .	733.24	97.76	0.9648	8.0713	1730.6	233.43
Water	H_2O	水-熱水	100.0 .	760.1	101.34	1.0001	8.0713	1730.6	233.43
Water	H_2O	水-蒸氣	100.0 .	764.3	101.89	1.0056	8.1402	1810.9	244.49
Water	H_2O	水-蒸氣	120.0 .	1,485	198.0	2.0	8.1402	1810.9	244.49
Water	H_2O	水-蒸氣	140.0 .	2,692	359.0	3.5	8.1402	1810.9	244.49

G.5.2.6. 濕度參數

● W (濕度比) = M_w / M_{da} = 濕空氣質量 ÷ 乾空氣質量
W = 18.015268/28.966) x_w / x_{da}
γ = M_w / (M_w + M_{da}) = W (1 + W)
d_v = M_w / V

公式符號/單位說明：

W	M_w	M_{da}	γ	d_v	V
Humidity Ratio 濕度比	濕空氣 質量	乾空氣 質量	Specific Humidity 比濕度	Absolute Humidity 絕對濕度	濕空氣 總風量
kg_w/kg_{da} or g_w/kg_{da}	kg_w	kg_{da}	m^3/kg_w or m^3/kg_{da}	kg_w/m^3	m^3

G.5.2.7. 濕球溫度

濕球溫度精確公式	$h + (W_s^* - W) h_w^* = h_s^*$
高於冰點公式	$h_w^* = 4.186 t^*$ $W = ((2,501 - 2.326t^*) W_s^* - 1.006 (t - t^*)) / (2,501 + 1.86t - 4.186t^*)$
低於冰點公式	$h_w^* = -333.4 + 2.1t^*$ $W = ((2,830 - 0.24t^*) W_s^* - 1.006 (t - t^*)) / (2,830 + 1.86t - 2.1t^*)$

公式符號/單位說明：

W	W_s^*	h_w^*	h_s^*	t	t^*
濕空氣 濕度比	飽和濕空氣 在濕球溫度的濕度比	1atm 冷凝水的比焓	飽和濕空氣 在濕球溫度的比焓	乾球溫度	濕球溫度
m^3/kg_w or m^3/kg_{da}		kJ/kg_w	kJ/kg_{da}	°C	°C

G.5.2.8. 比容

- ν (比容積 Specific Volume) [m3/kg] ：單位重量乾空氣的體積。ν = V / M_{da}
  ν = V / M_{da} = V / (28.966 n_{da}) = RT / (28.966 (P-P_w))
  ν = R_{da} T / (P-P_w) = RT (1 + 1.607858W) / (28.966 P) = R_{da} T (1 + 1.607858W) / P
- ν = 0.287042 (t + 273.15) * (1 + 1.607858 W) / P

公式符號/單位說明：

ν	t	W	P
Specific Volume	Dry-Bulb Temperature	Humidity Ratio	Total Pressure
比容	乾球溫度	濕度比	總壓力
m^3/kg_{da}	°C	kg_w/kg_{da}	kPa

G.5.2.9. 熱能

- 空氣焓的公式

h = h_{ad} + Wh_g = 1.006t + W (2,501 + 1.86t)	h_{ad} = 1.006t
	h_g = 2,501 + 1.86t

公式符號/單位說明：

h	h_{ad}	h_g	W
濕空氣比焓	乾空氣比焓	飽和水蒸氣比焓	濕空氣的濕度比
kJ/kg_{da}	kJ/kg_{da}	kJ/kg_w	m^3/kg_w or m^3/kg_{da}

G.5.2.10. 露點溫度

- 壓力、濕度比與露點溫度的近似公式：P_{ws} (t_{adp}) = P_w = (P * W) / (0.621945 + W)
  公式符號、單位說明

α	= ln (P_w)
W	濕度比 m^3/kg_w or m^3/kg_{da}
P_w	水蒸氣分壓 [kPa]
P_{ws}	溫度 t_d 下的飽和蒸氣壓。
P	壓力 P = P_{da} + P_w

- 露點溫度t_{adp} [°C]：依溫度不同 (0°C為區分段點)，參數也不同。

露點溫度：0°C~ 93°C	露點溫度：0°C以下
t_{adp} [°C] =C_{14}+C_{15}α+C_{16}α^2+C_{17}α^3+C_{18} (P_w)$^{0.1984}$	t_{adp} [°C] =6.09+12.608α+0.4959α^2
Note：α= ln (P_w)，P_w：水蒸氣分壓 [kPa]	Note：α= ln (P_w)
係數 C：	P_w：水蒸氣分壓 [kPa]
	P_w = (P * W) / (0.621945 + W)

C_{14}	6.54
C_{15}	14.526
C_{16}	0.7389
C_{17}	0.09486
C_{18}	0.4569

温度區間影響露點溫度

温度區間影響露點溫度公式：

公式應用的目的是當輸入乾球溫度與相對濕度後，表內 <1>～<2>，經公式計算後後得結果為 <3>～<13>。

注意事項：不同的露點溫度區間在 (1) 0～93℃ and (2) 低於0℃，應選用適當的露點公式，不同露點區間的公式係數會隨之改變。計算結果差異很大，尤其應用在化學除濕的環境。

[例題] 計算不同乾求溫度區間，比較露點的變化

(1) 露點溫度 0～93℃

乾球溫度	相對濕度 濕空氣相對濕度	濕球溫度	絕對濕度 濕空氣濕度比	焓	空氣比重	空氣比容	飽和狀態下濕度比	濕球溫度下飽和狀態濕度比	水蒸氣分壓	飽和狀態下水蒸氣分壓	濕球溫度下飽和水蒸氣分壓	露點溫度 0～93℃
Td	ψ	Tw	ω = Ra / Rw	h	ρ	ν	Ws	Ws*	Pw	Pws	Pws*	Tadp
DB°C	%rh	WB°C	g/kg	kJ/kg	kg/m³	m³/kg	kg/kg	kg/kg	kPa	kPa	kPa	DP °C
<1>	<2>	<3>	<4>	<5>	<6>	<7>	<8>	<9>	<10>	<11>	<12>	<13>
-5	50	-7.23	1.30	-1.80	1.314	0.761	0.0026	0.0022	0.21	0.42	0.36	-14.30
5	50	1.35	2.69	11.78	1.264	0.791	0.0054	0.0042	0.44	0.87	0.67	-4.67
7	90	6.24	5.59	21.08	1.249	0.801	0.0062	0.0059	0.90	1.00	0.95	5.49
35	80	31.81	28.92	109.37	1.095	0.914	0.0366	0.0303	4.50	5.63	4.71	31.01

(2) 露點溫度低於 0℃

乾球溫度	相對濕度 濕空氣相對濕度	濕球溫度	絕對濕度 濕空氣濕度比	焓	空氣比重	空氣比容	飽和狀態下濕度比	濕球溫度下飽和狀態濕度比	水蒸氣分壓	飽和狀態下水蒸氣分壓	濕球溫度下飽和水蒸氣分壓	露點溫度 低於 0℃
Td	ψ	Tw	ω = Ra / Rw	h	ρ	ν	Ws	Ws*	Pw	Pws	Pws*	Tadp
DB°C	%rh	WB°C	g/kg	kJ/kg	kg/m³	m³/kg	kg/kg	kg/kg	kPa	kPa	kPa	DP °C
-5	50	-7.23	1.30	-1.80	1.314	0.761	0.0026	0.0022	0.21	0.42	0.36	-12.33
5	50	1.35	2.69	11.78	1.264	0.791	0.0054	0.0042	0.44	0.87	0.67	-4.03
-10	30	-12.35	0.53	-8.75	1.340	0.746	0.0018	0.0015	0.09	0.29	0.24	-21.86
-20	20	-21.35	0.15	-19.74	1.394	0.717	0.0008	0.0007	0.03	0.13	0.11	-33.63

以"0"為臨界點，於不同的溫度區間，應選用不同的露點溫度公式，由上式比較公式可知差異。

G.5.3. 濕空氣性質的計算

● 本節說明用已知空氣性質，求其他的空氣性質（取材：ASHRAE Handbook）。

G.5.3.1. 下標文字

● 下標文字說明：以下節的公式下標說明

as	飽和濕空氣和乾燥空氣之間的差異
da	乾空氣
f	飽和液態水
fg	飽和液態水和飽和水蒸氣之間的差異
g	飽和水蒸汽
i	飽和水
ig	飽和水和飽和水蒸氣之間的差異
s	飽和濕空氣和乾燥空氣之間的差異
t	總合
w	水

G.5.3.2. 濕空氣熱力性質

● 濕空氣熱力性質符號、單位

W_s 飽和水蒸氣濃度比	V_{da} 乾空氣比容	V_{as} $V_{as}=V_s-V_{da}$	V_s 飽和水蒸氣比容	h_{da} 乾空氣比焓	h_{as} $h_{as}=h_s-h_{da}$	h_s 飽和水蒸氣比焓	S_{da} 乾空氣比熵	S_s 飽和水蒸氣比熵
kg_w/kg_{da} or g_w/kg_{da}	m^3/kg	m^3/kg_{da}	m^3/kg_{da}	kJ/kg_{da}	kJ/kg_{da}	kJ/kg_{da}	$kJ/kg_{da}\text{-}K$	$kJ/kg_{da}\text{-}K$

● 本節以下說明，濕空氣性質計算的相關公式

濕空氣性質已知條件 (1)	濕空氣性質已知條件 (2)	濕空氣性質計算公式
乾球溫度 t、壓力 P	濕球溫度 t*	詳：A.5.3.3
乾球溫度 t、壓力 P	露點溫度 t_d	詳：A.5.3.4
乾球溫度 t、壓力 P	相對濕度 Φ	詳：A.5.3.5

G.5.3.3. 已知乾球溫度 t、壓力 P、濕球溫度 t*

項次	計算參數	說明	計算所需公式	備註
<1>	$P_{ws}(t^*)$	飽和壓力下的濕球溫度 t*	查表：水在飽和狀態之熱力性質 -100°C ~ 0°C : $\ln P_{ws} = C_1/T + C_2 + C_3 T + C_4 T^2 + C_5 T^3 + C_6 T^4 + C_7 \ln T$ 0°C ~ 200°C : $\ln P_{ws} = C_8/T + C_9 + C_{10}T + C_{11}T^2 + C_{12}T^3 + C_{13}\ln T$	應用 $P_{ws}(t^*)$
<2>	W_s^*	飽和濕空氣在濕球溫度的濕度比	$W_s = 0.621945\, P_{ws}/(P - P_{ws})$	
<3>	W	濕度比	高於冰點近似公式：$W = ((2,501 - 2.326 t^*)\, W_s^* - 1.006\,(t - t^*))/(2,501 + 1.86 t - 4.186 t^*)$ 低於冰點公式：$W = ((2,830 - 0.24 t^*)\, W_s^* - 1.006\,(t - t^*))/(2,830 + 1.86 t - 2.1 t^*)$	
<4>	$P_{ws}(t)$	飽和水蒸氣壓力下的乾球溫度 t	查表：水在飽和狀態之熱力性質 -100°C ~ 0°C : $\ln P_{ws} = C_1/T + C_2 + C_3 T + C_4 T^2 + C_5 T^3 + C_6 T^4 + C_7 \ln T$ 0°C ~ 200°C : $\ln P_{ws} = C_8/T + C_9 + C_{10}T + C_{11}T^2 + C_{12}T^3 + C_{13}\ln T$	
<5>	W_s	飽和濕度比	$W_s = 0.621945\, P_{ws}/(P - P_{ws})$	應用 $P_{ws}(t)$
<6>	μ	飽和度	$\mu = W/W_s$	應用 W_s
<7>	Φ	相對濕度	$\Phi = \mu/(1 - (1 - \mu)(P_{ws}/P))$	應用 $P_{ws}(t)$
<8>	v	比容	$v = RT(1 + 1.607858 W)/(28.966 P) = R_{da}T(1 + 1.607858 W)/P$	
<9>	h	濕空氣的比焓	$h = 1.006 t + W(2,501 + 1.86 t)$	
<10>	P_w	水蒸氣壓力	$P_w = PW/(0.621945 + W)$	
<11>	t_d	露點溫度	查表：水在飽和狀態之熱力性質 $P_{ws}(t_d) = P_w = PW/(0.621945 + W)$ 露點溫度 0°C ~ 93°C : $t_d = C_{14} + C_{15}\alpha + C_{16}\alpha^2 + C_{17}\alpha^3 + C_{18}(P_w)^{0.1984}$ 露點溫度 0°C以下 : $t_d = 6.09 + 12.608\alpha + 0.4959\alpha^2$	

G.5.3.4. 已知乾球溫度 t、壓力 P、露點溫度 t_d

項次	計算參數	說明	計算所需公式	備註
1	$P_w = P_{ws}(t_d)$	水蒸氣壓力	查表：水在飽和狀態之熱力性質 $-100℃ \sim 0℃$：$\ln P_{ws} = C_1/T + C_2 + C_3T + C_4T^2 + C_5T^3 + C_6T^4 + C_7\ln T$ $0℃ \sim 200℃$：$\ln P_{ws} = C_8/T + C_9 + C_{10}T + C_{11}T^2 + C_{12}T^3 + C_{13}\ln T$	飽和壓力下的露點溫度 t_d
2	W	濕度比	$W = 0.621945\, P_w / (P - P_w)$	
3	$P_{ws}(t)$	飽和水蒸氣壓力	查表：水在飽和狀態之熱力性質 $-100℃ \sim 0℃$：$\ln P_{ws} = C_1/T + C_2 + C_3T + C_4T^2 + C_5T^3 + C_6T^4 + C_7\ln T$ $0℃ \sim 200℃$：$\ln P_{ws} = C_8/T + C_9 + C_{10}T + C_{11}T^2 + C_{12}T^3 + C_{13}\ln T$	飽和壓力下的露點溫度 t_d
4	W_s	飽和濕度比	$W_s = 0.621945\, P_{ws} / (P - P_{ws})$	應用 $P_{ws}(t)$
5	μ	飽和度	$\mu = W / W_s$	應用 W_s
6	Φ	相對濕度	$\Phi = \mu / (1 - (1 - \mu)(P_{ws}/P))$	應用 $P_{ws}(t)$
7	ν	比容	$\nu = RT(1 + 1.607858W)/(28.966P) = R_{da}T(1 + 1.607858W)/P$	
8	h	濕空氣的比焓	$h = 1.006t + W(2{,}501 + 1.86t)$	
9	t^* 需要 trial and error 疊代數值計算	濕球溫度 t^*	查表：水在飽和狀態之熱力性質 $W_s = 0.621945\, P_{ws}/(P - P_{ws})$ 高於冰點近似公式：$W = ((2{,}501 - 2.326t^*)W_s^* - 1.006(t - t^*))/(2{,}501 + 1.86t - 4.186t^*)$ 低於冰點公式：$W = ((2{,}830 - 0.24t^*)W_s^* - 1.006(t - t^*))/(2{,}830 + 1.86t - 2.1t^*)$	方法 1
			$-100℃ \sim 0℃$：$\ln P_{ws} = C_1/T + C_2 + C_3T + C_4T^2 + C_5T^3 + C_6T^4 + C_7\ln T$ $0℃ \sim 200℃$：$\ln P_{ws} = C_8/T + C_9 + C_{10}T + C_{11}T^2 + C_{12}T^3 + C_{13}\ln T$	方法 2

應用於 $-60℃ \sim 90℃$的空氣特性，不適用於高溫空氣狀態。

比容 $\nu = \nu_{da} + \mu\nu_{as}$

焓 $h = h_{da} + \mu h_{as}$

G.5.3.5. 已知乾球溫度 t、壓力 P、相對濕度 Φ

項次	計算參數	說明	計算所需公式	備註
1	$P_{ws}(t)$	飽和水蒸氣壓力	表：水在飽和狀態之熱力性質 -100℃ ～ 0℃ ：$\ln P_{ws} = C_1/T + C_2 + C_3 T + C_4 T^2 + C_5 T^3 + C_6 T^4 + C_7 \ln T$ 0℃ ～ 200℃ ：$\ln P_{ws} = C_8/T + C_9 + C_{10}T + C_{11}T^2 + C_{12}T^3 + C_{13}\ln T$	飽和壓力下的乾球溫度 t
2	P_w	水蒸氣壓力	$Φ = P_w / P_{ws}$	
3	W	濕度比	$W = 0.621945\, P_w / (P - P_w)$	
4	W_s	飽和濕度比	$W_s = 0.621945\, P_{ws} / (P - P_{ws})$	應用 $P_{ws}(t)$
5	μ	飽和度	$μ = W / W_s$	應用 W_s
6	ν	比容	$ν = RT (1 + 1.607858 W) / (28.966 P) = R_{da} T (1 + 1.607858 W) / P$	
7	h	濕空氣的比焓	$h = 1.006t + W (2{,}501 + 1.86t)$	
8	t_d	露點溫度	表：水在飽和狀態之熱力性質 $P_{ws}(t_d) = P_w = PW / (0.621945 + W)$ 露點溫度 0℃ ～ 93℃：$t_d = C_{14} + C_{15}α + C_{16}α^2 + C_{17}α^3 + C_{18} (P_w)^{0.1984}$ 露點溫度 0℃以下：$t_d = 6.09 + 12.608α + 0.4959α^2$	
9	t^* 需要 trial and error 疊代數值計算	濕球溫度 t^*	表：水在飽和狀態之熱力性質 $W_s = 0.621945\, P_{ws} / (P - P_{ws})$ 高於冰點近似公式：$W = ((2{,}501 - 2.326t^*) W_s^* - 1.006 (t - t^*)) / (2{,}501 + 1.86t - 4.186t^*)$ 低於冰點公式：$W = ((2{,}830 - 0.24t^*) W_s^* - 1.006 (t - t^*)) / (2{,}830 + 1.86t - 2.1t^*)$	方法 1
			-100℃ ～ 0℃ ：$\ln P_{ws} = C_1/T + C_2 + C_3 T + C_4 T^2 + C_5 T^3 + C_6 T^4 + C_7 \ln T$ 0℃ ～ 200℃ ：$\ln P_{ws} = C_8/T + C_9 + C_{10}T + C_{11}T^2 + C_{12}T^3 + C_{13}\ln T$	方法 2

G.5.3.6. 相關公式綜合說明

1	已知 (輸入資料)	乾球溫度
2	已知 (輸入資料)	Φ 濕空氣相對溼度 = 100 (Pw/Pws)
3	濕球溫度	Tw = WB_3(Td,ψ/100)
4	絕對溼度	ω = 1000*(1.006*Tw-1.006*Td+(Ws*)*(2501-2.381*Tw))/(2501+1.805*Td-4.186*Tw)
		ω = (Ra/Rw) x (Pw/(P-Pw)) = 0.622 x (Pw/(P-Pw))
		P：濕空氣全壓 101.325
		Ra：乾空氣的氣體常數 = 29.27 kgf-m/kg-K
		Rw：水蒸氣的氣體常數 = 47.06 kgf-m/kg-K
5	焓	h = 1.006*Td+ω*(2.501+0.001805*Td)
6	空氣比重	ρ = 28.9645*(101.325-Pw)/(8.31441*(Td+273.15))
7	空氣比容	v = 1/ρ
8	飽和狀態下溼度比	Ws = 0.62198 * Pws / (101.325-Pws)
9	濕球溫度下 飽和狀態溼度比	Ws* = 0.62198 * Pws*/(101.325-Pws*)
10	水蒸氣分壓	Pw = 101.325 * ω / (621.98+ω)
11	飽和狀態下 水蒸氣分壓	Pws = EXP((-5.8002206*10^3) / (T$_d$+273.15) + (-5.516256) + (-4.8640239*10^{-2}) * (T$_d$+273.15)+ (4.176476*10^{-5}) * (T$_d$+273.15)^2+(-1.4452093*10^{-8}) * (T$_d$+273.15)^3 + (6.5459673) * LN(T$_d$+273.15))
12	濕球溫度下 飽和水蒸氣分壓	Pws* = EXP((-5.8002206*10^3) / (Tw+273.15) + (-5.516256) + (-4.8640239*10^{-2})*(Tw+273.15)+ (4.176476*10^{-5}) * (Tw+273.15)^2 + (-1.4452093*10^{-8}) * (Tw+273.15)^3+(6.5459673) * LN(Tw+273.15))
13	露點溫度	露點溫度 0 ~ 93℃：Tadp =6.54+14.526*LN(Pw)+0.7389*LN(Pw)^2+0.09486*LN(Pw)^3+0.4569*Pw$^{0.1984}$
		露點溫度低於 0℃：Tadp = 6.09+12.608*LN(K25)+0.4959*LN(K25)^2

G.5.4. 空氣線圖應用

● 在定壓下，知道了空氣的2種特性數值時，可於空氣線圖上查出其他空氣熱力特性。
● ASHRAE 空氣線圖分類

壓力	海平面氣壓	101.325 kPa	空調工程
	海拔	750 米　92.634 kPa	
	海拔	1,500 米　84.54 kPa	
	海拔	2,250 米　77.058 kPa	
乾球溫度	常溫	0°C ~ 50°C	
	低溫	-40°C ~ 10°C	冷凍工程
	高溫	10°C ~ 120°C	空調工程
	極高溫度	100°C ~ 200°C	

G.5.4.1. 空氣線圖的線說明

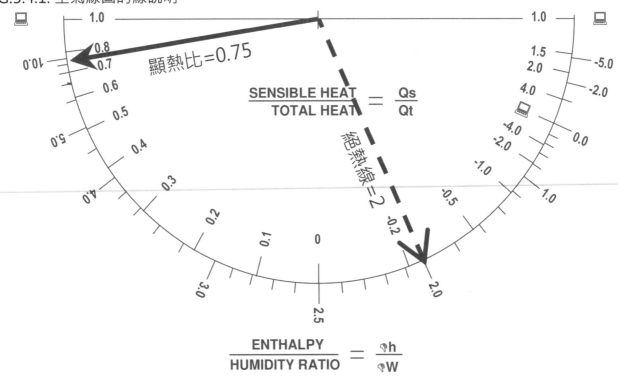

● 顯熱比 RSHF

一般空調，電子廠	0.85~0.95 (電子廠 0.9)
低階	0.8~0.85

G.5.4.2. 美規空氣線圖

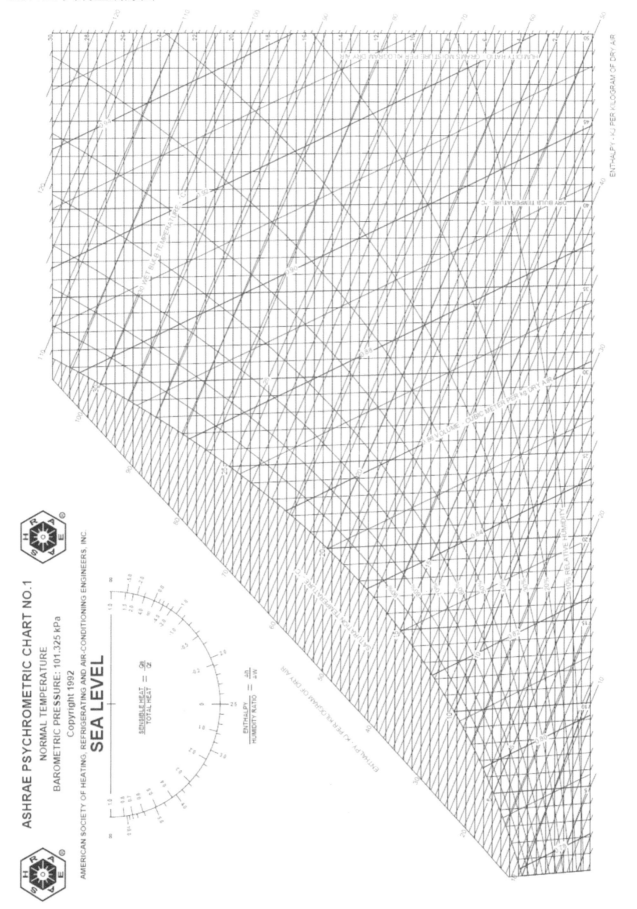

G.5.4.3. 歐規空氣線圖

● 歐規與美規的空氣線圖非常相似，若將歐規圖將背面對光源看，結果正是美規的空氣線圖。

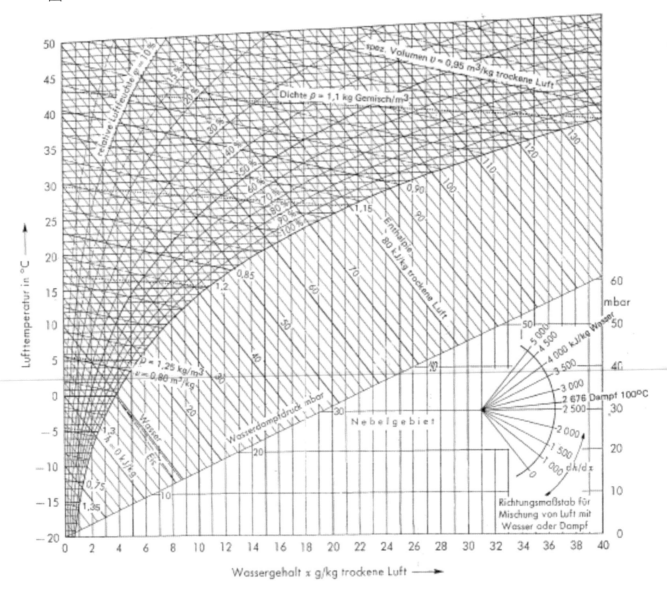

h, x-(Mollier) Diagramm
feuchter Luft für 1 bar

G.5.5. 雷諾數

● 雷諾數：流體(氣體與液體合稱流體)在管路中流動的情形與流動的性質。流動時會產生阻力，防礙流動的阻力稱為黏度(Viscosity)。氣體黏度隨溫度升高而增加，液體黏度隨溫度升高而減少，液體黏度隨壓力升高而增加。

G.5.5.1. 雷諾數公式

$$R_e = \frac{VL}{\nu} = \frac{\rho V L}{\mu} = \frac{\rho V D_h}{\mu}$$

ρ	V	μ	D = D_h	ν = μ / ρ	Re
Density	Velocity	Dynamic Viscosity	Hydraulic Diameter	Kinematic Viscosity	Reynolds Number
密度	平均速度	黏度係數	管徑	運動黏性係數	雷諾數
kg/m³	m/s	N-s/m²	m	m²/s	None
1.2041	1.5	0.0000181	0.025	0.0000151	2,495

G.5.5.2. 應用

● 雷諾數的物理意義為：慣性力與黏性力
(1)黏性力(viscous force)：流體物質的分子間或分子與器壁間，因凡得瓦力、氫鍵等而存在的引力。
(2)低雷諾數：流體的行為主要受黏性力的影響，因為黏性力顯著，流體以層流方式流動。流速慢，壓損小，噪音低。
(3)高雷諾數：慣性力是主要的決定因素，流體的質點作不規則運動，路徑不停的改變，主體流動方向及側向都有明顯的混合發生，而呈擾流流動。流速快，壓損大，噪音高。

● 圓管內的雷諾數

層流	Re<2,000	流體流動時，各質點間互相平行，不相干擾者。詳下圖左
擾流	Re>4,000	流體除了向前流動外，並碎成許多漩渦，而與側邊的流體混合者。
過渡流	2,000<Re<4,000	層流過渡至擾流的中間狀態，流體行為不穩定，時而層流時而擾流

● 圓管圖示：

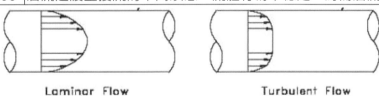

Laminar Flow　　　　　Turbulent Flow

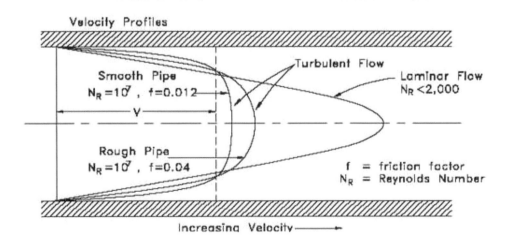

● Moody diagram 穆迪圖-摩擦因子和管中流體流態的關係 (取材：維基共享資源)

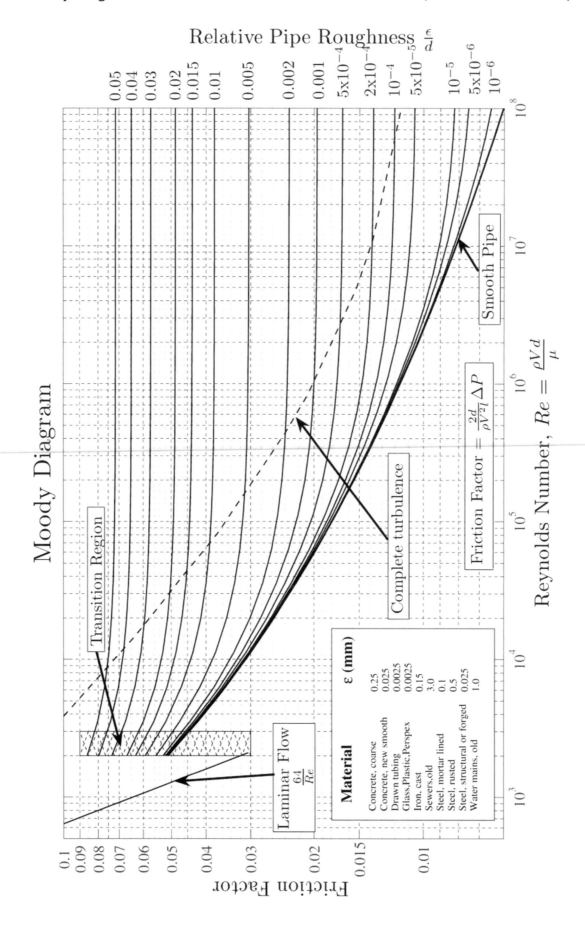

G.5.6. 柏努力定律 Bernoullis

G.5.6.1. 柏努力定理

● 應用於計算水管、風管水頭損失。通過各斷面的流體能量總合一定
(位能+壓力能+動能=常數)。HVAC 的應用假設是理想的狀態。

● 柏努力定律條件限制
(1) 不可壓縮流體。(Ex) 水。空氣可壓縮。
(2) 沿同一條流線。(Ex) 直管。
(3) 沒有任何加工元件。(Ex) 泵浦、風車。
(4) 沒有摩差損失(非黏性的理想流體)。

G.5.6.2. 柏努力公式

● 壓力單位m

$$Z + \frac{P}{\rho g} + \frac{V^2}{2g} = \text{Constant} = 常數$$

● 公式符號說明：

Z	P/ρg	V²/2g
Potential Energy	Pressure Head	Velocity Head
位置水頭	壓力水頭	速度水頭
在此點 Z 所具有的位能	壓力由 P 到 0 時所放出的壓力能量	速度 V 在流動時所具有的動能，稱為速度水頭

公式符號/單位說明：

P		V	ρ	Z	g
壓力		速度	密度	高度	重力加速度
lb/ft²	ft-wg	ft/sec	lb/ft³	ft	ft/sec²
kg/m²	m-wg	m/sec	kg/m³	m	m/sec²
kPa	kPa	m/sec	N/m³	m	m/sec²

G.5.6.3. 柏努力公式應用

● 任兩點的能量相同：

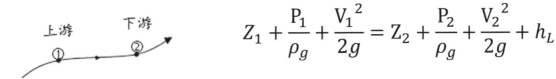

$$Z_1 + \frac{P_1}{\rho_g} + \frac{V_1{}^2}{2g} = Z_2 + \frac{P_2}{\rho_g} + \frac{V_2{}^2}{2g} + h_L$$

h_L：水頭損失。

● 計算公式於風，水都相同且適用，區別是使用的單位不同。
風使用單位：Pa，水使用單位：m。

G.5.7. 熱力性質

- 本節列表供查詢：(1) 濕空氣熱力性質 (2) 水蒸氣-飽和蒸汽表
- (1) 濕空氣 – 定壓條件-熱力性質

T	Humidity Rratio	Specific Volume (比容)			Enthalpy (焓)			Entropy (熵)			Condensed Water (冷凝水)		
		飽和液體	液到氣差	飽和蒸氣	飽和液體	液到氣差	飽和蒸氣	飽和液體	液到氣差	飽和蒸氣	Enthalpy	Entropy	Vapor P.
℃	kg_w/kg_{da}		m^3/kg_{da}			kJ/kg_{da}			kJ/kg_{da}-K		kJ/kg	kJ/kg-K	kPa
t	W_s	v_{da}	v_{as}	v_s	h_{da}	h_{as}	h_s	S_{da}	S_{as}	S_a	h_w	S_w	P_s

- (2) 水蒸氣 – 壓力隨溫度增加昇高 (飽和蒸汽表)

Temp	Absolute Pressure			Specific Volume (比容)			Enthalpy (焓)			Entropy (熵)		
					m^3/kg_w			kJ/kg_w			kJ/kg_w-K	
	1	0.0102	101.97	Sat. Soild	Evap.	Sat. Vapor	Sat. Soild	Evap.	Sat. Vapor	Sat. Soild	Evap.	Sat.Vapor
℃	kPa	kgf/cm^2	kgf/m^2	飽和固體	液到氣差	飽和蒸氣	飽和固體	液到氣差	飽和蒸氣	飽和固體	液到氣差	飽和蒸氣
t		Pws		v_i/v_f	v_{ig}/v_{fg}	v_g	h_i/h_f	h_{ig}/h_{fg}	h_g	S_i/S_f	S_{ig}/S_{fg}	S_g

G.5.7.1. 濕空氣熱力性質

- Thermodynamic Properties of MOIST AIR. SI Units (Standard Atmospheric Pressure, 101.325KPa)

T	Humidity Rratio	Specific Volume (比容)			Enthalpy (焓)			Entropy (熵)			Condensed Water (冷凝水)		
		飽和液體	液到氣差	飽和蒸氣	飽和液體	液到氣差	飽和蒸氣	飽和液體	液到氣差	飽和蒸氣	Enthalpy	Entropy	Vapor P.
℃	kg_w/kg_{da}		m^3/kg_{da}			kJ/kg_{da}			kJ/kg_{da}-K		kJ/kg	kJ/kg-K	kPa
t	W_s	v_{da}	v_{as}	v_s	h_{da}	h_{as}	h_s	S_{da}	S_{as}	S_a	h_w	S_w	P_s
-60	0.0000067	0.6027	0.0000	0.6027	-60.351	0.017	-60.334	-0.2495	0.0001	-0.2194	-446.29	-1.6854	0.00108
-59	0.0000076	0.6056	0.0000	0.6056	-59.344	0.018	-59.326	-0.0245	0.0001	-0.2447	-444.63	-1.6776	0.00124
-58	0.0000087	0.6084	0.0000	0.6084	-58.338	0.021	-58.317	-0.2401	0.0001	-0.2447	-442.95	-1.6698	0.00141
-57	0.0000100	0.6113	0.0000	0.6113	-57.332	0.024	-57.308	-0.2354	0.0001	-0.2353	-441.27	-1.6620	0.00161
-56	0.0000114	0.6141	0.0000	0.6141	-56.326	0.028	-56.298	-0.2308	0.0001	-0.2306	-439.58	-1.6542	0.00184
-55	0.0001290	0.6170	0.0000	0.6170	-55.319	0.031	-55.288	-0.2261	0.0002	-0.2260	-437.89	-1.6464	0.00209
-54	0.0000147	0.6198	0.0000	0.6198	-54.313	0.036	-54.278	-0.2215	0.0002	-0.2214	-436.19	-1.6386	0.00238
-53	0.0000167	0.6226	0.0000	0.6227	-53.307	0.041	-53.267	-0.2170	0.0002	-0.2168	-434.48	-1.6308	0.00271
-52	0.0000190	0.6255	0.0000	0.6255	-52.301	0.046	-52.255	-0.2124	0.0002	-0.2122	-432.76	-1.6230	0.00307
-51	0.0000215	0.6283	0.0000	0.6284	-51.295	0.052	-51.243	-0.2079	0.0002	-0.2076	-431.03	-1.6153	0.00348
-50	0.0000243	0.6312	0.0000	0.6312	-50.289	0.059	-50.230	-0.2033	0.0003	-0.2031	-429.30	-1.6075	0.00394
-49	0.0000275	0.6340	0.0000	0.6341	-49.283	0.067	-49.216	-0.1988	0.0003	-0.1985	-427.56	-1.5997	0.00445
-48	0.0000311	0.6369	0.0000	0.6369	-48.277	0.075	-48.202	-0.1944	0.0004	-0.1940	-425.82	-1.5919	0.00503
-47	0.0000350	0.6397	0.0000	0.6398	-47.271	0.085	-47.186	-0.1899	0.0004	-0.1895	-424.06	-1.5842	0.00568
-46	0.0000395	0.6426	0.0000	0.6426	-46.265	0.095	-46.170	-0.1855	0.0004	-0.1850	-422.30	-1.5640	0.00640
-45	0.0000445	0.6454	0.0000	0.6455	-45.259	0.108	-45.151	-0.1811	0.0005	-0.1805	-420.54	-1.5686	0.00721
-44	0.0000500	0.6483	0.0001	0.6483	-44.253	0.121	-44.253	-0.1767	0.0006	-0.1761	-418.76	-1.5609	0.00811
-43	0.0000562	0.6511	0.0001	0.6512	-43.247	0.137	-43.111	-0.1723	0.0006	-0.1716	-416.98	-1.5531	0.00911
-42	0.0000631	0.6540	0.0001	0.6540	-42.241	0.153	-42.088	-0.1679	0.0007	-0.1672	-415.19	-1.5453	0.01022
-41	0.0000708	0.6568	0.0001	0.6569	-41.235	0.172	-41.063	-0.1636	0.0008	-0.1628	-413.39	-1.5376	0.01147
-40	0.0000793	0.6597	0.0001	0.6597	-40.229	0.192	-40.037	-0.1592	0.0009	-0.1584	-411.59	-1.5298	0.01285
-39	0.0008870	0.6625	0.0001	0.6626	-39.224	0.216	-39.007	-0.1549	0.0010	-0.1540	-409.77	-1.5221	0.01438
-38	0.0000992	0.6653	0.0001	0.6654	-38.218	0.241	-37.976	-0.1507	0.0011	-0.1496	-407.96	-1.5143	0.01608
-37	0.0001108	0.6682	0.0001	0.6683	-37.212	0.270	-36.942	-0.1464	0.0012	-0.1452	-406.13	-1.5066	0.01796
-36	0.0001237	0.6710	0.0001	0.6712	-36.206	0.302	-35.905	-0.1421	0.0014	-0.1408	-404.29	-1.4988	0.02005
-35	0.0001379	0.6739	0.0001	0.6740	-35.200	0.336	-34.864	-0.1379	0.0015	-0.1364	-402.45	-1.4911	0.02235
-34	0.0001536	0.6767	0.0002	0.6769	-34.195	0.375	-33.820	-0.1337	0.0017	-0.1320	-400.60	-1.4833	0.02490
-33	0.0001710	0.6796	0.0002	0.6798	-33.189	0.417	-32.722	-0.1295	0.0018	-0.1276	-398.75	-1.4756	0.02772
-32	0.0001902	0.6824	0.0002	0.6826	-32.183	0.464	-31.718	-0.1253	0.0020	-0.1233	-396.89	-1.4678	0.03082
-31	0.0002113	0.6853	0.0002	0.6855	-31.178	0.517	-30.661	-0.1212	0.0023	-0.1189	-395.01	-1.4601	0.03425
-30	0.0002346	0.6881	0.0003	0.6884	-30.171	0.574	-29.597	-0.1170	0.0025	-0.1145	-393.14	-1.4524	0.03802
-29	0.0002602	0.6909	0.0003	0.6912	-29.166	0.636	-28.529	-0.1129	0.0028	-0.1101	-391.25	-1.4446	0.04217
-28	0.0002883	0.6938	0.0003	0.6941	-28.160	0.707	-27.454	-0.1088	0.0031	-0.1057	-389.36	-1.4369	0.04673
-27	0.0003193	0.6966	0.0004	0.6970	-27.154	0.782	-26.372	-0.1047	0.0034	-0.1013	-387.46	-1.4291	0.05175
-26	0.0003533	0.6995	0.0004	0.6999	-26.149	0.867	-25.282	-0.1006	0.0037	-0.0969	-385.55	-1.4214	0.05725
-25	0.0000391	0.7023	0.0004	0.7028	-25.143	0.959	-24.184	-0.0965	0.0041	-0.0924	-383.63	-1.4137	0.06329
-24	0.0004314	0.7052	0.0005	0.7057	-24.137	1.059	-23.078	-0.0925	0.0045	-0.0880	-381.71	-1.4059	0.06991
-23	0.0004762	0.7080	0.0005	0.7086	-23.132	1.171	-21.961	-0.0885	0.0050	-0.0835	-379.78	-1.3982	0.07716

T	Humidity Rratio	Specific Volume (比容)			Enthalpy (焓)			Entropy (熵)			Condensed Water (冷凝水)		
		飽和液體	液到氣差	飽和蒸氣	飽和液體	液到氣差	飽和蒸氣	飽和液體	液到氣差	飽和蒸氣	Enthalpy	Entropy	Vapor P.
°C	kg_w/kg_{da}	m^3/kg_{da}			kJ/kg_{da}			$kJ/kg_{da}\text{-}K$			kJ/kg	$kJ/kg\text{-}K$	kPa
t	W_s	v_{da}	v_{as}	v_s	h_{da}	h_{as}	h_s	S_{da}	S_{as}	S_a	h_w	S_w	P_s
-22	0.0005251	0.7109	0.0006	0.7115	-22.126	1.292	-20.834	-0.0845	0.0054	-0.0790	-377.84	-1.3905	0.08510
-21	0.0005787	0.7137	0.0007	0.7144	-21.120	1.425	-19.695	-0.0805	0.0060	-0.7450	-375.90	-1.3828	0.09378
-20	0.0006373	0.7165	0.0007	0.7173	-20.115	1.570	-18.545	-0.0765	0.0066	-0.0699	-373.95	-1.3750	0.10326
-19	0.0007013	0.7194	0.0008	0.7202	-19.109	1.729	-17.380	-0.0725	0.0072	-0.0653	-371.99	-1.3673	0.00362
-18	0.0007711	0.7222	0.0009	0.7231	-18.103	1.902	-16.201	-0.0686	0.0079	-0.0607	-370.02	-1.3596	0.12492
-17	0.0008473	0.7251	0.0010	0.7261	-17.098	2.092	-15.006	-0.0646	0.0086	-0.0560	-368.04	-1.3518	0.13725
-16	0.0009303	0.7279	0.0011	0.7290	-16.092	2.230	-13.793	-0.0607	0.0094	-0.0513	-366.06	-1.3441	0.15068
-15	0.0010207	0.7308	0.0012	0.7320	-15.086	2.524	-12.562	-0.0568	0.0103	-0.0465	-364.07	-1.3364	0.16530
-14	0.0011191	0.7336	0.0013	0.7349	-14.080	2.769	-11.311	-0.0529	0.0113	-0.0416	-362.07	-1.3287	0.18122
-13	0.0012262	0.7364	0.0014	0.7379	-13.075	3.036	-10.039	-0.0490	0.0123	-0.0367	-360.07	-1.3210	0.19852
-12	0.0013425	0.7393	0.0016	0.7409	-12.069	3.327	-8.742	-0.0452	0.0134	-0.0318	-358.06	-1.3132	0.21732
-11	0.0014690	0.7421	0.0017	0.7439	-11.063	3.642	-7.421	-0.0413	0.0146	-0.0267	-356.04	-1.3055	0.23775
-10	0.0016062	0.7450	0.0019	0.7469	-10.057	3.986	-6.072	-0.0375	0.0160	-0.0215	-354.01	-1.2978	0.25991
-9	0.0017551	0.7478	0.0021	0.7499	-9.052	4.358	-4.693	-0.0337	0.0174	-0.0163	-351.97	-1.2901	0.28395
-8	0.0019166	0.7507	0.0023	0.7530	-8.046	4.764	-3.283	-0.0299	0.0189	-0.0110	-349.93	-1.2824	0.30999
-7	0.0020916	0.7535	0.0025	0.7560	-7.040	5.202	-1.838	-0.0261	0.0206	-0.0055	-347.88	-1.2746	0.33821
-6	0.0022811	0.7563	0.0028	0.7591	-6.035	5.677	-0.357	-0.0223	0.0224	0.0000	-345.82	-1.2669	0.36874
-5	0.0024862	0.7592	0.0030	0.7622	-5.029	6.192	1.164	-0.0186	0.0243	0.0057	-343.76	-1.2592	0.40178
-4	0.0027081	0.7620	0.0030	0.7653	-4.023	6.751	2.728	-0.0148	0.0264	0.0115	-341.69	-1.2515	0.43748
-3	0.0029480	0.7649	0.0036	0.7685	-3.017	7.353	4.336	-0.0111	0.0286	0.0175	-339.61	-1.2438	0.47606
-2	0.0032074	0.7677	0.0039	0.7717	-2.011	8.007	5.995	-0.0074	0.0310	0.0236	-337.52	-1.2361	0.51773
-1	0.0034874	0.7705	0.0043	0.7749	-1.006	8.712	7.706	-0.0037	0.0336	0.0299	-335.42	-1.2284	0.56268
0	0.0037895	0.7734	0.0047	0.7781	0.000	9.473	9.473	0.0000	0.0364	0.0364	-333.32	-1.2206	0.61117
1	0.004076	0.7762	0.0051	0.7813	1.006	10.197	11.203	0.0037	0.0391	0.0427	4.28	0.0153	0.6571
2	0.004381	0.7791	0.0055	0.7845	2.012	10.970	12.982	0.0073	0.0419	0.0492	8.49	0.0306	0.7060
3	0.004707	0.7819	0.0059	0.7878	3.018	11.793	14.811	0.0110	0.0449	0.0559	12.70	0.0459	0.7581
4	0.005054	0.7848	0.0064	0.7911	4.024	12.672	16.696	0.0146	0.0480	0.0627	16.91	0.6110	0.8135
5	0.005424	0.7876	0.0068	0.7944	5.029	13.610	18.639	0.0182	0.0514	0.0697	21.12	0.0762	0.8725
6	0.005818	0.7904	0.0074	0.7978	6.036	14.608	20.644	0.0219	0.0550	0.0769	25.32	0.0913	0.9353
7	0.006237	0.7933	0.0079	0.8012	7.041	15.671	22.713	0.0255	0.0588	0.0843	29.52	0.1064	1.0020
8	0.006683	0.7961	0.0085	0.8046	8.047	16.805	24.852	0.0290	0.0628	0.0919	33.72	0.1213	1.0729
9	0.007157	0.7990	0.0092	0.8081	9.053	18.010	27.064	0.0326	0.0671	0.0997	37.92	0.1362	1.1481
10	0.007661	0.8018	0.0098	0.8116	10.059	19.293	29.352	0.0362	0.0717	0.1078	42.11	0.1511	1.2280
11	0.008197	0.8046	0.0106	0.8152	11.065	20.658	31.724	0.0397	0.0765	0.1162	46.31	0.1659	1.3128
12	0.008766	0.8075	0.0113	0.8188	12.071	22.108	34.179	0.0433	0.0816	0.1248	50.50	0.1806	1.4026
13	0.009370	0.8103	0.0122	0.8225	13.077	23.649	36.726	0.0468	0.0870	0.1337	54.69	0.1953	1.4979
14	0.010012	0.8132	0.0131	0.8262	14.084	25.286	39.370	0.0503	0.0927	0.1430	58.88	0.2099	1.5987
15	0.010692	0.8160	0.0140	0.8300	15.090	27.023	42.113	0.0538	0.0987	0.1525	63.07	0.2244	1.7055
16	0.011413	0.8188	0.0150	0.8338	16.096	28.867	44.963	0.0573	0.1051	0.1624	67.26	0.2389	1.8185
17	0.012178	0.8217	0.0160	0.8377	17.102	30.824	47.926	0.0607	0.1119	0.1726	71.44	0.2534	1.9380
18	0.012989	0.8245	0.0172	0.8417	18.108	32.900	51.008	0.0642	0.1190	0.1832	75.63	0.2678	2.0643
19	0.013848	0.8274	0.0184	0.8457	19.114	35.101	54.216	0.0677	0.1266	0.1942	79.81	0.2821	2.1979
20	0.014758	0.8302	0.0196	0.8498	21.121	37.434	57.555	0.0711	0.1346	0.2057	84.00	0.2965	2.3389
21	0.015721	0.8330	0.0210	0.8540	21.127	93.908	61.035	0.0745	0.1430	0.2175	88.18	0.3107	24.8780
22	0.016741	0.8359	0.0022	0.8583	22.133	42.527	64.660	0.0779	0.1519	0.2298	92.36	0.3249	2.6448
23	0.017821	0.8387	0.0240	0.8627	23.140	45.301	68.440	0.0813	0.1613	0.2426	96.55	0.3390	2.8105
24	0.018963	0.8416	0.0256	0.8671	21.146	48.239	72.385	0.0847	0.1712	0.2559	100.73	0.3531	2.9852
25	0.020170	0.8444	0.0273	0.8717	25.153	51.347	76.500	0.1881	0.1817	0.2698	104.91	0.3672	3.1693
26	0.021448	0.8472	0.0291	0.8764	26.159	54.638	80.798	0.0915	0.1927	0.2842	109.09	0.3812	3.3633
27	0.022798	0.8501	0.0311	0.8811	27.165	58.120	85.285	0.0948	0.2044	0.2992	113.27	0.3951	3.5674
28	0.024226	0.8529	0.0331	0.8860	28.172	61.804	89.976	0.0982	0.2166	0.3148	117.45	0.1090	3.7823
29	0.025735	0.8558	0.0353	0.8910	29.179	65.699	94.878	0.1015	0.2296	0.3311	121.63	0.4229	4.0084
30	0.027329	0.8586	0.0376	0.8962	30.185	69.820	100.006	0.1048	0.2432	0.3481	125.81	0.4367	4.2462
31	0.029014	0.8614	0.0400	0.9015	31.192	74.177	105.369	0.1082	0.2576	0.3658	129.99	0.4505	4.4961
32	0.030793	0.8643	0.0426	0.9069	32.198	78.780	110.979	0.1150	0.2728	0.3842	134.17	0.4642	4.7586
33	0.032674	0.8671	0.0454	0.9125	33.205	83.205	116.857	0.1148	0.2887	0.4035	138.35	0.4779	5.0345
34	0.034660	0.8700	0.0483	0.9183	34.212	88.799	123.011	0.1180	0.3056	0.4236	142.53	0.4915	5.3242
35	0.036756	0.8728	0.0514	0.9242	32.219	94.236	129.455	0.1213	0.3233	0.4446	146.71	0.5051	5.6280
36	0.038971	0.8756	0.0546	0.9303	36.226	99.983	136.209	0.1246	0.3420	0.4666	150.89	0.5186	5.9468

T	Humidity Rratio	Specific Volume (比容)			Enthalpy (焓)			Entropy (熵)			Condensed Water (冷凝水)		
		飽和液體	液到氣差	飽和蒸氣	飽和液體	液到氣差	飽和蒸氣	飽和液體	液到氣差	飽和蒸氣	Enthalpy	Entropy	Vapor P.
°C	kg$_w$/kg$_{da}$	m^3/kg$_{da}$			kJ/kg$_{da}$			kJ/kg$_{da}$-K			kJ/kg	kJ/kg-K	kPa
t	W$_s$	v$_{da}$	v$_{as}$	v$_s$	h$_{da}$	h$_{as}$	h$_s$	S$_{da}$	S$_{as}$	S$_a$	h$_w$	S$_w$	P$_s$
37	0.041309	0.8785	0.0581	0.9366	37.233	106.058	143.290	0.1278	0.3617	0.4895	155.07	0.5321	6.2812
38	0.043778	0.8813	0.0618	0.9431	38.239	112.474	150.713	0.1311	0.3824	0.5135	159.25	0.5456	6.6315
39	0.046386	0.8842	0.0657	0.9498	39.246	119.258	158.504	0.1343	0.4043	0.5386	163.43	0.5590	6.9988
40	0.049141	0.8870	0.0698	0.9568	40.253	126.430	166.683	0.1375	0.4273	0.5649	167.61	0.5724	7.3838
41	0.052049	0.8898	0.0741	0.9640	41.261	134.005	175.265	0.1407	0.4516	0.5923	171.79	0.5857	7.7866
42	0.055119	0.8927	0.0788	0.9714	42.268	142.007	184.275	0.1439	0.4771	0.6211	175.97	0.5990	8.2081
43	0.058365	0.8955	0.0837	0.9792	43.275	150.475	193.749	0.1471	0.5041	0.6512	180.15	0.6122	8.6495
44	0.061791	0.8983	0.0888	0.9872	44.282	159.417	203.699	0.1503	0.5325	0.6828	184.33	0.6254	9.1110
45	0.065411	0.9012	0.0943	0.9955	45.289	168.874	214.164	0.1535	0.5624	0.7159	188.51	0.6386	9.5935
46	0.069239	0.9040	0.1002	1.0042	46.296	178.882	225.179	0.1566	0.5940	0.7507	192.69	0.6517	10.0982
47	0.073282	0.9069	0.1063	1.0132	47.304	189.455	236.759	0.1598	0.6273	0.7871	196.88	0.6648	10.6250
48	0.077556	0.9097	0.1129	1.0226	48.311	200.644	248.955	0.1629	0.6624	0.8253	201.06	0.6778	11.1754
49	0.082077	0.9125	0.1198	1.0323	49.319	212.485	261.803	0.1661	0.6994	0.8655	205.24	0.6908	11.7502
50	0.086858	0.9154	0.1272	1.0425	50.326	225.019	275.345	0.1692	0.7385	0.9077	209.42	0.7038	12.3503
51	0.091918	0.9182	0.1350	1.0532	51.334	238.290	289.624	0.1723	0.7798	0.9521	213.60	0.7167	12.9764
52	0.097272	0.9211	0.1344	1.0643	52.341	252.340	304.682	0.1754	0.8234	0.9988	217.78	0.7296	13.6293
53	0.102948	0.9239	0.1521	1.0760	53.349	267.247	320.596	0.1785	0.8695	1.0480	221.97	0.7424	14.3108
54	0.108954	0.9267	0.1614	1.0882	54.357	283.031	337.388	0.1816	0.9182	1.0998	226.15	0.7552	15.0205
55	0.115321	0.9296	0.1713	1.1009	55.365	299.772	355.137	0.1847	0.9698	1.1544	230.33	0.7680	15.7601
56	0.122077	0.9324	0.1819	1.1143	56.373	317.549	373.922	0.1877	1.0243	1.2120	234.52	0.7807	16.5311
57	0.129243	0.9353	0.1932	1.1284	57.381	336.417	393.798	0.1908	1.0820	1.2728	238.70	0.7934	17.3337
58	0.136851	0.9381	0.2051	1.1432	58.389	356.461	414.850	0.1938	1.1432	1.3370	242.88	0.8061	18.1691
59	0.144942	0.9409	0.2179	1.1588	59.397	377.788	437.185	0.1969	1.2081	1.4050	247.07	0.8187	19.0393
60	0.15354	0.9438	0.2315	1.1752	60.405	400.458	460.863	0.1999	1.2769	1.4768	251.25	0.8313	19.9439
61	0.16269	0.9466	0.2460	1.1926	61.413	424.624	486.036	0.2029	1.3500	1.5530	255.44	0.8438	20.8858
62	0.17244	0.9494	0.2614	1.2109	62.421	450.377	512.798	0.2059	1.4278	1.6337	259.62	0.8563	21.8651
63	0.18284	0.9523	0.2780	1.2303	63.429	477.837	541.266	0.2089	1.5104	1.7194	263.81	0.8688	22.8826
64	0.19393	0.9551	0.2957	1.2508	64.438	507.177	571.615	0.2119	1.5985	1.8105	268.00	0.8812	23.9405
65	0.20579	0.9580	0.3147	1.2726	65.446	538.548	603.995	0.2149	1.6925	1.9074	272.18	0.8936	25.0397
66	0.21848	0.9608	0.3350	1.2958	66.455	572.116	638.571	0.2179	1.7927	2.0106	276.37	0.9060	26.1810
67	0.23207	0.9636	0.3568	1.3204	67.463	608.103	675.566	0.2209	1.8999	2.1208	280.56	0.9183	27.3664
68	0.24664	0.9665	0.3803	1.3467	68.472	646.724	725.196	0.2238	2.0147	2.2385	284.75	0.9306	28.5967
69	0.26231	0.9693	0.4055	1.3749	69.481	688.261	757.742	0.2268	2.1378	2.3646	288.94	0.9429	29.8741
70	0.27916	0.9721	0.4328	1.4049	70.489	732.959	803.448	0.2297	2.2699	2.4996	293.13	0.9551	31.1986
71	0.29734	0.9750	0.4622	1.4372	71.498	781.208	852.706	0.2327	2.4122	2.6448	297.32	0.9673	32.5734
72	0.31698	0.9778	0.4941	1.4719	72.507	833.335	925.842	0.2356	2.5655	2.8010	301.51	0.9794	33.9983
73	0.33824	0.9807	0.5287	1.5093	73.516	889.807	963.323	0.2385	2.7311	2.9696	305.70	0.9916	35.4759
74	0.36130	0.9835	0.5662	1.5497	74.525	951.077	1,025.603	0.2414	2.9104	3.1518	309.89	1.0037	37.0063
75	0.38641	0.9863	0.6072	1.5935	75.535	1,017.841	1,093.375	0.2443	3.1052	3.3496	314.08	1.0157	38.5940
76	0.41377	0.9892	0.6519	1.6411	76.543	1,090.628	1,167.172	0.2472	3.3171	3.5644	318.28	1.0278	40.2369
77	0.44372	0.9920	0.7010	1.6930	77.553	1,170.328	1,247.881	0.2501	3.5486	3.7987	322.47	1.0398	41.9388
78	0.47663	0.9948	0.7550	1.7498	78.562	1,257.921	1,336.483	0.2530	3.8023	4.0553	326.67	1.0517	43.7020
79	0.51284	0.9977	0.8145	1.8121	79.572	1,354.347	1,433.918	0.2559	4.0810	4.3368	330.86	1.0636	45.5248
80	0.55295	1.0005	0.8805	1.8810	80.581	146.200	1,541.781	0.2587	4.3890	4.6477	335.06	1.7550	47.4135
81	0.59751	1.0034	0.9539	1.9572	81.591	1,579.961	1,661.552	0.2616	4.7350	4.9921	339.25	1.0874	49.3670
82	0.64724	1.0062	1.0360	2.0422	82.600	1,712.547	1,795.148	0.2644	5.1108	5.3753	343.45	1.0993	51.3860
83	0.70311	1.0090	1.1283	2.1373	83.610	1,861.548	1,945.158	0.2673	5.5372	5.8045	347.65	1.1111	53.4746
84	0.76624	1.0119	1.2328	2.2446	84.620	2,029.983	2,114.603	0.2701	6.0181	6.2882	351.85	1.1228	55.6337
85	0.83812	1.0147	1.3518	2.3666	85.630	2,221.806	2,307.436	0.2729	6.5644	6.8373	356.05	1.1346	57.8658
86	0.92062	1.0175	1.4887	2.5062	86.640	2,442.036	2,528.677	0.2757	7.1901	7.4658	360.25	1.1463	60.1727
87	1.01611	1.0204	1.6473	2.6676	87.650	2,697.016	2,784.666	0.2785	7.9128	8.1914	364.45	1.1580	62.5544
88	1.12800	1.0232	1.8333	2.8565	88.661	2,995.890	3,084.551	0.2813	8.7580	9.0393	368.65	1.1696	65.0166
89	1.26064	1.0261	2.0540	3.0800	89.671	3,350.254	3,439.925	0.2841	9.7577	10.0419	372.86	1.1812	67.5581
90	1.42031	1.0289	2.3199	3.3488	90.681	3,776.918	3,867.599	0.2869	10.9586	11.2455	377.06	1.1928	70.1817

G.5.7.2. 水蒸發的熱動力特性 (飽和蒸汽表)

● Thermodynamic Properties of Water at Saturation

Temp	Absolute Pressure			Specific Volume (比容) m³/kgw			Enthalpy (焓) kJ/kgw			Entropy (熵) kJ/kgw-K		
	1	0.0102	101.97	Sat. Soild	Evap.	Sat. Vapor	Sat. Soild	Evap.	Sat. Vapor	Sat. Soild	Evap.	Sat.Vapor
°C	kPa	kgf/cm²	kgf/m²	飽和固體	液到氣差	飽和蒸氣	飽和固體	液到氣差	飽和蒸氣	飽和固體	液到氣差	飽和蒸氣
t		Pws		v_i / v_f	v_{ig} / v_{fg}	v_g	h_i / h_f	h_{ig} / h_{fg}	h_g	S_i / S_f	S_{ig} / S_{fg}	S_g
-60	0.00108	1.10E-05	0.1101	0.001081	90,942	90,942	-446.40	2,836	2,390	-1.6854	13.3065	11.6211
-59	0.00124	1.26E-05	0.1264	0.001082	79,859	79,859	-444.74	2,836	2,392	-1.6776	13.2452	11.5677
-58	0.00141	1.44E-05	0.1438	0.001082	70,212	70,212	-443.06	2,837	2,394	-1.6698	13.1845	11.5147
-57	0.00161	1.64E-05	0.1642	0.001082	61,805	61,805	-441.38	2,837	2,395	-1.6620	13.1243	11.4623
-56	0.00184	1.88E-05	0.1876	0.001082	54,469	54,469	-439.69	2,837	2,397	-1.6542	13.0646	11.4104
-55	0.00209	2.13E-05	0.2131	0.001082	48,061	48,061	-438.00	2,837	2,399	-1.6464	13.0054	11.3590
-54	0.00238	2.43E-05	0.2427	0.001082	42,456	42,456	-436.29	2,837	2,401	-1.6386	12.9468	11.3082
-53	0.00271	2.76E-05	0.2763	0.001083	37,546	37,546	-434.59	2,837	2,403	-1.6308	12.8886	11.2578
-52	0.00307	3.13E-05	0.3131	0.001083	33,242	33,242	-432.87	2,838	2,405	-1.6308	12.8309	11.2079
-51	0.00348	3.55E-05	0.3549	0.001083	29,465	29,465	-431.14	2,838	2,407	-1.6153	12.7738	11.1585
-50	0.00394	4.02E-05	0.4018	0.001083	26,145	26,145	-429.41	2,838	2,408	-1.6075	12.7170	11.1096
-49	0.00115	1.17E-05	0.1173	0.001083	23,224	23,224	-427.67	2,838	2,410	-1.5997	12.6608	11.0611
-48	0.00503	5.13E-05	0.5129	0.001083	20,652	20,652	-425.93	2,838	2,412	-1.5919	12.6051	11.0131
-47	0.00568	5.79E-05	0.5792	0.001083	18,384	18,384	-424.17	2,838	2,414	-1.5842	12.5498	10.9656
-46	0.00640	6.53E-05	0.6526	0.001083	16,381	16,381	-422.41	2,838	2,416	-1.5764	12.4949	10.9185
-45	0.00721	7.35E-05	0.7352	0.001084	14,612	14,612	-420.65	2,838	2,418	-1.5686	12.4405	10.8719
-44	0.00811	8.27E-05	0.8270	0.001084	13,048	13,048	-418.87	2,838	2,420	-1.5609	12.3866	10.8257
-43	0.00911	9.29E-05	0.9290	0.001084	11,662	11,662	-417.09	2,838	2,421	-1.5531	12.3330	10.7799
-42	0.01022	1.04E-04	1.0421	0.001084	10,434	10,434	-415.30	2,839	2,423	-1.5453	12.2799	10.7346
-41	0.01147	1.17E-04	1.1696	0.001084	9,344	9,344	-413.50	2,839	2,425	-1.5376	12.2273	10.6897
-40	0.01285	1.31E-04	1.3103	0.001084	8,376	8,376	-411.70	2,839	2,427	-1.5298	12.1750	10.6452
-39	0.01438	1.47E-04	1.4664	0.001085	7,516	7,516	-409.88	2,839	2,429	-1.5221	12.1232	10.6011
-38	0.01608	1.64E-04	1.6397	0.001085	6,750	6,750	-408.07	2,839	2,431	-1.5143	12.0718	10.5575
-37	0.01796	1.83E-04	1.8314	0.001085	6,068	6,068	-406.24	2,839	2,432	-1.5066	12.0208	10.5142
-36	0.02005	2.04E-04	2.0445	0.001085	5,460	5,460	-404.40	2,839	2,434	-1.4988	11.9702	10.4713
-35	0.02235	2.28E-04	2.2791	0.001085	4,917	4,917	-402.56	2,839	2,436	-1.4911	11.9199	10.4289
-34	0.02490	2.54E-04	2.5391	0.001085	4,432	4,432	-400.72	2,839	2,438	-1.4833	11.8701	10.3868
-33	0.02772	2.83E-04	2.8267	0.001084	3,999	3,999	-398.86	2,839	2,440	-1.4756	11.8207	10.3451
-32	0.03082	3.14E-04	3.1428	0.001086	3,611	3,611	-397.00	2,839	2,442	-1.4678	11.7716	10.3037
-31	0.03425	3.49E-04	3.4925	0.001086	3,263	3,263	-395.12	2,839	2,444	-1.4601	11.7229	10.2628
-30	0.03802	3.88E-04	3.8770	0.001086	2,952	2,952	-393.64	2,839	2,445	-1.4524	11.6746	10.2222
-29	0.04217	4.30E-04	4.3001	0.001086	2,672	2,672	-391.36	2,839	2,447	-1.4446	11.6266	10.1820
-28	0.04673	4.77E-04	4.7651	0.001086	2,421	2,421	-389.47	2,839	2,449	-1.4369	11.5790	10.1421
-27	0.00518	5.28E-05	0.5277	0.001086	2,195	2,195	-387.57	2,839	2,451	-1.4291	11.5318	10.1026
-26	0.05725	5.84E-04	5.8379	0.001087	1,992	1,992	-385.66	2,838	2,453	-1.4214	11.4849	10.0634
-25	0.06329	6.45E-04	6.4538	0.001087	1,809	1,809	-383.74	2,838	2,455	-1.4137	11.4383	10.0246
-24	0.06991	7.13E-04	7.1288	0.001087	1,645	1,645	-381.82	2,838	2,457	-1.4059	11.3921	9.9862
-23	0.07716	7.87E-04	7.8681	0.001087	1,496	1,496	-397.89	2,838	2,458	-1.3982	11.3462	9.9480
-22	0.08510	8.68E-04	8.6778	0.001087	1,362	1,362	-377.95	2,838	2,460	-1.3905	11.3007	9.9102
-21	0.09378	9.56E-04	9.5629	0.001087	1,241	1,241	-376.01	2,838	2,462	-1.3828	11.2555	9.8728
-20	0.10326	1.05E-03	10.53	0.001087	1,131	1,131	-374.06	2,838	2,464	-1.3750	11.2106	9.8356
-19	0.11362	1.16E-03	11.59	0.001088	1,032	1,032	-372.10	2,838	2,466	-1.3673	11.1661	9.7988
-18	0.12492	1.27E-03	12.74	0.001088	942	942	-370.13	2,838	2,468	-1.3596	11.1218	9.7623
-17	0.13725	1.40E-03	14.00	0.001088	861	861	-368.15	2,838	2,469	-1.3518	11.0779	9.7261
-16	0.15068	1.54E-03	15.37	0.001088	787	787	-366.17	2,837	2,471	-1.3441	11.0343	9.6902
-15	0.16530	1.69E-03	16.86	0.001088	721	721	-364.18	2,837	2,473	-1.3364	10.9910	9.6546
-14	0.18122	1.85E-03	18.48	0.001088	660	660	-362.18	2,837	2,475	-1.3287	10.9480	9.6193
-13	0.19852	2.02E-03	20.24	0.001089	605	605	-360.18	2,837	2,477	-1.3210	10.9053	9.5844
-12	0.21732	2.22E-03	22.16	0.001089	554	554	-358.17	2,837	2,479	-1.3132	10.8629	9.5497
-11	0.23775	2.42E-03	24.24	0.001089	509	509	-356.15	2,837	2,481	-1.3055	10.8208	9.5153
-10	0.25991	2.65E-03	26.50	0.001089	467	467	-354.12	2,836	2,482	-1.2978	10.7790	9.4812
-9	0.28395	2.90E-03	28.95	0.001089	429	429	-352.08	2,836	2,484	-1.2901	10.7375	9.4474
-8	0.30999	3.16E-03	31.61	0.001090	395	395	-350.04	2,836	2,486	-1.2824	10.6962	9.4139
-7	0.33821	3.45E-03	34.49	0.001090	363	363	-347.99	2,836	2,488	-1.2746	10.6552	9.3806
-6	0.36874	3.76E-03	37.60	0.001090	334	334	-345.93	2,836	2,490	-1.2669	10.6145	9.3476

Temp	Absolute Pressure			Specific Volume (比容) m³/kgw			Enthalpy (焓) kJ/kgw			Entropy (熵) kJ/kgw-K		
	1	0.0102	101.97	Sat. Soild	Evap.	Sat. Vapor	Sat. Soild	Evap.	Sat. Vapor	Sat. Soild	Evap.	Sat.Vapor
℃	kPa	kgf/cm²	kgf/m²	飽和固體	液到氣差	飽和蒸氣	飽和固體	液到氣差	飽和蒸氣	飽和固體	液到氣差	飽和蒸氣
t		Pws		v_i/v_f	v_{ig}/v_{fg}	v_g	h_i/h_f	h_{ig}/h_{fg}	h_g	S_i/S_f	S_{ig}/S_{fg}	S_g
-5	0.40178	4.10E-03	40.97	0.001090	308	308	-343.87	2,835	2,492	-1.2592	10.5741	9.3149
-4	0.43748	4.46E-03	44.61	0.001090	284	284	-341.80	2,835	2,493	-1.2515	10.5340	9.2825
-3	0.47606	4.85E-03	48.54	0.001090	262	262	-339.72	2,835	2,495	-1.2438	10.4941	9.2503
-2	0.51773	5.28E-03	52.79	0.001091	242	242	-337.63	2,835	2,497	-1.2361	10.4544	9.2184
-1	0.56268	5.74E-03	57.38	0.001091	223	223	-335.53	2,834	2,498.93	-1.2284	10.4151	9.1867
0	0.61117	6.23E-03	62.32	0.001091	206	206	-333.43	2,834	2,501	-1.2206	10.3760	9.1553
Transition from saturated solid and saturtaed liquid.												
1	0.65710	6.70E-03	67.01	0.001000	192.46	192.46	4.18	2,498	2,506	0.0153	9.1134	9.1286
2	0.70600	7.20E-03	71.99	0.001000	179.77	179.77	8.39	2,496	2,504	0.0306	9.0716	9.1022
3	0.75810	7.73E-03	77.30	0.001000	168.03	168.03	12.60	2,494	2,506	0.0459	9.0301	9.0761
4	0.81350	8.30E-03	82.95	0.001000	157.14	157.14	16.81	2,491	2,508	0.0611	8.9890	9.0501
5	0.87250	8.90E-03	88.97	0.001000	147.03	147.03	21.02	2,489	2,510	0.0762	8.9482	9.0244
6	0.93530	9.54E-03	95.37	0.001000	137.65	137.65	25.22	2,487	2,512	0.0913	8.9076	8.9990
7	1.00200	1.02E-02	102.18	0.001000	128.95	128.95	29.42	2,484	2,514	0.1064	8.8674	8.9738
8	1.07290	1.09E-02	109.41	0.001000	120.85	120.85	33.62	2,482	2,515	0.1213	8.8274	8.9488
9	1.14810	1.17E-02	117.07	0.001000	113.33	113.33	37.82	2,479	2,517	0.1362	8.7878	8.9240
10	1.22800	0.013	125.2	0.001000	106.33	106.33	42.01	2,477	2,519	0.1511	8.7484	8.8995
11	1.31280	0.013	133.9	0.001000	99.81	99.81	46.21	2,475	2,521	0.1659	8.7093	8.8751
12	1.40260	0.014	143.0	0.001001	93.74	93.74	50.40	2,472	2,523	0.1806	8.6705	8.8540
13	1.49790	0.015	152.7	0.001001	88.08	88.09	54.59	2,470	2,525	0.1953	8.6319	8.8272
14	1.59870	0.016	163.0	0.001001	82.81	82.81	58.78	2,468	2,526	0.2099	8.5936	8.8035
15	1.70550	0.017	173.9	0.001001	77.90	77.90	62.97	2,465	2,528	0.2244	8.5556	8.7800
16	1.81850	0.019	185.4	0.001001	73.31	73.31	67.16	2,463	2,530	0.2389	8.5178	8.7568
17	1.93800	0.020	197.6	0.001001	69.02	69.02	71.34	2,461	2,532	0.2534	8.4803	8.7337
18	2.06430	0.021	210.5	0.001001	65.02	65.02	75.53	2,458	2,534	0.2678	8.4431	8.7109
19	2.19790	0.022	224.1	0.001002	61.27	61.27	79.71	2,456	2,536	0.2821	8.4061	8.6883
20	2.33890	0.024	238.5	0.001002	57.77	57.77	83.90	2,453	2,537	0.2965	8.3694	8.6658
21	2.48780	0.025	253.7	0.001002	54.50	54.50	88.08	2,451	2,539	0.3107	8.3329	8.6436
22	2.64480	0.027	269.7	0.001002	51.43	51.43	92.27	2,449	2,541	0.3249	8.2966	8.6215
23	2.81050	0.029	286.6	0.001003	48.56	48.56	96.45	2,446	2,543	0.3390	8.2606	8.5996
24	2.98520	0.030	304.4	0.001003	45.87	45.87	100.63	2,444	2,545	0.3531	8.2249	8.5780
25	3.16930	0.032	323.2	0.001003	43.35	43.35	104.81	2,442	2,546	0.3672	8.1893	8.5565
26	3.36330	0.034	343.0	0.001003	40.98	40.98	108.99	2,439	2,548	0.3812	8.1540	8.5352
27	3.56740	0.036	363.8	0.001004	38.76	38.77	113.17	2,437	2,550	0.3951	8.1190	8.5141
28	3.78230	0.039	385.7	0.001004	36.68	36.68	117.36	2,435	2,552	0.4090	8.0841	8.4932
29	4.00840	0.041	408.7	0.001004	34.73	34.73	121.54	2,432	2,554	0.4229	8.0495	8.4724
30	4.24620	0.043	433.0	0.001004	32.89	32.89	125.72	2,430	2,556	0.4367	8.0151	8.4518
31	4.49610	0.046	458.5	0.001005	31.16	31.16	129.90	2,427	2,557	0.4505	7.9810	8.4314
32	4.75860	0.049	485.2	0.001005	29.53	29.54	134.08	2,425	2,559	0.4642	7.9470	8.4112
33	5.03450	0.051	513.4	0.001005	28.01	28.01	138.26	2,423	2,561	0.4779	7.9133	8.3912
34	5.32420	0.054	542.9	0.001006	26.57	26.57	142.44	2,420	2,563	0.4915	7.8798	8.3713
35	5.62800	0.057	573.9	0.001006	25.21	25.21	146.62	2,418	2,565	0.5051	7.8465	8.3516
36	5.94680	0.061	606.4	0.001006	23.94	23.94	150.80	2,416	2,566	0.5186	7.8134	8.3320
37	6.28120	0.064	640.5	0.001007	22.73	22.73	154.98	2,413	2,568	0.5321	7.7805	8.3126
38	6.63150	0.068	676.2	0.001007	21.60	21.60	159.16	2,411	2,570	0.5456	7.7478	8.2934
39	6.99880	0.071	713.7	0.001008	20.53	20.53	163.34	2,408	2,572	0.5590	7.7154	8.2743
40	7.38380	0.075	752.9	0.001008	19.52	19.52	167.52	2,406	2,573	0.5724	7.6831	8.2554
41	7.78660	0.079	794.0	0.001008	18.57	18.57	171.70	2,404	2,575	0.5857	7.6510	8.2367
42	8.20810	0.084	837.0	0.001009	17.67	17.67	175.88	2,401	2,577	0.5990	7.6191	8.2181
43	8.64950	0.088	882.0	0.001009	16.82	16.82	180.06	2,399	2,579	0.6122	7.5874	8.1996
44	9.11100	0.093	929.1	0.001010	16.01	16.02	184.24	2,396	2,581	0.6254	7.5559	8.1813
45	9.59350	0.098	978.3	0.001010	15.26	15.26	188.42	2,394	2,582	0.6386	7.5246	8.1632
46	10.09820	0.103	1,029.7	0.001010	14.54	14.54	192.60	2,392	2,584	0.6517	7.4935	8.1452
47	10.62500	0.108	1,083.4	0.001011	13.86	13.86	196.78	2,389	2,586	0.6648	7.4626	8.1274
48	11.17540	0.114	1,139.6	0.001011	13.21	13.22	200.97	2,387	2,588	0.6778	7.4318	8.1097
49	11.75020	0.120	1,198.2	0.001012	12.61	12.61	205.15	2,384	2,590	0.6908	7.4013	8.0921
50	12.35030	0.126	1,259.4	0.001012	12.03	12.03	209.33	2,382	2,591	0.7038	7.3709	8.0747
51	12.97640	0.132	1,323.2	0.001013	11.48	11.48	213.51	2,380	2,593	0.7167	7.3407	8.0574

Temp	Absolute Pressure			Specific Volume (比容) m³/kgw			Enthalpy (焓) kJ/kgw			Entropy (熵) kJ/kgw-K		
	1	0.0102	101.97	Sat. Soild	Evap.	Sat. Vapor	Sat. Soild	Evap.	Sat. Vapor	Sat. Soild	Evap.	Sat.Vapor
℃	kPa	kgf/cm²	kgf/m²	v_i/v_f	v_{ig}/v_{fg}	v_g	h_i/h_f	h_{ig}/h_{fg}	h_g	S_i/S_f	S_{ig}/S_{fg}	S_g
t		Pws		飽和固體	液到氣差	飽和蒸氣	飽和固體	液到氣差	飽和蒸氣	飽和固體	液到氣差	飽和蒸氣
52	13.62930	0.139	1,389.8	0.001013	10.96	10.97	217.70	2,377	2,595	0.7296	7.3107	8.0403
53	14.31080	0.146	1,459.3	0.001014	10.47	10.47	221.88	2,375	2,597	0.7424	7.2808	8.0232
54	15.02050	0.153	1,531.7	0.001014	10.01	10.01	226.06	2,372	2,598	0.7552	7.2512	8.0064
55	15.76010	0.161	1,607.1	0.001015	9.57	9.57	230.25	2,370	2,600	0.7680	7.2217	7.9897
56	16.53110	0.169	1,685.7	0.001015	9.15	9.15	234.43	2,367	2,602	0.7807	7.1923	7.9730
57	17.33370	0.177	1,767.5	0.001016	8.75	8.75	238.61	2,365	2,604	0.7934	7.1632	7.9566
58	18.16910	0.185	1,852.7	0.001016	8.37	8.37	242.80	2,363	2,605	0.8061	7.1342	7.9402
59	19.03930	0.194	1,941.5	0.001017	8.01	8.01	246.98	2,360	2,607	0.8187	7.1053	7.9240
60	19.94400	0.203	2,033.7	0.001017	7.67	7.67	251.17	2,358	2,609	0.8313	7.0767	7.9079
61	20.88600	0.213	2,129.8	0.001018	7.34	7.34	255.36	2,355	2,611	0.8438	7.0482	7.8920
62	21.86500	0.223	2,229.6	0.001018	7.03	7.03	259.54	2,353	2,612	0.8563	7.0198	7.8761
63	22.88300	0.233	2,333.4	0.001019	6.74	6.74	263.73	2,350	2,614	0.8688	6.9916	7.8604
64	23.94100	0.244	2,441.3	0.001019	6.46	6.46	267.92	2,348	2,616	0.8812	6.9636	7.8448
65	25.04000	0.255	2,553.4	0.001020	6.19	6.19	272.11	2,345	2,617	0.8936	6.9357	7.8293
66	26.18100	0.267	2,669.7	0.001020	5.94	5.94	276.29	2,343	2,619	0.9060	6.9080	7.8140
67	27.36600	0.279	2,790.6	0.001021	5.70	2.70	280.48	2,340	2,621	0.9183	6.8804	7.7987
68	28.59700	0.292	2,916.1	0.001022	5.47	5.47	284.67	2,338	2,623	0.9306	6.8530	7.7836
69	29.87400	0.305	3,046.3	0.001022	5.25	5.25	288.86	2,335	2,624	0.9429	6.8257	7.7686
70	31.19900	0.318	3,181.4	0.001023	5.04	5.04	293.06	2,333	2,626	0.9551	6.7986	7.7537
71	32.57300	0.332	3,321.5	0.001023	4.84	4.84	297.25	2,331	2,628	0.9673	6.7716	7.7389
72	33.99800	0.347	3,466.8	0.001024	4.65	4.65	301.44	2,328	2,629	0.9794	6.7448	7.7242
73	35.47600	0.362	3,617.5	0.001025	4.47	4.47	305.63	2,326	2,631	0.9916	6.7181	7.7096
74	37.00600	0.377	3,773.6	0.001025	4.29	4.30	309.83	2,323	2,633	1.0037	6.6915	7.6952
75	38.59400	0.394	3,935.5	0.001026	4.13	4.13	3.14	2,321	2,635	1.0157	6.6651	7.6808
76	40.23700	0.410	4,103.0	0.001026	3.97	3.97	318.22	2,318	2,636	1.0278	6.6388	7.6666
77	41.93900	0.428	4,276.6	0.001027	3.82	3.82	322.41	2,315	2,638	1.0398	6.6127	7.6525
78	43.70200	0.446	4,456.4	0.001028	3.67	3.68	326.61	2,313	2,640	1.0517	6.5867	7.6384
79	45.52500	0.464	4,642.3	0.001028	3.54	3.54	330.80	2,310	2,641	1.0636	6.5608	7.6245
80	47.41400	0.483	4,834.9	0.001029	3.40	3.41	335.00	2,308	2,643	1.0755	6.5351	7.6106
81	49.36700	0.503	5,034.0	0.001030	3.28	3.28	339.20	2,305	2,645	1.0874	6.5095	7.5969
82	51.38600	0.524	5,239.9	0.001030	3.16	3.16	343.40	2,303	2,646	1.0993	6.4840	7.5833
83	53.47500	0.545	5,452.9	0.001031	3.04	3.01	347.60	2,300	2,648	1.1111	6.4587	7.5697
84	55.63400	0.567	5,673.1	0.001032	2.93	2.93	351.80	2,298	2,650	1.1228	6.4335	7.5563
85	57.86600	0.590	5,900.7	0.001032	2.82	2.83	356.00	2,295	2,651	1.1346	6.4084	7.5430
86	61.17300	0.624	6,237.9	0.001033	2.72	2.72	360.21	2,293	2,653	1.1463	6.3834	7.5297
87	62.55400	0.638	6,378.7	0.001034	2.63	2.63	364.41	2,290	2,655	1.1580	6.3586	7.5165
88	65.01700	0.663	6,629.9	0.001035	2.53	2.53	368.62	2,288	2,656	1.1696	6.3338	7.5035
89	67.55800	0.689	6,889.0	0.001035	2.44	2.44	372.82	2,285	2,658	1.1812	6.3093	7.4905
90	70.18200	0.716	7,156.6	0.001036	2.36	2.36	377.03	2,282	2,659	1.1928	6.2848	7.4776
91	72.89000	0.743	7,432.7	0.001037	2.28	2.28	381.24	2,280	2,661	1.2044	6.2604	7.4648
92	75.68500	0.772	7,717.7	0.001037	2.20	2.20	385.45	2,277	2,663	1.2159	6.2362	7.4521
93	78.56700	0.801	8,011.6	0.001038	2.12	2.12	389.66	2,275	2,664	1.2274	6.2121	7.4395
94	81.54300	0.832	8,315.1	0.001039	2.05	2.05	393.87	2,272	2,666	1.2389	6.1881	7.4270
95	84.60900	0.863	8,627.7	0.001040	1.98	1.98	398.08	2,269	2,667	1.2504	6.1642	7.4145
96	87.77100	0.895	8,950.1	0.001040	1.91	1.91	402.29	2,267	2,669	1.2618	6.1404	7.4022
97	91.03300	0.928	9,282.8	0.001041	1.85	1.85	406.51	2,264	2,671	1.2732	6.1167	7.3899
98	94.39400	0.963	9,625.5	0.001042	1.79	1.79	410.72	2,262	2,672	1.2845	6.0932	7.3777
99	97.85300	0.998	9,978.2	0.001043	1.73	1.73	414.94	2,259	2,674	1.2959	6.0697	7.3656
100	101.420	1.034	10,342.0	0.001043	1.67	1.67	419.16	2,256	2,675	1.3072	6.0464	7.3536
101	105.095	1.072	10,716.7	0.001044	1.62	1.62	423.38	2,254	2,677	1.3185	6.0231	7.3416
102	108.877	1.110	11,102.4	0.001045	1.56	1.56	427.60	2,251	2,679	1.3297	6.0000	7.3297
103	112.773	1.150	11,499.6	0.001046	1.51	1.51	431.82	2,248	2,680	1.3410	5.9770	7.3179
104	116.782	1.191	11,908.4	0.001047	1.46	1.47	436.04	2,246	2,682	1.3521	5.9451	7.3062
105	120.908	1.233	12,329.2	0.001047	1.42	1.42	440.27	2,243	2,683	1.3633	5.9313	7.2946
106	125.155	1.276	12,762.3	0.001048	1.37	1.37	444.49	2,240	2,685	1.3745	5.9085	7.2830
107	129.524	1.321	13,207.8	0.001049	1.33	1.33	448.72	2,238	2,686	1.3856	5.8859	7.2715
108	134.015	1.367	13,665.7	0.001050	1.29	1.29	452.95	2,235	2,688	1.3967	5.8634	7.2601
109	138.635	1.414	14,136.8	0.001051	1.25	1.25	457.18	2,232	2,689	1.4078	5.8410	7.2488

Temp	Absolute Pressure			Specific Volume (比容)			Enthalpy (焓)			Entropy (熵)		
				m³/kgw			kJ/kgw			kJ/kgw-K		
	1	0.0102	101.97	Sat. Soild	Evap.	Sat. Vapor	Sat. Soild	Evap.	Sat. Vapor	Sat. Soild	Evap.	Sat.Vapor
				飽和固體	液到氣差	飽和蒸氣	飽和固體	液到氣差	飽和蒸氣	飽和固體	液到氣差	飽和蒸氣
℃	kPa	kgf/cm²	kgf/m²	v_i/v_f	v_{ig}/v_{fg}	v_g	h_i/h_f	h_{ig}/h_{fg}	h_g	S_i/S_f	S_{ig}/S_{fg}	S_g
t		Pws										
110	143.390	1.462	14,621.7	0.001052	1.21	1.21	461.41	2,230	2,691	1.4188	5.8187	7.2375
111	148.271	1.512	15,119.4	0.001052	1.17	1.17	465.64	2,227	2,692	1.4298	5.7965	7.2263
112	153.289	1.563	15,631.1	0.001053	1.14	1.14	469.88	2,224	2,694	1.4408	5.7744	7.2152
113	158.447	1.616	16,157.1	0.001054	1.10	1.10	474.11	2,221	2,695	1.4518	5.7523	7.2041
114	163.749	1.670	16,697.7	0.001055	1.07	1.07	478.35	2,219	2,697	1.4628	5.7304	7.1931
115	169.192	1.725	17,252.8	0.001056	1.03	1.04	482.59	2,216	2,698	1.4737	5.7085	7.1822
116	174.786	1.782	17,823.2	0.001057	1.00	1.00	486.83	2,213	2,700	1.4846	5.6868	7.1714
117	180.530	1.841	18,408.9	0.001058	0.97	0.97	491.07	2,210	2,701	1.4954	5.6652	7.1606
118	186.420	1.901	19,009.5	0.001059	0.95	0.95	495.32	2,208	5,703	1.5063	5.6436	7.1499
119	192.476	1.963	19,627.1	0.001059	0.92	0.92	499.56	2,205	2,704	1.5171	5.6221	7.1392
120	198.688	2.026	20,260.5	0.001060	0.89	0.89	503.81	2,202	2,706	1.5279	5.6007	7.1286
122	211.603	2.158	21,577.5	0.001062	0.84	0.84	512.31	2,196	2,709	1.5494	5.5582	7.1076
124	225.198	2.296	22,963.8	0.001064	0.79	0.79	520.82	2,191	2,712	1.5709	5.5160	7.0869
126	239.496	2.442	24,421.8	0.001066	0.75	0.75	529.33	2,185	2,174	1.5922	5.4741	7.0664
128	254.518	2.595	25,953.6	0.001068	0.71	0.71	537.86	2,179	2,717	1.6135	5.4326	7.0461
130	270.306	2.756	27,563.5	0.001070	0.67	0.67	546.39	2,174	2,720	1.6347	5.3914	7.0261
132	286.871	2.925	29,252.7	0.001072	0.63	0.63	554.93	2,168	2,723	1.6558	5.3505	7.0063
134	304.251	3.102	31,025.0	0.001074	0.60	0.60	563.48	2,162	2,726	1.6768	5.3099	6.9867
136	322.479	3.288	32,883.7	0.001076	0.57	0.57	572.03	2,156	2,728	1.6977	5.2696	6.9673
138	341.568	3.483	34,830.2	0.001078	0.54	0.54	580.60	2,150	2,731	1.7185	5.2296	6.9481
140	361.572	3.687	36,870.1	0.001080	0.51	0.51	589.18	2,144	2,734	1.7393	5.1899	6.9292
142	382.503	3.900	39,004.4	0.001082	0.48	0.48	597.76	2,138	2,736	1.7599	5.1505	6.9104
144	404.392	4.124	41,236.5	0.001084	0.46	0.46	606.36	2,132	2,739	1.7805	5.1113	6.8918
146	427.306	4.357	43,573.1	0.001086	0.43	0.43	614.97	2,126	2,741	1.8011	5.0724	6.8734
148	451.222	4.601	46,011.8	0.001088	0.41	0.41	623.58	2,120	2,474	1.8215	5.0338	6.8553
150	476.207	4.856	48,559.6	0.001091	0.39	0.39	632.21	2,114	2,746	1.8419	4.9954	6.8372
152	502.292	5.122	51,219.5	0.001093	0.37	0.37	640.85	2,108	2,749	1.8622	4.9572	6.8194
154	529.499	5.399	53,993.9	0.001095	0.35	0.36	649.50	2,101	2,751	1.8824	4.9193	6.8017
156	557.882	5.689	56,888.1	0.001097	0.34	0.34	658.16	2,095	2,753	1.9025	4.8817	6.7842
158	587.472	5.991	59,905.5	0.001100	0.32	0.32	666.83	2,089	2,756	1.9226	4.8442	6.7669
160	618.283	6.305	63,047.3	0.001102	0.31	0.31	675.52	2,082	2,758	1.9427	4.8070	6.7497
162	650.382	6.632	66,320.5	0.001104	0.29	0.29	684.22	2,076	2,760	1.9626	4.7700	6.7326
164	683.792	6.973	69,727.4	0.001107	0.28	0.28	692.93	2,069	2,762	1.9825	4.7332	6.7157
166	718.546	7.327	73,271.3	0.001109	0.27	0.27	701.65	2,063	2,764	2.0023	4.6967	6.6990
168	754.675	7.696	76,955.4	0.001112	0.25	0.25	710.39	2,056	2,766	2.0221	4.6603	6.6824
170	792.245	8.079	80,786.5	0.001114	0.24	0.24	719.14	2,049	2,768	2.0418	4.6241	6.6659
172	831.293	8.477	84,768.3	0.001117	0.23	0.23	727.91	2,043	2,770	2.0614	4.5881	6.6496
174	871.852	8.890	88,904.1	0.001119	0.22	0.22	736.69	2,036	2,772	2.0810	4.5523	6.6333
176	913.902	9.319	93,192.0	0.001122	0.21	0.21	745.48	2,029	2,774	2.1005	4.5167	6.6173
178	957.586	9.765	97,646.6	0.001125	0.20	0.20	754.29	2,022	2,776	2.1200	4.4813	6.6013
180	1,002.899	10.227	102,267.2	0.001127	0.19	0.19	763.12	2,015	2,778	2.1394	4.4460	6.5854
182	1,048.859	10.695	106,953.8	0.001130	0.18	0.19	771.96	2,008	2,780	2.1588	4.4109	6.5696
184	1,098.548	11.202	112,020.7	0.001133	0.18	0.18	780.82	2,001	2,781	2.1781	4.3759	6.5540
186	1,149.005	11.717	117,165.9	0.001136	0.17	0.17	789.69	1,993	2,783	2.1973	4.3411	6.5384
188	1,201.247	12.249	122,493.1	0.001139	0.16	0.16	798.59	1,986	2,785	2.2165	4.3065	6.5230
190	1,255.367	12.801	128,011.8	0.001141	0.16	0.16	807.50	1,979	2,786	2.2356	4.2720	6.5076
192	1,311.304	13.372	133,715.8	0.001144	0.15	0.15	816.42	1,971	2,788	2.2547	4.2376	6.4924
194	1,396.253	14.238	142,378.2	0.001147	0.14	0.14	825.37	1,964	2,789	2.2738	4.2034	6.4772
196	1,429.196	14.574	145,737.4	0.001150	0.14	0.14	834.34	1,956	2,791	2.2928	4.1693	6.4621
198	1,491.103	15.205	152,050.2	0.001153	0.13	0.13	843.32	1,949	2,792	2.3118	4.1353	6.4470
200	1,555.099	15.858	158,575.9	0.001157	0.13	0.13	852.33	1,941	2,793	2.3307	4.1014	6.4321

Chapter H

熱負荷基礎
Heat Load Basic

Chapter H. 熱負荷基礎 Heat Load Basic

● 本節主要是研究熱在HVAC系統中，熱傳遞的應用，(Ex) 建築物的熱負荷計算，風管/水管的保溫厚度......等。

熱傳發生的三種模式及三大定律：

熱傳導 (Heat Conduction)	Fourier's Law	$q = - K A (\Delta T / \Delta X)$
熱對流 (Heat Convection)	Newton's Cooling Law	$q = h A (T_w - T_f)$
熱輻射 (Heat Radiation)	Stefan Boltzman's Law	$E = \varepsilon \sigma T^4$

H.1. 熱傳學

H.1.1. 傳導熱

● 傳導熱能透過溫度梯度(temperature gradient)，由高溫處傳送至低溫處，主要探討之問題為傳導熱能傳輸之大小。

● 在固體或流體中，其振動能量由一分子傳到另一分子。就流體而言，亦即動能的傳送。

H.1.1.1. 熱傳導公式

● 通過靜固體或流體的熱傳導，Fourier's Law，$q = - KA (\Delta T / \Delta X)$。

公式的 "-" 負號是因為熱是由高溫傳向低溫的方向。

公式符號/單位說明：$q = - KA (\Delta T / \Delta X)$

q	K	A	$\Delta T = T_2 - T_1$	$\Delta X = X_2 - X_1$
熱傳截面積 A 上的熱傳量	熱傳導係數	熱傳截面積	熱傳方向溫差	熱傳方向距離
W (.ie. W/m²)	W/m-K	m²	°C	m

● [例題] 風管#24鐵皮的厚度0.0007m，面積A = 0.5m²，其熱傳導係數K=50(W/m-°C)，其中一面溫度T_1 = 200°C，另一面T_2 = 30°C，求通過鐵板之熱?

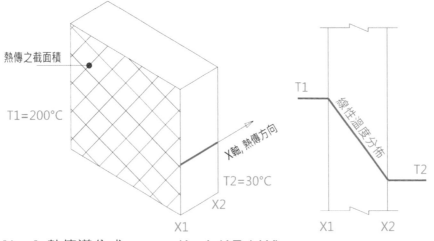

[Ans] 熱傳導公式 $q = - K \times A (\Delta T / \Delta X)$

$q = 50 \times 0.5 (200 - 30) / 0.0007 = W$。

公式符號/單位說明：$q = - K * A (\Delta T / \Delta X)$

q	K	A	$\Delta T = T_2 - T_1$	$\Delta X = X_2 - X_1$
熱傳截面積 A 上的熱傳量	熱傳導係數	熱傳截面積	熱傳方向溫差	熱傳方向距離
W/m²	W/m-K	m²	°C	m
6,071,429	50	0.5	170	0.0007

H.1.1.2. 熱傳導係數　K (heat transfer coefficient)

● 材料的熱傳係數

材料 Material	Thermal Conductivity 熱傳導係數 K W/m-K	材料 Material	Thermal Conductivity 熱傳導係數 K W/m-K
金屬材料	在溫度 27℃	絕熱材料	
銀	429	電木(plywood)	0.12
紅銅 (純銅) Copper	401	玻璃	1.38
黃銅 Brass	116	軟木	0.038
青銅 Bronze	52	石棉	0.15
純鋁 Pure Aluminum	237	玻璃棉(fiberglass)	0.046
鋁合金 6061	180	玻璃纖維	0.0355
鋁合金 7075	121	玻璃棉 24K	0.037
鐵	80.4	岩棉 48K	0.029
碳鋼	40-60	PU 泡棉(polyurethane)	0.025
不銹鋼 304	14.9	PU 發泡，聚氨基甲酸乙酯	0.0367~0.0430
不銹鋼 410	25	管墊	0.0983
鈦合金 6%Al，4%V	5.8	Armaflex armacell 發泡丁睛橡膠	
		-20℃	≦0.032
金屬材料	在溫度 20℃	0℃	≦0.034
銀	411	20℃	≦0.036
紅銅 (純銅) Copper	395	40℃	≦0.039
純鋁 Pure Aluminum	239	流體	
鐵	58	空氣 at 300℃	0.024~0.0263
黃銅 Brass	81~116	水	0.617
		機油	0.138
陶瓷材料		乙二醇(ethylene glycol)	0.28
氧化鋁	40	R134a 冷媒 at 300C℃	0.08
氧化鎂	55	Therminol 66 熱媒 at 300℃	0.117
碳化鎢	28	珍珠岩,真空	0.00137

對空調使用者，隔熱材料-導熱係數K值越低保溫效果越好。

● 空氣的熱傳導係數

溫度	℃	-55	-20	0	20	40	60	80	100	500	1,000
熱傳導係數	W/m-K	0.020	0.022	0.024	0.026	0.027	0.029	0.030	0.032	0.056	0.080

空氣熱傳導與空氣熱對流的係數值差異很大。空氣熱對流-詳下節說明。

H.1.2. 對流熱

● 在熱力學、機械工程與化學工程中，熱傳導係數是用來計算熱傳導的，主要是對流的熱傳導或流體與固體之間相態變換的熱傳導。

● 指在流體之間僅有溫度差存在時發生的運動。例如，熱空氣上升冷空氣下降（因為熱空氣密度較冷空氣小所以會上升，反之冷空氣密度較熱空氣大所以會下降）。

● 對流：對流指的是流體(氣體或液體)與固體表面接觸，造成流體從固體表面將熱帶走的熱傳遞方式。熱傳學中對流分為：(1)自然對流 (2)強制對流。

自然對流	是指當流體內部因溫度差異(溫度梯度，密度)導致流體運動(流體的運動靠重力)的對流現象。 自然指的是流體運動，成因是溫度差，溫度高的流體密度較低，因此質量輕，相對就會向上運動。 例如：熱氣上升，冷氣下降。
強制對流	當有外力推動（如通過泵或者風扇）流體導致流體運動的對流現象。 強制就是流體受外在的強制驅動(如風扇帶動的空氣流動),驅動力向什麼地方，流體就向什麼地方運動，因此這種熱對流更有效率和可指向性。 例如：電熱風扇，當風吹過加熱元件時，空氣就被加熱。水泵推動冷卻水經過盤管的熱交換。

牛頓說，流體與固體壁面之間對流傳熱的熱流與它們的溫度差成正比。

H.1.2.1. 熱對流公式：

● 牛頓 Newton's Cooling Law，$q = hA (T_w - T_f)$。
公式符號/單位說明：

q	h	A	T_w	T_f
面積 A 上的傳熱熱量	表面對流熱傳係數	固體與流體接觸面積	固體表面溫度	流體的溫度
W	W/m²-K	m²	°C	°C

● h值之大小與流體種類、速度、固體表面幾何形狀、溫度等有關，故相當複雜！影響對流傳熱強弱的主要因素有：
(1). 對流運動成因和流動狀態；
(2). 流體的物理性質（隨種類、溫度和壓力而變化）；
(3). 傳熱表面的形狀、尺寸和相對位置；
(4). 流體有無相變（如氣態與液態之間的轉化）。

● 物體的熱傳導性與導電性是相同的，電的良導體幾乎是熱的良導體。下列數值供參考：

媒介	自然對流 W / m²-°C	強制對流 W / m²-°C
空氣	5 ~ 25	10 ~ 200
水	20 ~ 100	50 ~ 10.000
水蒸氣的冷凝	5,000 ~ 15,000	
水的沸騰	2,500 ~ 25,000	
有機蒸氣的冷凝	500 ~ 2,000	

H.1.2.2. 應用

- [例題] 有一平板絕緣層內面溫度=270℃，外面以熱對流方式將熱散失到 20℃的空中，平板厚度4cm，熱傳導係數K=1.2 W/m-K，若要使平面外面的溫度不超過 70℃，求其對流熱對流係數的最小值?

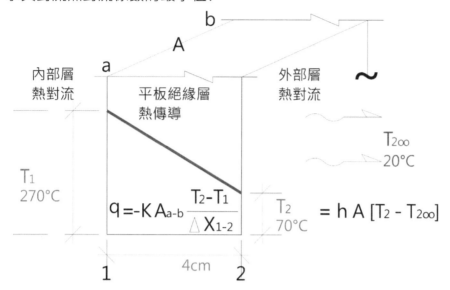

[Ans]
由能量守恆的關係：熱傳導 ＝ 熱對流 (單位面積 A = 1)
q = -K x A x ((Ta-Tb) / dX) 熱傳導 =h A (Tb - T∞) 熱對流
q = -1.2 x 1 x [(270 - 120) / 0.04] = h x 1 x (70 - 20)
h = 120 W/m²-K。

- 液體的熱傳導
  熱傳導簡化公式計算公式 ：H = M x S x ΔT
  公式符號/單位說明：

M	S	ΔT
質量	比熱	溫度差
比熱 (水為：1,000 cal/kg ℃；Silicon 為：678 cal/kg ℃)		
比熱 (Cal/g-℃)：1g 的物質，溫度上升 1 ℃所需要的熱量		
高溫 - 低溫 (室溫上升至受測品實際溫度)		

H.1.3. 輻射熱

● 輻射：係能量藉著電磁波，經真空或傳送介質來傳送。輻射到達物體後，分別被吸收傳送或反射，僅有吸收部份為熱能。

熱輻射是一種可以在沒有任何介質的情況下，不需要接觸，就能夠發生熱交換的傳遞方式，也就是說，熱輻射其實就是以波的形式達到熱交換的目的。熱輻射是通過波來進行傳遞的，有波長、有頻率。

● 通過介質傳遞物體的熱吸收率來決定傳遞的效率。熱輻射系數 (傳遞的效率)，其值介於 0~1 之間，是屬於物體的表面特性，而剛體的熱傳導系數則是物體的材料特性。發射體為理想之黑體(blackbody) ε = 1.0。

H.1.3.1. 熱輻射公式

● 公式：$q_{1-2} = \sigma A F_\varepsilon F_A (T_1^4 - T_2^4)$。簡化公式：$E = \varepsilon \sigma (\Delta T^4)$。

公式符號/單位說明：

q_{1-2}	σ	A	F_ε	F_A	T_1^4	T_2^4
熱量	Stefan-Boltzmann constant 5.67x10⁻⁸	受熱面積	發射率 emissivity	外形因素	發設溫度	吸收溫度
W	W/m²-K⁴	m²	0~1.0 之間	none	K	K

皮膚與衣服的放射率非常接近黑體，$F\varepsilon = 1$，被身體輻射的溫度稱為平均輻射溫度 (mean radiant temperatue)。平均輻射溫度通常接近空氣的溫度。除非受外界影響如外壁、窗戶的影響，這些影響來源則受太陽輻射影響。

● [例題] 比較輻射熱

(1) 1m x 1m 的黑色平形板相隔 1m，$T_1 = 1,000K$，$T_2 = 300K$，兩者間的輻射熱？
(2) 1m x 1m 的平形板 $\varepsilon_1 = \varepsilon_2 = 0.5$，$T_1 = 200°C$，$T_2 = 30°C$，兩者間的輻射熱？
(3) 0.3m x 0.3m 的板 $\varepsilon = 0.95$，一邊 $T_1 = 30°C$，另一邊 $T_2 = 0°C$，兩者間的輻射熱？

[Ans] $q_{1-2} = \sigma A F_\varepsilon F_A (T_1^4 - T_2^4)$。簡化公式：$E = \varepsilon \sigma (\Delta T^4)$。

例題	q_{1-2} 熱量	σ Stefan-Boltzmann constant 5.669x10⁻⁸	A 受熱面積	ε 發射率 emissivity	T_1^4 發設溫度	T_2^4 吸收溫度
	W	W/m²-K⁴	m²	0~1.0 之間	K	K
1	11,246	5.669E-08	1	0.2	1,000	300
2	1,181	5.669E-08	1	0.5	473	303
3	13.9	5.669E-08	0.09	0.95	303	273

H.2. 熱阻

● 熱傳學為計算方便，用電學觀念將熱傳學公式轉換成電學公式。
(取材：HEAT TRANSFER – YUNUS A. CENGEL)

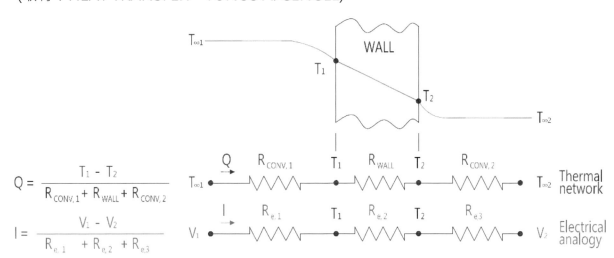

$$Q = \frac{T_1 - T_2}{R_{CONV,1} + R_{WALL} + R_{CONV,2}}$$

$$I = \frac{V_1 - V_2}{R_{e,1} + R_{e,2} + R_{e3}}$$

H.2.1. 電學與熱阻-相似公式

● 電學公式：$V = I \times R$。電位差(電壓) = 電流 x 電阻。
(1) 電組串連：$R_T = R_1 + R_2 + R_3$
(2) 電組並連：$R_T = 1/R_1 + 1/R_2 + 1/R_3$
● 熱阻公式
(1) 熱阻串連：$R_{th} = R_A + R_B + R_C$
(2) 熱阻並連：$R_{th} = 1/R_A + 1/R_B + 1/R_C$
● 電學與熱傳學轉換觀念：

電熱轉換	電學	熱傳學
	$V = I*R$	$\Delta T = Q*R_T$
動力壓	V (電壓)	ΔT (溫度差)
流動	I (電流)	Q (熱流)
阻力	R (電阻)	R_T (熱阻)

● 熱傳學轉換成電學公式：

定律	熱傳學	空調應用	轉換電流公式		
熱傳導	$q = -KA (\Delta T / \Delta X)$	$Q = KA \Delta T/\Delta X)$	$= U*\Delta T = \Delta T/R_T$	$U = 1/R_T$	$R_T = 1/(h_d*A)$
熱對流	$q = hA (T_w - T_f)$	$Q = hA*\Delta T$	$= U*\Delta T = \Delta T/R_T$	$U = 1/R_T$	$R_T = 1/(h_c*A)$
熱輻射	$E = \varepsilon\sigma(\Delta T^4)$	$Q = \varepsilon\sigma(\Delta T^3)*(\Delta T)$	$= U*\Delta T = \Delta T/R_T$	$U = 1/R_T$	$R_T = 1/(h_r*A)$
U：總熱傳遞係數(Heat Transfer) = $1 / R_T$。單位 W/m^2-K					
R_T：熱阻(Thermal Resistance)。　　　　　　單位 m^2-K/W					

● R是指絕緣材料耐熱性，單位為m^2-K / W，平均溫度為24°C。
U-factor (thermal transmittance)：導熱係數。單位：$W/m^2 \cdot K$。
U：單位時間內通過材料或結構的單位面積和邊界空氣薄膜的熱傳遞，由每側環境之間的單位溫差引起。

H.2.2. 熱阻應用於 HVAC

H.2.2.1. 熱阻串連

- 熱阻串連的電學公式：$R_{th} = R_A + R_B + R_C$
  (取材：HEAT TRANSFER – YUNUS A. CENGEL)

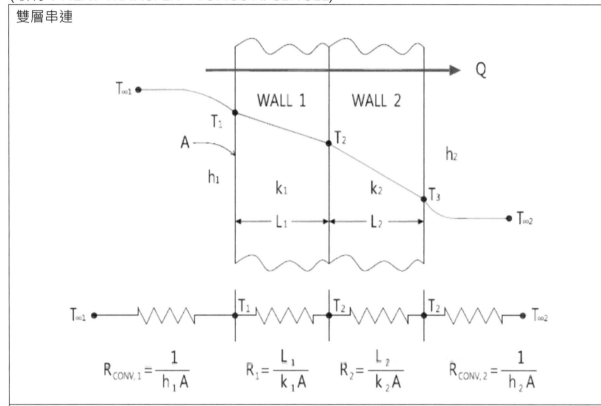

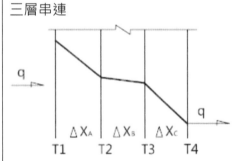

通過每個斷面的熱通量均相等
能量守恆

H.2.2.2. 熱阻並連

● 熱阻並連的電學公式(水管)：$R_{th} = R_1 + R_2 + R_3 + R_4$　；$R_4 = 1 / R_c + 1/R_r$

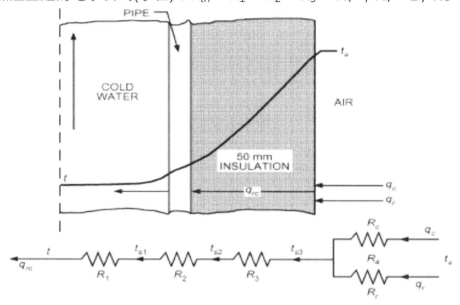

H.2.2.3. 空調應用

● 通過平行路徑之熱傳遞：$Q = (K / \Delta X \times A) \times \Delta T = R(熱阻) \times \Delta T(溫差)$。(取材：蘇金佳)

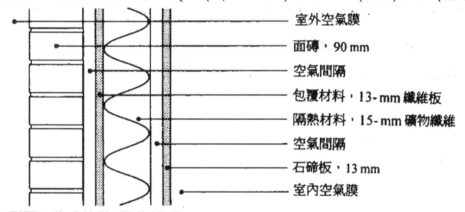

● [例題] 公式符號/單位說明

說明	ΔX	K	A	R_{s1}	R_A	R_B	R_C	R_D	R_E	R_F	R_{s2}
	熱傳-厚	熱導度	面積	熱阻 $R_T = L / (K \times A) = 1 / U$							
	m	W/m-K	m²	$R_T = m^2\text{-K/W}$							
牆外空氣	外部環境 40℃		1.0	0.029							
面磚	0.090	1.300	1.0		0.069						
空氣間隔 20℃	0.004	0.026	1.0			0.170					
包覆材料，13mm 纖維板	0.013	0.056	1.0				0.232				
隔熱材料，75mm 礦物纖維	0.075	0.039	1.0					1.938			
空氣間隔 20℃	0.004	0.026	1.0						0.170		
石膏板，13mm	0.130	1.620	1.0							0.080	
牆內空氣			1.0								0.120
小計：				0.029	0.069	0.170	0.232	1.938	0.170	0.080	0.120
R_T sum..				2.809							
$U = 1 / R_{T..}$				0.356							

H.3. 熱傳導係數-內政部

H.3.1. 建材熱傳導係數

● 建築物強化外殼部位熱性能節約能源設計技術規範。(取材：成功大學建築研究所)

分類	材料名稱	密度 ρ kg/m³	熱導係數 K W / m-K	分類	材料名稱	密度 ρ kg/m³	熱導係數 K W / m-K
金屬	鋼板. 鍍鋅鋼板	7,860	45	木質纖維	軟質纖維板	200 ~ 400	0.097
	鋁板. 鋁合金板	2,700	210		半硬質纖維板	400 ~ 800	0.13
	銅板	8,960	375		硬質纖維板	1,050	0.22
	不銹鋼板	7,400	25		塑合板	400 ~ 700	0.17
水泥	泡沫混凝土 (ALC)	600	0.17		木絲水泥板 (鑽泥板)	430 ~ 800	0.18
	輕質混凝土	1,600	0.80		木片水泥板	670~1,080	0.19
	普通混凝土	2,200	1.40	木材	杉. 檜木. (輕量材)	330	0.13
	預鑄混凝土 (PC)	2,400	1.50		松. 橡木. (中量材)	480	0.17
	水泥砂漿	2,000	1.50		柳安木.柚木.紅木(重量材)	557	0.20
	輕型空心磚 (實心)	1,380	0.51		合板	550	0.18
窯業製品	磁磚. 法瑯披覆	2,400	1.30		鋸木屑	200	0.093
	紅磚	1,650	0.80		絲狀木屑	130	0.088
	耐火磚	1,950	1.10		碳化軟木板	240	0.051
	瓦	2,000	1.00	石膏.水泥二次製品	石膏	1,950	0.80
	板玻璃	2,540	0.78		石膏板	710~1,110	0.17
	大理石	2,670	2.800		石棉板. 瓦	1,500	1.20
	花崗石. 岩石	2,810	3.500		石棉水泥矽酸鈣板	600~1,200	0.15
土.石	土壤 (黏土質)	1,860	1.500		石棉水泥珍珠岩板	400~1,000	0.12
	土壤 (砂質)	1,560	0.930		泡沫水泥板	1,100	0.24
	土壤 (壤土質)	1,450	1.050		半硬質碳酸鎂板	450	0.12
	土壤 (火山灰質)	1,070	0.470		硬質碳酸鎂板	850	0.21
	砂粒	1,850	0.620	合成樹脂板	成形聚苯乙烯(低密度保利龍,PS 板)	16 ~30	0.040
	泥壁	1,300	0.800		發泡聚苯乙烯(高密度保利龍,PS 板)	28 ~ 40	0.037
瀝青塑膠.紙	合成樹脂板	1000~1500	0.19		硬質聚烏保溫板 (PU 板)	25 ~ 50	0.028
	玻璃纖維強化膠(FRP)	1,600	0.26		噴硬質聚烏板 (氨基甲酸乙酯)	25 ~ 50	0.029
	柏油	2,230	0.73		軟質聚烏板	20 ~ 40	0.050
	柏油磚	1,800	0.33		PE 發泡板	30 ~ 70	0.038
	油毛氈	1,020	0.11		硬質塑鋼板	30 ~ 70	0.036
	壁紙	550	0.15	其他	矽土	455	0.094
	防潮紙類. 厚紙板	700	0.21		煤渣	500	0.40
纖維材	礦棉	300	0.046		輕石	550	0.10
	石棉	200	0.044		地毯. 毛織布	400	0.11
	玻璃棉	200	0.042		鋁箔	220	0.67
	玻璃棉保溫板	10 ~ 96	0.040		水 (靜止)	998	0.60
	岩棉保溫材	40 ~ 160	0.042		壓克力		0.196
	噴岩棉	1,200	0.051		乾草		0.07
	岩棉吸音板	200 ~ 400	0.064				

● 表中未列之建材、可依材質相近者代用之。
　　特殊效果之新建材，若取得實驗證明，可依實驗數據使用之。

H.3.2. 常用開窗之窗框及玻璃部位熱傳透率 Ui

● 依據內政部-建材熱傳導係數；建築物強化外殼部位熱性能節約能源設計技術規範

單層玻璃

玻璃 厚度 mm	熱傳透率 Ui W/(m²-k)
3	6.31
5	6.21
6	6.16
8	6.07
10	5.97
12	5.88
15	5.75
19	5.59

膠合玻璃

玻璃 厚度 mm	熱傳透率 Ui W/(m²-k)
5+隔熱膜+5	4.92
6+隔熱膜+6	4.88
8+隔熱膜+8	4.71

玻璃磚

厚度 mm	熱傳透率 Ui W/(m²-k)
8+A60~80+8	2.98

雙層玻璃 6mm 乾燥空氣層

玻璃 厚度 mm	熱傳透率 Ui W/(m²-k)
3+A6+3	3.31
5+A6+5	3.25
6+A6+6	3.23
8+A6+8	3.17
10+A6+10	3.12
12+A6+12	3.07
A：Air	

雙層玻璃 12mm 乾燥空氣層

玻璃 厚度 mm	熱傳透率 Ui W/(m²-k)
3+A12+3	3.10
5+A12+5	3.05
6+A12+6	3.03
8+A12+8	2.98
10+A12+10	2.94
12+A12+12	2.90
A：Air	

雙層玻璃 6mm 惰性氣體層

玻璃 厚度 mm	熱傳透率 Ui W/(m²-k)
3+Aig6+3	2.62
5+Aig6+5	2.58
6+Aig6+6	2.56
8+Aig6+8	2.52
10+Aig6+10	2.48
12+Aig6+12	2.44

雙層玻璃 12mm 惰性氣體層

玻璃 厚度 mm	熱傳透率 Ui W/(m²-k)
3+Aig12+3	1.93
5+Aig12+5	1.90
6+Aig12+6	1.89
8+Aig12+8	1.86
10+Aig12+10	1.83
12+Aig12+12	1.80

窗框(中空)

窗框(中空)	熱傳透率 Ui W/(m²-k)
鋁門窗窗框	3.50
鋼窗窗框	3.50
塑鋼窗框	1.40
實木窗框 (4.0cm)	2.82
實木窗框 (5.0cm)	2.47

備註：
(1). A6 代表空氣層厚度 6mm，熱阻 Ra=0.14[m².k/W]。
(2). A12 代表空氣層厚度 12mm，熱阻 Ra=0.16[m².k/W]。
(3). Aig6 代表空氣層填充惰性氣體，厚度 6mm。
(4). Aig12 代表空氣層填充惰性氣體，厚度 12mm。
(5). 無論普通、吸熱、反射玻璃、膠合玻璃，均依其厚度適用本表之 Ui 值，也可採實驗室之實驗值認定之，亦即 Ui 值與玻璃厚度有關，但與遮蔽性能關係不大。
(6). PC（ploycarbonte）中空板以合成樹指版依各層厚度與空氣層數計算其 U 值。
(7). 窗框之 U 值可採本表標準 U 值認定，也可採實驗室之實驗值計算之。面由表 3-1 公式計算，其他形式窗框以其斷

H.3.3. 常用外牆熱傳透率

● 依據內政部：建築物強化外殼部位熱性能節約能源設計技術規範，本節計算擷取部分牆面計算供讀者參考。

● W001

說明	ΔX	K	A	Rs1	R_A	R_B	R_C	R_D	Rs2
鋼筋混凝土牆	熱傳厚	熱導度	面積	熱阻 R =ΔX / (K x A) = 1 / U					
編號： W001	mt	W/m-K	m²	m²-K / W					
外氣膜	----	23.000	----	0.043					
磁磚	0.010	1.300	1.000		0.008				
水泥砂漿	0.015	1.500	1.000			0.010			
鋼筋混凝土	0.120	1.400	1.000				0.086		
水泥砂漿	0.010	1.500	1.000			0.007			
內氣膜	----	9.000	----						0.111
小計：				0.043	0.008	0.017	0.086	0.000	0.111
熱阻係數：R_T sum..	m²-K / W			0.265					
熱傳遞率：U = 1 / $R_{T..}$	W / m²-K			3.778					
	kCal / m²-K			3.249					

● W002

說明	ΔX	K	A	Rs1	R_A	R_B	R_C	R_D	Rs2
鋼筋混凝土牆	熱傳厚	熱導度	面積	熱阻 R = ΔX / (K x A) = 1 / U					
編號： W002	mt	W/m-K	m²	m²-K / W					
外氣膜	----	23.000	----	0.043					
磁磚	0.010	1.300	1.000		0.008				
水泥砂漿	0.015	1.500	1.000			0.010			
鋼筋混凝土	0.150	1.400	1.000				0.107		
水泥砂漿	0.010	1.500	1.000			0.007			
內氣膜	----	9.000	----						0.111
小計：				0.043	0.008	0.017	0.107	0.000	0.111
熱阻係數：R_T sum..	m²-K / W			0.286					
熱傳遞率：U = 1 / $R_{T..}$	W / m²-K			3.495					
	kCal / m²-K			3.006					

● W004

說明	ΔX	K	A	Rs1	R_A	R_B	R_C	R_D	Rs2
鋼筋混凝土牆	熱傳厚	熱導度	面積	熱阻 R = ΔX / (K x A) = 1 / U					
編號： W004	mt	W/m-K	m²	m²-K / W					
外氣膜	----	23.000	----	0.043					
法朗批覆	0.006	1.300	1.000		0.005				
鋼板	0.003	45.000	1.000			7.E-05			
水泥砂漿	0.015	1.500	1.000			0.010			
鋼筋混凝土	0.120	1.400	1.000				0.086		
水泥砂漿	0.010	1.500	1.000			0.007			
內氣膜	----	9.000	----						0.111
小計：				0.043	0.005	0.017	0.086	0.000	0.111
熱阻係數：R_T sum..	m²-K / W			0.262					
熱傳遞率：U = 1 / $R_{T..}$	W / m²-K			3.822					
	kCal / m²-K			3.287					

● W005

說明	ΔX	K	A	Rs1	R_A	R_B	R_C	R_D	Rs2
鋼筋混凝土牆	熱傳厚	熱導度	面積	熱阻 $R = \Delta X / (K \times A) = 1 / U$					
編號：　W005	mt	W/m-K	m²	m^2-K / W					
外氣膜	----	23.000	----	0.043					
磁磚	0.010	1.300	1.000					0.008	
水泥砂漿	0.015	1.500	1.000				0.010		
輕質混凝土	0.100	0.800	1.000			0.125			
水泥砂漿	0.010	1.500	1.000		0.007				
內氣膜	----	9.000	----						0.111
小計：				0.043	0.007	0.125	0.010	0.008	0.111
熱阻係數：R_T sum..		m^2-K / W		0.304						
熱傳遞率：$U = 1 / R_{T..}$		W / m^2-K		3.290						
		kCal / m^2-K		2.829						

● W006

說明	ΔX	K	A	Rs1	R_A	R_B	R_C	R_D	Rs2
鋼筋混凝土牆	熱傳厚	熱導度	面積	熱阻 $R = \Delta X / (K \times A) = 1 / U$					
編號：　W006	mt	W/m-K	m²	m^2-K / W					
外氣膜	----	23.000	----	0.043					
磁磚	0.008	1.300	1.000					0.006	
鋼筋混凝土預鑄版	0.180	1.500	1.000		0.120				
空氣層	1.000	11.628	1.000			0.086			
鑽泥板	0.025	0.260	1.000		0.096				
內氣膜	----	9.000	----						0.111
小計：				0.043	0.216	0.086	0.000	0.006	0.111
熱阻係數：R_T sum..		m^2-K / W		0.463						
熱傳遞率：$U = 1 / R_{T..}$		W / m^2-K		2.160						
		kCal / m^2-K		1.858						

● W007

說明	ΔX	K	A	Rs1	R_A	R_B	R_C	R_D	Rs2
玻璃帷幕牆	熱傳厚	熱導度	面積	熱阻 $R = \Delta X / (K \times A) = 1 / U$					
編號：　W007	mt	W/m-K	m²	m^2-K / W					
外氣膜	----	23.000	----	0.043					
玻璃	0.008	0.780	1.000					0.010	
空氣層	----	11.63	----		0.086				
纖維板	0.010	1.200	1.000			0.008			
空氣層	----	11.63	----		0.086				
合板	0.018	0.180	1.000			0.100			
內氣膜	----	9.000	----						0.111
小計：				0.043	0.17	0.108	0.000	0.010	0.111
熱阻係數：R_T sum..		m^2-K / W		0.445						
熱傳遞率：$U = 1 / R_{T..}$		W / m^2-K		2.246						
		kCal / m^2-K		1.932						

● W008

說明	ΔX	K	A	Rs1	R_A	R_B	R_C	R_D	Rs2
玻璃帷幕牆	熱傳厚	熱導度	面積	熱阻 $R = \Delta X / (K \times A) = 1 / U$					
編號： W008	mt	W/m-K	m^2	m^2-K / W					
外氣膜	----	23.000	----	0.043					
玻璃	0.008	0.780	1.000					0.010	
空氣層	----	11.628	----		0.086				
鋁板	0.0016	210.0	1.000			0.000			
玻璃棉	0.030	0.042	1.000		0.714				
空氣層	----	11.628	----		0.086				
石膏板	0.012	0.170	1.000			0.071			
內氣膜	----	9.000	----						0.111
小計：				0.043	0.886	0.071	0.000	0.010	0.111
熱阻係數：R_T sum..	m^2-K / W			1.122					
熱傳遞率：U = 1 / $R_{T..}$	W / m^2-K			0.891					
	kCal / m^2-K			0.767					

● W009

說明	ΔX	K	A	Rs1	R_A	R_B	R_C	R_D	Rs2
玻璃帷幕牆	熱傳厚	熱導度	面積	熱阻 $R = \Delta X / (K \times A) = 1 / U$					
編號： W009	mt	W/m-K	m^2	m^2-K / W					
外氣膜	----	23.000	----	0.043					
玻璃	0.008	0.780	1.000					0.010	
空氣層	----	11.628	----		0.086				
纖維浪板	0.004	1.200	1.000			0.003			
岩棉保溫材	0.032	0.042	1.000		0.762				
纖維浪板	0.004	1.200	1.000		0.003				
內氣膜	----	9.000	----						0.111
小計：				0.043	0.851	0.003	0.000	0.010	0.111
熱阻係數：R_T sum..	m^2-K / W			1.019					
熱傳遞率：U = 1 / $R_{T..}$	W / m^2-K			0.981					
	kCal / m^2-K			0.844					

● W010

說明	ΔX	K	A	Rs1	R_A	R_B	R_C	R_D	Rs2
玻璃帷幕牆	熱傳厚	熱導度	面積	熱阻 $R = \Delta X / (K \times A) = 1 / U$					
編號： W010	mt	W/m-K	m^2	m^2-K / W					
外氣膜	----	23.000	----	0.043					
玻璃	0.008	0.780	1.000					0.010	
空氣層	----	11.628	----		0.086				
纖維矽酸鈣板	0.025	0.150	1.000			0.167			
內氣膜	----	9.000	----						0.111
小計：				0.043	0.086	0.167	0.000	0.010	0.111
熱阻係數：R_T sum..	m^2-K / W			0.418					
熱傳遞率：U = 1 / $R_{T..}$	W / m^2-K			2.395					
	kCal / m^2-K			2.060					

● W011

說明	ΔX	K	A	Rs1	R_A	R_B	R_C	R_D	Rs2
玻璃帷幕牆	熱傳厚	熱導度	面積	熱阻 $R = \Delta X / (K \times A) = 1 / U$					
編號：　W011	mt	W/m-K	m^2	m^2-K / W					
外氣膜	----	23.000	----	0.043					
玻璃	0.008	0.780	1.000					0.010	
空氣層	----	11.628	----		0.086				
纖維矽酸鈣板	0.025	0.150	1.000			0.167			
空氣層	----	11.628	----		0.086				
纖維浪板	0.004	1.200	1.000					0.003	
岩棉保溫材	0.032	0.042	1.000			0.762			
纖維浪板	0.004	1.200	1.000					0.003	
內氣膜	----	9.000	----						0.111
			小計：	0.043	0.172	0.929	0.007	0.010	0.111
熱阻係數：R_T sum..		m^2-K / W		1.272					
熱傳遞率：U = 1 / R_{T..}		W / m^2-K		0.786					
		kCal / m^2-K		0.676					

● W012

說明	ΔX	K	A	Rs1	R_A	R_B	R_C	R_D	Rs2
鋁金屬帷幕牆	熱傳厚	熱導度	面積	熱阻 $R = \Delta X / (K \times A) = 1 / U$					
編號：　W012	mt	W/m-K	m^2	m^2-K / W					
外氣膜	----	23.000	----	0.043					
鋁板	0.006	210	1.000			3.E-05			
空氣層	----	11.628	----		0.086				
鋁板	0.0016	210	1.000			8.E-06			
玻璃棉	0.030	0.042	1.000				0.714		
空氣層	----	11.628	----		0.086				
石膏板	0.012	0.170	1.000					0.071	
內氣膜	----	9.000	----						0.111
			小計：	0.043	0.172	0.000	0.714	0.071	0.111
熱阻係數：R_T sum..		m^2-K / W		1.111					
熱傳遞率：U = 1 / R_{T..}		W / m^2-K		0.900					
		kCal / m^2-K		0.774					

● W013

說明	ΔX	K	A	Rs1	R_A	R_B	R_C	R_D	Rs2
鋁金屬帷幕牆	熱傳厚	熱導度	面積	熱阻 $R = \Delta X / (K \times A) = 1 / U$					
編號：　W013	mt	W/m-K	m^2	m^2-K / W					
外氣膜	----	23.000	----	0.043					
鋁板	0.006	210	1.000			3.E-05			
噴岩棉	0.020	0.051	1.000				0.392		
空氣層	----	11.628	----		0.086				
纖維矽酸鈣板	0.0250	0.15	1.000					2.E-01	
內氣膜	----	9.000	----						0.111
			小計：	0.043	0.086	0.000	0.392	0.167	0.111
熱阻係數：R_T sum..		m^2-K / W		0.799					
熱傳遞率：U = 1 / R_{T..}		W / m^2-K		1.251					
		kCal / m^2-K		1.076					

● W014

說明	ΔX	K	A	Rs1	R$_A$	R$_B$	R$_C$	R$_D$	Rs2	
鋁金屬帷幕牆	熱傳厚	熱導度	面積	熱阻 R = ΔX / (K x A) = 1 / U						
編號： W014	mt	W/m-K	m^2	m^2-K / W						
外氣膜	----	23.000	----	0.043						
鋁板	0.006	210	1.000			3.E-05				
瀝青防音塗料	0.003	0.730	1.000				0.004			
空氣層	----	11.628	----		0.086					
纖維繫酸鈣板	0.0250	0	1.000					2.E-01		
內氣膜	----	9.000	----						0.111	
小計：				0.043	0.086	0.000	0.004	0.167	0.111	
熱阻係數：R$_T$ sum..	m^2-K / W			0.411						
熱傳遞率：U = 1 / R$_T$..	W / m^2-K			2.431						
	kCal / m^2-K			2.090						

● W015

說明	ΔX	K	A	Rs1	R$_A$	R$_B$	R$_C$	R$_D$	Rs2	
鋁金屬帷幕牆	熱傳厚	熱導度	面積	熱阻 R = ΔX / (K x A) = 1 / U						
編號： W015	mt	W/m-K	m^2	m^2-K / W						
外氣膜	----	23.000	----	0.043						
鋁板	0.006	210	1.000			3.E-05				
噴岩棉	0.020	0.051	1.000				0.392			
空氣層	----	11.628	----		0.086					
纖維浪板	0.004	1.200	1.000					0.003		
岩棉保溫材	0.032	0.042	1.000				0.762			
纖維浪板	0.004	1.200	1.000					0.003		
內氣膜	----	9.000	----						0.111	
小計：				0.043	0.086	0.000	1.154	0.007	0.111	
熱阻係數：R$_T$ sum..	m^2-K / W			1.401						
熱傳遞率：U = 1 / R$_T$..	W / m^2-K			0.714						
	kCal / m^2-K			0.614						

● W016

說明	ΔX	K	A	Rs1	R$_A$	R$_B$	R$_C$	R$_D$	Rs2	
花崗石帷幕牆	熱傳厚	熱導度	面積	熱阻 R = ΔX / (K x A) = 1 / U						
編號： W016	mt	W/m-K	m^2	m^2-K / W						
外氣膜	----	23.000	----	0.043						
花崗岩	0.030	4	1.000			9.E-03				
空氣層	----	11.628	----		0.086					
鋁板	0.0016	210	1.000			8.E-06				
玻璃棉	0.030	0.042	1.000				0.714			
空氣層	----	11.628	----		0.086					
石膏板	0.012	0.170	1.000					0.071		
內氣膜	----	9.000	----						0.111	
小計：				0.043	0.172	0.009	0.714	0.071	0.111	
熱阻係數：R$_T$ sum..	m^2-K / W			1.120						
熱傳遞率：U = 1 / R$_T$..	W / m^2-K			0.893						
	kCal / m^2-K			0.768						

● W017

說明	ΔX	K	A	Rs1	R_A	R_B	R_C	R_D	Rs2	
花崗石帷幕牆	熱傳厚	熱導度	面積	熱阻 R = ΔX / (K x A) = 1 / U						
編號： W017	mt	W/m-K	m²	m²-K / W						
外氣膜	----	23.000	----	0.043						
花崗岩	0.030	3.500	1.000			9.E-03				
空氣層	----	11.628	----		0.086					
鋼筋混凝土	0.150	1.400	1.000					0.107		
水泥沙漿	0.010	1.500	1.000					0.007		
內氣膜	----	9.000	----						0.111	
小計：				0.043	0.086	0.009	0.000	0.114	0.111	
熱阻係數：R_T sum..	m²-K / W			0.363						
熱傳遞率：U = 1 / R_T..	W / m²-K			2.755						
	kCal / m²-K			2.369						

● W018

說明	ΔX	K	A	Rs1	R_A	R_B	R_C	R_D	Rs2	
琺瑯鋼板帷幕牆	熱傳厚	熱導度	面積	熱阻 R = ΔX / (K x A) = 1 / U						
編號： W018	mt	W/m-K	m²	m²-K / W						
外氣膜	----	23.000	----	0.043						
琺瑯披覆	0.006	1.300	1.000			5.E-03				
鋼板	0.003	45.0	1.000			7.E-05				
噴岩棉	0.020	0.051	1.000				0.392			
空氣層	----	11.628	----		0.086					
纖維矽酸鈣板	0.0250	0.15	1.000					2.E-01		
內氣膜	----	9.000	----						0.111	
小計：				0.043	0.086	0.005	0.392	0.167	0.111	
熱阻係數：R_T sum..	m²-K / W			0.804						
熱傳遞率：U = 1 / R_T..	W / m²-K			1.244						
	kCal / m²-K			1.070						

● W020

說明	ΔX	K	A	Rs1	R_A	R_B	R_C	R_D	Rs2	
琺瑯鋼板帷幕牆	熱傳厚	熱導度	面積	熱阻 R = ΔX / (K x A) = 1 / U						
編號： W020	mt	W/m-K	m²	m²-K / W						
外氣膜	----	23.000	----	0.043						
琺瑯披覆	0.006	1.300	1.000			5.E-03				
鋼板	0.003	45.0	1.000			7.E-05				
噴岩棉	0.020	0.051	1.000				0.392			
空氣層	----	11.628	----		0.086					
纖維浪板	0.004	1.200	1.000					0.003		
岩棉保溫材	0.032	0.042	1.000				0.762			
纖維浪板	0.004	1.200	1.000					0.003		
內氣膜	----	9.000	----						0.111	
小計：				0.043	0.086	0.005	1.154	0.007	0.111	
熱阻係數：R_T sum..	m²-K / W			1.406						
熱傳遞率：U = 1 / R_T..	W / m²-K			0.711						
	kCal / m²-K			0.612						

● W023

說明	ΔX	K	A	Rs1	R_A	R_B	R_C	R_D	Rs2	
其他類牆	熱傳厚	熱導度	面積	熱阻 R = ΔX / (K x A) = 1 / U						
編號： W023	mt	W/m-K	m²	m²-K / W						
外氣膜	----	23.000	----	0.043						
石粒斬琢	0.020	3.500	1.000					0.006		
純水泥漿	0.005	1.500	1.000					0.003		
水泥沙漿	0.010	1.500	1.000					0.007		
RC	0.150	1.400	1.000					0.107		
水泥沙漿	0.010	1.500	1.000					0.007		
內氣膜	----	9.000	----						0.111	
小計：				0.043	0.000	0.000	0.000	0.130	0.111	
熱阻係數：R_T sum..	m²-K / W			0.284						
熱傳遞率：U = 1 / R_T..	W / m²-K			3.520						
	kCal / m²-K			3.027						

● W024

說明	ΔX	K	A	Rs1	R_A	R_B	R_C	R_D	Rs2	
其他類牆	熱傳厚	熱導度	面積	熱阻 R = ΔX / (K x A) = 1 / U						
編號： W024	mt	W/m-K	m²	m²-K / W						
外氣膜	----	23.000	----	0.043						
石材	0.030	3.500	1.000					0.009		
水泥沙漿	0.030	1.500	1.000					0.020		
RC	0.150	1.400	1.000					0.107		
水泥沙漿	0.010	1.500	1.000					0.007		
內氣膜	----	9.000	----						0.111	
小計：				0.043	0.000	0.000	0.000	0.142	0.111	
熱阻係數：R_T sum..	m²-K / W			0.297						
熱傳遞率：U = 1 / R_T..	W / m²-K			3.367						
	kCal / m²-K			2.896						

● W025

說明	ΔX	K	A	Rs1	R_A	R_B	R_C	R_D	Rs2	
其他類牆	熱傳厚	熱導度	面積	熱阻 R = ΔX / (K x A) = 1 / U						
編號： W025	mt	W/m-K	m²	m²-K / W						
外氣膜	----	23.000	----	0.043						
石材	0.018	3.500	1.000					0.005		
水泥沙漿	0.015	1.500	1.000					0.010		
RC	0.150	1.400	1.000					0.107		
水泥沙漿	0.010	1.500	1.000					0.007		
內氣膜	----	9.000	----						0.111	
小計：				0.043	0.000	0.000	0.000	0.129	0.111	
熱阻係數：R_T sum..	m²-K / W			0.284						
熱傳遞率：U = 1 / R_T..	W / m²-K			3.527						
	kCal / m²-K			3.033						

● W026

說明	ΔX	K	A	Rs1	R$_A$	R$_B$	R$_C$	R$_D$	Rs2
其他類牆	熱傳厚	熱導度	面積	熱阻　R = ΔX / (K x A) = 1 / U					
編號：　W026	mt	W/m-K	m²	m²-K / W					
外氣膜	----	23.000	----	0.043					
石材	0.024	3.500	1.000					0.007	
空氣層	----	11.628	----		0.086				
RC	0.150	1.400	1.000					0.107	
水泥沙漿	0.010	1.500	1.000					0.007	
內氣膜	----	9.000	----						0.111
小計：				0.043	0.086	0.000	0.000	0.121	0.111
熱阻係數：R$_T$ sum..	m²-K / W			0.361					
熱傳遞率：U = 1 / R$_T$..	W / m²-K			2.768					
	kCal / m²-K			2.381					

● W027

說明	ΔX	K	A	Rs1	R$_A$	R$_B$	R$_C$	R$_D$	Rs2
其他類牆	熱傳厚	熱導度	面積	熱阻　R = ΔX / (K x A) = 1 / U					
編號：　W027	mt	W/m-K	m²	m²-K / W					
外氣膜	----	23.000	----	0.043					
玻璃	0.010	0.780	1.000			0.013			
空氣層	----	6.452	----		0.155				
玻璃	0.010	0.780	1.000			0.013			
內氣膜	----	9.000	----						0.111
小計：				0.043	0.155	0.026	0.000	0.000	0.111
熱阻係數：R$_T$ sum..	m²-K / W			0.335					
熱傳遞率：U = 1 / R$_T$..	W / m²-K			2.983					
	kCal / m²-K			2.565					

● W028

說明	ΔX	K	A	Rs1	R$_A$	R$_B$	R$_C$	R$_D$	Rs2
其他類牆	熱傳厚	熱導度	面積	熱阻　R = ΔX / (K x A) = 1 / U					
編號：　W028	mt	W/m-K	m²	m²-K / W					
外氣膜	----	23.000	----	0.043					
覆土 50cm 以上	0.500	1.050	1.000		0.476				
不織布及排水版	0.020	0.190	1.000			0.105			
防水層	0.010	0.110	1.000				0.091		
水泥沙漿	0.015	1.500	1.000					0.010	
RC	0.150	1.400	1.000					0.107	
水泥沙漿	0.010	1.500	1.000					0.007	
內氣膜	----	9.000	----						0.111
小計：				0.043	0.476	0.105	0.091	0.124	0.111
熱阻係數：R$_T$ sum..	m²-K / W			0.951					
熱傳遞率：U = 1 / R$_T$..	W / m²-K			1.052					
	kCal / m²-K			0.905					

H.3.4. 常用屋頂熱傳透率

● R002

說明	ΔX	K	A	Rs1	R_A	R_B	R_C	R_D	Rs2
鋼承鈑屋頂	熱傳厚	熱導度	面積	熱阻 R = ΔX / (K x A) = 1 / U					
編號： R002	mt	W/m-K	m²	m²-K / W					
外氣膜	----	23.000	----	0.043					
PU	0.002	0.050	1.000				0.040		
輕質混凝土	0.100	0.800	1.000			0.125			
鋼承板 (Deck)	0.0015	45.000	1.000			3.E-05			
噴岩棉	0.020	0.051	1.000				0.392		
空氣層	----	11.628	----		0.086				
岩棉吸音板	0.015	0.064	1.000					0.234	
內氣膜	----	7.000	----						0.143
小計：				0.043	0.086	0.125	0.432	0.234	0.143
熱阻係數：R_T sum..	m²-K / W			1.064					
熱傳遞率：U = 1 / R_T..	W / m²-K			0.940					
	kCal / m²-K			0.808					

● R005

說明	ΔX	K	A	Rs1	R_A	R_B	R_C	R_D	Rs2
泡沫混凝土	熱傳厚	熱導度	面積	熱阻 R = ΔX / (K x A) = 1 / U					
編號： R005	mt	W/m-K	m²	m²-K / W					
外氣膜	----	23.000	----	0.043					
泡沫混凝土	0.150	0.170	1.000				0.882		
油毛氈	0.010	0.110	1.000					0.091	
鋼筋混凝土	0.150	1.400	1.000			0.107			
水泥砂漿	0.010	1.500	1.000			0.007			
內氣膜	----	7.000	----						0.143
小計：				0.043	0.000	0.114	0.882	0.091	0.143
熱阻係數：R_T sum..	m²-K / W			1.273					
熱傳遞率：U = 1 / R_T..	W / m²-K			0.785					
	kCal / m²-K			0.675					

● R006

說明	ΔX	K	A	Rs1	R_A	R_B	R_C	R_D	Rs2
泡沫混凝土	熱傳厚	熱導度	面積	熱阻 R = ΔX / (K x A) = 1 / U					
編號： R006	mt	W/m-K	m²	m²-K / W					
外氣膜	----	23.000	----	0.043					
軟質聚烏板(PU)	0.002	0.050	1.000				0.040		
泡沫混凝土	0.100	0.170	1.000				0.588		
油毛氈	0.010	0.110	1.000					0.091	
鋼筋混凝土	0.150	1.400	1.000			0.107			
空氣層	----	11.628	----		0.086				
岩棉吸音板	0.015	0.064	1.000					0.234	
內氣膜	----	7.000	----						0.143
小計：				0.043	0.086	0.107	0.628	0.325	0.143
熱阻係數：R_T sum..	m²-K / W			1.333					
熱傳遞率：U = 1 / R_T..	W / m²-K			0.750					
	kCal / m²-K			0.645					

● R007

說明	ΔX	K	A	Rs1	R_A	R_B	R_C	R_D	Rs2
五腳磚油毛氈	熱傳厚	熱導度	面積	熱阻 R = ΔX / (K x A) = 1 / U					
編號： R007	mt	W m-K	m²	m²-K / W					
外氣膜	----	23.000	----	0.043					
水泥五腳磚(水泥板)	0.020	1.500	1.000					0.013	
水泥五腳磚(保力龍)	0.030	0.040	1.000					0.750	
輕質混凝土	0.070	0.800	1.000				0.088		
油毛氈	0.010	0.110	1.000					0.091	
水泥砂漿	0.020	1.500	1.000				0.013		
鋼筋混凝土	0.150	1.400	1.000					0.107	
水泥砂漿	0.015	1.500	1.000				0.010		
內氣膜	----	7.000	----						0.143
小計：				0.043	0.000	0.111	0.870	0.091	0.143
熱阻係數：R_T sum..	m²-K / W			1.259					
熱傳遞率：U = 1 / R_T..	W / m²-K			0.795					
	kCal / m²-K			0.683					

● R008

說明	ΔX	K	A	Rs1	R_A	R_B	R_C	R_D	Rs2
中空樓板	熱傳厚	熱導度	面積	熱阻 R = ΔX / (K x A) = 1 / U					
編號： R008	mt	W/m-K	m²	m²-K / W					
外氣膜	----	23.000	----	0.043					
PU	0.002	0.050	1.000					0.040	
泡沫混凝土	0.100	0.170	1.000					0.588	
水泥砂漿	0.015	1.500	1.000				0.010		
鋼筋混凝土	0.075	1.400	1.000				0.054		
鋼管	0.001	45.000	1.000					2.E-05	
空氣層	----	11.628	----		0.086				
鋼管	0.001	45.000	1.000					2.E-05	
鋼筋混凝土	0.075	1.400	1.000				0.054		
水泥砂漿	0.010	1.500	1.000				0.007		
內氣膜	----	7.000	----						0.143
小計：				0.043	0.086	0.124	0.628	4.E-05	0.143
熱阻係數：R_T sum..	m²-K / W			1.024					
熱傳遞率：U = 1 / R_T..	W / m²-K			0.976					
	kCal / m²-K			0.839					

● R012

說明	ΔX	K	A	Rs1	R_A	R_B	R_C	R_D	Rs2	
挑空鋼架通風	熱傳厚	熱導度	面積	熱阻 $R = \Delta X / (K \times A) = 1 / U$						
編號 ： R012	mt	W/m-K	m²	m^2-K / W						
外氣膜	----	23.000	----	0.043						
鍍鋅彩色鋼浪板	0.005	45.000	1.000					1.E-04		
40~100 cm 空氣層	----	1.282	----		0.780					
水泥砂漿	0.015	1.500	1.000				0.010			
鋼筋混凝土	0.150	1.400	1.000			0.107				
水泥砂漿	0.015	1.500	1.000				0.010			
內氣膜	----	7.000	----						0.143	
小計：				0.043	0.780	0.107	0.020	1.E-04	0.143	
熱阻係數：R_T sum..		m^2-K / W		1.094						
熱傳遞率：$U = 1 / R_{T..}$		W / m^2-K		0.914						
		kCal / m^2-K		0.786						

● R013

說明	ΔX	K	A	Rs1	R_A	R_B	R_C	R_D	Rs2	
彩色鋼板 Type-A	熱傳厚	熱導度	面積	熱阻 $R = \Delta X / (K \times A) = 1 / U$						
編號 ： R013	mt	W/m-K	m²	m^2-K / W						
內氣膜	----	23.000	----	0.043						
彩色鋼浪板	0.005	45.000	1.000			1.E-04				
油毛氈防水	0.010	0.110	1.000					0.091		
成形聚苯乙烯 (低密度保麗龍, PS 板)	0.040	0.040	1.000				1.000			
C 型鋼	----	----	----							
內氣膜	----	7.000	----						0.143	
小計：				0.043	0.000	1.E-04	1.000	0.091	0.143	
熱阻係數：R_T sum..		m^2-K / W		1.277						
熱傳遞率：$U = 1 / R_{T..}$		W / m^2-K		0.783						
		kCal / m^2-K		0.673						

● R015

說明	ΔX	K	A	Rs1	R_A	R_B	R_C	R_D	Rs2	
PU 無縫屋頂	熱傳厚	熱導度	面積	熱阻 $R = \Delta X / (K \times A) = 1 / U$						
編號 ： R015	mt	W/m-K	m²	m^2-K / W						
外氣膜	----	23.000	----	0.043						
防水層	0.003	0.050	1.000			0.060				
2500psi 粉光混凝土	0.050	1.400	1.000			0.036				
硬質聚烏保溫板(PU)	0.025	0.028	1.000				0.893			
水泥砂漿	0.020	1.400	1.000			0.014				
鋼筋混凝土	0.150	1.500	1.000			0.100				
水泥砂漿	0.015	1.400	1.000			0.011				
內氣膜	----	7.000	----						0.143	
小計：				0.043	0.000	0.221	0.893	0.000	0.143	
熱阻係數：R_T sum..		m^2-K / W		1.300						
熱傳遞率：$U = 1 / R_{T..}$		W / m^2-K		0.769						
		kCal / m^2-K		0.662						

● R016

說明		ΔX	K	A	Rs1	R$_A$	R$_B$	R$_C$	R$_D$	Rs2
隔熱拍漿粉光地坪		熱傳厚	熱導度	面積	熱阻 R = ΔX / (K x A) = 1 / U					
編號： R016		mt	W/m-K	m^2	m^2-K / W					
外氣膜		----	23.000	----	0.043					
2500psi 粉光混凝土		0.050	1.400	1.000			0.036			
硬質聚烏保溫板 PU		0.025	0.028	1.000				0.893		
PU		0.005	0.050	1.000				0.100		
水泥砂漿		0.015	1.500	1.000			0.010			
鋼筋混凝土		0.150	1.400	1.000			0.107			
水泥砂漿		0.015	1.500	1.000			0.010			
內氣膜		----	7.000	----						0.143
	小計：				0.043	0.000	0.163	0.993	0.000	0.143
熱阻係數：R$_T$ sum..		m^2-K / W			1.342					
熱傳遞率：U = 1 / R$_{T..}$		W / m^2-K			0.745					
		kCal / m^2-K			0.641					

● R017

說明		ΔX	K	A	Rs1	R$_A$	R$_B$	R$_C$	R$_D$	Rs2
面磚平屋頂		熱傳厚	熱導度	面積	熱阻 R = ΔX / (K x A) = 1 / U					
編號： R017		mt	W/m-K	m^2	m^2-K / W					
外氣膜		----	23.000	----	0.043					
面磚		0.010	1.300	1.000		0.008				
黏貼材		0.005	1.500	1.000					0.003	
泡沫混凝土		0.100	0.170	1.000				0.588		
瀝青油毛氈		0.010	0.110	1.000					0.091	
水泥砂漿		0.020	1.400	1.000			0.014			
鋼筋混凝土		0.150	1.500	1.000			0.100			
水泥砂漿		0.015	1.400	1.000			0.011			
內氣膜		----	7.000	----						0.143
	小計：				0.043	0.008	0.125	0.588	0.094	0.143
熱阻係數：R$_T$ sum..		m^2-K / W			1.002					
熱傳遞率：U = 1 / R$_{T..}$		W / m^2-K			0.998					
		kCal / m^2-K			0.859					

H.4. 玻璃

H.4.1. 單層玻璃：日射透過率η_i 值

玻璃種類			厚度 mm	可見光反射率 Rvi (%)	日射透過率 η_i	玻璃種類			厚度 mm	可見光反射率 Rvi (%)	日射透過率 η_i
單層透明玻璃	平板玻璃	P 5	5	9	0.84	單層在線反射玻璃	透明反射玻璃	OLRS5	5	42	0.49
		P 6	6	9	0.82			OLRS6	6	40	0.4`8
		P 8	8	9	0.80			OLRS8	8	38	0.48
		P10	10	8	0.78			OLRS10	10	36	0.47
		P12	12	8	0.75		茶色反射玻璃	OLRS5	5	20	0.47
		P16	16	7	0.71			OLRS6	6	18	0.45
		P19	19	7	0.67			OLRS8	8	16	0.42
吸熱玻璃－染色玻璃	藍色	B5	5	10	0.68			OLRS10	10	14	0.40
		B6	6	9	0.65		綠色反射玻璃	OLRS5	5	33	0.38
		B8	8	8	0.59			OLRS6	6	31	0.36
		B10	10	8	0.55			OLRS8	8	28	0.34
		B12	12	7	0.51			OLRS10	10	25	0.33
	灰色	A5	5	6	0.61		藍色反射玻璃	OLRS5	5	23	0.41
		A6	6	6	0.57			OLRS6	6	20	0.40
		A8	8	5	0.50			OLRS8	8	18	0.35
		A10	10	5	0.45			OLRS10	10	16	0.33
		A12	12	4	0.40		灰色反射玻璃	OLRS5	5	18	0.45
	茶色	C5	5	5	0.67			OLRS6	6	16	0.43
		C6	6	5	0.62			OLRS8	8	13	0.42
		C8	8	5	0.56			OLRS10	10	11	0.40
		C10	10	5	0.51	單層離線反射玻璃	透明反射玻璃	FLRS6	6	37	0.25
		C12	12	5	0.46			FLRS8	8	36	0.25
	法國綠	G5	5	8	0.60			FLRS10	10	35	0.25
		G6	6	7	0.57		茶色反射玻璃	FLRS6	6	20	0.27
		G8	8	7	0.52			FLRS8	8	20	0.27
		G10	10	7	0.47			FLRS10	10	19	0.27
		GP12	12	6	0.44		綠色反射玻璃	FLRS6	6	28	0.26
單層在線低輻射玻璃	清玻璃	SLES6	6	9	0.62			FLRS8	8	24	0.26
		SLES8	8	9	0.60			FLRS10	10	20	0.25
		SLES10	10	9	0.57		藍色反射玻璃	FLRS6	6	27	0.22
		SLES12	12	9	0.54			FLRS8	8	26	0.22
	法國綠	SLEG6	6	7	0.42			FLRS10	10	25	0.22
		SLEG8	8	7	0.39		藍銀色反射玻璃	FLRS6	6	17	0.26
		SLEG10	10	7	0.37			FLRS8	8	14	0.25
		SLEG12	12	7	0.36			FLRS10	10	11	0.25
	海洋藍	SLEB6	6	7	0.46						
		SLEB8	8	7	0.41						
		SLEB10	10	7	0.39						
		SLEB12	12	7	0.37						

- 單層在線低輻射玻璃： On-Line Low-E
- 單層在線反射玻璃： On-Line R Glass
- 單層離線反射玻璃： Off-Line R Glass

H.4.2. 膠合玻璃：日射透過率η_i 值

玻璃種類			厚度	可見光反射率	日射透過率
			mm	Rvi (%)	η_i
透明膠合	透明	PLG5	5+pvb+5	11	0.77
		PLG6	5+pvb+6	10	0.73
		PLG8	5+pvb+8	9	0.70
		PLG10	5+pvb+10	8	0.67
吸熱透明膠合	茶色	CLG5	C5+pvb+5	7	0.62
		CLG6	C5+pvb+6	6	0.56
		CLG8	C5+pvb+8	5	0.48
	綠色	CLG5	C5+pvb+5	7	0.57
		CLG6	C5+pvb+6	7	0.53
		CLG8	C5+pvb+8	7	0.48
	藍色	CLG5	C5+pvb+5	7	0.58
		CLG6	C5+pvb+6	6	0.53
		CLG8	C5+pvb+8	5	0.47

玻璃種類			厚度	可見光反射率	日射透過率
			mm	Rvi (%)	η_i
在線反射透明膠合	透明	OLLGS5	OLS5+pvb+5	36	0.53
		OLLGS6	OLS5+pvb+6	36	0.50
		OLLGS8	OLS5+pvb+8	36	0.45
		OLLGS10	OLS5+pvb+10	36	0.41
	茶色	OLLGS5	OLS5+pvb+5	17	0.45
		OLLGS6	OLS5+pvb+6	14	0.42
		OLLGS8	OLS5+pvb+8	11	0.39
		OLLGS10	OLS5+pvb+10	8	0.34
	綠色	OLLGS5	OLS5+pvb+5	30	0.39
		OLLGS6	OLS5+pvb+6	28	0.37
		OLLGS8	OLS5+pvb+8	25	0.36
		OLLGS10	OLS5+pvb+10	23	0.35
	藍色	OLLGS5	OLS5+pvb+5	21	0.42
		OLLGS6	OLS5+pvb+6	18	0.39
		OLLGS8	OLS5+pvb+8	14	0.36
		OLLGS10	OLS5+pvb+10	11	0.33
離線反射透明膠合	透明	FLLGS5	FLS5+pvb+5	37	0.24
		FLLGS6	FLS5+pvb+6	36	0.23
		FLLGS8	FLS5+pvb+8	36	0.23
		FLLGS10	FLS5+pvb+10	35	0.22
	茶色	FLLGS5	FLS5+pvb+5	27	0.19
		FLLGS6	FLS5+pvb+6	26	0.19
		FLLGS8	FLS5+pvb+8	26	0.19
		FLLGS10	FLS5+pvb+10	25	0.18
	綠色	FLLGS5	FLS5+pvb+5	30	0.25
		FLLGS6	FLS5+pvb+6	28	0.24
		FLLGS8	FLS5+pvb+8	24	0.23
		FLLGS10	FLS5+pvb+10	22	0.22
	藍色	FLLGS5	FLS5+pvb+5	28	0.19
		FLLGS6	FLS5+pvb+6	27	0.19
		FLLGS8	FLS5+pvb+8	26	0.19
		FLLGS10	FLS5+pvb+10	26	0.18

- 在線反射透明膠合 On-Line R Laminated Glass
- 離線反射透明膠合 Off-Line R Laminated Glass

H.4.3. 雙層玻璃、玻璃磚：日射透過率η_i值

玻璃種類			厚度	可見光反射率 Rvi (%)	日射透過率 η_i	玻璃種類			厚度	可見光反射率 Rvi (%)	日射透過率 η_i
			mm						mm		
清雙層玻璃	透明	DP5	5+Air+5	15	0.75	離線反射雙層玻璃	透明銀	FLDRS5	FRS5+Air+5	37	0.18
		DP6	6+Air+6	14	0.73			FLDRS6	FRS6+Air+6	37	0.18
		DP8	8+Air+8	14	0.70			FLDRS8	FRS8+Air+8	36	0.18
		DP10	10+Air+10	14	0.68			FLDRS10	FRS10+Air+10	36	0.18
		內含遮陽百葉 DPS	5~10+Air+遮陽百葉+5~10	18	0.45		茶色	FLDRC5	FRC5+Air+5	18	0.18
		內含自動控制遮陽百葉 DPAS	5~10+Air+遮陽百葉+5~10	23	0.27			FLDRC6	FRC6+Air+6	18	0.18
雙層吸熱玻璃—染色雙層玻璃	茶色	DC5	C5+Air+5	10	0.64			FLDRC8	FRC8+Air+8	18	0.17
		DC6	C6+Air+6	9	0.60			FLDRC10	FRC10+Air+10	18	0.17
		DC8	C8+Air+8	8	0.55		綠色	FLDRG5	FRG5+Air+5	28	0.18
		DC10	C10+Air+10	7	0.50			FLDRG6	FRG6+Air+6	28	0.18
	綠色	DG5	G5+Air+5	13	0.50			FLDRG8	FRG8+Air+8	28	0.17
		DG6	G6+Air+6	12	0.47			FLDRG10	FRG10+Air+10	28	0.17
		DG8	G8+Air+8	11	0.41		藍色	FLDRB5	FRB5+Air+5	17	0.18
		DG10	G10+Air+10	10	0.36			FLDRB6	FRB6+Air+6	17	0.18
	藍色	DB5	B5+Air+5	9	0.52			FLDRB8	FRB8+Air+8	17	0.17
		DB6	B6+Air+6	8	0.48			FLDRB10	FRB10+Air+10	17	0.17
		DB8	B8+Air+8	7	0.41	在線玻璃	透明	OLEP6	OLE6+Air+6	12	0.53
		DB10	B10+Air+10	7	0.36			OLEP8	OLE6+Air+8	12	0.52
	灰色	DA5	A5+Air+5	8	0.51		綠色	OLEG6	OLG6+Air+6	10	0.33
		DA6	A6+Air+6	7	0.47			OLEG8	OLG6+Air+8	9	0.29
		DA8	A8+Air+8	6	0.40		藍色	OLEB6	OLB6+Air+6	10	0.36
		DA10	A10+Air+10	5	0.36			OLEB8	OLB6+Air+8	9	0.33
玻璃磚	透明	BP	------	14	0.61	離線玻璃	透明	單銀6 SLE6+Air+6		15	0.57
	茶色	BC	------	7	0.45			雙銀6 DLE6+Air+6		12	0.46
	綠色	BG	------	10	0.32			單銀8 SLE8+Air+8		8	0.54
	藍色	BB	------	7	0.32			雙銀8 DLE8+Air+8		8	0.40
	灰色	BA	------	5	0.32		綠色	單銀6 SLEG6+Air+6		8	0.39
雙層在線反射玻璃	透明銀	OLDRS5	ORS5+Air+5	42	0.41			雙銀6 DLEG6+Air+6		10	0.33
		OLDRS6	ORS6+Air+6	41	0.40			單銀8 SLEG8+Air+8		7	0.34
		OLDRS8	ORS8+Air+8	38	0.39			雙銀8 DLEG8+Air+8		10	0.30
		OLDRS10	ORS10+Air+10	36	0.38		藍色	單銀6 SLEB6+Air+6		6	0.26
	茶色	OLDRC5	ORC5+Air+5	14	0.37			雙銀6 DLEB6+Air+6		8	0.29
		OLDRC6	ORC6+Air+6	12	0.32			單銀8 SLEB8+Air+8		6	0.32
		OLDRC8	ORC8+Air+8	10	0.30			雙銀8 DLEB8+Air+8		8	0.25
		OLDRC10	ORC10+Air+10	9	0.28						
	綠色	OLDRG5	ORG5+Air+5	42	0.31						
		OLDRG6	ORG6+Air+6	38	0.28						
		OLDRG8	ORG8+Air+8	32	0.25						
		OLDRG10	ORG10+Air+10	26	0.23						
	藍色	OLDRB5	ORB5+Air+5	22	0.32						
		OLDRB6	ORB6+Air+6	20	0.29						

雙層在線反射玻璃：On-Line R Insulating Glass
離線反射雙層玻璃：Off-Line R Insulating Glass
在線玻璃：On-Line Low-E
離線玻璃：Off-Line Low-E

● 註：

(1). 日射透過率η_i 與熱負荷計算所使用遮蔽係數 SC(Shading Coefficent)略有不同。SC 是以 3mm 透明玻璃為基準來訂定其他種類玻璃之 SC，此η_i 則以外氣日射量為 1.0 來表示其穿透的日射能量。因此η_i 約為 SC 值的 0.88 倍。

(2). 所有雙層玻璃之空氣或其他氣體層厚度均適用本表之數據，因這些氣體層厚度與日射遮蔽性能關係不大。

(3). 壓克力板或彩繪玻璃以相近顏色之 10mm 灰色吸熱玻璃之η_i 代用之，聚碳酸脂 PC （ploycarbonte）之耐力版或中空板依其顏色選擇該顏色之單層吸熱 10mm 或雙層 10+Air+10mm 吸熱玻璃之η_i 代用之。

(4). 玻璃磚依其顏色採用 10+Air+10mm 之雙層吸熱玻璃數據為其η_i。

(5). 表中未列之透光材料，以材料供應廠商所提供之性能實驗數據認定之。

H.5. 熱負荷-簡易計算法

● 簡易法用於小面積的計算，對大面積的熱負荷計算必須用精密計算，又因為建物面積與建物的功能需求，影響熱負荷其差異很大。需要精算參考ASHRAE Application + Fundamentals (Envelop)。
(本節取材：職訓局-簡易空調負荷計算-陳聰明+冷凍空調原理與工程-全華書局-許守平)

H.5.1. 計算表格

項次 (說明)			面積		冷房負荷 Q_C			暖房負荷 Q_H	
項目	方位	代碼	A		係數 B	係數 F	Q_C=A*B*F	係數 E	Q_H=A*E
(1) 外壁	N	W_2		m²					
	S	W_2		m²					
	E	W_2		m²					
	W	W_3		m²					
	其他			m²					
(2) 屋 頂		R_2		m²					
(3) 玻璃窗	N	G_X		m²		遮日係數 S			
	S	G_X		m²					
	E	G_X		m²					
	W	G_X		m²					
	其他			m²					
(4) 隔間	N	P_X		m²					
	S	P_X		m²					
	E	P_X		m²					
	W	P_X		m²					
	其他			m²					
(5)	天花板	C_1		m²					
		C_2		m²					
		C_3		m²					
	地板	C_1		m²					
		C_2		m²					
		C_3		m²					
(6) 外氣	必要外氣			人		取最大值			
	侵入外氣			m³/Hr					
(7) 室內發生熱	室內人員			人					
	電燈	日光燈		KW					
		白熾燈		KW		同時使用率			
	泵,風機			KW					
	電腦			KW					
	電器機械器具			KW					
	瓦斯	都市瓦斯		m³/Hr					
		液化瓦斯		m³/Hr					
	其他								
(8) 總熱負荷計算：				kCal / hr	Q_{Cool}			Q_{heat}	
(9) 熱負荷：安全係數 ：									
(10) 總熱負荷設計：				kCal / hr	Q_{cool}			Q_{heat}	
				KW	Q_{cool}			Q_{heat}	
				USRT	Q_{cool}			Q_{heat}	

H.5.1.1. 外氣條件

● 外氣溫度

地名	冬季	夏季		最低平均溫度
	乾球溫度 ℃	乾球溫度 ℃	濕球溫度 ℃	℃
基、宜	10	34	27	7
台北	8	35	28	4
新竹	8	35	26	4
台中	7	35	30	3
台南	7	35	30	3
高、屏	11	34	30	7
花蓮	12	33	28	10
台東	14	35	29	11
澎湖	12	34	29	9

H.5.1.2. 冬季溫度條件

● 冬季各類房間之溫度條件

房間種類		溫度 ℃
住宅及公寓	起居室	22
	臥室	16
	入口門廳	18
	走廊	18
醫院	病房	22
	手術室	26
	走廊	18
	藥房	20

房間種類	溫度 ℃
事務所	22
工廠 (輕工業)	20
工廠 (重工業)	16
教會	18
商店	20

房間種類	溫度 ℃
學校 (教室)	20
學校 (講堂)	18
廁所	20
室內操場	16
室內游泳池	18
禮堂	20

相對溼度以 50%rh 左右為佳。

H.5.1.3. 冷房之適當溫度

● 在不同的夏季外溫氣溫度下，冷房之適當溫度

外氣溫度 ℃	冷房 (50 ~ 60%rh)			
	28 ℃	26 ℃	24 ℃	22 ℃
38 ℃	適當	適當	不適當	不適當
34 ℃	大致適當	適當	不適當	不適當
30 ℃	大致適當	適當	稍微不當	不適當

H.5.1.4. 夏季時刻修正

● 夏季計畫之時刻修正室內溫度

時刻修正值	8	9	10	11	12	13	14	15	16	17	18	19	20
乾球 ℃	-2	-1.5	-1	-0.5	0	0	0	0	-0.5	-1	-1.5	-2	-2.5
濕球 ℃	-0.5	-0.4	-0.3	-0.2	0	0	0	0	-0.2	-0.3	-0.4	-0.5	0.7

H.5.1.5. 住宅冷氣

● 住宅之冷房面積參考表

建築構造	東 kCal/hr-m^2		西 kCal/hr-m^2		南 kCal/hr-m^2		北 kCal/hr-m^2	
	中間層	最高層	中間層	最高層	中間層	最高層	中間層	最高層
輕構造(木造)	90.8	117.7	125.2	162.3	71.2	92.3	41.7	54.1
中構造(磚造)	98.2	127.3	135.0	175.0	83.5	180.2	36.8	47.7
重構造(鋼筋混凝土)	83.5	108.2	90.8	117.7	76.1	98.6	39.3	50.9

H.5.1.6. 照明熱

● 室內照度及照明用電力概算值 W/m^2

建築物種類		一般照度	一般照明耗電	高級照度	高級照明耗電	熱負荷估算
		Lux	W/m^2	Lux	W/m^2	W/m^2
事務所,大樓	事務室	300~350	20~30	700~800	50~55	20
	銀行營業室	750~850	60~70	1000~1500	70~100	20
禮堂,劇場	客室	100~150	10~15	150~200	15~20	10
	門廳	150~200	10~15	200~250	20~25	15
商店	商店內	300~400	25~35	800~1000	55~70	25
學校	教室	150~200	10~15	250~350	25~35	25
醫院	病房	100~150	8~12	150~200	15~30	10
	診療室	300~400	25~35	700~1000	50~40	30
旅社	客房	80~150	15~30	80~150	15~30	15
	門廳	100~200	20~40	100~200	20~40	15
工場	作業場	150~250	10~20	200~450	25~40	配合需求
住宅	起居室	200~250	15~30	250~350	25~35	15

H.5.1.7. 機械熱

● 電動機產生熱：因為電機效率產生熱
(1) 電動機產生熱：1kW 之熱當量 = 860kCal/Hr 顯熱

kW	15W 以下	20 ~ 75W	2 ~ 5kW	7.5kW	15 ~ 40kW
η(效率)	40 ~ 60 %	65 ~ 80 %	81 ~ 82%	85%	80%

(2) 熱負荷計算公式：

<1>	電動機及被驅動機械，均在室內時	電動機 (kW) x 860 x η x Q' ty = kCal/hr
<2>	電動機在室外，被驅動機械在室內時	電動機 (kW) x 860 x Q' ty = kCal/hr
<3>	電動機在室內，被驅動機械在室外時	電動機 (kW) x 860 x (1-η) x η x Q' ty = kCal/hr

● [例題]

電動機在室外 被驅動機械在室內時				電動機及被驅動機械 均在室內時			電動機在室內 被驅動機械在室外時			
電動機 (kW) x 860 x η				電動機 (kW) x 860			電動機 (kW) x 860 x (1-η) x η			
電動機	效率	數量	q_{5A}	電動機	數量	q_{5B}	電動機	效率	數量	q_{5C}
kW	η	Pcs	kCal/Hr	kW	Pcs	kCal/Hr	kW	η	Pcs	kCal/Hr
15.0	65%	1	84	15.0	1	12,900	15.0	80%	1	3,225

H.5.1.8. 人員熱

活動程度	適用場所 (室溫°C)	成人男性	成人女性	小孩	男	女	小孩	發散熱平均值 kCal/Hr	27.8°C 顯熱	27.8°C 潛熱	27.8°C 總熱	26.7°C 顯熱	26.7°C 潛熱	26.7°C 總熱	25.6°C 顯熱	25.6°C 潛熱	25.6°C 總熱	23.9°C 顯熱	23.9°C 潛熱	23.9°C 總熱	21.1°C 顯熱	21.1°C 潛熱	21.1°C 總熱
靜坐	劇場	98	83.3	73.5	45	45	10	88	44	44	88	49	39	88	53	35	88	58	30	88	65	23	88
極輕微活動	學校	122	103.7	91.5	50	50	0	100	45	55	100	49	51	100	54	46	100	60	40	100	69	31	100
事務,普通活動	辦公室,旅社,社,事務所	119	101.2	89.3	50	50	0	112	45	67	112	50	62	112	54	58	112	61	51	112	71	41	112
立作業,輕微步行	公寓,小商店	138	117.3	103.5	10	70	20																	
步行站立,靜坐	藥店	138	117.3	103.5	20	70	10	125	45	80	125	50	75	125	55	70	125	64	61	125	72	53	125
步行站立,靜坐	銀行	138	117.3	103.5	40	60	0																	
座位	餐廳	125	106.3	93.8	50	50	0	138	48	90	138	55	83	138	60	78	138	70	68	138	80	58	138
輕作業	工場,輕度作業	200	170.0	150.0	60	40	0	188	48	140	188	55	133	188	61	127	188	74	114	188	91	97	188
普通跳舞	舞廳	225	191.3	168.8	50	50	0	213	55	158	213	61	152	213	69	144	213	81	132	213	100	113	213
步行速度 4.8Km/Hr	工場,重勞動	250	212.5	187.5	100	0	0	250	67	183	250	75	175	250	82	168	250	95	155	250	115	135	250
重作業	保齡球場	375	318.8	281.3	75	25	0	363	113	250	363	116	247	363	121	242	363	131	232	363	152	211	363

● Notes：
(1) 一般餐廳每人發熱量包括食物之熱量 15 kCal/Hr；高級餐廳食物的發熱量更高 ~ 25 kCal/Hr。
(2) 成人女性發散熱為男性之 85%
(3) 小孩發散熱為男性之 75%

371

H.5.2. 例題-簡易說明

● 快速簡易計算，於實際負荷需求還是要經過精密計算。

工程名稱 ：Douglas	建築樓層(樓) 7.0 FL	房間編號： A-203
工程地點：Taipei	樓地板-長(m) 10.00 m	房間名稱： 會議室-003
建築物用途：Fab	樓地板-寬(m) 20.00 m	日期： 25-Jun-10

項次			面積 A		冷房負荷 Q_C 係數 B	係數 F	$Q_C=A*B*F$	暖房負荷 Q_H 係數 E	$Q_H=A*E$
(1)	外壁	N	W_2	764	m²	16	1.0	12,224	3.0	2,292
		S	W_2	764	m²	31	1.0	23,684	3.0	2,292
		E	W_2	764	m²	34	1.0	25,976	3.0	2,292
		W	W_3	764	m²	37	1.0	28,268	3.0	2,292
		其他		0	m²	1	1.0	0	0.0	0
(2)	屋頂		R_2	200	m²	92	1.0	18,400	0.0	0
(3)	玻璃窗	N	G_X	200	m²	140	0.70	19,600	0.0	0
		S	G_X	0	m²	290	遮日 0.85	0	0.0	0
		E	G_X	0	m²	540	係數 0.70	0	0.0	0
		W	G_X	0	m²	650	S 0.85	0	0.0	0
		其他		0	m²	0	0.85	0	0.0	0
(4)	隔間	N	P_X	36	m²	0	1.0	0	0.0	0
		S	P_X	72	m²	0	1.0	0	0.0	0
		E	P_X	36	m²	0	1.0	0	0.0	0
		W	P_X	72	m²	0	1.0	0	0.0	0
		其他		0	m²	0	1.0	0	0.0	0
(5)	天花板		C_1	200	m²	7	1.0	1,400	0.0	0
			C_2	12	m²	0	1.0	0	0.0	0
			C_3	12	m²	0	1.0	0	0.0	0
	地板		C_1	200	m²	0	1.0	0	0.0	0
			C_2	12	m²	0	1.0	0	0.0	0
			C_3	12	m²	0	1.0	0	0.0	0
(6)	外氣	必要外氣		20	人	136	取最大值	2,720	0.0	0
		侵入外氣			m³/Hr	860		0	0.0	0
(7)	室內發生熱	室內人員		15	人	88	1.0	1,320	0.0	0
		電燈	日光燈	4	KW	860	0.8	2,752	0.0	0
			白熾燈	0	KW	860	0.8	0	0.0	0
		泵，風機		0	KW	860	同時 0.6	0	0.0	0
		電腦		0	KW	860	使用 0.6	0	0.0	0
		電器機械器具		0	KW	860	率 0.6	0	0.0	0
		瓦斯	都市瓦斯	0	m³/Hr	5,000	0.7	0	0.0	0
			液化瓦斯	0	m³/Hr	23,000	0.7	0	0.0	0
		其他		0		0	0.0	0	0.0	0
(8)	總熱負荷計算： kCal / hr					Q_{Cool}		136,344	Q_{heat}	9,168
(9)	熱負荷：安全係數					0.1		13,634	0.2	1,834
(10)	總熱負荷設計：	kCal / hr				Q_{cool}		149,978	Q_{heat}	11,002
		KW				Q_{cool}		174	Q_{heat}	3,125
		USRT				Q_{cool}		50	Q_{heat}	3.64

(1) 外壁、屋頂：參考資料參考，依據內政部-熱傳導係數。

(2) 玻璃窗：參考資料參考，依據內政部-熱傳導係數。

● 續-1

類別	編號	類別說明		係數 B (kCal/m²-hr)									係數 F 冷氣	係數 E 暖氣
				E	SE	S	SW	W	NW	N	NE	蔭窗		
外壁	W1	輕結構 (木造)		37	34	29	43	51	42	17	28		1.0	2.5
	W2	中結構 (空心磚)		40	38	34	48	56	45	15	32		1.0	2.5
	W3	重結構 (鋼筋混凝土約 20 cm)		34	34	31	40	37	26	16	29		1.0	3.0
玻璃窗	G1	普通玻璃 (3mm 單層)		590	430	310	530	710	540	150	440	60	詳附註 S 項	5.5
	G2	普通玻璃 (6mm 單層)		540	390	290	480	650	490	140	400	55		5.5
	G3	毛玻璃 (3mm 單層)、玻璃磚		330	190	130	230	360	240	40	200	25		5.5
屋頂	R1	輕構造 (石棉瓦、鐵板)	無天花板	165									1.0	3.0
	R2		有天花板	60									1.0	1.5
	R3	中構造 (不太厚的水泥有防熱約 10cm)	無天花板	92									1.0	2.0
	R4		有天花板	38									1.0	1.5
	R5	重構造 (厚水泥有防熱約 15cm)	無天花板	43									1.0	1.0
	R6		有天花板	23									1.0	1.0
隔間	P1	玻璃、紙門		17									1.0	4.5
	P2	其他		10.5									1.0	2.7
天花板及地板	C1	平頂無天花板		12									1.0	3.0
	C2	地板鋪有地毯		8									1.0	2.0
	C3	木磚、塌塌米		5									1.0	1.0
必要外氣	A1	銀行、戲院、百貨店	吸菸-無	17									1.0	5.0
	A2	事務所、餐廳、咖啡館、旅館	吸菸-少	260									1.0	7.5
	A3	酒吧、公共場所	吸菸-多	500									1.0	15.0
滲入外氣	A4	出入人數較少的場所		11									1.0	0.45~0.6
	A5	出入人數較多的場所		17									1.0	0.3
人員負荷	E1	靜坐、戲院、喫茶店		100 kCal / hr-人										
	E2	輕工作、事務所、旅館、百貨店、餐廳		120 kCal / hr-人										
	E3	作業場所、工場、舞廳		200 kCal / hr-人										
	E4	室內人數不明時，參考下表計算之												
	E4-(1)	旅館、醫院個人房		1 人 / 10 m²										
	E4-(2)	一般事務所、美容院、理髮廳、照相館		2 人 / 10 m²										
	E4-(3)	一般商店、住宅、公寓		3 人 / 10 m²										
	E4-(4)	會議室、餐廳、酒吧		6 人 / 10 m²										
	E4-(5)	百貨公司		1 人 / 2 ~ 3 m²										
	E4-(6)	戲院 (觀眾席)		1 人 / 0.8 m²										
瓦斯	F2	液化瓦斯		23,000 kCal / m³										
附註	室內側的遮日係數	S1	百葉窗在內部	0.7										
		S2	有窗簾	0.85										
	餐廳熱負荷	E4-a	以人為單位預估	15 kCal/Hr-人										
		E4-b	以面積為單位預估												

H.6. 環境需求經驗值

- 熱負荷計算方法，有很多應用軟體，例如：Trane 700，開立，大金，日立，.......等。
- 各行業的空調環境需求溫溼度依據，分為：

(1) 一般空調	一般空調的需求以舒適度為設計目標，舒適度參考 ASHRAE 55 and ISO 7730。熱舒適度指標包含：PMV (Predicted Mean Vote)、PPD(Predicted Percentage of dissatisfied)。
(2) 製造產業	廠房設計，依據製程需求調整。製程設備的進步變動性很大，如何決定其熱負荷多採用已在運轉廠經驗數據為依據。

- 本節的介紹，各行業環境條件的經驗數據 (這是屬於專業主觀性數據，各使用者需求都不同)，供設計者參考。

H.6.1. 一般空調

- 取材：冷凍空調公會-空調系統設計手冊

大分類	細分類	設計條件		空氣流動速度	每小時換氣次數
		冬季	夏季		ACH
餐飲、娛樂中心	自助餐廳、速食餐廳	21~23℃ 20~30%rh	26℃ 50%rh	0.25m/s 離地面 1.8m 處	12~15
	餐廳	21~23℃ 20~30%rh	23~26℃ 55~60%rh	0.13~0.15m/s	8~12
	酒吧	21~23℃ 20~30%rh	23~26℃ 50~60%rh	0.15m/s 離地面 1.8m 處	15~20
	夜總會、俱樂部	21~23℃ 20~30%rh	23~26℃ 50~60%rh	0.13m/s 離地面 1.5m 處	20~30
	廚房	21~23℃	29~31℃	0.15~0.25m/s	12~15
辦公大樓		21~23℃ 20~30%rh	23~26℃ 50~60%rh	0.13~0.23m/s 4~10 lps/m²	4~10
博物館、圖書館、檔案館	一般	20~23℃，40~55%rh		低於 0.13m/s	8~12
	檔案	依檔案需求		低於 0.13m/s	8~12
保齡球館		21~23℃ 20~30%rh	24~26℃ 50~55%rh	0.25m/s 離地面 1.8m 處	10~15
資訊中心	電話終端機室	21~23℃ 20~30%rh	24~26℃ 50~55%rh	0.13~0.15m/s	8~20
	廣播、電視播音室	21~23℃ 20~30%rh	24~26℃ 50~55%rh	0.13~0.15m/s	15~40
旅運中心	飛機場	23~26℃ 30~40%rh	23~26℃ 40~55%rh	bellow 0.13m/s 離地面 3.7m 處	8~12
	船塢	21~23℃ 20~30%rh	23~26℃ 50~60%rh	0.13~0.15m/s 離地面 1.8m 處	8~12
	公車站	21~23℃ 20~30%rh	23~26℃ 50~60%rh	0.13~0.15m/s 離地面 1.8m 處	8~12
	車庫	4~13℃	27~38℃	0.15~0.38m/s	4~6

H.6.2. 高科技產業

● 因為製程與設備的環境需求不同，因此各製造生產工廠的環境空調需求也都不同。於設計時必須與使用者詳細溝通。

行業別	行業		溫度	濕度	Tadp	潔淨度
	製造商	生產區域	°C±K	%rh±%rh	°C±K	Class
晶圓廠	Type A	Fab 1	22　± 1	43　± 3		ISO 5
		Fab 2	22　± 2	43　± 5		ISO 6
	Type B	Fab 1	23　± 0.5	45　± 3		ISO 3
		Fab 2	23　± 1	45　± 5		ISO 5
	Type C	Fab 1	23　± 1	55　± 5		
		Fab 2	23　± 2	50　± 5		ISO 6
設備組裝廠	Type A	Fab 1	21　± 1	50　± 10		ISO 5
		Fab 2	21　± 1	50　± 10		ISO 6
封裝測試廠	Type A	封裝，測試	23　± 2	50　± 5		ISO 7
	Type B	封裝，測試	22　± 2	55　± 5		ISO 5~7
	Type C	精密封裝，測試	22　± 1	45　± 5		ISO 3~4
面板廠	Type A	Fab 1	23　± 1	55　± 5		ISO 4~7
		Fab 2	23　± 1	57　± 5		
	Type B	Fab 1	23　± 1	55　± 5		ISO 4~6
		Fab 2	23　± 3	55　± 5		ISO 7
面板玻璃廠	Type A	組裝	20　± 2	55　± 5		ISO 4~6
		玻璃區	24.5　± 0.5		15.0±1.0	ISO 7
PCB 廠	Type A	組合區、CAM、曝光區	22　± 2	50　± 5		ISO 6
		疊合區、銅箔區	22　± 2	50　± 5		ISO 8
		AOI	22　± 3	50　± 5		ISO 8
		前處理	22　± 2	50　± 5		一般空調
	Type B	貼膜機(乾膜)、露光機	22　± 2	55　± 10		ISO 6
		網印機、銅箔區、烤箱	23　± 2	55　± 10		ISO 7
		真空快壓機、AOI	23　± 2	50　± 10		ISO 8
		雷射切割機	23　± 2	50　± 10		恆溫恆濕
鋰電池廠	Type A	正極區	23　± 2		≦ -40°C↓	ISO 8
		負極區	23　± 3	≦ -43%↓		ISO 8
MIS			21　± 3	50　± 10		恆溫恆濕
紙廠、紡織廠	C 公司	原物料或半成品區	21　± 1.5	56　± 1		
		成品區	21　± 1.5	45　± 2		
		測試檢驗區	21　± 1.5	50　± 1		

科技產業的熱負荷，因製程需求耗電越來越大，潔淨需求高、熱產生也越來越大，製程區的熱負荷從 200W/m² ~ 1,000W/m² 都有可能，因此設計環境熱負荷時須特別注意。

H.6.3. 生技產業

● 生技產業需控制塵埃粒子數以外，還須控制菌落數。
(取材：醫院潔淨空調設計與運行管理 (機械工業出版社) 胡吉士、奚康生、余俊祥)

說明	浮游菌 (個/m³)				沉降菌 (個/90mm-皿)			
	CR 100	1,000	10 K	100 K	CR 100	1,000	10 K	100 K
藥品生產質量管理規範 (GMP)	5	-	100	500	1	-	3	10
醫院潔淨手術部建築技術規範 (GB50333-2002)	5/10	25/50	75/150	175	0.2/0.4	0.75/1.5	2/4	5

● 醫院 / 診所的環境需求：實務上的需求應詳細溝通使用者。因為地區與環境的不同，需求也會不相同。
取材：ASHRAE - HVAC Design Manual for Hospitals and Clinics。
參考：ASHRAE 170 Ventilation of Health Care Facilities

場所		溫度	濕度	Pressure	OA 品質	ACH
Space	說明	℃	%rh			
Class B and C operating room	B、C 級手術室	20~24	30~60	Positive	4	20
Operating/surgical cystoscopic rooms	手術/外科膀胱鏡檢查室	20~24	30~60	Positive	4	20
Delivery room (Caesarean)	產房（剖腹產）	20~24	30~60	Positive	4	20
Critical and intensive care	重症和重症監護	21~24	30~60	Positive	2	6
Wound intensive care (burn unit)	傷口重症監護（燒傷科）	21~24	40~60	Positive	2	6
Radiology waiting room	放射科候診室	21~24	Max. 60	Negative	2	12
Class A operating/procedure room	A 級手術室	21~24	20~60	Positive	3	15
X-ray (surgery/critical care and cath.)	X 光（手術/重症監護和導管）	21~24	Max. 60	Positive	3	51
Sterilizer equipment room	滅菌器設備間	---	---	Negative	---	10
Soiled and decontamination	污染和去污	22~26	---	Negative	2	6
Sterile storage	無菌儲存	22~26	Max. 60	Positive	2	4

● 補充-經驗數據

應用建築	類型	溫度	濕度
醫院、手術室、加護病房	復健室	24℃	50% ~ 60%
	手術房	20~24℃	50% ~ 60%
	產 房	21~24℃	50% ~ 60%
	加護病房	22~26℃	30% ~ 60%
	嬰兒房	24℃	30% ~ 60%
	放射室	22~24℃	40% ~ 50%
	電腦室	22~24℃	30% ~ 45%
	一般病房	24℃	30% ~ 60%

H.6.4. 圖書館

● 取材：國家檔案局

說明			國家檔案		機關檔案	
類型	儲存品		溫度	濕度	溫度	濕度
紙質類	紙質	Paper	15℃~25℃ 每日容許 變動±2℃	35%~55% 每日容許 變動±5%	27℃以下	60%rh 以下
攝影類	黑白照片	Black and White Photographs	18℃±1℃	35%±3%rh	20℃±2℃	50%±5%rh
	底片	Negatives				
	幻燈片	Slids				
	彩色影片	Color Motion Film	-4℃±1℃	30%±3%rh		
	彩色照片	Color Photographs				
	微縮片	Microforms	18℃±1℃	30%±3%rh		
	黑白影片	Black and White Motion Picture Film				
	其他攝影類檔案媒體		18℃±2℃	35%±5%rh		
錄影(音) 帶類	錄音帶	Audio Tape				
	錄影帶	Video Tape				
電子媒 體類	磁片	Diskette				
	磁帶	Magnetic Tape				
	光碟片	Optical Media				
	其他電子媒體類檔案媒體					

註：各機關具有永久保存價值之檔案得比照國家檔案保存之溫度及相對溼度標準。

● 補充-經驗數據

應用建築	類型	溫度	濕度
圖書館、 美術、 博物館	館內平均	20~22℃	47%±2%
	檔案區	12~18℃	45%±2%
	藝術品儲藏室	17~22℃	48%±2%
	有機性收藏品	4.5~10℃	48%↓

H.6.5. 中國大陸

● 本節綜合性介紹，地區不同主觀性數據，單位熱負荷也不同。(取材：德冷空調設備廠)

建築物類型	華南地區冷負荷 W/m²	北京地區冷負荷 W/m²
旅館、招待所	95~115	80~90
旅遊賓館	140~175	80~90
辦公大樓	110~140	85~100
綜合大樓	130~160	105~125
百貨大樓	140~175	----
綜合影劇院	290~385	120~160 200~300
大會堂	190~290	180~225
體育館(比賽廳)	280~470	105~135

Chapter I

單位換算
Unit Conversion

Chapter I. 單位轉換 Unit Conversion

● 空調的單位是初學者的困擾，業界IP、SI及公制互相混雜使用，造成計算上的困擾與失誤。初學者應確認一種單位的相向努力學習。

I.1. 單位縮寫

● 單位符號的縮寫 (取材：維基百科)

字首	符號	中譯文	千冪次	冪次	10 近位	短級差系統	長級差系統
Prefix	Symbol		1000^m	10^n	Decimal	Short scale	Long scale
yotta	Y		$1,000^8$	10^{24}	1E+24	Septillion	Quadrillion
zetta	Z		$1,000^7$	10^{21}	1E+21	Sextillion	Trilliard
exa	E		$1,000^6$	10^{18}	1E+18	Quintillion	Trillion
peta	P		$1,000^5$	10^{15}	1E+15	Quadrillion	Billiard
tera	T		$1,000^4$	10^{12}	1E+12	Trillion	Billion
giga	G		$1,000^3$	10^9	1,000,000,000	Billion	Milliard
mega	M	百萬	$1,000^2$	10^6	1,000,000	Million	
kilo	k	千	$1,000^1$	10^3	1,000	Thousand	
hecto	h	百	$1,000^{2/3.}$	10^2	100	Hundred	
deca	da	拾	$1,000^{1/3.}$	10^1	10	Ten	
		個	$1,000$	100	1	One	
deci	d		$1,000^{-1/3.}$	$10^{-1.}$	0.1	Tenth	
centi	c		$1,000^{-2/3.}$	$10^{-2.}$	0.01	Hundredth	
milli	m	毫 (釐)	$1,000^{-1}$	$10^{-3.}$	0.001	Thousandth	
micro	μ	微	$1,000^{-2}$	$10^{-6.}$	0.000001	Millionth	
nano	n		$1,000^{-3}$	$10^{-9.}$	0.000000001	Billionth	Milliardth
pico	p		$1,000^{-4}$	$10^{-12.}$	1E-12	Trillionth	Billionth
femto	f		$1,000^{-5}$	$10^{-15.}$	1E-15	Quadrillionth	Billiardth
atto	a		$1,000^{-6}$	$10^{-18.}$	1E-18	Quintillionth	Trillionth
zepto	z		$1,000^{-7}$	$10^{-21.}$	1E-21	Sextillionth	Trilliardth
yocto	y		$1,000^{-8}$	$10^{-24.}$	1E-24	Septillionth	Quadrillionth

● (mesh)：孔數-線徑
(1) 孔數是每 cm 內的孔數，線徑單位是 um。
(Ex) 500-10 mesh=代表 1cm 中有 500 個孔，線徑是 10um。
(2) 孔的大小尺寸：1cm/500=10,000um/500=20um/孔，其代表著孔寬+線徑
=20um，(線徑是 10um)。
(3) 孔寬為 20-10=10um，也就是說" 500-10 mesh "代表著可容許 10x10um 大小的粒子通過。
(4) Mesh 數是每吋所包含的網孔數.Mesh 數越大,網孔越小,可通過的粒子越小，#4 目：即每英吋平方有 4 孔。

● 常見應用符號：
(1) MΩ-cm ：應用於純水系統。
(2) μ‧m ：應用於空污系統。1 ppm ≒ 10^{-6} g/mL = 1 μg/mL = 1 mg/L。

I.2. 線-面-體積

I.2.1. 長度

● 單位稱呼

古制單位	里	引	丈	尺	寸	分	釐
台灣稱呼	公里	公引	公丈	公尺	公寸	公分	公釐、公厘
中國大陸	千米	百米	十米	米	分米	厘米	毫米

● 長度口語法則

inch 英吋	mm 厘米	稱呼	inch 英吋	mm 厘米	稱呼	inch 英吋	mm 厘米	稱呼
1/64"	0.397	1 厘 25	29/64"	11.509	3 分 6 厘 25	57/64"	22.622	7 分 1 厘 25
1/32"	0.794	1 厘 75	15/32"	11.906	3 分 7 厘 5	29/32"	23.019	7 分 2 厘 5
3/64"	1.191	3 厘 75	31/64"	12.303	3 分 8 厘 75	59/64"	23.416	7 分 3 厘 75
1/16"	1.588	5 厘	1/2"	12.70	4 分	15/16"	23.813	7 分 5 厘
5/64"	1.984	6 厘 25	33/64"	13.097	4 分 1 厘 25	61/64"	24.209	7 分 6 厘 25
3/32"	2.381	7 厘 5	17/32"	13.494	4 分 2 厘 5	31/32"	24.606	7 分 7 厘 5
7/64"	2.778	8 厘 75	35/64"	13.891	4 分 3 厘 75	63/64"	25.003	7 分 8 厘 75
1/8"	3.175	1 分	9/16"	14.288	4 分 5 厘	1"	25.4	8 分 = 1 吋
9/64"	3.572	1 分 1 厘 25	37/64"	14.684	4 分 6 厘 25	1- 1/32"	26.194	1 吋 2 厘 5
5/32"	3.969	1 分 2 厘 5	19/32"	15.081	4 分 7 厘 5	1- 1/16"	26.988	1 吋 5 厘
11/64"	4.366	1 分 3 厘 75	39/64"	15.478	4 分 8 厘 75	1- 3/32"	27.781	1 吋 7 厘 5
3/16"	4.763	1 分 5 厘	5/8"	15.875	5 分	1- 1/8"	28.575	1 吋 1 分
13/64"	5.159	1 分 6 厘 25	41/64"	16.272	5 分 1 厘 25	1- 5/32"	29.369	1 吋 1 分 2 厘 5
7/32"	5.556	1 分 7 厘 5	21/32"	16.669	5 分 2 厘 5	1- 3/16"	30.163	1 吋 1 分 5 厘
15/64"	5.953	1 分 8 厘 75	43/64"	17.066	5 分 3 厘 75	1- 7/32"	30.956	1 吋 1 分 7 厘 5
1/4"	6.350	2 分	11/16"	17.463	5 分 5 厘	1- 1/4"	31.75	10 分=1 吋 2 分
17/64"	6.747	2 分 1 厘 25	45/64"	17.859	5 分 6 厘 25	1- 5/16"	33.338	1 吋 2 分 5 厘
9/32"	7.144	2 分 2 厘 5	23/32"	18.256	5 分 7 厘 5	1- 3/8"	34.925	1 吋 3 分
19/64"	7.541	2 分 3 厘 75	47/64"	18.653	5 分 8 厘 75	1- 7/16"	36.513	1 吋 3 分 5 厘
5/16"	7.938	2 分 5 厘	3/4"	19.05	6 分	1- 1/2"	38.1	12 分=1 吋 4 分
21/64"	8.334	2 分 6 厘 25	49/64"	19.447	6 分 1 厘 25	1- 9/16"	39.688	1 吋 4 分 5 厘
11/32"	8.731	2 分 7 厘 5	25/32"	19.844	6 分 2 厘 5	1- 5/8"	41.275	1 吋 5 分
23/64"	9.128	2 分 8 厘 75	51/64"	20.241	6 分 3 厘 75	1-11/16"	42.863	1 吋 5 分 5 厘
3/8"	9.525	3 分	13/16"	20.638	6 分 5 厘	1- 3/4"	44.45	1 吋 6 分
25/64"	9.922	3 分 1 厘 25	53/64"	21.034	6 分 6 厘 25	1-13/16"	46.038	1 吋 6 分 5 厘
13/32"	10.319	3 分 2 厘 5	27/32"	21.431	6 分 7 厘 5	1- 7/8"	47.625	1 吋 7 分
27/64"	10.716	3 分 3 厘 75	55/64"	21.828	6 分 8 厘 75	1-15/16"	49.213	1 吋 7 分 5 厘
7/16"	11.113	3 分 5 厘	7/8"	22.225	7 分	2"	50.800	16 分 = 2 吋

● 單位換算

長度 單位換算	mm 公釐=公厘	cm 厘米=公分	m 米	in 英吋=吋	ft 英呎=呎	mi 英里=哩	台灣尺 日尺
mm 毫米	1	0.10	0.001	0.039370	0.003281	0.00000062	0.0033
cm	10	1	0.010	0.39371	0.03281	0.00000062	0.0330
m	1,000	100	1	39.4	3.3	0.00062137	3.300
in	25	3	0.025	1	0.08	0.00001578	0.084
ft	305	30	0.305	12	1	0.00018939	1.006
mi	1,609,344	160,934	1,609	63,360	5,280	1	5,310.835
台灣尺	303.030	30.303	0.303	11.930	0.994	0.00018829	1

I.2.2. 面積

面積 單位換算	ft^2 平方英尺	m^2 平方公尺	Pin 坪
ft^2	10	0.93	0.28
m^2	107.64	10	3.03
Pin	355.83	33.06	10

I.2.3. 體積

體積 單位換算	ft^3 立方英尺	m^3 立方公尺	Liter 公升	Gallon US 加侖
ft^3	10	0.28	283.17	74.80
m^3	353.15	10	10,000	2,642
Liter	0.35	0.01	10	2.64
Gallon	1.34	0.04	37.85	10

● 面積與體積的轉換應用

體積/面積 單位換算	ft^3 / ft^2	m^3 / m^2
ft^3 / ft^2	10	3.05
m^3 / m^2	32.81	10

流量/面積 單位換算	cfm^3 / ft^2	cmh^3 / m^2
cfm^3 / ft^2	1	18.30
cmh^3 / m^2	1.00	18.3

● 面積與力的轉換應用

力 單位換算	Lb/ft^2	kg/m^2
Lb/ft^2	1	4.88
kg/m^2	0.205	1

I.3. 速度-流量

I.3.1. 速度

速度 單位換算	cm/s	m/s MPS	m/min	m/hr MPH	km/hr	ft/s FPS	ft/min FPM
cm/s	1	0.010	0.600	360.000	0.036	0.033	1.969
m/s	100.000	1	60.000	3,600.000	3.600	3.281	196.850
m/min	1.667	0.017	1	60.000	0.060	0.055	32.809
m/hr	0.028	0.000	0.017	1	0.001	0.911	54.681
km/hr	27.778	0.278	16.667	1,000.000	1	0.911	54.682
ft/s	30.479	0.305	18.288	1,097.280	1.097	1	60.000
ft/min	0.508	0.005	0.305	18.288	0.018	0.017	1

I.3.2. 流量

流量 單位換算	m^3/sec CMS	m^3/min CMM	m^3/hr CMH	ft^3/hr CFH	ft^3/min CFM	liter/sec LPS	liter/min LPM	gal/min GPM
CMS	1	60	3,600	127,200	2,121.0	1,000	60,000	15,850
CMM	0.016666	1	60	2,120	35.35	16.67	1,000	264.17
CMH	0.000277	0.0167	1	35	0.59	0.28	16.67	4.40
CFH	0.000007	0.0005	0.028	1	0.02	0.01	0.47	0.12
CFM	0.000471	0.0283	1.699	60	1	0	28.31	7.48
LPS	0.001000	0.0600	3.600	127.14	2.119	1	60.00	15.85
LPM	0.000016	0.0010	0.060	2.12	0.035	0.0167	1	0.26
GPM	0.000063	0.0038	0.227	8.02	0.134	0.0631	3.79	1

1 Gallon (US) = 3.785 Liter

1 m^3 =1 Liter

1 m (Meter) = 3.28084 ft (Foot)。1 ft (Foot) = 3.048 m (Meter)。

I.4. 溫度

● 單位換算

溫度 單位換算	℃ 攝氏	℉ 華式	K Kelvin
℃	1.0	33.8	274
℉	-17.2	1.0	256
K	-272.0	-457.6	1

● 刻度：℃/100 = (℉-32)/180 = (K-100)/100

換算公式	t [℃]	= (t [℉] - 32) x 5/9
	t [K]	= t [℃] + 273.15
	t [℉]	= t [℃] x 9/5 + 32
	t [℉]	= t [K] − 459.67

I.5.　重、力、壓力

I.5.1. 重量　Weight

重量 單位換算	Kg 公斤	Ton 公頓	oz 英制盎司	Lb 磅	lt 長噸 英國噸	st 短噸 美國噸	台灣斤 日斤
Kg	10,000	10.00	352,740	22,046	9.84	11.02	16,667
Ton	1,000	1	35,274	2,205	0.98	1.10	1,667
oz	283.50	0.28350	10,000	625.00	0.27902	0.31250	472.5
Lb	4,565.92	5	160,000	10,000	4.464	5	7,560
英國噸	1,016	1.0	35,840	2,240	1	1.12	1,693
美國噸	907.2	0.91	32,000	2,000	0.893	1	1,512
台灣斤	600.00	0.60	21,164	1,323	5.9052	0.6614	1,000

1 Kg 是標準的質量，等於 1 Liter 質量的水在 4℃時的重量。
台灣 1 斤=16 兩 = 600g。

I.5.2. 力　Force

● 力的單位換算

力 單位換算	Nt = N 牛頓	kgf 公斤力	lbf 磅力	poundal 磅達	dyne 達因
Nt = N	10	1.02	2.25	72.33	1,000,000
Kgf	98.07	10	22.05	709	9,806,650
lbf	44.48	4.54	10	322	4,448,222
Poundal	1.38	0.14	0.31	10	138,255
dyne	10.00	---	---	72.33	1,000

1 dyne (達因) = g-cm/s^2
1 Kgf 是將 1 kg 質量靜置於一平面上加於該平面的力。
牛頓 = 1/9.8 kg-m/s2 = 1/9.8 kfg

I.5.3. 壓力

I.5.3.1.　單位縮寫符號

● 縮寫說明：h = 100。m (milli 毫) = 1,000。M (Mega 百萬) = 1,000,000
1 mmAq = mBar (毫巴) = 1/1,000 Bar = 10 Pa
1 Bar = 1,000 mBar。[m = milli]　(1/1000 = 千分之一)
1 MPa = 1,000,000 Pa = 10 Bar = 10,000 mBar。[M = Mega] (1,000,000 = 百萬)
1 hPa = 100 Pa (德國)
1 Pa = Nt/mm2。
1x10^6 Pa = 1MPa = Nt/cm^2。

● 真空單位：
1 mmHg 　= 1 Torr
1 atm 　= 736 Torr
1 Bar 　= 0.98 atm

I.5.3.2.　壓力換算

壓力換算 單位換算	kgf/cm^2	MPa Mega Bar	Bar	kPa	Pa Nt/m^2	mBar milli Bar	psi Lb/in^2	mm Aq mm H$_2$O	m Aq m H$_2$O	in Aq in WG	ft Aq ft WG	atm 標準氣壓	mm Hg Torr	cm Hg 0 °C時水銀柱高度	in Hg
kgf/cm^2	1	0.09807	0.9807	98.0665	98,067	980.7	14.22	10,000.0	10.00	393.70	32.81	0.9678	735.56	73.556	28.959
MPa	10.1972	1	10.0000	1,000	1,000,000	10,000.0	145.04	101,971	101.97	4,014.74	334.56	9.8692	7,500.61	750.064	295.301
Bar	1.0197	0.10000	1	100.0	100,000	1,000.0	14.50	10,197.2	10.20	401.46	33.46	0.9869	750.06	75.006	29.530
kPa	0.0102	0.00100	0.0100	1	1,000	10.0	0.15	102.0	0.10	4.01	0.33	0.0099	7.50	0.750	0.295
Pa	0.0000102	0.000001	0.00001	0.001	1	0.01	0.000145	0.102	0.0001	0.00401	0.000335	0.00001	0.0075	0.00075	0.000295
mBar	0.0010	0.00010	0.0010	0.10	100	1	0.01	10.2	0.01	0.40	0.03	0.0010	0.75	0.075	0.030
psi	0.0703	0.00690	0.0689	6.8950	6,895	68.9	1	703.1	0.70	27.68	2.31	0.0681	51.71	5.171	2.036
mmAq	0.0001	0.0000098	0.000098	0.0098	9.807	0.0981	0.00142	1	0.001	0.0394	0.00328	0.0000968	0.0736	0.00736	0.0029
m Aq	0.1000	0.00980	0.0980	9.8060	9,807	98.1	1.42	1,000.0	1.0	39.37	3.28	0.0968	73.56	7.355	2.896
in Aq	0.0025	0.00025	0.0025	0.2491	249	2.5	0.04	25.4	0.03	1.00	0.08	0.0025	1.87	0.187	0.074
ft Aq	0.0305	0.00299	0.0299	2.9890	2,989	29.9	0.43	304.8	0.30	12.00	1	0.0295	22.42	2.242	0.883
atm	1.0332	0.10133	1.0133	101.325	101,325	1,013.3	14.70	10,332.8	10.33	406.80	33.90	1	760.52	76.002	29.922
mmHg	0.0014	0.00014	0.0013	0.1333	133	1.3	0.02	13.6	0.01	0.54	0.04	0.0013	1	0.100	0.039
cm Hg	0.0136	0.00133	0.0133	1.3332	1,333	13.3	0.19	136.0	0.14	5.35	0.45	0.0132	10.00	1	0.394
in Hg	0.0345	0.00339	0.0339	3.3864	3,386	33.9	0.49	345.3	0.35	13.60	1.13	0.0334	25.40	2.540	1.0

I.6. 熱-功率、能量

I.6.1. 功率

I.6.1.1. 空調專用功率

能量 單位換算	Chiller (1RT = 3024 kCal/hr)			能量 單位換算	Cooling Tower (1RT = 3900 kCal/hr)		
	USRT-CH	kCal-hr	kW		USRT-CT	kCal-hr	kW
USRT	1	3,024	3.52	USRT	1	3,900	4.533
kCal-hr	3.307	10,000	11.62	kCal-hr	2.564	10,000	11.62
kW	0.284	860	1	kW	0.221	860	1

● 應用熱公式的轉換應用：

保溫 R 值 單位換算	m^2-°C/W	ft²-°F-hr/Btu
	保溫 R 值	
m^2-°C/W	1	0.578
ft²-°F-hr/Btu	1.731	1

熱傳 單位換算	W/m^2-K	kCal/hr-m^2-°C	Btu/ft²-°F-hr
W/m^2-K	1	0.860	0.176
kCal/hr-m^2-°C	1.163	1	0.205
Btu/ft²-°F-hr	5.674	4.879	1

I.6.1.2. 功率

功率 單位換算	J/hr	kCal/hr	kW	USRT	BTU/hr	hp-Electric	hp-Metric	kgf-m/hr	lbf-ft/min
	焦耳小時			US 頓	英熱單位	英制馬力	PS		
J/hr	1,000	0.24	0.28	0.95	948	0.00037	0.00038	101.97	0.02
kCal/hr	4,184,000	1,000	1.16	0.33	3,966	1.56	1.58	426,660	51,433
kW	3,600,000	860	1	0.28	3,412	1.34	1.36	367,107	12,592
USRT	12,661	3,024	3.52	1	12,000	4.72	4.78	---	---
BTU/hr	1,055,056	252	0.29	0.08	1,000	0.39	0.40	107,588	12,969
hp-UK	2,684,520	642	0.75	0.21	2,546	1	1.01	273,862	33,013
hp-Metric	2,647,796	633	0.74	0.21	2,511	0.99	1	270,007	8.8E+09
kgf-m/hr	9,806,400	2.34	2.72	---	9.30	1.34	0.004	1,000	120.55
lbf-ft/min	81,349	19.44	0.02	---	77.10	0.03	0.031	8,296	1,000

● An International Steam Table kilocalorie (IT kcal)。
A thermochemical kilocalorie (th kcal)。機電 HVAC 使用 IT 的規格。

1 hp (公制馬力-Metric) = 1 PS (德制馬力)：應用在發電機的計算資料。
1 hp (英制馬力-Electric)：標稱使用的馬力，1hp = 0.746kW。
[例如] 買購風機、水泵時用的馬力。 (Ex) 風機馬力 90 kW = 120 hp 馬力。

● 用一公斤的力，使物體在該力的方向上移動一米所作的功稱為1 kgf-m。
kgf-m/s：單位時間內所做的功。

I.6.2. 能量

● 功率（Power）定義為能量轉換或使用的速率，以單位時間的能量大小來表示，即是作功的率。能量轉換可以用來作功，功率也就是作功功的速率。

能量換算	kJ	kCal-IT	kCal-th	kWh	hp-Hour	Btu-th	Btu-mean	Nm	kfg-m	lbf-ft	lbf-inch
單位換算	千焦耳	IT 國際表	th 熱化學			熱力	英制				
kJ/hr	1	0.24	0.24	0.00028	0.00037	0.95	0.95	1,000	102	738	8,851
kCal-IT	4.19	1	1	0.00116	0.00156	3.97	3.97	4,187	427	3,088	37,056
kCal-th	4.18	1	1	0.00116	0.00156	3.97	3.96	4,184	427	3,086	37,032
kWh	3,600	860	860	1	1.34	3,414	3,410	3,600,000	367,098	2,655,224	3.2E+07
hp-Hour	2,685	641	642	0.75	1	2,546	2,542	2,684,520	273,745	1,980,000	2.4E+07
Btu-th	1.05	0.25	0.25	0.00029	0.00039	1	1.00	1,054	108	778	9,332
Btu-mean	1.06	0.25	0.25	0.00029	0.00039	1	1	1,056	108	779	9,345
Nm	0.00100	0.00024	0.00024	2.8E-07	3.7E-07	0.00095	0.00095	1	0.10	0.74	8.85
kfg-m	0.00981	0.00234	0.00234	2.7E-06	3.7E-06	0.00930	0.00929	9.81	1	7.23	86.80
lbf-ft	0.00136	0.00032	0.00032	3.8E-07	5.1E-07	0.00129	0.00128	1.36	0.14	1	12
lbf-inch	0.000113	0.000027	0.000027	3.1E-08	4.2E-08	0.00011	0.00011	0.11	0.01	0.08	1

功率單位 kW，能量單位 kWh。
功率單位 J/hr，能量單位 kJ。

1 冷凍噸(RT)：使 2000 磅 32°F 的冰在 24 小時溶化為 32°F 的水所吸收的熱量。
2,000lb x 144BTU/lb/24hr = 12,000 BTU/hr = 3,024 kcal/hr
USRT： Ton Hour (refrigeration)
1MBH = 1,000 BTU/H(此 M 單位比較特殊，屬專用用整體單位，是 MBH 為一組單位)。

參考資料

HVAC

- ASHRAE Hand Book 2010 REFRIGERATION
- ASHRAE Hand Book 2011 APPLICATIONS
- ASHRAE Hand Book 2012 SYSTEMS AND EQUIPMENT
- ASHRAE Hand Book 2013 FUNDAMENTALS
- ASHRAE 52.1_Gravimetric and Dust-Spot Procedures for Testing Air-Cleaning Devices Used in General Ventilation for Removing Particle Matter
- ASHRAE 52.2_Cleaning Devices for Removal Efficiency by Particle Size
- ASHRAE 62.1_IAQ
- ASHRAE 90.1 2007 Energy Standard for Buildings Except Low-Rise Residential Buildings
- Shan K. Wang：HANDBOOK OF AIR CONDITIONING AND REFRIGERATION

- SMACNA Round Industrial Duct Construction Standars
- SMACNA HVAC System Applictions
- SMACNA HVAC System Duct Design
- SMACNA HVAC Duct onstrucyion Standards Metal and Flexible
- SMACNA HVAC System Testing, Adjusting & Balancing
- SMACNA Fire‧Smoke and Radiation Damper Installation Guid for HVAC System

- AMCA 99 Fan Direction
- AMCA 200‧Air Systems
- AMCA 201-02‧Fans and Systems
- AMCA 204-05‧Balance Quality and Vibration Levels for Fans
- AMCA 205-10‧Energy Efficiency Classification for Fans
- ANSI/AMCA 500-D-07‧Laboratory Methods of Testing Dampers for Rating‧
- AMCA 803-02‧Industrial Process Power Generation Fans: Site Performance Test Standard‧
- HVAC Systems Design Handbook‧McGraw-Hill‧

- 內政部：建築物強化外殼部位熱性能節約能源設計技術規範。
- 成功大學建築研究所。
- 許守平 編著。空調工程(上) / (下)。全華科技圖書股份有限公司。
- 許守平 編著。冷凍空調原理與工程 (合訂本)。全華科技圖書股份有限公司。
- 沈君洋 教授。中興大學機械系。
- 蘇金佳 譯。冷凍與空調。國立編譯館 主譯。麥格羅.希爾 印行。
- 台灣區冷凍空調工程工業同業公會. 工程技術暨業務發展委員會編輯。
- 機能性暨產業用紡織品認證與驗證評議委員會。
- 維基百科，自由的百科全書。
- 陸耀慶。實用供熱空調設計手冊 (上冊) (下冊)。中國建築工業出版社。
- 葉大法、楊國榮。變風量空調系統設計。中國建築工業出版社。

- Vereinigte Füllkörper-Fabriken GmbH & Co. KG (VFF)。
- Trox Diffuser / Filter / Diffuser。
- Titus VAV / Diffuser
- PRICE VAV / Diffuser。
- 顯隆機械股份有限公司。ASLI。
- Titus · engineering guidelines。
- KRUEGER · air distribution engineering
- CAMFIL Filter。
- 台灣愛美克空氣過濾器股份有限公司。AAF Filter。
- Belomo Actuator。
- Lucoma Damper。
- 維順國際科技股份有限公司。
- 伍得福公司。
- 馮丁樹、方煒。台灣大學空氣線圖。
- 張和平。網易電氣。
- nasa。 http://www.grc.nasa.gov/WWW/BGH/reynolds.html
- https://www.engineeringtoolbox.com
- SKF Bearing
- 億寶軸承股份有限公司。
- ACL 機械
- 合成機械
- 晨達企業
- 鈞浩股份有限公司
- Spiral Manufacturing Co., Inc.
- FRP Duct。ATS。
- MANUFACTURER SIMTECH。ProDuct - Fume Exhaust System。
- 金呈益公司
- 經濟部能源局。能源報導。保溫材料介紹。撰文：張育誠、陳遠達、吳國光、焦鴻文。
- 林基裕論文。隔熱材珍珠岩表面特性及其應用潛能之研究。
- 台達化學工業股份有限公司
- 盛和股份有限公司。十全龍
- 威竑實業有限公司
- 國家地堡有限公司
- Armaflex
- 馥豪龍
- 互豪龍
- 工德股份有限公司
- ScienceDirect
- H.Stars (Guangzhou) Refrigerating Equipment Group Ltd.
- 騰強科技有限公司
- 順利空調工程有限公司
- 杭州川泰电器有限公司
- 杭州東瑪電氣有限公司

Clean Room

- M+W Zander
- M+W GROUP
- 亞翔工程股份有限公司
- 富泰空調科技
- 喬輝企業股份有限公司
- 鈦華科技股份有限公司
- 華湧科技有限公司
- 廣隆新業股份有限公司
- 友奇科技有限公司
- 許俊宇博士。均衡科技有限公司。無塵室測試簡介。
- NEEB。PROCEDURAL STANDARDS FOR WHOLE BUILDING SYSTEMS COMMISSIONING OF NEW CONSTRUCTION。
- NEEB。PROCEDURAL STANDARDS FOR CERTIFIED TESTING OF CLEANROOMS。
- NEEB。PROCEDURAL STANDARDS FOR FUME HOOD PERFORMANCE TESTING。
- NEEB。PROCEDURAL STANDARDS FOR TESTING ADJUSTING AND BALANCING OF ENVIRONMENTAL。
- 胡吉士、奚康生、余俊祥。醫院潔淨空調設計與運行管理。機械工業出版社。
- 展菱科技工程股份有限公司。
- 捷雅工程。
- 毅大工程。
- 上海冠荣室內外裝潢有限公司。
- 惠亞工程股份有限公司。
- 中鈴股份有限公司。
- 泰郡企業。
- 交通部氣象局

Acoustic

- Mark E. Schaffer。A Practical Guide To Noise and Vibration Control for HVAC System。ASHRAE。
- 諾伊斯聲學之家。

Fire Fighting

- 余耀邦。標準檢驗局台中分局
- 各類場所消防安全設備設置標準 (107/10/17 修正)
- NFPA 91 Standard for Exhaust Systems for Air Conveying of Vapors, Gases, Mists, and Noncombustible Particulate Solids。1999 Edition
- NFPA 318：Standard for the Protection of Cleanrooms。2018 Edition

Prefco 巧風實業有限公司

國家圖書館出版品預行編目（CIP）資料

科技廠房:設計工具書. 空調篇 / Douglas Yang 著.
--初版. --臺北市 :智庫雲端有限公司，民 111.08
　　面 ；　公分
ISBN 978-986-06584-6-0(平裝)

1.CST: 空調設備 2.CST: 工廠設備 3.CST: 工廠
4.CST: 科技業

555.5　　　　　　　　　　　　　　111009580

科技廠房設計工具書(空調篇)

作　　　者　Douglas Yang
出　　　版　智庫雲端有限公司
發 行 人　范世華
封面設計　李雯盈
地　　　址　台北市中山區長安東路 2 段 67 號 4 樓
統一編號　53348851
電　　　話　02-25073316
傳　　　真　02-25073736
E - m a i l　tttk591@gmail.com

總 經 銷　采舍國際有限公司
地　　　址　新北市中和區中山路二段 366 巷 10 號 3 樓
電　　　話　02-82458786 (代表號)
傳　　　真　02-82458718
網　　　址　http://www.silkbook.com

版　　　次　2023 年 (民 112) 二月初版一刷
　　　　　　　2024 年 (民 113) 8 月 6 日初版二刷
定　　　價　1280 元
I S B N　978-986-06584-6-0